철학의 근본문제

아우구스트 부룬너 지음
강 성 위 옮김

이문출판사

철학의 근본문제

펴낸곳／이문출판사 (변경등록:1994. 6. 3. 제7-20호)
발행인／지경원
지은이／아우구스트 부룬너, 옮긴이/강성위

초판 발행／2007년 3월 2일
주소／704-306 대구시 달서구 진천동 581-3
／122-010 서울 은평구 응암동 86-8
전화／02) 359-8250, 053) 624-3113
팩스／02) 359-8251

값 22,000 원

ISBN 978 89-7334-134-4 93160

철학의 근본문제

목 차

제5부 자연신학 ········· 267

제6부 윤리학 ········· 315

들어가기

제1장 철학의 본질

철학이란 무엇이며 왜 인간은 철학을 하는가? 이것이 철학입문서의 맨 첫머리에 밀어닥치는 물음이다. 이런 것을 물음으로써 우리는 이미 철학의 한복판에 서 있다. 왜냐하면 이 물음 자체가 이미 철학적인 물음이기 때문이다. 그러나 우리는 우선 철학이라는 명칭과 그 역사에서 출발하여 이 물음에 대한 해답을 얻어 보기로 한다.

1. 명칭

"철학"과 "철학자"라는 명칭은 원래 "소피스트"들에게 대항하는 것과, 이들에게 대항하는 사람들에게 붙여진 명칭이다. 소피스트들의 대표자들은 스스로를 소피스트(Sophist), 즉 "현자"(賢者)라고 일컬었으며 그리스의 정신생활의 한 방향을 대표했었다. 소피스트라고 이름 붙여지는 것은 대개의 경우 적어도 죽어버릴 보통사람들은 자랑할 수 없을 그런 지혜를 소유하고 있는 것을 크게 뽐내는 것과 관련이 있었다. 이럴 때에 소크라테스(Socrates[영어], Sokrates[독어])가 등장한다. 소크라테스도 지혜를 소유하는 것을 기뻐했을 것이다. 그러나 그에게는 지혜가 무엇인지 하는 것이 자명한 것 같지는 않았다. 그래서 그는 소피스트들에게 물음을 제기하고, 자기가 제기한 문제에 대답할 줄 아는 것이 지혜의 시작이라고 생각했다. 이때 그는 목청을 돋우어 물어댔으나 실제로는 아무런 내용도 없는 그런 대답들만 들었다. 소크라테스는 이런 '현자'가 되기를 원치 않았다. 아니 그는 이런 사이비 지혜에 반대해서, 한 인간이 속임수에 빠져들지 않고 정직하게 자기는 지혜를 소유하고 있지 않다는 것을 고백할 때, 보다 더 중요한 것을 얻을 것으로 생각했다. 왜냐하면 인간은 자기가 알지 못한다는 것을 자각했을 때에만 지혜를 추구할 동기가 주어진다고 생각했기 때문이다. 그래서 그는 자랑스럽게 겸손하면서, 스스로를 철학자(Philosph)라고 일컬었던 것이다. 철학자란 지혜를 사랑하고 따라서 지혜를 추구하는 자요, 자기는 이미 지혜에 도달했다고 착각하지 않는 그런 사람이다. 이렇게 해서 철학은 뒤에 와서는 지혜를 목표로 삼게 된다. 또 특히 플라톤(Platon)이 자기의 스승 소크라테스의 정신에 따라 처음으로 길을 열어준 그런 모든 연구를 철학이라고 일컫게 되었다. 이런 연구는 우리들의 문화권에서도 철학이라는 명칭을 간직하고 있다.

2. 앎으로서의 지혜(지혜란 앎이다.)

따라서 지혜를 추구하고 연구하는 것은 그 명칭 그대로 철학의 과제다. 그래서 연구의 두 번째 단계로서 <지혜란 무엇인가?>라는 물음이 제기된다. 여기서 우리는 다시 역사를 살펴보기로 한다. 역사를 보면 그리스 철학이 시작되었을 당시에는 이 말(지혜)에는 두 가지의 흐름(思潮), 즉 두 가지의 의도가 감춰져 있었다. 이 두 가지는 당장 완전히 분리된다. 그러나 사람들이 지혜에 관해 말을 할 때나 이것을 연구할 때에는 아직도 이 두 가지가 분명하지 않다고 생각하는 일이 자주 있다. 지혜와 앎, 즉 그리스어의 sophia(지혜)와 saphês(명백함, offenbar)는 연관을 가지고 있다. 이 두 가지는 언뜻 볼 때처럼 그렇게 다른 것들이 아니다. 우리가 아는 것은 우리들에게 명백하고, 명백한 것은 우리에게 알려진다. 이렇게 보자면 지혜(sophia)는 앎을 일컫는다. 그런데 이 앎의 대상은 무엇인가? 왜냐하면 하나하나의 앎은 지혜라고 일컬어지지도 않고 또 일컬어진 일도 없으며, 다만 다른 모든 앎들 중에서 훌륭한 앎이라고 일컬어질 수 있기 때문이다. 한 가지의 앎은 그 앎이 파악하는 대상을 통해서나, 또는 그 앎이 파악하는 훌륭한 방법을 통해 훌륭하다고 일컬어질 수가 있다. 실제로는 sophia라는 말의 의미가 처음에는 두 가지 방향으로 알려져 있었다. 처음에는 사람들이 이 말을 앎이라고 생각했다. 여기서 말하는 앎이란 가능한 한의 사물들과 사건들 전체에 관한 앎을 포괄하고 있다. 또 전체를 직관하는 데서 생기는 커다란 연관들을 인식하여, 어떤 것이 다른 것에서 생겨나는 근원적인 연관을 통해 그 많은 사물들과 사건들을 마음대로 알아내는 것이다. 이럴 때 우리들이 생각하고 있는 것은 이오니아(Ionia) 철학이다. 이 이오니아 철학은 사물들의 근원에 관한 물음을 제기하고, 모든 것의 원인을 하나의 활동적인 시초, 즉 하나의 원리나 아르케(archê)에서 찾으려고 애썼다. 그 당시의 자연인식에 알 맞춰 사람들은 '흙' · '물' · '공기' · '불' 등의 네 가지 원소들 중의 한 가지를 차례대로 전체의 활동적인 근거라고 제시했다. 이러다가 그 다음에는 사람들이 한 가지의 원소를 이해하면 세계 전체를 다 이해할 수 있으리라고 믿었다. 따라서 특히 여기서의 지혜란 비록 획일적이지는 않았다고 하더라도, 순수한 앎이요, 이해(理解)요, 일종의 보다 높은 차원의 호기심이었다. 이와 동시에 이런 것들(앎, 이해, 호기심)에 도달하는 방법이 제시되어 있었다. 즉 지혜란 몇몇 개관할 수 있는 원리, 아니 가능하다면 그것을 알면 세계의 본질이 해명되는 그러한 한 가지 것에 거슬러 올라감으로써, 사물들과 사건들의 혼란된 내용을 단순화하는 것이다.

3. 올바른 삶을 영위해나가는 것으로서의 지혜

(지혜란 올바른 삶을 영위해나가는 것이다.)

두 번째 방향이 훨씬 더 강력한데, 이것은 역시 지혜를 추구하거나 찾아냈다고 주장하는 그런 방향이다. 이 방향에 있어서 중요한 것은 세계가 아니라 인간이다. 인간이란 세계 안에 있으며, 이 세계 안에서 여러 가지 위험과 계속되는 비밀의 한복판에서 삶을 꾸려나가야만 한다. 올바른 삶을 꾸려나갈 줄 아는 것, 이것이 곧 이제는 모든 지혜의 총체다. 올바른 삶을 꾸려나가기 위해서는 삶의 의미를 해명하고, 삶의 비밀을 발견해내고, 삶을 에워싸고 있는 위험에서 지켜줄 수 있는 그런 수단을 알아낼 필요가 있다. 이런 요구는 일종의 종교적인 특징을 띠고 있다. 실제로 오르페우스 운동에 사로잡혀, 이 오르페우스교에서 영혼의 구원을 찾았던 단체들도 생겨났었다. 남부 이탈리아에 있던 피타고라스학파에서 이런 방향이 확고하게 형성되었다. 여기서는 지혜가 특히 실천적인 방향으로 나아가고 있다. 앎은 행위에 이바지하기 위해 있다. 앎이 그 자체를 위해서, 즉 순수한 앎에 대한 기쁨 때문에 추구되고 있는 것이 아니다.

4. 상식과 과학의 관계

우선 이런 연구는 우리들에게 지혜라는 말의, 따라서 철학의 본질의, 일치될 수 없는 두 가지의 의미를 제시해 주는 것 같다. 실제로 이 두 가지의 견해들은 오랫동안 완전히 분리된 채로 이어져 내려왔다. 플라톤의 큰 공적은, 그가 이 두 가지 방향이 매우 비슷하다는 것을 예측했다는 것과, 그가 소크라테스의 삶의 지혜를 찾아 헤매는 동안 세계를 깊이 파악해야 삶의 지혜에 이를 수 있다는 사실을 발견했다는 것 등이다. 또 자기 자신의 삶의 의미를 파악하지 못한 사람은 궁극적인 세계를 올바르게 이해하지 못한다는 것을 알아낸 것도 플라톤의 공적이다. 세계와 자기 자신의 삶, 이것이 곧 우리들에게 지혜가 흘러들어오게 하는 두 가지 원천이다. 그리고 충분히 깊은 데까지 내려가 보지 못한 사람은 이 두 원천이 같은 바탕에서 솟아 흐르고 있다는 것을 알지 못한다.

이렇게 해서 우리는 저절로 철학의 특수한 대상들 중의 한 가지는 우선은 지나쳐버려야만 하게 되었다. 철학은 이 대상을 다른 과학들과 나눠 갖고 있다. 그런데 철학이 대상을 파악하는 방법이 특별하기 때문에, 철학과 다른 앎을 구별하는 일만 남아 있다. 우리는 이미 철학이라고 일컬어지지 않는, 그런 두 가지의 앎을 알고 있다. 우선 일상적인 앎이 있다. 이런 앎은 가능한 한 모든 것을 다 포괄하고 있다. 원칙적으로 이런 앎에서 제외되는 것은 아무 것도 없다. 그러나 이런 앎은 매우 피상적이거나 일시적이거나 한술 더 떠서 잘못이라고 하는 그런 단점을 가지고 있다. 그래서 이런 앎에는 신뢰가 가지 않는다. 실제로 이런 잘못, 그리고 삶에 중요한 사물들에 있어서의 다양한 의견의 차이 등이 철학을 할 동기를 부여해왔다. 그런데 철학은 일상적인 앎의 이런 불충분한 점들을 특별히 잘 피해나가야만 한다. 여기에 바로 우연과 개인적인 견해에 내맡겨져 있지 않고, 모든 사람들에게 통용되는 그런 명성을 지닌 일종의 다른 앎, 즉 과학이 등장한다. 이런 높은 목표에 도달하기 위한 수단으로서 과학에 이바지하는 것은 연구가를 속임수와 단순한 개인적인 견해와 소망에 현혹되지 않도록 지켜주는 과제를 띠고 있는 그런 방법이다. 즉 철학이 앎의 이런 확실성을 갖기 위해서는 바로 과학과 마찬가지로 방법적으로 발전해야만 할 것이다. 그래서 철학은 우선 상식(일상적인 앎)을 떠나 과학으로 나아가야 한다. 그래서 철학은 언제나 과학으로 헤아려져 오기도 했다. 더 나아가 사람들은 철학을 모든 과학들을 함께 묶어놓은 것, 즉 백과전서(百科全書) 이상의 아무 것도 아니라고 보게까지 되었다. 물론 이런 생각은 모든 철학을 없애버리는 것과 같은 뜻이다. 곧 철학은 전문적인 과학 이외에 독자적인 존재가 없는 것처럼 되어버릴 것 같다.

그러나 이런 해결이 옳지 않다는 것은 당장 밝혀진다. 즉 우리들이 개별과학들을 연구해보면, 이 개별과학들은 그 타당범위를 넘어서면, 그 방법이 확실성을 보장해주지 못하는 그런 원리들을 이용하고 있다는 사실이 밝혀진다. 왜냐하면 그 방법은 이미 확실성을, 예컨대 물리학에서는 인과원리를 전제로 하고 있고, 역사학에서는 원천(史料)을 평가하고 구분짓는 궁극적인 원칙들을 전제로 하고 있기 때문이다. 그럼 이런 확실성은 어디에 바탕하고 있어야만 하는 것일까? 이와 비슷한 생각이 개별과학들의 대상이 되는 사실들과의 관련 속에서도 나타난다. 물론 과학이란 개별적인 사실들의 근원을 연구하는 것이지만, 이 근원이 발견되는 것은 언제나 다른 사실들에서다. 달리 말하자면 과학은 사실들 서로간의 연관을 연구하는 것이다. 또 같은 말이기는 하지만 과학의 하나하나의 분야들 자체가 사실로서 존재하고 있다는 것은 과학에게는 아무런 문제도 되지 않으며, 단순히 자명한 것으로서 전제되고 있을 뿐이다. 그러나 적어도 여기에서 그 이상의 아무런 문제도 없는가 하는 물음이 제기됨직하다. 그 어떤 개별과학도 이런 물음을 제기할 수 없다. 이런 물음은 개별과학들의 권한을 넘어서 있는 것이다. 이렇게 되면 과학 자체가 스스로의 한계를 넘어서게 되며, 상식이 미완성 상태로 자체 안에 과학을 끌어안고 있는 것과 같다.

5. 제1과학(학문)으로서의 철학(철학은 제일과학이다.)

철학 및 상식과 구별되는 앎은 상식과는 달리 방법, 즉 있을 수 있는 잘못을 저지르지 않고 그 대상에로 다가갈 수 있는 길을 가지고 있다. 이 앎은 과학과는 반대로 개별과학들의 전제를 이루고 이 개별과학들을 처음으로 가능케 해주는 그런 제일원리(第一原理)와 관련되어 있다. 이 제일원리를 알아야 비로소 여러 과학들에서 알려지는 앎의 종류와 확실성을 판단할 수 있다. 그리고 마지막으로 이 제일원리를 아는 것은 사실로서 있는 것 전체, 즉 현실의 궁극적인 의미와 관련을 맺고 있다. 이렇게 해서 철학 그 자체인 바로 이런 방법적인 연구에 첫번째 또는 마지막 물음이 던져진다. 그래서 아리스토텔레스는 철학을 제일과학(제일학문)이라고 했던 것이다. 이러한 철학은 현실 전체를 포괄하되, 현실의 궁극적이요 우리들이 다가갈 수 있는 깊이까지를 다 포괄하고 있다. 그러나 이미 일상적인 경험이 말해주고 있는 바와 같이 인간의 생활이 여러 가지 현실에 바탕하고 있고 또 이 현실에로 향해 나아가야 한다면, 이 제일과학은 우리에게 삶의 지혜에로 나아가는 길을 열어주기도 할 것이다. 우리들이 현실을 가능한 한 깊이 안다면, 이에 알맞춰 행동할 줄도 알 것이고, 이에 알맞은 삶을 꾸려나감으로써 삶의 의미를 다해낼 수도 있을 것이다. 이렇게 됨으로써 철학은 다시 상식에 가까워지고 과학에서 떨어져 나오게 된다. 상식과 마찬가지로 철학의 대상은 포괄적이고, 궁극적으로는 삶을 꾸려나가는 데 이바지하게 된다. 이렇게 해서 철학은 다루는 대상과 이 대상에 접근하는 방법에 의해 특징지워진다는 것을 알 수 있다. 이와 아울러 진정한 철학에 있어서는 지혜에 관한 두 가지 견해들이 그 깊은 곳에서 일치되어 있다. 따라서 철학은 상식과 과학을 넘어선 독자적인 제3의 앎으로 되며, 이 두 가지와 비슷하나 그 어느 것과도 일치되는 것은 없다.

여태까지 말해온 것에 따르리라고 기대할 수 있는 것은 여러 방향들이 바로 그 깊은 곳에서는 일치되고 있으나, 표면상으로는 서로 다를 수 있다고 하는 사실이다. 실제로 주목해야 할 것은 적어도 모든 체계들과 모든 철학들에 있어서는 한 가지의 측면이나 다른 측면이 서로 다르게 강조될 수 있다는 것이다. 이런 것이 하나하나의 부분적인 견해들을 떨어져나가게 할 수 있다. 우선 우리는 철학이 세계관이라는 것을 부정할 수 있고, 철학의 본질을 오로지 순수한 과학적인 것이라고만 보려고 할 수도 있다. 그러나 우리는 상식적인 태도와 철학이 일치된다는 것을 강조함으로써, 모든 종류의 과학적인 방법을 철학에 알맞지 않은 것이라고 거부할 수도 있다. 이럴 때는 철학을 감정(느낌)이 해야 할 일이나 전체를 미학적으로 관찰하는 것으로 받아들임으로써 피해갈 수 있다. 그러나 우리들이 사태에만 따라갈 때에는 이러한 완고한 경계선이 허물어져버리는 일이 언제나 있어 왔다.

그래서 우리는 임시적으로 철학을 다음과 같이 정의할 수 있다. 즉 <철학이란 순수하게 그 자체로서 있는 현실 전체를 방법적으로 연구하는 것이다.> 방법이란 철학에게 대상으로 접근해 가는 올바른 길을 보장해주는 것이다. 대상이란 다른 것으로 되돌려질 수 없는 그런 것이다. 그래서 철학은 원칙들을 다른 과학에서 받아들이지 않고, 스스로가 사태 자체에서 찾아내야만 한다. 그리고 이 원칙의 배후에는 그 이상 더 파고들 수 없는 것이다.

제2장 철학의 의의

1. 자연적인 지식욕(지식욕은 자연적인 것이다. 인간은 자연적으로 알고자 한다.)

그럼 인간으로 하여금 이런 앎을 찾아 헤매게 하는 것은 무엇일까? 이런 앎에로의 충동은 모든 인간들에게 다 있는 것이며, 따라서 모든 시대 모든 민족들에게서 철학은 행해졌었는가? 또는 철학을 하는 일은 몇몇 특별한 재능을 타고난 사람들의 소질이며, 이들만 해야 할 일인가? 철학자는 아름다움의 영역에 선택된 예술가처럼, 철학의 영역에 선택된 사람인가?

호기심, 곧 그 어떤 앎에 대한 충동은 분명히 모든 사람들에게 다 있다. 이미 아리스토텔레스가 말했던 것처럼 단순한 앎도 기쁨을 안겨준다. 조금만 더 나아가서 생각하자면 모든 사람들은 삶의 올바른 의미를 찾아 헤매고 있다. 조금 더 깊은 고찰은 단순한 호기심에서 생긴 앎마저도 언제나 그 어떻게든 인생의 의미를 찾는 것과, 자신의 삶을 돌보는 일에 이바지한다는 것을 보여주고 있다. 인간의 삶은 그것을 알아두면 언제나 좋을 그런 여러 가지 것들에 의존하고 있다. 자신의 생활을 돌보는 일은 자신의 생활과 떨어질 수 없게 뒤엉켜 있다. 이런 돌봄이 인간으로 하여금 해야 할 일과 피해야 할 일 등, 이 모든 것을 행하게 한다. 이런 돌봄이 인간으로 하여금 앎을 얻는 곳으로 인도하기도 한다. 실제로 역사는 모든 민족들과 모든 개인들이 삶과 세계에 관한 생각들을 해왔다는 것을 알려주고 있다. 플라톤의 에로스(eros)가 뜻하는 것은 이런 물음들을 해명하려는 미적인 욕망 이외의 아무 것도 아니다. 이런 것이 철학이라면, 정도의 차이는 있겠지만 모든 사람들이 이미 본성적으로 철학자다. 그러나 이것만으로는 충분한 것은 아니다. 인간은 이런 물음들이 확실하다고 생각될 때에는 이 물음에 관한 그 어떤 정보만으로 만족해버리는 일이 자주 있다. 대부분의 사람들은 궁극적-피할 수 없는 확실성에 대한 대답을 검증하고 근거지우기 위해—혹은 이런 확실성이 존재하지 않는다는 것을 궁극적으로 확정짓기 위해—시간도 힘도 갖고 있지를 않다. 왜냐하면 대부분의 사람들은 거의 완전히, 재산과 사물을 소유하는 것을 목적으로 삼는 그런 행동을 해야 하기 때문이다. 이와 반대로 이해(理解)와 앎을 목적으로 삼는 일은 이것들이 재산을 갖는 데 도움이 될 때뿐이다. 그러나 사물을 갖는 것, 즉 재산은 언제나 어떤 개인적인 일이고 개인과만 관계가 있는 일이다. 이것들은 개인적인 욕구와 취미에 따르기만 한다. 그래서 재산을 갖는 일은 그 판단이 모든 사람들에게 타당할 필요는 없다. 이런 것이 바로 철학을 연구하는 동기가 되는 다양한 의견들을 낳게 된다.

2. 철학적인 태도

그런데 무엇을 가지고 있는 것(재산, 소유)이 궁극적으로 확실하고, 단순히 개인의 우연적인 의견이나 생활의 욕구에서 생기는 강압에 바탕하고 있지 않을 때에는, 이 소유만 가치 있는 것이라고 보아온 개인들이 언제나 있어 왔다. —그리고 이런 개인들이 너무 많았기 때문에 하나의 전통이나 학파를 이룩했던 그런 민족들도 언제나 있어 왔다. 그래서 이들은 사태 그 자체가 어떠한지를 파악해내기 위해 이런 단순히 개인적인 것들과 우연적인 것들을 거들떠보지도 않았다. 또 이들은 현실의 모습(그림)들과 상징들로도 만족하지 못하고, 사태 자체를 파악하려고 했다. 이런 사람들 안에는 철학적인 에로스가 살아있다.

그리고 철학은 이 에로스에 의해 태어나게 되었다. 철학은 넓은 뜻의 삶의 지혜처럼 모든 사람들이나 또는 보다 많은 사람들의 일(사태)을 다루지 않는다는 것은 두말할 나위도 없이 분명하다. 철학은 물질적인 전제조건은 조금도 돌보지 않는다고 하더라도 일종의 특별한 재능과 정신적인 태도를 전제로 하고 있다. 여기서 말하는 물질적인 전제조건이란, 첫째로 철학자에게 필요한 여유와 자유를 마련해주는 것이며, 이런 전제조건 없이는 대부분의 사람들이 시간도 가질 수 없으며, 철학에게만 알맞은 내적인 태도도 가질 수 없는 그런 것이다. (그런데 이렇게 중요한 물질적인 전제조건보다 재능과 정신적인 태도가 더 중요하다는 것이다. 역주) 철학적인 에로스는 소유를 하는 일상적인 에로스와는 반대로 <이해를 하는 에로스>다. 이러한 철학적인 에로스는 <대상에 대해 개인적으로 거리를 두는 것>과 조급한 소유욕이나 급속한 성공욕을 위한 모든 노력을 내적으로 억제할 것을 요구한다. 이런 것이 철학에게 독특한 성격을 부여한다. 철학은 당장 삶에서 물러나, 느리고 심중하게 앞으로 나아가야 한다. 이 길은 철학이 삶에서 소외되고, 삶의 원수가 된 것처럼 보일 때까지 진행된다. 그래서 철학과 삶은 단순히 서로 다른 것이 아니라 적대자들이 된다. 그러나 건전한 철학에 있어서는 겉보기로만 그럴 뿐이다. 철학자가 번잡한 일상생활에 대해 마음속으로 거리를 두게 되는 문제는—철학자도 인간으로서 번잡한 일상생활에 매우 잘 말려들 수 있다—바로 생활(삶)에서 생겨나는 것이다. 그리고 이런 물음들을 해결하는 것은 궁극적으로는 삶에 이바지하는 것이다. 그래서 철학은 삶과 거리가 먼 그런 어떤 것은 절대로 아니다. 더 나아가 철학은 일종의 고급문화 안에서는 없어서는 안 될 그런 것이다. 왜냐하면 이런 고급문화는 아직도 문화의 단계가 높지 않은 곳에서는 사람들이 평화롭게 함께 잘 살 수 있는, 그런 분야들 사이에 갈등과 대립을 불러일으키기 때문이다. 그런데 우리들이 철학이라고 말한 그런 과학(학문)이 없다면 누가 이런 갈등을 해소하고,

누가 마지막 재판관으로서 이 다툼들을 판결하겠는가? 한 문화의 개별적인 영역들 서로간의 관계가 모호하면 할수록 철학의 이런 과제가 그만큼 더 중요하고 긴급하며, 이런 판결들의 결과는 그만큼 더 운명적이다. 철학자는 직접적으로 조종을 하고 명령을 하면서 삶에 끼어든 것이 아니다. 이런 일은 다른 사람들의 과제다. 이런 일을 하는 데는 철학자의 내적인 태도가 그다지 알맞지 않다. 오히려 철학자는 자기의 지식(인식)을 통해, 행위를 하는 자가 알지도 못하는 사이에, 이 행위자의 결단에 영향을 미친다. 철학자들이 미리 알맞지 않은 것을 걸러내 버리기 때문에 한꺼번에 여러 가능성들이 나타나지를 않는다.

3. 철학의 과제

이렇게 해서 철학을 공부해서 얻어내는 개인적인 성과는 <교양인>이라는 것이다. 교양인이란 오직 한 가지의 분야만 내려다보지만(槪觀하지만), 인간으로서 삶의 전체에서 생겨난 많은 사물들과 삶 전체를 위해 있는 많은 사물들을 판단하고 결정해야만 하는 그런 사람이다. 그리고 이런 교양인은 자기의 전문분야를 올바른 자리에 자리 잡게 해주는 통일된 세계관을 얻게 된다. 이 세계관은 교양인에게 궁극적인 물음들에 관한 앎을 제공해주는데, 이 앎은 자기가 가지고 있는 기타의 여러 앎에 일치하는 것이어야 한다. 이와 반대로 만약에 교양인이 이런 세계관을 갖고 있지 않다면 그는 인간으로서 교양이 없는 사람의 단계에 머물러 있으며, 오직 자기의 전문분야에서만 교양인이 될 것이다. 이렇게 해서 세계관은 비록 그것이 유일하고 첫 번째 것은 아니라고 하더라도 교양인의 정신적인 본질이 필요로 하고 열망하던 내적인 통일을 이 정신적인 본질에 부여하는 데 이바지한다. 그리고 이 내적인 통일이란 교양인의 행위에도 끼어들어 이어져 나간다.

제 1 부

인식과 진리

제1장 인식과 존재

1. 소박한 확실성이 뒤흔들리다.

철학은 궁극적이고 절대적으로 확실한 인식으로 나아가려 한다. 철학은 그 원칙들을 다른 과학에서 빌려와서는 안 된다. 철학은 특히 우연한 어떤 사람이나, 인식하는 사람이 서 있는 장소와 시간에 내맡겨져서도 안 된다. 이런 일은 가능한가? 우리는 현실을 <있는 그대로> 인식할 수 있는가? 소박한 사람은 이러한 물음에 저절로 <그렇다>고 긍정적인 대답을 한다. 이런 소박한 사람들에게 있어서는 세계란 알려지는 그대로의 것이다. 특히 이런 사람들은 자기의 소년시절의 경험의 범위를 벗어나지 못했을 때에는, 이런 것을 쉽게 또 굳게 믿는다. 그리고 그는 모든 사람들은 자기처럼 생각하고, 자기는 모든 사람들처럼 생각한다고 믿는다. 의심을 할 이유도 또 동기도 없다. 물론 그는 이미 한 번 잘못에 부딪혔을 것이다. 그러나 그에게 있어서는 이런 일이 인식에 대한 원칙적인 신뢰를 없애버리지는 않는, 한 가지의 예외에 지나지 않는다.

고급문화가 사람들의 시야를 넓혀주고, 이 사람들을 자기들의 좁은 문화권을 벗어나 다른 관습과 세계관 등으로 이끌어주면 사정은 달라진다. 이럴 때 사람은 놀란다. 자기에게는 자명한 것으로 생각되었던 그 많은 것들이 남들의 비웃음을 사고, 바로 자명하게 거부당한다. 이런 경험이 인간으로 하여금 곰곰이 생각해보게 한다. 그런 다음에 그는 놀라고 혼란에 빠져 자기가 여태까지 확신하고 있던 것이 자기가 생각했던 것과 같지 않다는 사실을 깨닫게 된다. 그러나 인간이 한번

회의(의문)에 빠져들게 되면 의구심은 점점 더 늘어나고, 그의 여태까지의 입장은 점점 더 불확실해진다. 만약에 위도(緯度)가 변하는 것이 진리가 변하는 것을 뜻한다면, 또 우리들이 강 저편에서는 이쪽 편에서 유일하게 옳은 것이라고 생각되고 있는 것과 반대되는 것을 자명하게 참된 것이라고 주장한다면, 그럼 남아날 것이 무엇인가? 오늘날에는 이런 불안이 한층 더 강해지고 있다. 왜냐하면 우리는 과거보다 공간뿐만 아니라, 역사를 통해 시간도 훨씬 더 많이 내다볼 수 있기 때문이다. 지난 시대가 뒤엎을 수 없는 진리라고 보아왔던 것을 이해만 하는 것도 우리들에게는 어려운 경우가 얼마나 많은가! 우리는 인간들이 그 시대와 주위에서 이어져오고 있는 견해들에 크게 의존하고 있다는 것을 잘 알고 있다. 그럼 우리들의 인식은 이런 것과 다르단 말인가? 우리는 우리들 자신의 시대를 뛰어넘을 수 있다는 말인가? 후세가 우리들의 진리를 하나의 잘못이라고 꿰뚫어보지는 않을는지? 무엇보다도 자연과학이 우리들의 모든 앎의 원천인 감각에 대한 믿음을 뒤흔들어 놓았다. 예컨대 우리는 사물들의 색깔들을 얼마나 명확하고 속일 수 없게 잘 보고 있는가! 그런데 이 색깔들은 우리들 자신의 생물학적인 기관들의 성과임에 틀림없다. 이미 그리스에서 이런 종류의 깊은 생각들이 다음과 같은 소박한 입장에 대해 반격을 가했다. "그 어떤 것도 모두를 위해 참인 것은 없다. 모든 것은 개인의 그때그때의 의견일 뿐이다. 보편타당한 진리란 없다. 또는—이런 주장을 피하기 위해—우리는 그런 진리가 있는지 없는지를 알 수 없다. 현명한 사람에게 알맞은 것은 의문(회의), 즉 그 어떤 궁극적인 판단도 유보하는 것이다. 모든 진리는 일시적일 뿐이고, 포기하게 되기까지 한다. 그러나 유일하게 이성적인 것은, 거침없이 말하자면, 자기 자신의 이익을 느끼는 현명함이다." 이 말은 극단적인 소피스트들의 가르침이다. 오늘날 우리들은 오랜 경험을 통해 이런 태도를 유지해 나가기가 어렵다는 것을 알고 있다. 그리고 사람들은 그렇게 급진적이지 않다. 그러나 현실을 있는 그대로 인식할 수 있는 가능성에 대해서는 의심하는 사람들이 아직도 있다. 그래서 사람들은 인식을 <지금 있는 것>을 받아들이고 <제 것으로> 만드는 것이라고 보지 않게 되었다.

사람들은 현실이 인식내용을 결정적으로 규정하는 것이 아니라고도 말한다. 오히려 무의식중에 인식을 하는 사람의 구조(신체기관 : 역주)에 의해 받아들여진 것이 변화되어, 현실과 같은 것으로는 조금도 생각되지 않고, 현실에 대한 하나의 상징으로 되어버린다. 이런 일은 깃발이 명예와 용기의 정신적인 태도를 상징하는 것과 같다. 그러나 받아들이는 형식들은 시간에 따라 변한다. 이 받아들이는 형식들에 따라 진리도 변한다. 진리는 역사적으로 형성된 것이다.

우리들이 인식이 요청하고 있는 바와 같이, 인식 자체를 살펴보고 말을 할 때 가로놓여 있는 어려움들도 적지 않다. 인간은 인식을 할 때 자기가 사물들에 붙어 있다고, 즉 자기를 벗어나 있다고 믿고 있다. 그러나 사실 인간은 인식을 할 때에도 자기 자신이며, 자기 자신으로 남아 있다. 인간은 자기를 벗어날 수 없다. 혹은 인간은 그 어떻게든 사물들을 받아들이고, 이 사물들과 동화되었다고 생각하기도 한다. 그러나 사람이 다른 것으로 되거나, 특히 사물로 될 수는 없는 것이다. 우리는 이미 첫머리에서 한 가지의 모순에 직면하고 있지 않는가? <나>임과 동시에 다른 것이어야 한다는 모순 말이다. 우리들이 바로 의식적으로 우리들 자신이기 위해, 우리들을 벗어나야 한다는 것, 이것이 우리들에게 인식을 가능하게 해준다.

2. 인식론의 과제

이렇게 해서 철학이 인식의 본질, 인식의 능력 및 인식의 한계를 밝히려고 애써야 한다는 것이 철학의 첫 번째 과제로서 주어진다. 만약에 철학이 이런 일을 해내지 못한다면 그 밖의 여러 철학적인 연구와 물음들은 아무런 쓸모도 없어지고 만다. 그러나 아직 그 전체가 우리들에게 주어져 있지 않은 다양한 앎의 한복판에서, 우리들은 어떻게 이런 시험을 치러내야만 할 것인가? 여러 가지 서로 다른 시도들이 행해져 왔다. 칸트는 결과가 확실하고, 모든 사람들로 하여금 그것을 인정하도록 강요하던 그 당시의 힘차게 발전하고 있던 자연과학의 영향을 강하게 받아 자연과학의 인식방법을 인식의 본보기라고 보았다. 그의 업적은 자연과학의 타당성을 철학에서도 인정하도록 하기 위해, 자연과학의 구조를 해명한 데 있다. 이런 시도는 칸트가 만약에 인간이 철학(자연과학에 바탕하지 않은)에서 절대로 풀려 나올 수 없다면, 철학 자체도 절대로 불가능하다고 생각한 것으로 매듭지어진다. —그 뒤에 신칸트주의(Neukantianismus)는 다른 과학들을 모든 인식의 본보기로 삼음으로써 똑같은 결과를 가져왔다. 우리는 이런 것에 대한 반대운동으로서, 과학 대신에 행동, 실천, 삶(生) 등을 기본바탕과 출발점으로 삼았던 그런 체계들을 내세울 수 있다. 그러나 이렇게 화려한 표현(명칭)들이 무슨 뜻인지는 보통 잘 알려져 있지를 않다. 다른 사람들은 자기가 행동할 때의 의식 속에서, 즉 인식을 완성하는 그 자체 안에서 하나의 확실한 입장을 찾아냈다고 믿었었다. 시실 사람들이 이것들에서 하나의 인식을 했다는 것도 사실이다. 이런 인식은 남에게 넘겨줄 수 없기 때문에 보편타당한 인식이 아니다. 그러나 이런 인식은 모든 사람들을 직접 자기 자신의 <나(自我)>에게로 나아갈 수 있게 해주며, 따라서 확실한 것이다. 그러나 우리는 행동을 한 그 현실이 지나가고 나면, 오직 반성 속에서만 이런 인식에 관해 무슨 말을 할 수 있을 뿐이다. 보다 더 의심스러운 것은 우리들이 이미 데카르트가 경험했고, 라이프니츠의 단자론(單子論, Monadologie)에서 밝혀지는 바와 같이 자기 자신의 의식의 테두리 안에만 갇혀 있으면, 세계에로 나아가는 길이 하나도 없어 보인다고 하는 사실이다. 그러나 가장 의심스러운 것은 이 <나>도 이미 환경(주위)과 역사에 의해 속이 채워졌고 만들어졌다는 사실, 즉 이 나에 관한 말들은 범주(존재, 실제로 있는 것) 안에서 말해진다고 하는 사실이다. 그리고 이 범주는 외부세계의 인식이 의심스러워진 그런 영역에서 생겨난 것이다. 우리들이 범주 안에서 찾아낸 것도 이미 역사적인 조건에 물든 것은 아닐까?

3. 출발점으로서의 언어(언어가 출발점이다. 출발점은 언어다.)

이러한 어려움들을 해결하기 위해 우리는 우선 그것의 도움을 받아야만 철학을 해나갈 수 있을 그런 수단부터 살펴봐야 한다. 그러나 우리는 이 수단을 인간에게는 없는 그런 순수한 사고가 아니라, 말하는 것, 즉 언어라고 생각한다. 또 철학자의 고독한 사고도 마음속으로 말을 하는 것에 지나지 않으며, 말을 하는 것은 이미 언어라는 수단을 응용하는 것이다. 따라서 말을 한다는 사실과 이 사실이 불가피하게 내포하고 있는 모든 것을 연구하는 것이 첫 번째요 직접적인 과제다.

말을 한다는 사실은 아무리 해도 부정될 수 없다. 말을 하는 것은 우리가 말을 함으로써 이뤄진다. 말을 한다는 수단에서, 특히 우리들이 언어를 <자기를 표현한다.>는 넓은 뜻으로 받아들일 때, 인간의 정신생활이 이뤄진다. 만약에 가능성이 있어서, 말하는 것을 거부하는 사람은 정신적인 참된 인간의 삶과, 따라서 철학도 거부하는 자임에 틀림없다. 그러나 말을 하는 사람은 행동을 통해 자기의 말과 자기의 철학이 부정할지도 모를, 그런 말의 내용과 의미 전체를 인정한다. 여기에 속하는 것은 세 가지가 있는데, 그것들은 말을 하고 알려주는 나, 알려줌 그 자체 그리고 이해하면서 알려줌을 받아들이는 <너> 등이다.

4. 나와 너

말을 하고 있는 <나(自我)>는 자기 자신이 말한 것과, 따라서 이뤄져 가고 있는 자기의 삶(현존재)을 직접적이고 거짓 없이 잘 알고 있다. 이미 아우구스티누스가 아카데미 학파의 회의(懷疑)에 반대하여 주장했던 것처럼, 위의 세 가지에 있어서는 어떤 회의도 성립될 수 없다. 내가 회의를 할 때에도 나는 회의하며 존재하고 있다. 말을 할 때 분명하지 않고 희미하다고 해서 내가 이런 말이 똑같이 분명하지 못한 배경에서 생겨났다는 사실을 덜 확실하게 아는 것은 아니다.—이 분명하지 못한 배경은 의식의 앞쪽으로 떠올랐다가 무의식의 뒤쪽으로 사라져버리는 것이다.—그러나 이런 배경이 있다는 사실은 나의 행동의 배경으로서 함께 파악된다는 것도 나는 안다. 명확한 의식 속에서 이 분명하지 못한 배경을 대상으로 삼는 일은 절대로 불가능하다. 이런 대상이 주관(主觀), 즉 본질적으로 언제나 주관이지 절대로 나의 작용의 대상으로는 되지 않는 그런 <나>다.

말하는 것과 <알려주는 것>의 두 번째 뜻은 <너>다. 이 <너>는 알려준 것을 이해하면서 받아들이고, 이 알려준 것에 말을 하면서 응답할 수 있다. 이 알려주는 것은 동물도 할 수 있는, 단순히 감정의 상태를 밖으로 드러내는 것(외침)과는 구별된다. 말을 하는 데는 <너>가 매우 중요하다. 그래서 우리는 독백을 할 때에도 생각 속의 너나 또는 자기 자신을 너로 삼고 말을 건다. 그래서 모든 독백이 다 이미 대화와 너를 전제하고 있다고 말을 할 때 하나의 너는 이해를 하는 너, 말을 하는 너로서 언제나 함께 주어져 있다. 이것은 마치 <나>가 대화를 하는 동안에 나 자신을 이해하고 말을 거는 것과 같다. 이러해야만 말하는 것이 가능하다.

대화는 논리적인 사고의 순서라는 성격을 띠고 있는 것이 아니라, 서로 말을 하고 있는 두 사람들이 올바르게 관계를 맺는 그런 성격을 띠고 있다. 이해하는 것과 말하는 것은, 이해를 하는 사람이 자기의 사고와 주의(注意)를 제 마음대로 하고, 이것들(사고와 주의)을 뜻대로 조종할 수 있고, 하나의 대상에만 머물러 있을 수 있게 해고, 단순한 필연적인 원인들에게 (사고와 주의를) 빼앗겨 버리지 않는다는 조건 아래서만 가능하다. 이해를 하는 사람의 주의력은 알려지는 것의 내용을 동시에 주어지는 여러 가지 인상들에서 가려내야만 하고, 단어들이 마구 갈라져 나가는 데서 의미의 통일을 이룩할 수 있고, 그러기 위해 앞뒤를 살필 수 있어야 한다. 그런데 이렇게 <자기를 소유하는 것(Selbstbesitz, 自己所有)>은 <자기 자신의 존재(자기 자신이 있음)> 곧 <자기 자신>을 내포하고 있다. 그리고 이 <자기 자신>은 성질(특성)상으로나 현상적으로나 생각된 존재(Gedachtsein)로서나 남들 안에 자기의 존재를 가지고 있는 것이 아니다. 이 자기존재는 출발점이요 활동의 원천이며, 그저 여러 작용들을 나눠 붙여 놓은 그런 것이 아니다. 자기 존재는 그 자체 안에 바탕하고 있으며 자기 자신에게 의존하고 있다. 이러한 자기존재 또는 한 인격은 독자적으로 존재하며, 단순히 생각하는 사람이나 인식하는 사람의 대상으로서 있는 것이 아니다. 함께 이야기를 하고 있는 사람들은 비록 명확하지도 객관적이지도 못하지만, 서로를 이런 자기존재라고 파악한다. 이해를 하는 사람은 말을 하고 있는 사람도 또 하나의 대상도 주목하지 않고, 이 사람이 말을 한 것에 주목을 한다. 그는 인식을 하면서 말을 하고 있는 사람과 함께 대상들에로 접근해가고, 이렇게 할 때 이 사람을 말의 근원으로서, 즉 주관으로서 직접적으로 알게 된다.

5. 소리와 의미

나와 너를 이렇게 맺어주는 수단이 언어, 곧 무엇을 뜻하는 일정한 소리다. 우선 소리와 언어, 이 두 가지는 직접적으로 주어져 있는 것이 아니다. 의미가 훨씬 우세한 자리를 차지하고, 이와 반대로 소리는 설 땅이 없다. 경험이 이 두 가지가 본성적으로 결합되어 있지 않다는 것을 가르쳐주고 있다. 수많은 언어들이 있고, 같은 언어에도 같은 뜻을 지닌 서로 다른 단어들이 많이 있다는 사실은 이런 것을 간단하게 밝혀주고 있다. 다른 편으로는 언어가 이해되기 위해서는 소리와 의미의 결합이 한 가지 뜻만 지니고 있어야만 한다. 언어는 나와 너 사이에 공통적이어야만 하고, 더욱이 이 공통성은 지속적이어야 한다. 의미가 계속해서 떠내려가 변해버린다면 (상대편을) 이해시키는 일은 불가능할 것이다. 그럼 어떻게 해서 소리와 의미가 계속해서 결합되어 있는가? 의미가 항상 같다는 말은 무슨 뜻인가?

6. 역사성

우리는 언어를 배웠다. 즉 이어받았다. 이것이 정신생활의 시작이다. 우리는 언어를 우리 주위의 사람들로부터 배웠고, 또 주위의 사람들은 그들 나름대로 다른 사람들로부터 이어받았다. 언어는 단순히 인간의 본성에 따라 인간에게 정해져 있는 것이 아니다. 만약에 그렇다면 모든 인간들이 같은 종류의 동물들이 같은 방법으로 소리를 내는 것처럼 같은 언어를 가지고 있을 것이다. 결정적인 것은 각 개인들이 태어나고 또 언어로써 이어받는, 그런 역사적인 상황이다. 위에서 인식이 역사적으로 제한되어 있다고 말했는데, 이 사실은 언어에서 뚜렷하게 드러난다. 그러나 여기서는 또, 우리들이 이런 역사성을 사실에 모순되는 그런 방법으로 해석해서는 안 된다는 것도 밝혀진다. 우리는 우리들이 언어 속에서 이미 살아있는 <너> 및 과거로부터 이어져 내려오고 있는 <너>와 관련되어 있다는 것을 알 수 있다. 우리는 또 언어를 이어받음과 동시에 사물을 보고 평가하는 일정한 방법도 이어받았다. 물론 시간과 역사를 벗어난 순수한 <나>나 사고는 있지를 않다. 그러나 이해(理解)가 있어 왔고, 이런 이해가 계속해서 가능하고, 더욱이 과거에까지 거슬러 올라갈 수 있다는 사실 등은 논란의 여지가 없다. 그리고 이런 일은 모든 것 안에서 항상 이미 공통적으로 이해된 어떤 것은 모든 사람들이 함께 인식한 것과 더불어 있다는 뜻이다. 그렇지 않다면 어떻게 어린이가 소리가 어떤 뜻을 지니고 있다는 생각에 이를 수 있겠는가? 왜냐하면 그 누구도 어린이에게 이런 일을 알려주지 않기 때문이다. 그리고 우리들은 남들에 의해 어떻게 이미 알려져 있는 것으로부터 아직 알려져 있지 않은 것으로 이끌려나갈 수 있겠는가? 우리는 우리들이 어떤 것을 아직 알지 못하고 있다는 사실을 어떻게 알 수 있겠는가? 이런 물음들과 더불어 우리들은 알지 못하고 있던 것에 관해 이미 어떤 것을 알게 되는 것이다. 이 어떤 것이 무엇이냐 하는 것은 뒤에 와서 밝혀질 것이다.

7. 대상들

아직 알려주는 것 자체, 즉 말하는 것의 내용이 문제로 남아 있다. 첫째로, 말을 하는 것은 <너>를 <드러내는 것>을 뜻한다. 적어도 <너>가 지금 말을 하고 있다는 사실은 나에게서 이끌어내지 않은 그런 어떤 것이다. 그밖에도 <남>은 자기의 '내면'의 어떤 것을, 즉 직접적으로 자기에게만 관계가 있고, 자기가 알려주려고 할 때만 남들과 관계가 있는 그런 어떤 것을 나에게 밝힐 수 있다. 그런데 나에게도 속하지 않고 너에게도 속하지 않는 그런 어떤 것이 제시되는 경우가 훨씬 더 자주 있다. 이런 것은 그 스스로가 이해하고 말을 하는 인간으로서 <너>의 역할 속에 등장할 수 있는 그런 존재자이거나, 또는 이런 대화를 할 수 없는 존재자, 즉 한 생물이나 사물이다. 이 뒤의 경우에 있어서는 알려주는 것이, 제시해준다는 뜻보다 밝혀준다는 뜻을 적게 지니고 있다. 나의 주의력의 방향이 잡혀져야 한다. 나는 <너>가 말한 것을 언어 자체에 따라 검증할 가능성에 따라, 가능한 한 이미 말해진 것을 독자적으로 확인하라는 요청을 받고 있다. 이렇게 하면, 이미 말해진 것이 나만의 의식내용일 수도 또 너의 의식내용일 수도 없다는 것이 밝혀진다. 왜냐하면, 그렇지 않다면 검증을 하는 것이 근본적으로 불가능하기 때문이다. 나는 남이 알려주는 것을 믿고 받아들이거나 믿지 않고 거부할 수 있을 뿐이다. 우리들이 얼마 안 있어 의심하게 될 간접적인 확인은 우리들을 단순히 <너>의 의식내용으로서 존재하고 있지 않은 사물로 되돌아가라고 지시한다. 여기서 남아 있는 또 하나의 문제는 의식을 하고 있는 나와 의식을 하고 있는 너와 상관없이(독립해서) 존재하고 있는 그전 논의(이미 말해진 것)가 있다는 것이다. 이것은 인식은 그 내용을 순수하게 능동적으로 생산해내는 것이 아니라, 미리 찾아내고 <알게 되는 것(Zur-Kenntnis-Nehmen)>이라는 뜻이다. '모든 존재는 의식이다'라는 관념론의 원리는 사실들을 통해 옳지 못하다고 증명되고 있다.

8. 인식은 불완전하다.

대화의 내용을 미리 알아내는 것이 한꺼번에 그 내용의 깊은 곳에 도달하고 미리 알아낸 것의 내용을 다 알아내는 전제조건이 아니다. 우리들의 인식은 그 어느 것도 끝까지 다 알아내는 것이거나 완전한 것이 아니라는 것은 이미 정해져 있는 사실이며, 이런 사실은 동일한 대상에 관해 계속해서 새로운 대화를 해나갈 수 있다는 가능성에 의해 증명된다. 이미 동일한 대상에 관한 나와 너의 앎이 완전히 일치되는 일은 절대로 없다. <나>의 역사적인 상황을 가지고 있는 <나>는 <너>의 역사성을 지니고 있는 <너>로는 절대로 될 수 없다. 그래서 <나>는 대상에 관해 언제나 <너>와 다른 시각을 가지고 있다. 우리들의 인식은 여러 가지 관점에서 미래를 내다보는 것(perspektivisch)이다. 그러나 현실적인 존재자의 모든 인식이 완전하지 못하다는 것은 다음의 두 가지 요인들을 보면 알 수 있다. 즉 우리들은 동일한 존재자에 대해 계속해서 새로운 경험을 할 수 있고, 또 <알려줌>을 통해 다른 사람들의 경험과 인식에 참여할 수도 있다는 것이 그 두 가지 요인들이다. 이런 방법으로 앎은 한 걸음 한 걸음씩 보다 더 완전하게 된다. 그렇다고 완전성에 이르는 것은 절대로 아니다. 우리가 불완전성에 관해서 알고 있는 한, 이런 앎은 거짓이 아니다.

9. 존재

경험과 알려줌을 통해 알고 있는 것으로부터 모르는 것으로 인식이 계속해서 발전해 나가는 것은 인식을 하는 사람들이 서로간에 그리고 대상들과 연관을 맺고 있는 그런 분야에서만 가능하다. 그래서 이런 분야는 이미 언제나 안내서(입문서)라고 이해되고 알려져 있으며, 이해할 만한 것과 알려줄 만한 것이 있는 곳에는 어디까지나 넓혀져 있다. 그런데 이런 것은 존재(Sein), 즉 '그 어떤 것'이라는 말에 표현되어 있는 것 이외의 아무 것도 아니다. 이 존재라는 말은 우리들이 가지고 있는 개념들 중에서 가장 포괄적인 개념이다. 이 개념은 우리들을 모든 <너>와 모든 <그것(Es)>으로 이끌고 간다. 이 개념은 의식(意識)이라는 개념보다 그 폭이 넓다. 의식이란 존재 내부에 있는 한 조그만 영역에 지나지 않으며, 관념론이 믿고 있는 것처럼 그 반대는 아니다. 우리는 존재자를 미리 발견해내는 것이지, 그것을 만들어 내는 것은 아니다. 그래서 우리는 하나의 객관적인 계기를 갖게 되는데, 이 계기는 우리들의 인식과 모든 인간들의 인식 안에서 다 같이, 개별적인 인식들이 계속해서 밝혀나갈 그런 배경으로 된다. 그밖에 여러 견해들, 역사적인 유산, 좁은 지평(地平) 등이 아무리 하나의 인식을 꿰뚫고 있다고 하더라도, 그 인식이 인간의 다른 인식들과 완전히 다른 그런 인식은 아니다. 그 인식은 다른 모든 인식들과 동시에 관계하고 있으며, <존재한다는 것>, <그 어떤 것이 있다는 것>이 뜻하는 바와도 관계하고 있다. 이렇게 해서 모든 사람들 사이에 서로를 이해시킬 가능성이 주어지게 된다.

이 <그 어떤 것>, 즉 존재는 더 나아가 그때그때에 한 존재자의 전체적인 현실을 포괄하며, 또 그 존재자에게 아직 알려져 있지 않은 것도 포괄하고 있다. 따라서 이 <그 어떤 것>은 완전히 알려져 있지 않은 것은 아니다. 그것은 분명히 <그 어떤 것>이다. 알려져 있는 것과 알려져 있지 않은 것은 존재를 통해 서로 연관되어 있다. 그래서 인식의 진보가 가능한 것이다. 이 존재는 우리가 한 존재자에 관해 알 수 있는 최소한의 것이다. 이 존재는 모든 것을 내포하고 있으나, 분명하지 않고 명확하지 않게 내포하고 있을 뿐이다. 이런 것을 보다 더 분명하게 말해주는 것은, 모든 존재들이 존재할 수 있기 위해 반드시 가지고 있어야만 할 여러 구조들, 즉 실체, 우연적인 것 등등, 한마디로 말해서 존재범주(存在範疇, Seinskategorie)다. 이 존재범주들은 일반적인 존재론(Seinslehre, Ontologie)에 의해 연구되는데, 그래서 이 존재론은 철학에서 기초적인 것이다.

10. 추상

그런데 인간의 인식의 활동범위는 존재 또는 <그 어떤 것>의 모호함과 불분명성이라는 두 가지의 대립과 구체적인 존재자의 일회적인 특수성을 분명하고 완전하게 파악하는 것 사이에 있다. 이때에는 언제나 분명함이란 존재자(存在者, Seiendes, 개별적인 존재 : 역주)를 내포하고 있는 전체로서의 존재자의 존재에 의해 밝혀지며, 주목을 받게 된다. 그리고 이 주목은 전체적인 존재자에 관한 이러저러한 부분적인 견해에 교대로 쏠릴 수 있다. 이렇게 <밝혀짐>(추상함)은 전체와의 연관이 사라지고, 부분적인 내용이 사람이나 사물, 정의, (문장의) 유려함 등과 같은 하나의 전체적인 존재자이기나 한 것처럼, 이 부분적인 내용을 독립적인 것으로까지 만들 수도 있다. 이렇게 추상을 하는 일은 그 근원에 따르자면, 현실의 정해진 측면들과 개별적인 것들을 인식하는 데 이바지한다. 시야가 좁아지면 좁아질수록 추상은 그만큼 더 날카롭게 이뤄진다.

11. 주관(주체)의 자기 동일성

이해를 하고 말을 하기 위한 전제조건은 여러 의미들이 계속해서 유지되고, 급격하게 변하지 않는 것이다. 그런데 단어들의 의미는 그것을 <나>와 <너>가 '유지해나감'으로써 계속해서 유지된다. 그래야만 언어에 있어서 본질적인 것인 전통과 역사성이 가능해진다. 그러나 의미들이 유지되는 것은 <나>와 <너>가 계속해서 스스로를 유지해나감으로써 가능해진다. 나는 어릴 때 배운 언어를 알고 있다. 왜냐하면 나는 어렸을 때 언어를 배운 그 사람이기 때문이다. 달리 말하자면, 행동, 즉 정신적인 활동의 배후에 서 있는 <나(自我)>는 변화 속에서도 동일한 자로 남아 있다. 나는 여러 가지로 변했음에도 불구하고 어린애였을 때와 동일한 남자다. 동시에 우리는 여기서, 우리들이 순간적으로나 꾸준히 있음을 이해할 수 있을 그런 보기 하나를 들 수 있다. 의미를 위해서나 <나>를 위해서 중요한 것은 <완고하게 변치 않는 것>이 아니다. 만약에 그렇다면 언어는 조금도 발전하지 못할 것이다. 한 번 만들어지고 나면 언어는 움직이지 않고 그냥 그대로 남아 있어야만 한다는 것으로 된다. 다시 말하자면 그렇다면 언어는 일종의 자연필연적인 현상이고 역사적으로 제약받지 않는 그런 현상이라는 뜻이 된다. <나>에게 있어서 경험을 통해 밝혀지는 것은, 유지하는 일이 계속적인 변화의 한복판에서 이뤄진다는 사실이다. 그러나 이런 계속적인 변화도 <나>의 동일성(Selbstgleichheit, Identität)에 관여하거나 파괴하지는 못한다. 겉보기로 모순인 것처럼 보이는 것은, 우리들에게 충분히 알려져 있고, 하나의 이론을 이룹게 하기 위해 절대로 부정할 수 없는 그런 사실들에 바탕하고 있다. 오히려 이 모순은 우리들이 내적인 것을 알려주기 위해 외적인 것을 이용하고, 능동적인 것을 알려주기 위해 (외적인) 대상이 되는 것을 이용하도록 강요당하고 있는 데서 생긴 것이다. 왜냐하면 내적인 것과 능동적인 것은 본성적으로 <너>에게 파고들 수 없고, 오직 표현 속에서, 즉 외부의 대상적인 것의 세계로 파고드는 데서만 너에게 파고들 수 있기 때문이다.

12. 현실과 꿈

우리는 인식과 상관이 없는 (인식에서 독립해 있는) 한 가지의 현실을 파악하는 것, 즉 이런 현실에 대한 인식을 미리부터 이해하고 있다는 것에 대해서는 반대할 수 있을 것 같다. 왜냐하면 우리는 꿈속에서 남들과 말을 하거나 사물들을 지각한다고 믿고 있는 경우가 자주 있으나, 그렇다고 <나에게서 독립된 현실>이 말을 하는 사람들이나 사물들에게 주어져 있는 것은 아니기 때문이다. 이럴 때 <너>와 사물들 전체가 비현실적, 즉 <나>의 꿈이나 환상의 일종이 아니겠는가? 이러한 반론에 대해서 주목해야 할 것은, 우리들이 그 꿈의 내용을 꿈꾸어지지 않은 현실에 맞대어 계산해볼 수도 있고, 속임수를 진정한 현실에 맞대어 계산해 볼 수 있을 그런 때에만, 꿈이나 환상이나 속임수 등에 관해 말을 할 수 있다는 것이다. 즉 꿈이나 속임수 등은 하나의 실재적인 세계 안에서만 가능한 것이다. 진정한 현실에 비추어 꿈과 속임수에 관한 말을 하려는 것은, 그 말에서 모든 의미를 빼앗아 버리고 말 것이다. 그러고 나면 이 전체적인 공간이 현실일 것이다. 이제 전체적인 공간이라고 지칭되는 존재의 본성에 관한 형이상학적인 물음만 남게 될 것이다. 즉 이 형이상학적인 물음이 실재론과 객관적인 관념론 사이에서 어떻게 지탱될 것인가 하는 물음만 남게 될 것이다. 그리고 우리는 이 물음을 <주어져 있는 것>들을 바탕으로 해서, 비판적인 실재론에 유리하도록 결정해 왔다.

지금까지 말해 온 것은 경험에 일치한다. 꿈과 환상과 속임수 등의 내용은, 우리들이 일상적으로 현실이라고 일컬어 온 그런 영역에서 생겨난 것이다. 그 어떤 새로운 요인도 앞에서 말한 상태들에서는 경험되지(알려지지) 않는다. 꿈과 환상과 속임수 등은 이미 알고 있는 여러 요인들이 새로이 짜 맞춰진 것에 지나지 않는다. 그래서 이런 상태들은 미리부터 <깨어있는 현실>을 전제로 하며, 이 깨어있는 현실에 바탕하고 있다. 그래서 이 깨어있는 현실은 꿈과 환상과 속임수 등에 의해서는 해명될 수가 없다. <깨어있는 상태>와 <꿈의 상태>는, 이 깨어있는 상태들 사이에 의미가 있는 연관, 즉 독자적인 세계의 통일이 이루어져 있으나, 이와 반대로 꿈의 상태에는 이런 연관이 없다고 하는 사실에 바탕해서, 감각적으로 구별된다. 한 인간이 차례차례 꿈꾼 내용이, 깨어있을 때의 경험의 내용들 사이에 성립되어 있는 것과 같은 연관을 맺고 있다면, 꿈꾸어진 세계와 실재적인 세계가 구별되지 않을 것이다. 깊고 내적으로 연관이 있는 열정에 들뜬 환상을 한 뒤에는, 처음 몇 시간 또는 며칠 안에, 어느 것이 진짜 세계인지를 결정하기가 어려운 때도 가끔 있다. 꿈을 꾼 내용들 사이에 연관이 없는 이유는, 이 내용들 사이에는 꿈을 꾸고 있는 <나>를 통한 주관적인 연결만 있는 것과는 반대로, 깨어있는 현실의 내용들은 경험을 하고 있는 <나>에 의해 주관적으로도 연결되고, <너>와 사물들의 존재에 의해 객관적으로도 서로 연결되어 있기 때문이다. 만약에 도처에 주관적인 연관만 있다면, 구별을 지을 동기들이 모두 사라져버리고 만다. 그래서 앞에서 말한 반론은 이미 스스로가 거부하고자 하는 주장을 미리 전제로 하고 있는 것이다.

13. 관념론

그러나 앞에서 말한 반론은 보통 다음과 같은 뜻을 지니고 있다. 즉 <나>는 유일한 현실이 아니며, 모든 <너>와 모든 사물들은 다 같이 꿈속에서처럼, 언어에 대해서는 <나>의 산물이 아니란 말인가? 이제 <깨어있는(의식을 하고 있는)> <나>가 자기의 세계를 만들어낸다고 주장할 사람은 아무도 없다. 왜냐하면 이렇게 되고 나면 아무런 문제도 없겠기 때문이다. 그런데 이 깨어있는 <나>는, 우리들이 연구를 할 때 그것에 관해 그 무엇을 알게 되는 유일한 것이다. 이렇게 해서 생산을 해내는 원인으로서 문제 삼아지는 것은 잠정적으로는 조금도 알려져 있지 않은 한 가지의 현실뿐이다. 이런 현실은 깨어있는 <나>의 배후에 있으며, 이런 <나>와 <너> 그리고 사물들 모두를, <나>에게는 의식되어 있지 않은 과정 속에서 생산해 낸다. <나>와 <너> 그리고 사물들은 이 알려져 있지 않은 근거(바탕)가 생산해낸 것의 내용으로서 동일한 현실에서 나온 것일 것이며, 소위 실재의 단계에 있게 될 것이다. 그리고 이 단계에서는 깨어 있는 <나>가 아무런 특권도 갖지 않을 것이다. 그래서 인식론적으로 보자면, '외부의 세계', 즉 <너>와 사물들이 나에 의해서 생산되느냐—사실은 이와 반대다—하는 것은 문제로 되지 않고, 어떤 종류의 현실이 깨어있는 <나>와 <너> 그리고 사물들에게 알맞으냐? 하는 것이 문제다. 만약에 객관적인 관념론이 우리들의 꿈의 체험에 유추(類推)해서, <나>, <너> 및 사물 등을 어떤 알려지지 않은 원인의 의식내용(깨달은 내용)이라고 대답한다면, 그것은 이미 인식론이 아니며, 실재론을 첫 번째 단계로서 전제하고 있는 형이상학적인 쓸데없는 생각에 지나지 않는다. 그러나 자기 자신의 의식이 완결되어 있다고 하는 것, 즉 인격이 독립적이며 책임을 지고 있다고 하는 것은, 하나의 의식을 초월해 있는 것의 존재에 그 어떻게든 참여하는 것을 적극적으로 배제한다. 그래서 구체적이고 개별적인 <나>와 의식 전체의 관계는 모든 관념론 체계에서는 해결될 수 없는 모순으로 남아 있다.

14. 비판적 실재론이 그 성과다.

앞에서 살펴본 것의 근본적인 성과는 <모든 철학이 전제하고 있는 인간의 정신생활은 주로 대화라는 수단 속에서 이뤄지고 있다.>는 것이다. 대화는<나>와 <너>가 실제로 있는 것(Dasein)을 전제로 하고 있다. 그리고 이 <나>와 <너>는 다른 사람들의 그때그때의 의식과정의 산물일 수 없다. 더 나아가 <나>와 <너>는 그 존재에 있어서 <나>와 <너>로부터 독립해 있고 또 사람들이 서로 의견을 소통시킬 수 있는 지시에 따라 발견되는 그런 대상들인 <실제적인 존재>도 아니다. 이 대상들의 실제적인 존재는 궁극적인 바탕(기초)으로서 객관적이고—그러나 이때 끝까지 알아내지는 못하는—점점 더 깊어질 수 있는 현실에 대한 인식을 내포하고 있다. 이렇게 해서 우리들의 철학의 근본적인 태도가 주어지게 된다. 우리는 일종의 비판적인 실재론의 바탕 위에 서 있는 것이다. 인식과 존재가 동등하게 다뤄지지 않고, 인식은 본질적으로 존재에 관계지어져 있다. 그러나 현실은 인식보다 범위가 넓고, 미리부터 인식의 전제조건으로 되어 있다. 존재는 이미 그 이상으로는 거슬러 올라갈 수 없는 궁극적인 것이다. 그러나 이런 인식은 끝까지 밝혀낼 수 없는 것이고 충분히 파악할 수 없는 것이기 때문에, 특히 구체적인 것에 관한 개별적인 인식은 언제나 인식을 하는 사람의 인격 및 역사성과 함께 조건지어져 있기 때문에, 잘못이 있을 수도 있다. 그래서 개별적인 주장들은 그 진리성이 검증되어야만 한다.

15. 진리를 구별하는 수단

이런 검증은 첫째로, 대상을 살피는 데서 이뤄지고, 그 다음으로는 특히 다른 사람들이 자기들의 입장에서 알아낸 가능한 한 많은 인식들을 교환하는 데서, 즉 넓은 뜻의 대화 속에서 이뤄진다. 왜냐하면 이렇게 인식을 교환할 때에는 대상이 한 가지 점에서만 모습을 드러내지 않고, 가능한 한 여러 측면에서 모습을 드러내기 때문이다. 개별적인 인식의 주관적인 계기(동기)는 점점 더 과소평가되다가, 그 한계에 이르러서는 완전히 사라져버리고 만다. 왜냐하면 서로 다른 주관의 특별한 관찰방법에만 속하는 것은, 전체를 내다볼 때 하나의 전체로 연결되지 않고, 서로 모순되기 때문이다. 우리들이 이런 모순들이 그때그때의 입장에 의해 조건지어져 있다는 것을 꿰뚫어보고 또 서로를 화해시킬 그런 시각을 갖지 못하는 한, 우리는 구체적인 것에 관한 인식이 참(진리)이라는 확신을 가질 수 없다. 자체의 근원을 대상 안에 가지고 있는 것만이, 모든 인식이 그 객관적인 계기에 있어서 부분적인 견해를 가질 수 있는 그런 것의 구체적인 통일을 다시 이룩하고 보완해낸다. 이렇게 하나의 통일에로 합치되는 것, 즉 얽혀 있는 것은 구별을 해주는 수단, 즉 진리의 척도다. 그리고 가능한 한 많은 구체적이고 서로 독립적인 인식들이 서로 얽혀 개별적인 것 자체를 파악하게 해준다. 개별적인 경험들이 서로 떨어져 있으면 떨어져 있을수록, 구별을 짓는 수단은 그만큼 더 큰 작용을 한다. 여러 가지 감각들, 즉 글자 그대로 시각과 촉각에 의한 증명은 새로운 경험에 의해 대체되는 일이 자주 있을 수 있다. 오직 단순하고 추상적인 성질의 내용에 있어서만, 예컨대 수학에 있어서와, 푸름, 굳음 등과 같은 분해할 수 없는 본성에 있어서는 단순한 통찰(꿰뚫어 봄)만으로 충분하나, 구체적인 존재들에게 있어서는 통찰만으로는 충분치가 못하다. 무엇보다도 과학과 철학은 이런 대화적인 성격을 띠고 있다. 그러나 대화 그 자체는 언제나 거듭해서 <사태 자체>에 주목하는 데서 소재를 받아들이지 않으면 안 된다. 모든 것들이 스스로를 입증해내야 할 척도로서의 최종적인 심의기관은 <존재하고 있는 바의 것>(존재)이다. 그래서 모든 존재자들(일반적인 존재론)이나 현실의 일정한 분야(특수존재론)에만 본질적으로 타당하는 그런 특징들과 구조들을 밝혀낼 필요가 있다. 그리고 이런 특징과 구조에 따라, 존재하고 있는 것처럼 보이는 것의 존재요구와 인식의 진리요구가 측정되게 된다.

16. 어려움(문제)의 해결

이렇게 해서 첫머리에 제기했던 어려움들이 사실들을 통해 해결된 것으로 밝혀지거나, 오히려 거짓된 어려움들이었다는 것이 밝혀진다. 보편적인 회의(의문, 회의주의)와 보편적인 상대주의는 말로 표현되자마자 당장 허물어지고 만다. 물론 회의주의와 상대주의도 그들의 말로써 어떤 정해진 것을 나타내고 있겠지만, 이와 동일한 말은 유아론(唯我論, Solipsismus)에도 해당된다. 유아론이란 오직 자기 자신의 의식만 존재하고 있다고 믿고, 그 밖의 모든 것들은 순전히 이 의식의 내용에 지나지 않는다고 주장하는 이론이다. 유아론은 역사상 진정으로 주장된 일이 없고, 아무도 지지하지 않은 일종의 허구(虛構, 짜 맞춘 것)를 나타내는 것에 지나지 않는다. 바로 이런 사실이 <이해를 하고 있는 나>를 위해 <너>가 직접적으로 함께 주어져 있다는 것에 관한 위와 같은 연구를 잘 입증해주고 있다. 그러나 비록 여러 체제들이 논리적인 일관성이 없다는 이유로 유아론을 피해갔다고 하더라도, 유아론이 끈질기게 거부되어 왔다는 사실은 "<너>가 함께 주어져 있다는 것"을 강하게 꿰뚫어보았다는 것을 가리킨다. 그래서 "<너>가 함께 주어져 있다는 것"은 증명될 필요도 없고, 순환논법에 빠지지 않고서는 인간의 정신생활의 바탕이라고 증명될 수도 없다. 이 <함께 주어져

있음>은 인간생활이라는 사실 속에서 계속해서 꿰뚫어 볼 수 있는 일이다.

더 나아가 인식이 역사적인 제약을 받고 있다는 것은 부정할 수 없는 일이다. 그렇다고 모든 참된 인식이 불가능해지는 것이 아니라는 결론도 나온다. 이렇게 말함으로써 하나의 거짓된 절대주의만 거부당하게 된다. 즉 이 거짓된 절대주의란 그 어떤 구체적인 대상에 대해 완결된 인식을 할 수 있다고 주장하는 그런 절대주의다. 우리는 현실을 완전히 다 알아낼 수는 없다. 그렇다고 해서 우리들이 많은 것들을 <있는 그대로> 올바르고 믿음직하게 인식하는 데 방해가 되는 것은 아니다. 물론 우리들은 언제나 구체적인 것을 알맞게 인식하려는 도중에 있다. 그런데 이 길은 경험과 대화의 교환 및 연구다.

마지막으로, 인식 자체의 본질에서 생겨난 어려움도 그 의미를 잃고 만다. 인식은 우리의 <안과 밖에> 동시에 있어야만 한다. 여기서도 우리는 다시 어려움들의 근원을, 우리들이 대상을 표현할 때에만 능동적인 것에 관한 말을 할 수 있다는 사실에서 찾아낼 수밖에 없다. 대상을 표현하는 데도 <안>과 <밖>이 있다. 이 <안>과 <밖>은 생물의 세계에서 생겨난 것이며, 대립을 뜻한다. 그런데 안의(내부) 세계와 밖의(외부) 세계는 다 같이 하나의 세계의 부분들로서 미리부터 인식에 마주 서 있다. 이 개념들을 정신적인 인식의 영역에 적용하는 것은 알맞지가 못하다. 실제로 이어받은 언어와 우리들에게 고유한 언어가 다 같이, 우리들이 동시에 '그 안에' 있으며 또 '그 밖에' 있다는 것을 잘 드러내 보여주고 있다. 또 우리는 가장 외롭게 사고할 때에도 말(단어)을 통해 모든 <너>와 연관되어 있는데, 이 모든 <너>란 말을 형성하고 계승시켜준 자다. 이와 똑같이 우리는 그것에 따라 말들이 형성된 모든 사물들과도 연관되어 있다. 그래서 인간은 정신적으로 <그 안>과 <그 밖>의 차이를 넘어서 있다. 여기서 이런 차이는 직접적으로 <나>에게만 가능한 것, 즉 <나> 자신의 의식 내용을 가리키는 것의 명칭으로서, 그리고 <너>가 매개됨이 없이 원칙적으로 모든 것에 대해 적어도 자기 자신을 개방하고 있는 것의 명칭으로서의 뜻만 지니고 있을 뿐이다.

17. 전체적인 성과

<나>, <너> 그리고 세계는 존재에 있어서 서로 관계를 맺고 있는 것처럼, 인식에 있어서도 서로 관계를 맺고 있다. 앞에서 논의한 모든 어려움들의 긍정적인 성과는 실제로는, <나>, <너> 및 세계, 이 세 가지가 존재에 있어서 연관되어 있기 때문에 인식에서도 철저하게 분리될 수 없다고 하는 것이다. 그러나 이런 연계성은—이미 위에서 분명하고 일차적으로 설명해두었다—동일성은 아니다. 왜냐하면 <나>, <너> 그리고 세계는 하나로는 되지 않기 때문이다.

그래서 인식이란 그 이상 더 설명할 가능성도 없는 비밀스런 과정으로 되어 버린다. 그러나 우리들에게는 (인식한다는) 사실만으로도 충분하다. 모든 사실들이 다 '해명'될 수는 없다. 즉 다른 이미 알려져 있는 사실로 환원될 수도 없고 또 이미 알려져 있는 사실로 분해될 수도 없다. <첫 번째 것>은 모두 단순하다. 그래서 본래적인 뜻의 모든 분석과 설명은 부질없는 일이다. 많은 인식론들의 잘못은 바로, 우리들이 대상세계의 여러 과정들을 비교함으로써, 인식작용을 해명하려고 하는 데 있다. 이렇게 되면 인식작용은 그저 비밀스럽기만 한 것이 아니라, 모순투성이이고 따라서 불가능해 보이게 된다. 그러나 인식이 그 자체이기를 원치 않고, 자기가 조금도 해당되지 않는 그 어떤 다른 분야의 것이기를 원할 때는, 물론 인식은 불가능하다. 이와 반대로, 한 가지 사실의 내용을 해명하는 것은 또 다른 일이다. 사실의 내용을 해명할 때에는, 지나치게 복잡해서 보통은 명확하게 보이지 않던 것이 인식의 밝은 빛 속에서 보다 더 분명하게 되는 것이다. 언제나 자명한

사실로 인정되고 있던 것은, 지나치게 자명한 것으로 되어, 보지 못하고 지나쳐 버려질 수도 있고, 그 조직과 체계를 지탱해 나가기 위해 그런 사실이 있다는 것 자체가 부인될 수도 있다. 이럴 때에는 우리의 눈길을 <사실이 있다는 것>으로 다시 돌려야 하고, 분명하게 깨닫지 못했던 것을 완전히 <주어져 있는 것>으로 만들어야만 한다. 왜냐하면 대개의 경우 이렇게 하는 것은 철학에게 가장 중요한 일이기 때문이다. 따라서 현상, 즉 스스로 드러나는 것을 가능한 한 남김없이 해명하려고 한다는 뜻의 현상학이 모든 <철학함>의 출발점이요 전제조건이다. 여기에 덧붙여져야 할 것은, 현실의 여러 현상들에 본래부터 속하는 것과 인간의 파악방법에서 생겨난 것, 이 두 가지를 구별하는 그런 노력이다.

우리들이 <철학을 하는 데> 있어서 한 가지의 중요한 원칙은, 인식이 그 대상을 미리 찾아낸다고 하는 데서 생긴다. 여기서도 우리는 표현 때문에 혼란에 빠져서는 안 된다. 왜냐하면 인식이 다양하게 조건지워져 있다(제약받고 있다)고 해도, 인식과정은, 왁스가 찍혀져 있는 모양을 받아들이는 것처럼 그저 수동적으로 받아들이는 것은 아니기 때문이다. 인식을 하는 사람은 인식과정에서 오히려 능동적이고 창조적으로 활동한다. 그러나 인식의 바탕은 <미리 찾아내는 것>과 <받아들이는 것>으로도 되어 있다. 그러나 인식과정에서는 능동성 또는 자발성과 수동성 또는 <받아들임>이 모순되지 않고, 우리들이 절대화해서는 안 될 일종의 통일적인 사건의 여러 측면들이다. 그런데 <미리 찾아내지는 것들>은 존재자들, 즉 사실들이다. 이것들은 우리들의 인식의 내용이요 질료(소재)들이다. 그래서 사실들이 그 이상 더 해명될 수 없는 그런 때마저도, 사실을 존중해야 한다는 결론이 나온다. 그렇게 하지 않으면 우리는 인식의 바탕(토대)을 잃어버리고 만다. 즉 인식은 자유분방하고 구속되지는 않았으나 뜻이 없는 허구로 되고 만다.

또 언어에서 드러나듯이, <이어받는 것(계승)>은 <받아들이는

것>과 연관이 되어 있다. 우리들의 모든 정신생활은 전통에 얽매여 있다. 물론 전통만 보려고 하는 것도 사실과 모순되는 일종의 과정일 것이다. 전통은 독립적으로 이어져 내려오는 개인들을 통해서만 가능한 것이다. 그래서 참된 정신생활, 특히 존재를 광범위하게 포괄하고 있는 철학은 <전통에 얽매여 있는 것>과 개인의 창조적인 활동 사이의, 과거를 강조하는 것과 현재 사이의, 개인주의와 공동체 사이의 올바른 긴장관계 속에 성립된다. 이러한 관계들도 끈질긴 것만은 아니다. 중요성에 관한 강조점도 변할 수 있고, 계속해서 변하고 있다. 우리는 이 대립되는 것들의 여러 측면을 서로 다르게 강조하거나 지나치게 강조한 것 등을 살펴보기만 해도, 한 권의 온전한 철학사를 쓸 수 있을 것이다.

제2장 인식의 원리와 존재의 원리

(형식논리학 1.)

1. 진리

우리들의 존재 인식은 객관적이다. 그러나 우리의 존재 인식은 <다 알아 낼 수 있는 것>은 아니다. 그래서 하나씩 보자면 잘못들(오류)을 저지르게도 되어 있다. 이런 잘못들이 생기는 이유는 우리들이 경험하지 못한 것들을 습관적인 사고에 바탕해서 조급하게 채워 넣기 때문이다. 이 잘못들은 객관적인 것, 즉 궁극적으로는 존재에 비춰 본 검증에 따라 확증될 수 있고, 이런 검증을 통해 바로잡힐 수도 있다. 그래서 이 객관적인 존재의 구조들을 밝혀내는 것, 즉 모든 존재와 하나하나의 존재가 존재자이기 위해 지니고 있는 여러 성질들과 징표(특징)들을 밝혀내는 일이 근본적으로 중요하다. 이런 성질을 지니고 있지 않은 것은 존재할 수가 없다. 그래서 <이런 성질들을 가지고 있지 않은 것>에도 존재가 부여된다고 하는 주장은 잘못이다. 이와 반대로 하나의 존재자에게 존재를 인정해 주고, 비존재자에게 존재를 인정해 주지 않는 진술은 참이다. 진리와 잘못(오류)에 관한 이런 정의(定義)는 이미 아리스토텔레스가 내린 바 있다(형이상학, 1011 b 25). 따라서 진리란 (말로써 나타냈거나 단순히 생각만 했던) 주장이 사태와 일치하는 것이다. 따라서 진리는 인식을 하는 사람 안에 있고, 진리의 존재는 관계 속에서 성립된다.

2. 모순율

우리는 <너>와 사물들이 객관적으로 존재하고 있는 것을 진리라고 확증했다. 이렇게 <존재하고 있다는 것>은 모든 객체들에 관해 실제로 말해질 수 있다. 즉 하나하나의 개체는 오직 그 자체일 수밖에 없다. <너>는 절대로 <나>가 아니며, <나>는 절대로 <너>가 아니다. 사물들도 우선은 <너>와 <나>로부터 구별되며, 서로들 간에도 서로 다르다. 그렇지 않다면 명칭을 붙이는 일, 즉 언어도 불가능하고, 이해(理解)하는 일 즉 인식도 불가능할 것이다. 존재하고 있는 모든 것은 각자가 <그 스스로(자체)>이기 때문에 <남(他者)>이 아니다. 이런 것은 일종의 수학적인 상징(부호)으로써도 표현될 수 있다. 즉 <A는 비A가 아니다.>라고 표현될 수 있다. 이런 명제를 <모순율>(der Satz vom Widerspruch)이라고 한다. 이 모순율이 첫 번째의 존재원리다. 따라서 이 모순율에 분명하게 모순되는 것은 객관적인 존재를 가질 수 없으며, 일종의 착각에 지나지 않는다. 물론 이때 이런 모순이 실제로 있느냐, 또는 우리들의 인식이 알맞지 못해서 그저 겉보기로만 있느냐 하는 문제는 정확히 따져져야만 한다. 일종의 존재가 우리들의 인식(의 한계)을 넘어서면 넘어설수록, 따라서 우리들이 그 존재에 관해 가질 수 있는 인식이 불충분하고 알맞지 못하면 알맞지 못할수록, <한 가지의 모순이 있다.>는 주장은 그 만큼 조심스레 검증되어야 한다. 하지만 문제되고 있는 존재 영역이 우리들의 인식 능력에 알맞으면 알맞을수록, 우리는 모순이 있는지를 확정지을 때 그만큼 더 자신있게 나아갈 수 있고, 모순에 찬 존재를 착각이라고 선언할 수 있다.

3. 유비(類比)

동일한 사실이 달리 표현되기도 한다. <나>, <너> 및 객관적으로 존재하고 있는 사물들은 실제로 <그것들은 존재하고 있다.>고 말해진다. 그러나 이런 것들의 존재는 그 어떤 공통적인 것이 아니다. 하나하나의 존재자는 자기에게만 고유하고, 구체적이고, 일회적이며, (남들과) 바꿀 수 없는 그런 존재를 가지고 실존하고 있다. 겉보기로는 모순처럼 보이는 그런 종류의 모순에서는 다음과 같이 표현되기도 한다. 즉 <존재하고 있는 모든 것은 존재 안에서 일치되고, 존재 안에서 서로 구별된다.> 그러나 다음과 같은 명제는 사실에 더 가깝기 때문에 보다 더 단순하고 보다 더 낫다. 즉 <모든 존재자들은 존재 안에서 서로 비슷하다.> 이 모든 것들은 존재하고 있으나, 각자의 독자적인 존재를 가지고 존재하고 있다. 우리는 모든 존재자들 사이의 이런 근원적인 비슷함(類似性)을 그리스어에서 유래된 명칭인 유비(類比, Analogie)라고 한다. 이 유비라는 말은 <비슷함>을 뜻하는 말에 지나지 않는다. 이 존재의 유비는 존재 인식과 함께 <알려진다(인식된다).> 내가 일정한 존재자에 관해 <그 것이 (존재하고) 있다>고 말할 때에는 언제나, 이 유비를 함께 주장하고 있다. 유비는 존재, 즉 존재자 자체의 현실과 관계가 있지, 존재자에게 외적으로 연관되어 있는 것이 아니기 때문에, 우리는 이 유비를 일종의 내적인 유비라고 한다.

이런 유비는 다음과 같은 것을 내포하고 있다. 즉 <나머지 존재들과 너무나도 달라서, 조금도 비슷하지(유사성) 않고, 또 비슷한 점이 조금도 없는 그런 존재자는 있지를 않다.> 오직 존재와 비존재 사이에만 그런 철저한 차이가 있을 뿐이다. 다른 편으로 그 어떤 존재자도 다른 존재자와 아무런 차이도 없이 그저 똑같을 정도로 비슷하지는 않다. 그 언제나 양쪽 편의 개체성 또는 개별성이 있는데, 이 개별성은 절대로 공통적일 수가 없다. 왜냐하면 이 개별성이 바로 존재 근거이기 때문이다. 즉 이 존재 근거 때문에 한 존재자가 다른 존재들로부터 구별되고, 바로 그 존재자인 것이다. 물론 우리들이 언제나 구별을 확인할 수 있는지 없는지, 또는 두 개의 존재자들이 그 구별이 우리들의 인식의 한계에 이를 만큼 비슷하지 않을 수 있는지 없는지 하는 것은 또 다른 문제다. 그러나 여하튼 실제적으로 있는 두 개의 존재자들 사이에 <완전한 같음(同一性)>과 <완전한 다름(差異)>은 없고, 존재 안에는 적어도 경우에 따라 서로 다른 커다란 비슷함만 있다는 것이다. 따라서 완전한 같음과 완전한 다름은 두 존재자의 전체적인 존재에는 들어맞을 수 없고, 이 두 존재자의 그 어떤 겉보기, 즉 한 측면에 지나지 않는다. 그래서 완전한 같음이나 <같지 않음>은, 예컨대 수학이나 보편개념들과 같은, 추상적인 것의 분야에만 있을 수 있다. 이런 완전한 같음이나 같지 않음은 실제적인 존재자들 전체를 다룰 때에는 있을 수 없다.

유비라는 사실은 우리들이 존재를 인식하는 데 있어서 매우 큰 뜻을 지니고 있다. 즉 존재는 예외 없이 같은 정도의 크기도 아니고, 또 완전히 다른 이질적인 사물들을 가리키는 공통적인 단어도 아니며, 일종의 유비적인 개념이다. 존재자들 전체는 보다 크거나 보다 작은 비슷함(닮음)의 단계에 따라 존재의 단계질서 또는 위계질서(位階秩序)로 정돈되어 있다. 존재의 이런 단계질서는 한편으로는 일원론과 관념론에 반대되며, 다른 편으로는 철저한 다원론에 반대된다. 존재자들 사이의 통일이라는 것은—객관적인 존재에 있어서건(철저한 뜻의 일원론, 유물론) 또 모든 존재는 의식이라고 하는 것(관념론)을 통해서건 간에—예외가 없는 <같음>의 통일도 아니고 또 아무런 연관도 없는 많은 것(다원론)의 통일도 아니며, 바로 예외 없이 비슷하다는 것을 뜻한다.

4. 충족이유율

우리는 존재에 대한 또 한 가지의 정의를 내릴 수 있다. 나, 너 및 말해지고 있는 존재자들은 언제나 하나의 완전히 독자적이고 구체적이며 정해진 존재를 가지고 있다. 헌데 이렇게 된 데에는 두 가지의 이유가 있다. 예컨대 내가 소리를 듣는다면, 그것은 한 편으로는 나의 활동이며, 그 자체가 나에게 속하는 특성을 지니고 있다. 다른 편으로는 나는 남이 말하는 것을 듣는다. 즉 나는 남의 말을 듣는 동안에 남에 의해 규정된다. 나는 <나>와 <너>를 함께 합칠 때에만, 지금 바로 내가 들은 것을 이해하게 된다. 나는 <너>도 이렇게 두 가지의 방법으로 동시에 규정된다는 것을 경험하게(알게) 된다. 더 나아가 우리들의 언어는 과거의 사람들이 사물들에 대해서 했던 경험을 통해, 지금 있는 그대로의 것으로 된다. 아무래도 말을 할 수 있는 가능성은 내가 사람이라고 하는 사실에 바탕하고 있을 것이다. 그러나 실제로는 이것만으로는 충분치가 못하다. 여기에는 반드시 다른 사람들의 영향이 덧붙여져야만 한다. 이 다른 사람들의 영향은 궁극적인 것에 이르기까지를 규정하는 현실에 끼어들 수 있는 것이다. 그래서 우리는 규정을 하는 것과 규정되는 것의 커다란 연관을 인식하게 된다. 규정을 하는 것은 우선 문제가 되는 존재자 자체에서부터 출발한다. 한 인간에게 있어서는 그 삶이 인간의 삶이고, 동물에게 있어서는 그 삶이 동물의 삶이다. 이와 같이 나 안에서는 나의 생각이 바로 나의 생각이요, 너 안에서는 너의 생각이 바로 너의 생각이다. 우리는 독자적인 존재가 이렇게 규정되어 있는 것을 형식상의 근거(이유, Formalgrund)라고 한다. 왜냐하면 이렇게 규정된 것이 규정을 내리는 자의 본질 형식에 내적으로 관여하고 있기 때문이다. 그러나 우리들은 우리들이 경험하는 대상들에 있어서는 이 형식상의 근거가, 이 대상들의 존재가 구체적으로 규정되어 있는 것을 충분히 해명하지 못하고, 규정을 내리는 두 번째의 영향(적용)이 있어야만 한다는 것을 알고 있다. 우리는 이렇게 다른 것에서 생겨나는 작용을 작용원인(Wirkungsursache)이라고 한다. 우리는 이 두 가지(형식상의 이유와 작용원인)를 함께 합칠 때에야 비로소 한 존재자가 지금 여기서 바로 이러하고, 다른 것이 아닌 이유를 이해할 수 있다. 그리고 우리들의 존재 인식이 객관적이고, 또 우리들이 이런 경험을 매 번 하고 있기 때문에, 한 존재자가 문제될 때에는 그 존재자는 존재 자체에 말미암은 것(원인)이다. 따라서 우리는 <모든 존재자는 그것의 규정을 위한 충분한 근거(이유)를 가지고 있는데, 이 근거 때문에 그 존재자가 바로 이렇고 다르지 않은 이유가 밝혀진다(충족이유율).>고 주장할 수 있다. 이 이유(근거)는 우리들이 경험하는 존재자들에게 있어서는 형식상의 근거(이유)와 작용원인이라는 두 가지의 원천으로 나눠져 있다.

물론 우리는 또 이 두 가지가 결정을 내리는 영향(력)의 관계가 고정적인 관계가 아니라는 사실을 관찰할 수 있다. 금방 형식상의 원인이 우세했다가 작용원인이 우세했다가 한다. 이제 우리는 이 관계를 두 방향으로 나눠 끝까지 생각해 볼 수 있다. 우선 오로지 남(다른 것)에 의해서만 규정되고 자기 자신에 의해서는 조금도 규정되지 않는 그런 것이 있다. 이것은 자기 스스로에 의해서는, 즉 다른 것의 영향이 없으면 없게 될 것이다. 다른 편으로는 순전히 있는 그대로의 자기 자신에게만 의존하고, 남의 영향은 조금도 받지 않는 그런 존재자가 있을 수 있다. 이런 존재자는 물론 매우 풍족한 존재, 아니 가장 풍족하고 가장 완전한 존재일 것이다. 왜냐하면 이런 존재자는 스스로가 가질 수 있는 모든 것을 다 가지고 있기 때문에, 밖으로부터는 아무 것도 받아들일 수 없기 때문이다. 이런 존재자는 완전히 그 자체이며, 자기의 존재 안에는 남의 것이라곤 아무 것도 없고 또 자기 자신의 것이 아닌 것은 하나도 없다. 이런 것이 이 존재자의 독자적인 충분한 형식상의 근거다. 이 존재자는 작용원인을 갖고 있지 않다. 도대체 이런 존재자가 있느냐 하는 것을 우리는 경험에서 직접적으로 알아낼 수는 없다. 또 우리는 이 문제를 지금 여기서 결정하려고도 하지 않는다.

우리는 문제되고 있는 존재자가 규정되어 있는 것을 설명해 주는, 남의 영향(력)도 아무 데서도 보지 못한다. 그래서 우리는 이 존재자를 완전히 파악하지는 못하고 있다. 그래서 우리는 계속해서 찾아 헤매고 있으며, 작용원인을 찾아냈을 때에야 비로소 만족한다. 이렇게 해서 여러 학문들이 생겨난 것이다. 이 학문 모두들에게 있어서는 충족이유율이 일종의 자명한 전제다. 그리고 우리는 이 전제가 없이는 연구를 할 수 없으며 따라서 학문을 만들어 내지도 못했을 것이다. 그러나 학문(과학) 자신은 이 충족이유율의 진리를 꿰뚫어보지 못한다. 이 진리를 꿰뚫어보는 것은 철학의 과제다.

이 충족이유율은 가장 큰 뜻을 지니고 있다. 주로 형식상의 근거와 관련돼 있는 모순율은, 우리들에게 한 존재자를 검증에 통과된 올바른 존재라고 인식하게 해준다. 그러나 모순율은 우리들로 하여금 존재자를 넘어서게 해주지도 못하고, 또 존재자가 구체적으로 규정되어 있는 것을 이해할 수 있게 해주지도 못하고, 그저 존재자를 확정하도록만 해준다. 충족이유율은 이와 다르다. 특히 우리들이 작용원인의 측면에서 충족이유율을 볼 때에는 더욱 더 그렇다. 충족이유율은 우리들로 하여금 <눈앞에 있는 것> 즉 직접적으로 경험한 것을 넘어서서, 아마 우리들이 아직까지 보지도 못한 그런 다른 어떤 것으로 인도해 준다. 이렇게 해서 비로소 우리는 <경험한 것이 이렇고 다르지 않게 해 주는> 정해진 원인이 되는 그런 다른 것을 추구할 수 있게 되었다. 그런데 이렇게 추구하는 것이 발견을 하게 하고, 경험을 넓혀 나가도록 해주었다. 우리는 충족이유율의 도움으로, 아직 우리들의 경험의 테두리 안에는 나타나지도 않았고, 단순히 다른 존재자들에게 행사하고 있는 원인을 통해서 존재하고 있는 그런 존재자에 관한 말까지 할 수 있게 되었다. 즉 우리는 충족이유율을 가지고써 우리들의 직접적인 경험을 넘어선다. 물론 이렇게 해서 얻어낸 인식은 언제나 불완전하고, 직접적인 경험에는 미치지 못한다. 그래서 우리는 우리들이 충족이유율을 통해 주목하게 된 이런 존재자를 직접적으로 잘 알아야 한다는 강박감을 가지고 있다. 그런데 그럼에도 불구하고 이렇게 해서 얻어진 인식은 완전한 무지보다는 나은 것이며, 따라서 비난해서는 안 된다.

5. 스스로 철학하는 것과 전통

우리는 앞에서 알아낸 두 가지의 존재원리들을 가짐으로써, 우리의 여태까지의 모든 인식과 이해들을 검증해 볼 수단을 갖게 되었다. 물론 이런 검증은 커다란 노력을 요구하는 일이 자주 있다. 이런 검증은 한 개인만으로는 도저히 해낼 수가 없다. 그러나 한 개인도 검증을 하는 데에는 홀로 있는 것이 아니다. 모든 사람은 정신생활을 할 때 다른 많은 사람들의 공동체의 일원으로 되어 있기 때문에, 이 검증은 이런 저런 일상적인 대화와 과학적인 연구 등에서 이뤄지게 된다. 그러나 궁극적인 확실성을 부여해 주는 것은, 앞으로 보게 될 바와 같이, 철학적인 연구다. 이 철학적인 연구는 동시에 우리들의 여태까지의 앎의 방법이 거둔 성과의 존재의미를 걱정한다. 즉 그 성과가 단순히 인간에게 고유한 견해들을 나타내고 있는 것인지 또는 객관적인 뜻을 지녔는지, 그리고 우리들에게 사물의 실제적인 존재를 가르쳐 주는 것인지 하는 것 등을 결정짓는다. 이렇게 할 때 많은 사람들의 다양한 경험과 연구가 자기 자신의 경험과 연구에 일치하는 것이 많으면 많을수록, 인식하는 사람은 그만큼 더 좋은 위치에 있는 것이다. 왜냐하면 순수하게 주관적이고 긴 앞을 내다보는 그런 요인들을 효과적으로 제거해 버릴수록, 인식 전체가 그만큼 더 객관적이고 믿음직해지기 때문이다. 그래서 진리에 마음 쓰고 있는 철학은 언제나 전통과 대결(對決)을 하게 되고, 전통 속에 보존되고 있는 견해들을 논증을 통해 조심스레 헤아려 보아야만 한다. 지나가 버리는 시대 상황에 따라 정해져 있는 것은 그 시대 상황에 따라 해명되어 있고, 동시에 어느 시대에나 타당하는 것이라고 처리되어서는 안 된다. 또 오늘날 우리들이 가지고 있는 인식이 충분치 못해서 생긴 것도 언제나 타당한 것으로 보아서는 안 된다. 그러나 기타의 어떤 것은, 우리들이 오늘날 직접적으로 다가설 수 없고, 또 다른 것들 때문에 우리들의 시야가 가리어져 있는 그런 현실들을 보게 해줄 동기가 될 수도 있다. 물론 이럴 때에도 독자적으로 꿰뚫어 볼 수 있어야만 한다. 그렇지 않고서는 인간적인 믿음(신앙)만 다뤄지지, 철학적인 인식과 통찰(洞察, 꿰뚫어 봄)은 다뤄지지 않게 된다.

제3장 판단과 개념

(형식논리학 2.)

(무엇을) 알려 주는 것과 생각(사고)하는 것은 판단 속에서 말로써 표현되는 정신적인 운동에서 이뤄진다. 생각하는 것은 단어들 속에서 진행되는데, 이 단어들을 통해 한 가지의 생각되어진 의미가 분석되기도 하고, 동시에 다시 문장으로 통일되기도 한다. 현실이 이런 사고운동에 반영되는 것일까? 그렇지 않으면 이 현실은 다른 어느 곳에 그 근거를 가지고 있는 것일까?

이럴 때 이용된 단어들은 때로는 하나의 개별적인 존재자에게만 들어맞고, 또 다른 때에는 같은 방식으로나 다른 방식으로 여러 존재자들에게 들어맞는다. 그래서 말(馬)이라는 단어는 지금 바로 생각되고 있는 한 마리의 말에 관해서만 말해질 수 있는 것이 아니라, 말이라는 전체적인 종(種)에 관해서도 말해질 수 있는 것이다. <말은 포유동물이다.>라는 진술에서 "말"과 "포유동물"이라는 단어들이 뜻하는 것은 정해진 개별적인 존재자가 아니라, 정해지지 않은 다수인 것이다. 그럼에도 불구하고 이 단어들은 단수로 되어 있다. 다른 방법으로, "독일"이라는 개념은 통일되어 있는 다수를 나타낸다. 이런 개념들이 구체적인 현실과 어떤 관계를 가지고 있을까?

A. 판단론

1. 주어, 술어, 계사

일반적으로 하나의 간단한 판단은 주어(主語, 主辭, Satzgegenstand, Subjekt)와 술어(述語, 客語, Satzaussage, Praedikat)로 이뤄져 있다. 주어는 지각(知覺)들 전체를 나타내는 지시대명사이거나 명사다. 술어는 일종의 동사이거나, "이다"라는 계사(繫辭, Kopula)와 서로 다른 단어들로 합쳐져 있다. 이때 계사는 주어와 술어를 서로 연결시켜 주고 명사들과 형용사들에는 없는 인칭과 시칭을 보완해 주기만 하는 거의 내용이 없는 단어다. 예 : <너는 젊다.>, <그들은 컸다.> 등. 매우 많은 언어들에는 계사가 완전히 없고, 또 다른 많은 언어들에서는 아무런 의미도 없는 단어가 계사의 임무를 맡고 있다. 그래서 우리나라(독일) 언어에서, "이다"(sein)라는 말을 사용하는 데서 형이상학적인 결론을 이끌어 내려는 것은 옳지 못한 일일 것이다.

한 문장에서 절대적으로 없어서 안 될 것은 술어뿐이다. 주어와 계사는 <불이야!>, <찾았다!> 등과 같은 문장에는 들어 있지를 않다. 또 비인칭문장에는 실질적인 주어는 없고 문법상의 주어만 있다. 'es regnet.'(<비가 온다.>라는 뜻 : 역주)에서의 es는 아무런 뜻도 없고 그냥 문법상으로 주어의 자리만 차지하고 있을 뿐이다. 그밖에도 동사를 술어로 하고 있는 모든 문장들에는 계사가 없다. 'er geht.'(<그가 간다.>라는 말로 여기에는 계사가 없다. 역주)는 'er ist gehend.'(<그는 걸어가고 있다.>라는 뜻인데, 여기에는 'ist'<~이다.>라는 계사가 들어 있다. 역주)와 같은 뜻이 아니다. 이와 반대로 서술어가 없는 문장은 의미가 들어 있지 않다. 예컨대 'er ist~'(그는 ~이다)라는 문장은 'ist'가 '존재하고 있다(existieren).'는 동사가 아니라 계사로 이해되는 한 아무런 뜻도 없다. 술어가 중요하다는 것은 술어가 언제나 문장의 강조점을 띠고 있다는 사실에 의해서도 드러난다.

2. 인간의 인식 형식으로서의 판단

이러한 사실을 올바르게 설명해 주는 것은 다음과 같은 설명이다. 즉 술어는 한 가지의 전체적인 내용 안에서 일정한 사태나 그 내용의 정해진 특징들에 주목하게 하고, 이 특징들을 이끌어내게 해준다. 예컨대, <말(전체적인 내용)은 검다(여러 가지 주목할 만한 특징들 중에서 이끌어 낸 성질).> 이 문장에서 전체적인 내용을 지적해 주는 것은 주어다. 강한 인상들을 받았을 때처럼, 술어가 의식(意識)의 내용을 가득 채우고 있거나 또는 느낌이 들 때와 냄새가 나는 상태 등에 있어서처럼 전체적인 내용이 정해져 있지 않을 때에는, 주어가 제시될 수 없다. 예: <불이야!(Feuer!), <비가 온다(es regnet).> 이렇게 우리의 인식은 처음에는 보다 더 큰 인상이나, 전체로서의 사태를 포괄하고, 그 다음에는 이런 포괄과 더불어 바로 눈에 띄거나 중요하다고 생각되는 것에 주목하게 한다. 그 이유는 우리들의 인식 능력, 특히 감각적인 인식이 유한하고 시간에 얽매여 있기 때문이다. 우리들의 눈길(시선)이 한꺼번에 많은 것(주어)을 포괄하게 되면, 하나하나의 것들은 뚜렷하지 않게 된다. 그래서 눈길은 바로 중요하거나 새로이 나타난 하나하나(술어)에만 한정되어야 한다. 그래야만 그것들을 보다 더 정확하게 볼 수 있다. 처음에 하나하나가 분명하게 인식되고, 그 다음에야 비로소 <저기 검은 것은 지빠귀 무리다.>와 같이 전체가 인식되는, 그런 거꾸로 되는 경우는 드물다.

따라서 판단의 형식은 판단이 내려진 현실이 아니라, 판단을 내리는 인간의 존재 방식에 뿌리박고 있으며, 그래서 우리들에게 그 현실에 관해서 아무런 말도 해주지 않는다. 당장 이랬다 또 당장 저랬다 하는 우리의 인식 운동을 간단히 존재 운동과 같은 것으로 다뤄서는 안 된다. 우리들은 판단 그 자체만을 통해서는 현실적(실제적)인 존재가 아니라, 우리들의 사고가 지향(의도)하는 존재에로 파고들게 된다. 이런 것을 증명해 주는 것은 잘못된(거짓된) 판단들인데, 이 잘못된 판단은 그 형식이나 동의(同意)를 하는 확실성 등에 있어서는 참된 판단들과 조금도 구별되지 않는다. 왜냐하면 그렇지 않고서는 아무도 속일 수 없겠기 때문이다. 그러나 잘못된 것(오류)은 실제적인 존재를 가질 수 없다. 이 잘못된 것이 있을 수 있는 형이상학적인 장소는 바로 앞에서 말한 <지향하는> 존재의 지평이다. 하나의 판단이 이러한 지평을 거치는 동안 실제적인 존재자와 관계를 맺느냐 맺지 않느냐 하는 것을 결정내리는 것은 평가를 내리는 사람의 생각이지 판단의 형식이 아니다. 술어는 주어에 대해 가능한 모든 관계들을 가질 수 있다. 즉 단순히 하나의 징표가 하나의 본질에 대해 가질 수 있는 그런 관계가 아니다. 판단에 따라다니고 큰 소리로 표현되는 동의(同意)라는 것은 우리들이 판단내려진 것을 표현된 그대로 실제로 그렇게 생각하는 것을 뜻하지, 그저 그렇게 지껄여 대는 것을 뜻하지 않는다. 동의란 진리를 위해 인격을 건 것이다. 그리고 인격을 걸었으면 거의 상관없는 허튼 소리까지의 모든 정도의 엄숙한 맹서를 받아들일 수 있어야 한다.

3. 분석판단과 종합판단

판단들을 분석판단과 종합판단으로 나누는 것은 철학적으로 중요한 일이다. 분석을 해볼 때 술어가 주어 속에 들어 있는 그런 판단들은 분석적이다. 따라서 이런 판단들의 진리는 새로운 경험을 이용하지 않고서도 잘 검증될 수 있다. 주어의 의미가 올바르게 파악되고 분석이 올바르게 행해지는 것만으로 충분하다. 물론 주어 자체는 그 어떤 일시적인 경험에만—전체로서 이건 단순한 징표로서 이건—주어져 있을 수 있다. 단순한 분석을 통해서 술어가 주어 안에 들어 있지 않는 그런 판단들은 종합적이다. 예컨대 "작은"이라는 말 그 자체는 "집"이라는 개념에 포함되어 있지 않고, 하나의 판단을 통해 집에 덧붙여진다.

분석판단들은 철학적으로 아무런 어려움도 없다. 다만 이것을 이용할 때 의문이 생기는 일이 가끔 있을 뿐이다. 이런 의문을 없애기 위해 사람들은 언제나 여러 모로 이런 판단들로만 이뤄져 있는 수학을 참조하라고 해 왔다. 사실 이런 어려움은 위에서 말한 것을 통해 이미 제거되었다. 즉 <개념 속에 하나의 징표가 내포되어 있다는 것은 그 징표가 언제나 뚜렷하게 주어진다는 뜻이 아니다.> 분석판단을 통해서 이런 종류의 뚜렷하지 못한 징표가 뚜렷하게 된다.

4. 칸트의 판단론

칸트는 종합판단들을 두 가지 종류로 나눴다. 선천적 종합판단(先天的綜合判斷, synthetische Urteile a priori)과 후천적 종합판단(後天的綜合判斷, synthetische Urteile a posteriori)이 그것이다. 후천적 종합판단이란 직접적으로 경험에서 생겨나고, 따라서 경험을 한 후에야 내려질 수 있는 그런 판단이다. 이와 반대로 선천적 종합판단이란 술어가 절대로 주어 안에 내포되어 있지 않고, 그러면서도 이성이 경험을 하기 전에, 경험과는 상관없이 그 타당성을 인식할 수 있는 그런 종합판단들이다. <그 집은 작다.(Das Haus ist klein.)>라고 말할 때, "집"과 "작은"이란 단어가 짝을 이룬 것은, <바로 말을 하고 있는 그 집이 주어져 있다.>는 것을 알기(지각했기} 때문에 그렇게 된 것이다. 한 가지의 일회적인 사실이 이 종합판단의 진리를 밑받침하고 있다. 그래서 이 종합판단은 후천적이다. 이와 반대로 우리들이 <생성되는 것은 모두 원인이 주어져 있었다.>고 말할 때에는, 주어를 아무리 분석해도 술어를 나타나게 하지는 못한다. 하지만 우리는 <이 명제는 가

능한 모든 존재자들에게 타당하며, 또 우리들이 여태까지 경험하지 못했고 앞으로도 절대로 경험하지 못할 그런 것들에도 타당한다.>고 판단하고 있다. 이 판단들의 진리를 어떻게 설명해야만 할 것인가?

불완전한 경험에서 확실하고 보편타당한 판단을 이끌어내는 일은 불가능할 것만 같다. 그래서 칸트는 하나의 다른 길을 걷는다. 그는 보편타당성의 근거를 대상에서가 아니라, 생각을 하고 있는 주관(주체)에서 찾으려 애썼다. 칸트는 인간의 모든 사고는 하나의 필연적인 구조를 가지고 있으며, 사고는 이 구조를 가지고써 단순히 현실을 받아들이기만 하는 것이 아니라, 이렇게 받아들일 때에 현실을 대상으로 형성해 나간다고 해석했다. 그는 이 구조를 범주(範疇, Kategorie, 일반적인 기본개념이라는 뜻 : 역주)라고 했다. 모든 경험은 이 범주를 응용함으로써만 생긴다. 범주가 없이 경험을 하려는 것은 생각함이 없이 생각하는 것과 같다. 이제 이런 구조들을 바탕으로 해서 몇몇 개념들, 즉 <선천적인 종합판단>에서 말해지는 그런 개념들을 함께 생각해 볼 필요가 있다. 그렇게 해보면 이 개념들이 서로 연관되어 있다는 사실은, 분석판단에 있어서와 같이 주어를 분석하는 것에 의해서도 밝혀지지 않고, 또 후천적인 판단들에 있어서와 같이 일회적인 경험에 의해서도 밝혀지지 않는다. 이 개념들이 서로 연관되어 있다는 사실은 경험에 앞서 필연적으로 범주, 즉 사고 자체의 구조 안에 뿌리박고 있다. 그래서 우리는 인간의 모든 올바른 사고는 언제 어디서나 반드시 <똑같은 선천적인 종합판단>을 내릴 것이라고 절대적으로 확신할 수 있다. 칸트는 사고의 범주들을 확정짓는 연구를 일종의 선험적인 연구, 즉 범주에 알맞춰 생기는 사고라고 객관적으로 일컬었다.

분명히 이 객관적이라고 하는 것(객관성)이 우리들이 정한 객관성과는 완전히 다른 뜻을 지니고 있다. 또 <인식한다는 것>도 다른 뜻을 지니고 있다. 이제 인식(하는 것)은 현실 자체에 관해 아무런 말도 할 수 없다. 거기에다 범주가 없이, 즉 사고(생각함)가 없이 생각한다는 것은 당연히 불가능한 일일 것이다. 철학은 현실, 즉 <사물 그 자체(Ding an sich)>에 관한 학문이 아니라, <인간이 인식하는 것>에 관한 학문이다. 객관적으로 존재를 인식하는 것으로서의 형이상학은 불가능하다.

5. 관념론적인 판단론과 상대주의적인 판단론

칸트는 범주가 있어야 할 이유에 대해서는 묻지를 않았다. 원래 그런 것을 묻는 것은 아무런 뜻도 없다. 사고란 바로 그런 것이다. <사고의 저편>에 있는 것을 생각해 보려 한들 무슨 소용이 있겠는가? 사고의 구조들은 사고 자체에 다시 적용될 수는 없다. 그럼에도 불구하고 사람들은 칸트에 따라 그 어떻게든 범주들을 설명하려고들 애썼다. 관념론은 범주를 설명해 볼 목적으로 사고의 운동을 현실의 운동과 같은 것으로 보았다. 즉 존재와 사고가 하나의 유일한 현실연관(연관된 현실)을 이루고 있다는 것이다. 그러나 이런 설명은 인격의 자기규정과 자기 존재에는 들어맞지 않는다. 인격 대신에 범주들에 의해 규정된 것들이 들어선다. <다른 사람들은 인격의 원천(근원)을 인간의 심리적인 바탕에서 찾아 헤맸다. 달리 구성되어 있는 존재들은 다른 범주들을 가질 수 있을 것이다.> 이런 것은 심리주의의 학설이다. 또 사람들은 범주를 실용적으로 생존경쟁에는 이겼으나 객관적인 현실에 관해서는 아무런 말도 하지 않는 그런 사고방식이라고 보기도 했다. 영국과 미국에 널리 퍼져 있는 이 학파의 명칭을 <실용주의(Pragmatismus)>라고 하는 것은 알맞은 명칭이다. 또 사람들은 역사주의에 찬동하여 범주를 시간에 따라 변하는, 역사적으로 형성된 사고 습관이라고 하기도 했다. 이렇게 해서 바로 칸트가 자기의 이론을 통해 확립하려고 했던 사고의 확실성과 절대성이 뒤흔들렸다. 스스로가 변하는 범주들과 더불어 진리도 변한다. 즉 진리는 상대적으로 된다.

6. 존재원리를 꿰뚫어보다.

우리들이 다시 첫머리에서 말한 기본적인 것들을 상기한다면 다음과 같은 물음에 대한 해결도 찾아 낼 수 있을 것이다. <생성되는 모든 것은 원인이 주어져 있다.> 이 명제는 모든 경험에 앞서(a priori), 경험과는 상관없이 생겨났을까? 이에 대한 물음은 이미 앞에서 주어졌다. 모든 인식에는 하나의 객관적인 존재 인식이 함께 주어져 있다. 그러나 이 존재 인식에서, 모든 것은 스스로에 의해서거나 다른 어떤 것에 의해 스스로가 구체적으로 규정되어 있다는 사실이 드러난다. 헌데 생성되고 있는 것은 스스로에 의해 규정될 수 없기 때문에, 즉 그것이 아직 존재하고 있지 않아서가 아니라 비로소 생성되고 있기 때문에, 그것은 생성되고 있는 것으로서 <다른 것(남)>에 의해 존재에로 규정될 수밖에 없다. 우리는 바로 이 다른 것을 원인이라도 한다. 즉 이런 인식도 경험에 바탕하고 있다. 여하튼 여기에는 한 가지의 구별이 있다. <그 집은 작다.>라는 명제는 오직 한 채의 정해진 집에만 타당하고, 모든 집들 또는 모든 존재자들에게 타당하는 것은 아니다. <생성되는 모든 것은 원인이 있다.>라는 명제는 생성되고 있는 모든 것들에게 타당하며, 아직 경험 속에 주어져 있지 않은 것에도 타당하다. 그런 언제나 제한된 수의 구체적인 경우만이 직접적으로 주어져 인식될 수 있다. 이런 두 가지 경험들 사이의 구별(차이)은 다음과 같다. 즉 우리들은 집의 경우에는 <작다는 것>이 집의 존재와 관련이 없으며, 작다는 것은 집에게 우연적이며, 한 채의 집은 그것이 집이기 위해 <작음> 필요가 없다는 것을 당장 알 수 있다. 이와 반대로 그 다음의 경우에 있어서는, 우리들이 <원인이 주어져 있는 것>은, <원인이 주어져 있다는 것> 그 자체가 바로 존재자이기 때문에 <생성되고 있는 것>과 연관이 없는 것이 아니라, <원인이 주어져 있는 것> 그 자체가 하나의 <생성되어 가고 있는 존재자>이기 때문에 서로 연관이 없다는 것을 알게 된다. 즉 우리는 생성되고 있는 존재자는 그것이 생성되는 원인이 없이는 존재할 수 없다는 것을 알게 된다. 우리는 계속해서 모든 사람들이 경험하게 될 이런 경험을 일종의 형이상학적인 경험이라고들 한다. 왜냐하면 이런 경험은 정신적으로 꿰뚫어 본 것에 바탕하고 있고, 일종의 존재 구조를 이해하고 있기 때문이다.

그러나 이렇게 하더라도 칸트적인 뜻의 분석판단과 선천적인 종합판단이 일치되지를 않는다. 왜냐하면 존재 안에서 주어와 술어가 실제로 연관돼 있다는 사실이, 술어가 주어의 본질적인 특징으로 보인다는 뜻은 아니기 때문이다. 달리 말하자면 개념을 한 번 분석하는 것이 진리를 드러내 보여 주는 것은 아니기 때문이다. 우리는 술어를 분명하게 함께 생각해 보지 않더라도 개념을 생각해 볼 수 있다. 오히려 우리는 생성되고 있는 것 그 자체의 본질 안에는 <충분한 이유>가 완전히 들어 있지 않고, 원인이 주어져 있다는 것을 정신적으로 보고 있다. 이 말은 커다란 뜻을 지니고 있다. 즉 인간의 인식은 너무나도 불충분해서 한 대상(객체)에 붙어 있는 모든 것을 실제로 인식하지 못하거나, 또는 그 대상에 붙어 있는 것을 밝혀내지 못할 뿐만 아니라, 서로 제약하고 있는 현실의 어떤 측면들을 한꺼번에 파악하지도 못하고, 또 하나의 개념을 가지고써 생각하지도 못한다. 왜냐하면 인간의 인식이 필요한 깊이에 도달하지 못했기 때문이다. 이런 것은 우리가 다음과 같이 말할 때 밝혀진다. 즉 그것에 대한 인식이 한눈에 한 존재자의 존재를 완전히 밝혀내는 그런 것에 있어서는 이런 명제도 분석적일 것이다. 아니 오히려 이런 것은 판단을 내리지 않고, 모든 것을 동시에 바라보는 것이다.

7. 기타의 선천적인 종합판단을 꿰뚫어보다.

기타의 모든 선천적인 종합 명제들은 충족이유율 또는 이것의 특수한 경우, 즉 방금 다룬 인과율(因果律, Kausalsatz)에 바탕하고 있다. 이때 판단에 두 가지의 분류가 생긴다. 첫 번째 분류에서는 주어와 술어가 한 가지의 단순한 현상을 나타낸다. 즉 이 단순한 현상이란 여러 가지 징표로 해체되지 않고 우리들이 직접적인 경험을 통해 알 수 있는 그런 현상이다. 예컨대 색깔, 연장(장소를 차지하는 것), 굳기, 매끄러움, 인식함, 느낌 등이 그것이다. 현상학이 이름 붙인 것과 같은 이런 단순한 본질(本質性, Wesenheit)들 서로간의 관계에서는 세 가지의 경우가 있을 수 있다. 두 가지 경우가 서로 연결되어 있어서, 그 중 한 가지 경우를 떼어내어 생각하면 다른 하나도 사라져버리고, 따라서 한 가지의 경우는 다른 한 가지의 경우가 없이는 있을 수가 없다. 색깔과 신체의 연장 사이에는 이런 관계가 있다. 즉 이 두 가지 중 그 어느 것도 다른 쪽이 없이는 있을 수가 없다. 이런 것을 꿰뚫어 보는 데서 모든 경우, 심지어 미래의 경우에도 타당한 그런 판단이 생긴다. 거꾸로 두 가지의 본질들이 서로 일치하지 못하는 것도 꿰뚫어 볼 수 있다. 예컨대 사고와 공간적으로 연장해 있는 것이 그것들이다. 그러면 <서로 일치하지 못하는 것>은 똑같이 모든 경우들에도 타당하다. 마지막으로 정해진 몇몇 본질들은 동일한 존재자 안에서 일치되기도 하고 다른 것이 없이도 생각할 수도 있다. 연장과 일정한 색깔이 그 보기다. 우리들이 "푸른"이라고 말할 때, 연장해 있는 것은 <푸를> 수도 있고 푸르지 않을 수도 있는 것이다. 이미 말한 바와 같이 언제나 단순한 본질들을 다뤄야만 한다. 단순한 본질들에 있어서만 이런 현상학적인 방법이 보편타당한 종합판단에로 나아갈 수 있다. 왜냐하면 이 단순한 본질들에 있어서만 필연적인 결합, <일치하지 못하는 것> 및 <서로 관계가 없는 것> 등을 위한 충분한 이유가, 문제되고 있는 본질들 안에만 있고 다른 것들 안에는 없겠기 때문이다. 그리고 이것들은 단순한 것 이외에는 아무 것도 내포하지 않고 있다.

여러 가지의 단순한 본질들이 짜 맞춰져 있는 개념들의 관계를 다룰 때에는 완전히 다른 방법으로 접근해야만 한다. 이때에 귀납법(歸納法. die Methode der Induktion)이 등장한다. 그리고 이 귀납법에 관해서는 뒤에 가서 한 장을 할애할 것이다.

8. 결론을 이끌어내는 사고, 삼단논법

모순율과 충족이유율의 도움으로 여러 가지 판단들의 연관 속에서 이뤄지는 <결론을 이끌어내는 사고>가 정당화된다. 모범적인 보기는 삼단논법(三段論法, Syllogismus)이며, 이 명칭은 <요약한다.>는 뜻이다. <모든 인간은 죽는다, 소크라테스도 인간이다, 그래서 소크라테스도 죽는다.> 이것이 일종의 삼단논법이다. 분석판단에 있어서와 똑같은 어려움이 여기서도 제기된다. 만약에 우리들이 소크라테스도 기타의 사람들과 마찬가지로 죽는다는 사실을 미리 알고 있지 못하다면, 대전제(大前提)를 설정할 수가 없다. 즉 그러면 삼단논법은 필요 없거나 거짓이다. 우리들의 인식이 충분하다면 올바를 수 있다. 만약에 우리들이 어떤 사람이 자기가 죽을 것이라는 것을 함께 인식하고 있다고 해서만 그 사람을 인간이라고 인식한다면, 삼단논법은 조금도 필요없다. 그러나 우리는 실제로는, 그가 죽는다는 사실을 조금도 생각하지 않고서도 어떤 사람을 인간이라고 인식할 수 있다. 다른 편으로 <모든 인간은 죽는다.>는 명제는, 이 명제에 필요한 모든 개인들에 대한 경험을 하나하나 하지 않고서도 귀납법의 도움으로 발견될 수 있다. 이런 명제는 개념화되는 모든 존재자들에게 타당한다. 예컨대 우리들이 육신적인 생명과 그 필연적인 종말로서의 죽음이 맺어져 있다고 확정할 수 있다면, 이 <죽는다는 것>이 비록 육신적인 생명의 개념을 규정하는 데는 직접적으로 속하지 않는다고 하더라도, 이 명제는 모든 생물들에게도 타당한다.

물론 이 말은 인간이 삼단논법적으로 생각한다는 뜻은 아니다. 사실에 있어서는 일상적인 사고는 위의 경우와 같은 때에는 대전제를 떼어내 버리거나, 이 대전제를 타당 근거로서 "왜냐하면"이라는 말과 함께 덧붙인다. 즉 <소크라테스는 죽는다. 왜냐하면 그도 한 인간이기 때문이다.>로 된다. 삼단논법적인 형식의 장점은, 삼단논법에서는 잘못 주장할 때에는 보통 오류가 감춰져 있는, 그런 알맞은 전제들이 말해질 수밖에 없다는 것이다. 이렇게 해서 있을 수 있는 그 어떤 오류나 <개념이 애매해지는 일>이 생기기 쉽다. 이렇게 해서 삼단논법은 바로 철학에 있어서와 같이 확실한 사고가 문제되는 곳에서 사고를 확증하는 수단으로 된다. 그리고 삼단논법은 주로 철학적인 비판의 도구로서의 뜻을 지니고 있다.

B. 개념론

1. 보편개념

모든 현실은 구체적이고 일회적이다. 모든 인간은 <모든 너>와 구별되는 하나의 <나>다. 모든 사물들은 바로 이것이요 다른 것이 아니다. 이와 반대로 언어에 있어서는 대부분의 단어들이 보편개념(普遍概念, Allgemeinbegriff)들인데, 이 보편개념이란 많은 구체적인 하나하나의 것들에게 쓰일 수 있다. 이런 말은 사물들 전체를 가리키는 단어들(명사)에도 들어맞고, 성질들을 나타내는 단어들(형용사)에도 들어맞고, 또 활동어(活動語)와 상태어(동사)에도 들어맞는다. 모든 <나>와 모든 <너>에게는 <그들이 사람이다.>라는 말이 들어맞고, "행한다."는 동사는 여러 가지 서로 다른 활동들을 가리킨다. 다만 정해진 대명사들만이 구체적인 상황에서의 구체적인 의미를 가지고 있으며, 말을 구성하고 있는 기타의 부분에다 그 뜻을 전해준다. 그러나 이렇게 할 때에 대명사들은 내용이 없다. 이런 보편개념이 없으면 판단도 불가능하고 따라서 (의사를) 전달해 줄 수도 없다. 그저 <이것이 소크라테스다.>라고 일컫는 것에는 보편개념이 있을 수 없다.

2. 플라톤의 이데아론, 개념실재론

철학에서 언제나 문제되어 온 것은 이런 단어들의 뜻이 무엇이며, 이 뜻이 구체적인 현실과 어떤 관계를 가지고 있는가 하는 것이었다. 이런 물음을 일찍부터 다룬 사람은 플라톤이다. 플라톤에 따르자면 본래적인 현실은 이데아(理念, Idee)요, 보편자였다. 이 보편자는 서로 다른 여러 개별적인 것(개별자)들 안에 실현되어 있다. 이때 이데아는 개별자 안에 나타나거나 그것으로 끝나 버리지 않는다. 이 사람 또는 저 사람이 본래적인 사람(인간)이 아니라, 보편적인 인간이 본래적인 인간이다. 하나하나의 개별적인 인간은 이 보편적인 인간을 통해 인간이라 불릴 수 있다. 이와 마찬가지로 하나하나의 말(馬)이나 나무들이 아니라 이데아가 말이요 나무다. 이데아(이념)에 따라 이름 붙여지고, 경험 속에서 하나씩 우리들에게 나타나는 그런 개별적인 것들은 일종의 불완전한 모상(模像)들이다. 이 모상들은 이데아에 관여(關與)함으로써 생겨나며, 그렇게 하더라도 이데아는 그냥 그대로 남아 있다. 왜냐하면 그렇게 해도 나무라는 이데아는 실제적인 나무들이 많건 적건 변화되지 않기 때문이다. 이데아는 하나의 고유하고, 우리들의 경험이 다가갈 수 없는 그런 왕국에 존재하고 있다. 그러나 우리는 이 세상에 있는 이데아의 희미한 모상들을 쳐다볼 때, 그 이데아를 희미하게나마 상기(想起)하게 된다. 왜냐하면 우리들이 이 세상에 지금처럼 있기 이전에, 우리들의 영혼은 영원한 이데아의 왕국에 머물렀었기 때문이다. 그래서 또 우리는 개별적인 것들을 인간, 말(馬) 그리고 나무라고 다시 알 수 있는 것이다. 이 이론이 보편자 자체를 실재적인 것이라고 보고 있기 때문에, 이 이론은 극단적인 개념실재론(Begriffsrealismus)이라고 불린다.

이런 해결이 두 가지의 불가능성에 부딪혀 좌절한다는 것을 지적한 사람은 플라톤의 제자인 아리스토텔레스다. 첫째로 이런 이데아가 어떻게 존재할 수 있는가 하는 물음이 제기된다. 관념적인 인간은 일정한 크기를 가졌는가? 그리고 이 관념적인 인간은 하나의 개인인가? 또는 이 관념적인 인간은 하나의 보편적인 크기를 가졌는가? 그렇다면 그의 키는 얼마인가? 그리고 그가 이만큼 크지도 않고 저만큼 크지도 않다면, 어떻게 실제로 존재할 수 있겠는가? 이러한 어려움은 그 본질 안에 관계를 내포하고 있는 개념들에서 가장 뚜렷이 나타난다. 하나의 <작음>이 이데아로서 존재하고 있는가? 혹은 아버지 이외에는 아무 것도 아니고 또 일정한 인간의 아버지가 아닌 그런 아버지라는 이데아가 있는가? 두 번째의 어려움은 이데아와 개별적인 것들 사이의 관계에 있다. 이런 것은 틀림없이 일종의 관여(關與)다. 그렇다면 이것은 무슨 뜻인가? 그것은 한 마디의 단어와 난처함(당혹함) 이상의 것인가? 플라톤도 그의 제자도 이런 물음들에는 만족할 만한 대답을 하지 못했었다.

이데아들이 우리들의 세계로부터 떨어져 있는 독자적인 왕국에 있다고 생각되지 않고, 사물들 안으로 옮겨져 하나하나의 사물들 안에 보편적인 것과 개별적인 것이라는 두 가지의 구성 요소들이 구별된다면, 이것은 플라톤주의를 변형시켜 놓은 것이다. 그러나 이 구성 요소들은 사물들이나 물질적인 부분의 종류에 따라 생각되어서는 안 된다. 다른 편으로는 객관적으로 서로 다른 두 가지의 실재들이 있는데, 이것들은 실제로 서로 짜 맞춰지게 된다. 그러나 보다 더 자세히 들여다보면 이 두 가지의 구성 요소들만으로는 조금도 충분치가 못하다. 왜냐하면 하나하나의 사물은 수많은 관계들과 개념들에 끼어들 수 있기 때문이다. 그래서 한 마리의 말은 우선은 하나의 존재자요, 그 다음은 하나의 물질적인 것이요, 그 다음은 하나의 생물이요, 그 다음은 한 마리의 동물이요, 그 다음은 하나의 척추동물이요, 그 다음은 <이 개별적인 말>이다. 이 중간에 다른 단계들을 끼워 넣기도 쉽다. 아랍권과 중세기의 신플라톤주의는 너무나도 앞질러 가는 일이 자주 있어서, 우리들이 그것으로 사물을 지칭할 수 있을 그런 보편개념들이 있기나 한 것처럼, 하나하나의 사물에서 많은 실체들을 인정했다. 그러나 이미 우리들이 여러 가지로 마음대로 나눠 붙일 수 있도록 해주는 것은 이런 철학적인 실재론(Realismus)이 학문적으로 지탱될 수 있을지 없을지 하는 의심을 불러일으켰다. 마음대로 나눠 붙이는 일은 실제로는 이런 견해가 근본적으로 잘못된 것이라는 사실을 알려주고 있다. 즉 언어적인 관계들이 아무런 비판도 없이 현실에 적용된 것이다. 그래서 우리들은 애초부터 현실과 말한 내용이 무조건 완전히 일치되지 않으며, 또 현실과 사고도 완전히 일치되지 않는다는 것을 잘 알고 있었다. 왜냐하면 사고와 언어에서 작용을 하고 있는 것은 현실만이 아니기 때문이다. 인식은 주어(주체)와 현실이 함께 작용하는 데서 생겨나는 것이다. 그래서 사고하는 사람 자체의 몫을 알기 위해서는 언제나 비판이 필요한 것이다.

3. 유명론(唯名論)

하나의 다른 학파는 이와는 완전히 반대되게, 이런 관계를 생각하고 있다. 모든 사물들은 완전히 그리고 오로지 구체적이기만 하기 때문에, 현실 안에는 보편적인 것이 있을 수 없다는 것이다. 그래서 단어들은 사람들이 일련의 서로 다른 사물들에게 부여해 주었으나, 내면적으로는 사물들과 조금도 공통적인 것이 없는 그런 자의적(恣意的)인 상징들에 지나지 않는다는 것이다. 파란 빛(신호등) 자체가 <가라!>는 것과 어떤 관계를 가지고 있는 것이 아니라, 인간들의 약속을 통해서만 그런 뜻을 지니게 된다. 이와 마찬가지로 단어들과 이에 해당되는 보편개념들은 이것들이 가리키고 있는 현실과 내적인 관계가 있는 것이 아니다. 이때 단어의 의미는 오직 외적으로만 사물들과 연관되어 있고, 단어(명사)는 현실 안에 일치되는 사태가 없기 때문에, 이런 설명은 유명론(Nominalismus)이라는 명칭을 갖게 되었다.

그러나 유명론의 견해도 받아들일 만한 것이 못된다. 왜냐하면 여기에도 극복해낼 수 없는 어려움이 생기기 때문이다. 만약에 단어에 의해 가리켜지는 개념이, 지칭되는 사물들과 일치되지 않는다면, 어떻게 다른 것이 아닌 어떤 사물만 일정한 개념으로 수렴될 수 있겠는가? 왜 우리는 모든 사물들을 마음대로 말(馬)이라고 하지 못하고, 완전히 정해진 존재자만 그렇게 불러야만 하는가? 우리들이, 다른 언어들에서 실제로 그렇게 되고 있는 것처럼, 개념을 가리키고 알려 줄 때 다른 <소리>를 선택할 수 있다는 것은 옳다. 그러나 그 소리가 한 번 전통에 따라서나 기타의 것에 의해 선택되고 나면, 정해진 사물만이 뜻있게 가리킬 수가 있다. 그런데 일정한 존재자에게 적용될 가능성을 결정하는 것은 무엇인가? 그것은 지칭될 사물 등에 있는 그 어떤 것임에 틀림없다. 어떤 것이 이렇고 다른 것이 아니라고 할 정당한 권리를 가지고 있는 것은, 그 사물에 붙어 있는 어떤 것임에 틀림없다. 그래서 개념은 개별적인 사물들에 대해 일종의 내적인 관계를 가지고 있고, 개별적인 사물들에 있는 어떤 현실적인 것(실제로 있는 것)을 가리킨다. 따라서 개념은 단순한 상징이 아니다. 만약에 유명론이 옳다면, 우리들이 현실을 조금도 인식할 수 없거나, 적어도 우리들의 인식이 생각과 단어들 안에서는 이뤄질 수 없다는 결론이 나온다. 즉 우리는 현실에 대해 일종의 정신적인 묵상으로 만족해야만 하게 될 것이다. 그런데 우리들이 객관적인 인식을 가지고 있다는 것은 이미 확인된 바가 있다. 더 나아가 "존재"라는 보편개념이 객관적이라는 것도 증명되었다. 이런 것은 그 어떤 종류의 유명론에도 모순되는 것이다.

4. 칸트와 관념론의 개념론

근세 철학에서는 하나의 다른 길이 열렸는데, 이 길은 거꾸로 된 플라톤주의인 것처럼 보이는 특성을 지닌 그런 유명론으로 나아갔다. 칸트가 자기의 인식범주론을 통해 시도했던 해결은 이미 설명한 바가 있다. 즉 보편개념들은 선천적인 종합판단의 결과라고 설명되는데, 이 선천적인 종합판단 자체는 범주들을 이용함으로써 경험되게 된다. 이 범주들의 보편타당성, 즉 모든 개념들 안에 일정한 성질들이나 징표들이 언제나 함께 나타나게 되는 필연성은 선천적인 종합판단에 바탕하고 있는 것이다. 이와 반대로 내용적인 것은 <본래 인식할 수 없도록 주어져 있는 것(所與)>이나 <사물 그 자체(Ding an sich)>에서 생겨난다. 이런 개념들과 현실과의 관계는 어떠한가 하는 문제는 대상이 없게 되어 버렸다. 왜냐하면 우리는 사고를 하면서, 현실이 범주형식과 따라서 개념형식에 들어올 때에만, 현실을 파악하기 때문이다.

이런 이념(관념)들을 한 번 받아들이기만 하면, 이 이념들도 끝까지 생각해야 한다는 것은 분명한 일이다. 만약에 우리들이 <사물 그 자체>에 관해서는 아무 것도 알지 못하고, 그것이 사고범주에 의해 형성되어 우리들에게 나타나기(現像)만 한다면, 도대체 우리는 그것이 실제로 존재하고 있다는 사실을 어떻게 확증할 수 있겠는가? 그렇게 하기 위해서 이런 인식에 요청되는 최소한의 것은, 사람들이 사고의 형식들을 뛰어넘는 것인데, 이런 일은 미리 마련되어 있는 전제에 따르자면 불가능한 일이다. 따라서 세계 전체를 사고, 즉 의식의 결과라고 보는 것은 당연하다. 그래서 있는 그대로의 세계를 사고, 즉 의식의 조건들에서 이끌어내고, 관념론적으로 설명할 과제가 생긴다. 물론 사고와 의식이 개인적인 의식이라고 생각된 일은 한 번도 없다. 개인적인 의식은 불가능하고 아무런 뜻도 없는 결론에 이르게 되리라는 것은 분명한 일이다. 이와 반대로 여기서 생각되고 있는 것은 인간의 의식 전체였다. 여기서 인간의 의식이라고 한 것은 우리들이 다른 의식을 알고 있지 못하기 때문이며, <의식 전체>라고 한 것은 인류의 정신생활은 개별적인 의식에 비해 일정한 자립성을 주장하고 있기 때문이며, 그밖에도 유아론(唯我論, Solipsismus)의 위험을 벗어나려 하기 때문이다. 이렇게 해서 판단들과 개념들은 사고와 존재가 빈틈없이 일치하는 것을 바탕으로 해서 설명된다. 왜냐하면 사고가 존재를 구성해내기 때문이다. 판단 안에서 이뤄지는 사고운동은 존재가 전개되는 운동으로 된다. 헌데 개념들이 보편적이기 때문에, 헤겔이 보편자, 즉 전체적인 운동이 현실적인 것이고, 이와 반대로 개별적인 것은 <나쁜 존재>라고 주장한 것은 조금도 모순이 없다. 물론 헤겔은 보편적인 것을, 우리들이 집합개념들이라고 일컫고 있는 그런 것이라고 생각했었다.

독일 관념론(피히테, 셸링, 헤겔)의 이런 해결이 통용될 수 있겠는가 하는 물음에 대한 임시적인 대답으로서는, 개인의 의식은 스스로 안에 갇혀 있고 따라서 초의식(超意識, 개인을 넘어선 의식)에 참여하는 것으로서는 존재할 수 없다고 한 여태까지의 확신을 제시한 것만으로도 충분하다. 만약에 그렇지 않다면 <나>와 <너> 사이의 교통은 아무런 뜻도 없을 것이요, 이런 교통은 필요 없게 된다. 의식과 xx에 대한 앎, 사고, 생각하고 실제로 존재하고 있는 <나>는 떨어질 수 없다. 그래서 <사고 자체>, <의식 일반(전체)>, 절대적인 이념 및 관념론의 이와 비슷한 표현들은 단순히 추상적으로 구성된 것들과 부당하게 개인화된 것들을 뜻한다.

독일 관념론이 이렇게 해결하려고 애썼던 것과 비슷한 노력을 한 것은 현대의 몇몇 체계들인데, 이 체계들은 현상학(現象學)에 바탕을 두고 있다. 현상학에 따르자면 보편개념들이란 <주어져 있는 것들(所與)>이다. 이 주어져 있는 것들은, 객체의 세계에도 속하지 않고 행동의 세계에도 속하지 않으며 또 이념의 제3의 왕국으로서 존재하지도 않고, 이 제3의 왕국으로 통용되고 성립되어 있고 참인 그런 하나의 왕국(기관) 안에 독자적인 자기 존재를 가지고 있다.

행동 속에 주어져 있는 것으로 되는 이 왕국은 기타의 모든 전제들의 바탕이 된다. 우리는 여기서 또 이 왕국과 관념론의 체계들을 관계지어야만 한다. 여기서 의문스러운 것은 이 이념의 왕국의 본성이다. 이 왕국은 존재하고 있질 않으나, 존재하지도 않으면서 존재 위에 어른거리고 있다. 의심스러운 것은 이 왕국이 어떻게 해서 현실적인 존재의 바탕이 될 수 있는가 하는 것이다. 또 의심스런 것은 우리들이 관념론과 구체적인 경우의 관계를 어떻게 생각해야만 하는가 하는 것이다. 또 여기서는 칸트에게서 거부당한 그런 의미에 합치되는 그런 뜻으로만 객관성에 관한 말을 하고 있다.

현대의 유명론의 한 가지를 대표하고 있는 사람은 베르그송(Bergson)이다. 베르그송에 따르자면 인간은 두 가지의 인식능력을 가지고 있다. 첫 번째 것은 직관(直觀, Intuition)인데, 그는 이것을 가지고써 직접적으로, 아무런 매개도 없이 <삶의 흐름(Lebensstrom)>, 즉 본래적인 현실에 이르게 된다고 주장한다. 두 번째 것은 오성(悟性, Verstand)인데, 이것이 보편개념을 형성한다. 그런데 오성은 현실 자체를 인식할 과제는 가지고 있지 않고, 우리들이 삶에서 실천적으로 좋은 길을 찾아내도록 도와주는 과제만을 가지고 있다. 오성은 일종의 수공업의 도구다. 오성은 보통 때에는 자기에게서 벗어나 있는 현실을 붙잡기 위해, 물결치고 있고(살아 움직이고 있고) 전체를 형성하고 있는 현실을 확고하고 날카롭게 구분지어져 있는 집단들, 즉 사물들로 분해한다. 물론 특이한 것은 우리들이 현실을 있는 그대로 볼 때 이 현실을 실제로 가장 잘 다룰 수 있다는 것이다.

5. 개별개념과 집합개념

언어에는 보편개념들을 나타내는 단어들과 나란히 꼭 한 번만 나타나는 현실들을 가리키는 단어들, 예컨대 소크라테스, 도이칠란트, 중세기, 그리스예술 같은 것들도 있다. 즉 개별개념들도 있다. 우리는 당장 이 개별개념들을 두 가지로 나눈다. 소크라테스는 하나의 실체가 개별적으로 존재하고 있는 것(존재자), 즉 개인이다. 그에게 해당되는 것은 개별개념(단독개념, Individualbegriff)이다. 이와 반대로 "독일국민", "중세기" 등은 유일한 실체가 존재하고 있는 것이 아니라 많은 개체들이 서로 모여서 성립되는 공동체들이나, 또는 공동체와 같이 짜여 있는 그런 것이다. 우리는 이런 것에 들어맞는 개념을 집합개념(Kollektiv-begriff)이라고 한다. 이 집합개념들은 보편개념들과 혼동되는 일이 자주 있다. 그 이유는 우리들이 보편적인 것과 공동적인 것, 내용이 보편적이라는 것과 진리의 보편타당성, 모든 것이 타당하는 것과 모두를 위해 타당하는 것 등을 구별하지 않기 때문이다. 그러나 집합개념은 본질적으로 다른 내용을 가지고 있다. 개별개념들과 집합개념들은 다 같이 보편개념들과 마찬가지로 독자적인 인식과 전승되어 오는 인식을 종합해서 보는 데서 형성된다. 그러나 집합개념들은 일정한 종류에 속하기 위해 하나의 존재자가 가지고 있는 최소한의 것을 나타내고, 따라서 이 최소한의 것은 똑같은 방법으로 이 종류에 속하는 모든 것들에서 발견되며, 즉 옆으로(횡적으로) 나열되어 있다. 이와 반대로 개별개념들은 다 같이 제일 낮은 것으로부터 가장 높은 것에 이르기까지의 개별적인 존재자나 집단적인 존재자들의 존재의 높이 또는 행위의 높이를 수직적으로 꿰뚫어보고 있다. 그래서 우리는 소크라테스를 말할 때에는 무엇보다도 자기의 동시대인들이 가지고 있지 않았던, 그에게 있어서 한층 더 특별한 것을 생각하고, 공통적인 것은 그 배경이 될 뿐이다. "독일 국민", "중세기" 등과 같은 개념들은 모든 독일인들이나 모든 중세인들이 같은 정도로 가지고 있어서 특별히 두드러지지도 않는 그런 것을 나타내는 것이 아니다. 오히려 이 개념들은 독일국민들과 중세인들을 다른 민족이나 다른 시대와 구별지어 주고, 그 구성원들이 다소간에 나눠 갖고 있는 특별한 성격들을 분명하게 드러내 주는 그런 최고의 업적들을 내포하고 있다. 공동체들과, 집단개념의 내용을 이루고 있는 이 공동체의 정신은 그 원인이 되는 공동적-역사적인 세력들을 가지고 있기 때문에, 이 집합개념들은 무엇보다도 역사에서 찾아볼 수 있다.

6. 기능개념들과 종(種)개념

왕, 예술가, 노동자 등과 같은 기능개념들은 정의(正義), 앎, 선 등과 같은 인간의 능력에 관한 개념들과 마찬가지로 그 구조에 있어서 집단개념들과 비슷하다. 그런데 이 기능개념들은 이미 보편개념들에 더 가깝다. 기능개념들은 이상(理想)개념들로서 가능한 한 최대한의 실현성을 나타내고 있다. 그러나 이 개념들도 기능을 올바르게 다하는 데나, 또는 능력을 유지하는 데 필요한 최소한의 것을 뜻할 수도 있다. 이 두 가지의 한계 사이에는 헤아릴 수 없이 많은 <오고-감>이 있다. "인간"이라는 개념도 이렇게 두 가지 뜻으로 사용될 수 있다. 이 개념들은 언제나 인격적인 존재에 대한 꾸지람을 하고 있다.

말(馬), 제비 등과 같은 생물학적인 종(種)개념들은 집단개념들과는 그 거리가 훨씬 더 멀다. 이 생물학적인 종개념들은 최고의 한계선과 최하의 한계선 사이에 포함되어 있는 가능한 것들을 가리킨다. 이런 종개념에 속하는 개별적인 것들은 형태, 크기, 살아 있는 기간, 행동 등과 같은 특징에 따라, 이런 한계선 안에서 완전히 일치되지는 않으면서 존재하고 있다. 그 구조를 통해 개별적인 것들에게 일치되는 것은 눈, 발 등과 같은 기관들에 관한 개념들이다. 이 기관개념들은 일정하게 제한된 가능성을 지닌 생물학적인 기능을 나타내며, 이렇게 함으로써 생명을 가리키기도 한다.

집단개념과 종개념은 다 같이 일종의 생각해낸 개별적인 존재자를 통해 드러나기도 한다. 이 개별적인 존재자는 최고의 또는 가장 낮은 가능성들을 그 특성에 따라 나타내기도 하나, 물론 대개의 경우 실제로 존재할 수는 없다. 예컨대 "그 독일인", "그 사자"와 같이. 이런 개념들을 유형(類型, Typ)들이라고 한다.

7. 보편개념

단순한 질료적인 사물들에 들어맞는 것은 보편개념(Allgemein-begriff)들이다. 예 : 석탄, 쇠(鐵). 이와 반대로 문화적인 것의 개념들 자체는 그 가치의 높이에 따라 집단개념과 기능개념, 또는 생물학적인 종개념과 기관개념들에 들어맞는 구조를 지니고 있다. 예 : 독일음악, 그리스철학, 로마군대, 비행기, 망치 등등. 이 마지막 개념들은 이미 완전한 보편개념들이다. 문화적인 것에 관한 모든 개념들은 직접적으로 인간을 가리키는 것을 내포하고 있어, 단순한 질료적인 사물들의 개념들과는 구별된다.

8. 외연(外延)과 내포(內包)

추상적인 개념들에 속하는 존재자들도 많이 있다. 이런 존재자들의 수는 개념의 내용과 일정한 관계를 가지고 있다. 이 관계는 보편개념의 경우에 있어서는, 집단개념의 경우에 있어서와는 거꾸로 된다. 보편개념에 있어서는 개념의 내용 또는 내포(Komprehension)가 적으면(비어 있으면) 적을수록 개념의 수 또는 개념의 외연(Extension)이 크다. 그래서 금속이라는 개념은 쇠보다 많은 개별적인 존재자를 가리키나, 내용으로서의 징표는 적게 가지고 있다. 외연이 늘어나는 것과 내포가 줄어드는 것에 따라 보편개념들이 질서지어지게 되는데, 이때 유개념으로서의 뒤의 것이 종개념으로서의 앞선 것을 포괄한다. 우리는 제일 밑에 있는 개별적인 존재자들과 제일 위에 있는 존재 사이에 마음대로 많은 중간항(中間項)들을 끼워 넣을 수 있다. 그런데 이렇게 하는 것은 플라톤의 개념실재론과는 일치되기가 어렵다. 이와 반대로 집합개념들에게 있어서는 외연과 내포가 동시에 늘어나기도 하고 줄어들기도 한다. 그래서 "제4세기의 아테네인"이라는 개념은 이 다른 (일반적인) "아테네인"보다 적은 수의 개인들을 포용하고 있으며, 내용적으로도 빈약하다. 이 "아테네"라는 개념은 그 나름대로 "그리스"라는 개념과 같은 것이다. 생물학적인 개념들도 여기서는 다시 일종의 중간적인 위치를 갖게 된다. 즉 이 개념들은 그 맨 밑의 한계선에 따르면 보편개념처럼 되고, 그 맨 위의 한계선에 따르면 집합개념들과 같아진다.

9. 단순개념과 복합개념(짜 맞춰진 개념)

개념들은 이미 말한 바와 마찬가지로, 단순개념(單純概念)들과 복합개념(複合概念, 짜 맞춰진 개념)들로 구별되기도 한다. 단순개념들이란 오직 한 가지의 징표만 가지고 있고, 이 징표는 다시 다른 내용적인 징표로 분석(분해)될 수 없는 그런 것이다. 예컨대 단순개념에 속하는 것들로는 단순한 존재의 질(質)들, 즉 푸른, 달콤한, 딱딱한 등이 있고, 또 <생각한다.>, <의욕한다.> 등과 같은 행동도 있다. 단순개념들은 언제나 직접적인 경험에서 생겨난 것이고, 불림을 받은 사람에게는 이런 경험을 상기(想起)하라는 요청이다. 상기를 하지 않고서는 경험의 특별한 내용을 이해할 수가 없다. 즉 비슷한 것을 통해 본래의 것이 아닌 것을 붙들고 늘어지는 것에 지나지 않는다. 이런 개념들은 그 내용에 따라 현상학적으로만 묘사될 수 있을 뿐이다. 그리고 이렇게 묘사하는 것은 다른 사람들로 하여금 경험의 단순한 내용, 즉 그 본질을 실현시키도록 하는 동기를 부여하는 뜻만 지니고 있을 뿐이다.

대부분의 개념들은 여러 개의 이런 징표들로 짜 맞춰져 있다. 그래서 하나하나의 사물들은 이미 여러 가지 징표들이 합쳐져 있는 것이다. 우리는 추상 능력을 가지고 있기 때문에 경험을 넘어서서 단순개념들을 가능한 사물들로 짜 맞출 수가 있다. 그런 때에도 무조건 마음대로만 하는 것이 아니라, 위에서 분명히 말해 둔 바와 같이, 현실에 바탕해서 융화하는 법칙과 융화하지 못하는 법칙 또는 강제당하는 법칙이 있는 것이다. 이런 복합개념을 형성하도록 해주는 동인(動因)은 <반드시 행위를 해야 한다.>고 하는 것이고, 이렇게 행위를 해야만 한다는 것은 그 가능성을 미리 심사숙고해야만 한다.

10. 초월(적인) 개념

존재, 참된 것(眞) 및 좋은 것(선한 것, 善) 또는 가치 있는 것, 이 세 개념들도 하나의 특별한 위치를 차지하고 있다. 이 개념들은 구조적으로 보편개념들도 아니고, (왜냐하면 그 가장 낮은 가능성뿐만 아니라 그 최고의 가능성도 그 자체 안에 있기 때문이다.) 집합개념들도 아니다. (왜냐하면 이미 최소한의 현실이 완전하고 본래적인 뜻으로 존재요, 참이요, 가치 있는 것이기 때문이다.) 그래서 이 개념들은 독자적인 방법으로 두 계층의 구조에 관여하고 있다. 존재개념이 주로 존재의 낮은 단계에서 형성되어 있다면, 이 개념들은 보편개념들에 가까우나, 이 보편개념들과 일치되는 것은 아니다. 이와 반대로 존재의 높은 단계에서 형성되었다면 집합개념에 더 가깝다. 유비(類比)에 바탕하고 있는 이런 이중적인 성격은 존재의 본성에 관한 많은 논란들을 해명해 준다. 이 세 개념들은 기타의 모든 것들 안에 포괄적으로 함께 포함되어 있고, 이것들 중의 어느 것도 제외될 수 없기 때문에—어떻게든 존재하고 있고, 인식될 수 있고, 가치 있는 것이 아닌 그런 것은 없는 것(無)일 것이다—이 개념들은 초월적(超越的, transzendental) 개념이라 불린다.

11. 개념을 형성하는 요인들

우리는 이미 하나하나의 개별적인 존재자는 보편개념에도 또 집합개념에도 들어맞지 않는다는 것을 알고 있다. 그렇다고 해서 이 개별적인 존재자가 잘못된 것도 아니고, 우리들의 사고의 범주구조에서 생긴 단순한 상징이거나 단순한 결과도 아니다. 오히려 이것들은 우리들이 주목하고 있는 것과는 반대되는 방향에서 생겨났다. 그리고 이 반대되는 방향이란 그 나름대로 존재자들 자체의 존재방식에 바탕하고 있다. 모든 존재자들은 비슷하다(닮았다). 그러나 이 비슷하다는 것은 추상적으로, 두 가지의 서로 반대되는 계기들로 분석할 수 있다. 즉 <완전히 같은 것>과 <완전히 다른 것>으로 분석할 수 있다. 우리의 주의력은 보편개념을 형성할 때에는 비슷한 자연적 또는 역사적인 존재자나 힘(세력)에 있어서의 <같은 것>이라는 계기에로 쏠리고, 집합개념에 있어서는 <다른 것>이라는 계기에로 쏠린다. 그리고 사고 특히 표상(表象)을 쉽게 해주기 위해서는 이 두 계기들을 하나로 통일시켜 준다. 이런 통일은 실제로는 개념이 이 계기들을 표현하는 그대로 이뤄지지는 않으나, 이 계기들 안에 통일의 밑바탕이 있는 것이다. 따라서 이 통일은 현실을 파악하는 방법이다. 우리들의 인식에서 생겨났고, 그래서 현실이라고 이해될 수 없는 그런 현실이다. 이런 통일의 원형(原型)은 집단개념에 있어서는 개별적인 인격이고, 보편개념에 있어서는 개별적인 사물이고, 종개념에게 있어서는 개별적인 생물이다. 하지만 개념들의 내용 그 자체는 현실에서 이끌어낸 것이고, 따라서 우리들에게 현실을 설명해 주고 있다. 이 두 계층의 개념들은 현실에 바탕하고 있는 추상(抽象)들을 나타내고 있다. 여기서 분명한 것은 존재자들의 일회적인 특성이 중요할 때에는 개별개념들이 문제되고, 어디서나 거의 같은 본성이 중요한 그런 존재자들에게 있어서는 보편개념들이 문제된다고 하는 것이다. 쇠와 석탄은 어디서나 동일하고, 우리들에게 똑같이 쓰인다. 이와 반대로 인격(개인)으로서의 인간에게 있어서는, 이들의 특별한 성격, 개인적인 능력이나 무능함 등을 돋보이게 하기 위해, <같은 것>의 측면이 뒤로 밀려나고 만다. 그러나 생물이나 질료적인 사물과 같은 보다 낮은 층의 인간을 생각해 보면, 인간도 역시 다른 계층의 개념들의 대상으로 되어 버린다. 집합개념들과 보편개념들은 언제나 서로 옮겨 갈 수 있다.

개념이 형성될 때 우리들의 인식 안에 있는 주관적인 요인과 객관적인 요인이 서로 작용한다는 사실이 밝혀지고 나서, 비판을 해야 한다는 요청이 새로이 제기되고 있다. 우리는 사고의 구조와 그 정도는 조금 낮지만 언어의 구조를 무조건 현실에 적용해서는 안 된다. 또 우리는 사고구조와 현실이 절대로 일치될 수 없을 만큼 차이가 나는 것이라고 생각해서도 안 된다. 이렇게 되면 관념의 왕국은 필요 없는 것으로 되어 버린다. 보편적인 것과 집합적인 것 자체는 사고 안에만 존재하고 있다. 보편적인 것과 집합적인 것은 현실 속에 실제로 있을 수 있는 일회적인 것, 즉 구체적인 것에 따라 형성되는 것이다. 이렇게 객관적인 것에 의존하고 있다는 사실에서 관념들의 독자적인 법칙이 생겨난다. 그리고 인간은 이 관념들을 마음대로 다룰 수 있는 것이 아니다. 만약에 인간이 2와 5가 무엇이며 곱셈이 무엇인지를 알고 있다면 $2 \times 2=5$라고 생각할 사람은 아무도 없을 것이다. 그런 일은 우리들이 개념들을 추상해 내는 구체적인 현실에 바탕하고 있다. 그래서 범주들에로 거슬러 올라갈 필요는 조금도 없다.

12. 개념을 형성해야 할 이유

우리들이 보편개념들과 집합개념들을 형성하는 이유는 우리들의 인식과 기억이 한계지어져 있는 데 있다. 모든 것을 남김없이 인식할 수 있고 그것을 잘 기억하고 있을 수 있는 그런 존재자는 이런 개념들이 필요 없다. 이렇게 한계지어져 있는 것은 우리들의 감성적인 부분에서 훨씬 더 심하다. 감성적인 부분은 굳어 있어서, 개별적인 존재자들의 새로움에 근근이 동화될 수는 있어도 완전히 동화될 수는 없다. 그래서 우리는 동물들의 인식은 매우 기계적이며, 하나하나의 동물들에서는 자기들의 삶에 중요한 특징들만—물론 이것은 매우 정확하게—파악하고 있다는 것을 알고 있다. 우리들의 감성도 자연적-역사적으로 생겨난 근원적인 도식들을 가지고 있다. 그러나 우리의 정신은 감성을 넘어서 있고, 이 감성을 인식의 수단으로 삼으며, 이 도식들보다 훨씬 활동적이고 개별적인 상황에 적응할 수 있는 그런 개념들을 형성한다. <말(연설)>과 연관지어 생각해 보자면, 하나의 보편개념은 구체적인 내용을 가지고 있을 수 있다. 그밖에도 인간은 자기가 가지고 있는 개념들의 한계를 꿰뚫어보고 있으며, 그 개념들의 현실적인 가치도 알고 있다. 하지만 추상들이란, 일회적인 한 존재자가 모든 것을 다 인식하는 것과 비교하자면, 약간 가치가 덜한 것이다. 그러나 추상들은 순수이 감각적인 인식에 비하자면, 우리들의 가능성들이 무한히 넓혀진 것을 뜻하며, 인간 존재의 본질적인 조건이기도 하다.

제4장 객관적인 구별과 개념적인 구별

개념론은 인간의 인식 안에 있는 모든 것들이 대상에 바탕해 있지 않고 이 모든 것들의 존재방식도 알려 주지 않는다는 사실과, 인식 안에는 인식을 하는 주관이 대상을 파악하는 방법에 바탕하고 있는 계기도 함께 포함되어 있다는 사실을 알려 주었다. 즉 사물들의 존재에 관한 철학적인 인식에 도달하기 위해서는 인식의 이런 두 가지 계기들을 서로 떼어놓을 필요가 있다. 이렇게 떼어놓을 수단은 구별(구분)론, 즉 판별론(判別論)이다. 이 구별론은 스콜라철학에서는 커다란 역할을 했으나, 근세철학에서는 유감스럽게도 등한히 다뤄졌다. 물론 이런 구별은 존재를 의식의 한 가지 기능이라고 보는 관념론 체계에서는 설 자리가 없다.

1. 객관적인 구별

한 가지의 구별은 우선 객관적(사태에 따른)인 것이어야 한다. 즉 우리들이 생각하기 이전에 <사태 그 자체>에는 이미 한 가지의 구별이 있는데, 그것은 하나의 실재는 다른 실재가 아니라는 뜻이다. 예컨대 이런 객관적인 구별은 나와 너 사이에, 또 한 가지의 사물이 다른 사물일 수 없는 그런 사물들 사이에서 성립된다. 이런 구별은 인식을 하는 자가 대상 안으로 끌어들인 것이 아니라, 대상에 이미 있던 것을 발견해내는 것이다. 그런데 이런 객관적인 구별은 자립적으로 존재하고 있는 존재자들만 떼어놓는 것이 아니다. 다만 이런 객관적인 구별은 자립적인 존재자에게서 가장 쉽게 확인될 수가 있다. 한 존재자는 내면적으로는, 존재 안에서는 비독립적인 여러 가지 서로 다른 실재들로 구성되어 있다고 생각될 수 있다. 그리고 현실은 이런 구별들을 위한 보기를 제공해 주고 있다. 또 두 개 또는 그 이상의 실재들이 서로 다른 것으로서 이미 존재하고 있기 때문에, 여기서도 중요한 것은 객관적인 구별이다. 그러나 이런 객관적인 구별이 언제나 직접적으로 보이는 것은 아니다. 이 객관적인 구별은 동일한 존재자가 밝히는 여러 표현(밖으로 드러난 것)들과 결과들이 밝혀짐으로써 확정될 수 있다. —그리고 이런 것이 서로 다른 여러 실재들 사이에 객관적인 구별이 있다는 징표이기도 하다. —여기서 말하는 표현과 결과들은 서로 다르기만 한 것이 아니라 서로 모순되기도 한다. 따라서 동일한 존재 자체가 내적으로 모순되지 않고서는, 즉 존재하기를 중단하지 않고서는, 이 표현들과 결과를 걸머지고 있는 주체일 수도 또 원리일 수도 없다. 예컨대 인간에게는 밖으로 뻗어 있는 성질들과 뻗어 있지 않는 성질들이 있는데, 이 두 성질은 인간의 통일성 안에서 내적인 분열을 나타낸다. 물론 단순히 성질들이나 표현들이 차이(구별)가 난다고 하는 것이 내적인 객관적 구별을 확정짓는 데 충분한 것은 아니다. 왜냐하면 우리들의 인식이 이 인식을 한꺼번에 포괄할 수 없는 그런 하나의 현실을 여러 가지 성질들로 해체해 버릴 가능성이 있기 때문이다.

2. 개념적인 구별

이렇게 해서 우리는 두 번째 종류의 구별에 이르게 되었다. 하나의 실재적인 존재자를 여러 가지 다른 측면에서 보게 되면, 하나의 실재에서 여러 가지 개념들이 생겨난다. 그리고 똑같이 분명한 이 개념들의 내용은 하나의 개념만으로는 표명될 수 없다. 그래서 하나의 현실에 관해 서로 다른 뜻을 지닌 여러 개념들이 있을 수 있다. 즉 구별(차이)은 이미 <사태 그 자체>에만 달려 있는 것도 아니고, 또 객관적인 것도 아니다. 구별은 그저 인간이 개념을 형성하는 방법에 의존하고 있다. 그래서 이런 구별들을 개념적인 구별이라고들 한다. 이런 개념들이 많이 있다고 해서 인식론적으로 실재들이 많이 있다고 결론 내릴 수는 없고, 다만 하나의 실재만 있다고 결론 내려야 한다. 그리고 인간의 인식은 이 하나의 실재의 존재로서의 내용(풍부함)을 하나의 개념으로는 다 알아 낼 수는 없다. 이 실재를 다 알아내기 위해서는 역시 여러 측면으로부터 이 실재에 다가가야만 한다.

이 개념적인 구별들 중에는 다시 두 가지의 계층이 있다. 지금까지 밝혀진 것은, 현실이 하나의 개념 안에 포괄될 수 없기 때문에, 개념의 내용이 서로 다르다는 사실이다. 따라서 첫 번째로는 서로 다른 개념들을 형성할 동기가 있고, 결정적으로는 인간의 인식의 폭이 좁다는 것이다. 헌데 두 번째로는 현실 자체가 다양하다는 것이다. 따라서 이런 구별은 그 근원이 사고(생각) 속에 있다. 그러나 동시에 이런 구별은 현실 안에 그 동기가 있으며, 현실 안에 부차적으로 바탕하고 있다. 이런 바탕(근거지움)은 서로 다를 수 있다. 동일한 현실에 관한 많은 개념들은 궁극적으로는 서로 완전히 따로따로 생각될 수 있다. 한 가지 개념의 내용은 절대로 다른 개념의 내용과 일치될 수가 없다. 예컨대 말(馬)과 <흰>이 일치하지 않는 것과 같다. 우리는 이런 개념적인 구별들을 통해 현실에 관해 적어도 다음과 같은 정도로는 알게 된다. 즉 하나의 개념은 다른 개념 없이도 생각될 수 있기 때문에, 하나의 내용이 다른 내용 없이 실현될 때엔—이런 일은 여기에 해당되지 않지만—사고의 모순은 없으리라는 것이다. 따라서 이 두 개념들의 내용들은 실제로는 함께 실현되지만, 형이상학적으로는 두 가지의 본질적인 요구는 아니다. 한 가지 개념 내용의 본질에서 다른 것이 그 결과로서 생겨나지는 않는다. 개념의 내용과 결과가 함께 있는 것은 일종의 단순한 사실이고, 형이상학적인 필연성은 아니다. 이런 일은 현실들의 존재를 판단하는 데 중요한 뜻을 지니고 있다. 이런 성질들이 함께 있는 것은 자명한 것이 아니면 단순한 사실에 지나지 않는다. 그런 이유는 그 성질들의 밖에서 찾아야만 한다. 따라서 인간의 인식이 하나의 현실에 대해 여러 개념들을 만들어낸다는 사실은 여기서는 완전히 현실에 바탕하고 있는 것이다.

또 현실에 대해서는 다음과 같은 개념들도 있다. 이 현실의 개념이란 서로 다르지만, 자세히 살펴보면 하나의 개념이 다른 개념 안에 포함되어 있는 그런 개념들이다. 이 개념들 사이의 구별은, 서로 다른 개념들 안에 있는 서로 다른 측면들이 먼저 드러나는 데 있다. 예컨대 존재라는 개념은 그 어떤 다른 개념에서 완전히 떼어낼 수 없다. 그러나 이 존재라는 개념은 표면에 드러나게 말해지지는 않는다. <나무>라는 개념에서는 <존재>가 직접적으로 표명되지 않는다. 그러나 만약에 나무가 있지 않고, 따라서 나무에 관한 개념이 있지 않다면, 나무는 존재자가 아닐 것이다. 이때 존재라는 개념은 필연적으로 나무라는 개념에 포함되어 있고, 나무라는 개념에 의해 요청받고 있다는 사실이 밝혀진다. 그래서 이 두 개념이 합쳐져 있다는 것을 그 이상 더 설명할 필요가 없다. 이런 구별은 현실에 관해서는 아무 것도 말하지 않고, 오직 인간의 인식이 불충분하다는 것을 알려 줄 뿐이다. 또 이런 구별은 현실에 바탕하고 있으며, 나무라는 개념은 존재라는 개념을 필요로 하는 것과는 반대로, 존재라는 개념은 나무라는 개념을 필요로 하지 않는다는—왜냐하면 나무 이외에도 다른 존재자들이 있기 때문에—사실에 의해서도 생겨난다. 나무가 존재라는 것은 나무의 본성에 바탕하고 있다. 그러나 그것이 바로 나무라고 하는 사실은 존재의 본성에 바탕하고 있다. 개념적인 차이는 실제로는 불완전하게 근거지어져 있을 뿐이다.

만약에 동일한 사태가 뜻이 완전히 일치하는 두 가지의 서로 다른 표현에 의해 표명될 때에는, 이 구별은 현실 안에 아무런 동기도 없으며, 따라서 순수하게 개념적이다.

3. 검증이 꼭 필요하다.

직접적으로 인식될 수 없는 객관적인 구별은 언제나 엄밀하게 증명되어야 한다는 것은 당연한 일이다. 이런 증명이 이뤄지지 않는 한, 우리는 현실에 바탕하고 있는 개념적인 구별을 받아들일 수 없다. 즉 하나의 개념이 다른 개념이 없이도 분명하게 생각될 수 있을 때에는, 완전하게 그 바탕이 밝혀진 구별을 받아들이지 않을 수 없다. 그렇지 않으면 그 바탕이 불완전하게 밝혀진 구별을 받아들일 수밖에 없다. 이런 경우에는 이미 사태의 본성상 객관적인 구별이 불가능하게 된다. 개념적인 구별들을 아무런 비판도 없이 현실에 적용하는 일은, 플라톤화된 모든 체계들의 근본적인 잘못이다. 이렇게 하는 것은 존재에 관한 잘못된 철학적인 모습을 그려내는 일이다. 왜냐하면 우리들이 사고에서 존재에로 밀고 들어가는 그런 구조는 플라톤화된 체계에는 조금도 없기 때문이다.

제 2 부

일반적인 존재론

제1장 <현재의 존재>와 <앞으로 있게 될 존재>

1. 구별의 근원

존재에 있어서 기본적인 구별은 <현재의 존재>(Dasein, 現存在,[1] existentia)와 <앞으로 있게 될 존재>(Sosein,[2] essentia)의 구별이다. 모든 존재자들에게는 두 가지의 물음이 제기된다. 첫 째로, <그것이 존재하고 있는가?>, <그것이 현재의 존재를 가지고 있는가?>라고 물을 수 있고, 둘째로는, <그것이 무엇이냐?>, <그것이 어떤 "앞으로 있게 될 존재"를 가지고 있느냐?>, <그것이 어떤 본질을 가지고 있느냐?>라고 물을 수 있다.

이 두 가지의 물음들은 두 가지의 관심에 바탕하고 있는데, 곧 우리들의 인식이 받아들이는 능력(受容力)에 한계가 있다는 사실과, 따라서 인식에게 동시에 주어져 있는 것을 차례차례 고찰해야만 한다는 사실에 바탕하고 있다. 우리들은 마음속에서 중요한 존재자들에 관한 그림을 그려보는 일이 자주 있다. 그런데 중요한 것은 이 존재자들이 실제로 있는지, 즉 이것들이 실제로 존재하고 있는지 하는 것이다. 이 때 존재자들의 <현재의 존재>에 관한 물음이 제기된다. 다른 편으로 중요한 것은, 우리들에게 마주치고, 따라서 우리들이 그것의 있을 법

역주 1) 실존철학 이후 現存在라고 번역되고 있으며, <인간 존재>를 뜻하나, 여기서는<현재의 존재>라고 번역했다. 라틴어 existentia가 말해 주듯이 <현재 실제로 있는 것>이라는 뜻이다.

역주 2) <아직 있지 않고 앞으로 있게 될 존재>, 라틴어 essentia는 본질을 뜻한다.

한 결과를 내다 볼 수 있고 또 알맞게 조심도 할 수 있는, 그런 존재자가 어떤 성질의 것이어야 하는가 하는 것이다. 이런 두 가지의 모습은 계획을 할 때 가장 잘 드러난다. 우리는 계획을 할 때 일정한 사물들, 즉 일정한 존재자들에 관한 생각을 한다. 그런데 이 존재자들은 아직 존재하고 있지를 않고 비로소 생겨나야만 하는, 즉 <현재의 존재>가 아직 없는 그런 존재자들이다. 여기서 <현재의 존재>와 <앞으로 있게 될 존재>가 분명하게 구별된다. 이런 과정은 사물들이 사라질(없어질) 때에도 일어난다. 우리는 이 사물들이 어떠하며 무엇인지를, 즉 이 사물들의 <앞으로 있게 될 존재>를 기억 속에 간직하고 있다. 그러나 이 사물들은 실제적인 <현재의 존재>는 아니다.

2. 〈현재의 존재〉와 〈앞으로 있게 될 존재〉의 구별

<현재의 존재>와 <앞으로 있게 될 존재>의 관계에 관한 물음은 오늘날까지도 스콜라철학에서 논란되고 있다. <현재의 존재>와 <앞으로 있게 될 존재>는 사물이 실제로 그것들로 이뤄져 있는, 두 가지의 서로 다른 실재들인가? 혹은 <현재의 존재>와 <앞으로 있게 될 존재>는 그 개념에 따르자면 서로 다르지만—이것은 분명하다—실제로는 하나의 실재만을 이룩하고 있는, 사물의 두 가지 측면이 아닐까? 달리 말하자면 <현재의 존재>와 <앞으로 있게 될 존재> 사이에는 사실적(객관적) 구별이나, 개념적이지만 잘 근거지어진 구별이 있을까? 이 두 가지의 경우에는 이러한 존재자들의 <현재의 존재>가 제약받고 있다는 결론이 나온다. 그러나 오직 첫 번째의 경우에만 <현재의 존재>와 <앞으로 있게 될 존재>가, 이런 존재자들을 구성하고 있는 서로 다른 실재들로 된다.

사실적인 구별을 결정적으로 반대하는 것은 <앞으로 있게 될 존재>가 없는 <현재의 존재>는 없고, 또 생각마저 될 수도 없다는 사실

이다. 존재하고 있는 것은 바로 이와 다른 것이 아니다. 즉 존재하고 있는 것은 일정한 <앞으로 있게 될 존재>를 가지고 있다.

이와 똑같이 <현재의 존재>가 없는 <앞으로 있게 될 존재>도 없다. 실제적으로 <현재의 존재>를 가지고 있지 않은 것은, 만약에 이것이 애초부터 없는 것(無)이 아니라면, 생각을 하는 주관 속에 있고, 따라서 이 주관 속에서 생각된 <앞으로 있게 될 존재>를 가지고 있다. 실제적으로 <앞으로 있게 될 존재>는 실제적인 <현재의 존재>를 가지고 있으며, 또 생각된 <앞으로 있게 될 존재>는 생각된 <현재의 존재>를 가지고 있다. 이렇게밖에는 생각될 수가 없다. 하나의 사실적인 구별을 받아들이게 해주는 주된 이유는, <현재의 존재>와 <앞으로 있게 될 존재>가 <현실태(Akt)>와 <가능태 (Potenz)>가 맺고 있는 것과 같은 그런 관계를 갖고 있다는 사실이다. 그런데 현실태와 가능태는 언제나 사실적(객관적)으로 서로 구별되어 있다. 마지막 명제는[3] 의심할 나위도 없이 옳다. 그러나 첫 번째 명제는[4] 증명해 내기가 어렵다.

왜냐하면 아래에서 계속해서 논의될 바와 같이, 모든 참된 가능태, 즉 모든 <어떤 것으로-되려는-능력>은 이미 이 <어떤 것으로 될 수 있는> 현실, 즉 가능태의 주체를 전제로 하고 있기 때문이다. 그런데 이런 주체는 절대로 <앞으로 있게 될 존재>가 아니며, 다만 비본래적인 뜻으로만 그렇게 보일 뿐이다. 왜냐하면 <현재의 존재>가 없으면 주체는 아무 것도 아니며, <하나의 될 수 있는 것>의 주체도 될 수 없기 때문이다. 우리들이 <앞으로 있게 될 존재>는 <현재의 존재>를 받아들일 가능태라고 생각하는 이유는, 우리들이 단순히 <무에서 생겨나는 것과 무에로 없어져 가는 것>, 즉 전체로서 하나의 존재자가 있기 시작하고 있기를 중단하는, 그런 변화들을 올바르게 잘 생각할

역주 3) 현실태와 가능태가 서로 구별된다는 명제

역주 4) <현재의 존재>와 <앞으로 있게 될 존재>가 구별된다는 명제

수 없기 때문이다. 왜냐하면 이뤄진 모든 변화들은 언제나, 계속해서 변화하고 있어도 변화의 주체가 되는 그런 존재자에게서, 어떤 것이 다른 것으로 되는 데서 이뤄지기 때문이다. 우리는 이러한 변화의 도식에 따라 생성과 소멸도 파악한다. 그래서 우리는 변화를 할 때 주체의 역할을 할 수 있는 그 어떤 것을 찾아내야만 한다. 이런 역할을 스스로 맡아 나서는 것이 <앞으로 있게 될 존재>다. 왜냐하면 문화적인 것들을 계획하고 생산해낼 때에는 그 계획이, 그것으로 되어야 할 것, 즉 그것의 <앞으로 있게 될 존재>를 그것이 완성될 때까지 보고 있어야 하기 때문이다. <앞으로 있게 될 존재>는 동시에 남아 있어야 할 그런 것이고, 이것에 따라 계획된 것이 현실적인 것으로 옮겨가야 할 바의 것이다. <앞으로 있게 될 존재>는 주체로서 현실적인 <현재의 존재>를 받아들이는 것처럼 보인다. 그러나 이런 일은 단순한 겉보기일 뿐이다. 실현한다는 것은 <앞으로 있게 될 존재>가 하나의 존재상태에서 다른 존재상태로 옮겨가는 것이 아니라, 그것들에 의해서 하나의 사물이 <현재의 존재>를 갖게 되는 그런 현실적으로 이미 있는 질료들에게 형상을 부여하는 것이다. 그밖에도 문화적인 것들의 구조를 무조건 다른 모든 존재자들에게 적용하는 일은 방법적으로 용납될 수 없다. 이런 문제에 관해서는 뒤에 가서 더 자세히 논의될 것이다.

또 다른 여러 이유들은 추상적인 존재와 무한한 존재를 혼동하는 데서 유래한다. <현재의 존재>는 본래 무한하다. 왜냐하면 <현재의 존재>의 개념은 그 어떤 것도 배제하지 않고, 또 제한이 없기 때문이다. 그래서 <현재의 존재>는 <앞으로 있게 될 존재>에 의해, 유한한 사물로만 제한되어 있다. 그런데 <현재의 존재(esse)>요 동시에 <앞으로 있게 될 존재(ens)>이기도 한 존재는, 그때그때의 규정에서 추상(제외)되고 도외시된다는 뜻으로만 무한한 것이다. 추상적인 개념으로서의 존재는—그리고 존재는 오직 추상적인 존재일 뿐이다—유한하지도 않고 무한하지도 않으며, 이 두 가지 가능성에로 열려 있다. 오직 현실적인 존재자들만이 유한하거나 무한할 뿐이다. 그러나 하나의 실제로 무한한 것은 절대로 유한한 것으로 될 수 없다. 더욱이 정해진 이유(근거)가 들어맞을 때에는, <앞으로 있게 될 존재>가 <현재의 존재>보다 덜 무한한 것이 아니다. 일반적으로 <앞으로 있게 될 존재>는 일반적인 <현재의 존재>와 꼭 마찬가지로 한계가 지어져 있지 않다. 왜냐하면 한계들이 도외시되기 때문이다. 그래서 <앞으로 있게 될 존재>를 위해서도 제한이 없는 크기가 찾아져야만 한다. 그러나 우리는 추상적으로 생각함으로써, 한계가 규정되어 있지 않다는 생각을 본래적인 무한함과 혼동해서는 안 된다. 생명은 인간의 생명, 동물의 생명 및 식물의 생명으로 나타나고, 더 나아가서는 서로 다른 종류와 개별자들의 생명으로서 나타난다. 그러나 극단적인 개념실재론의 대표자만은 원래에는 보편적인 생명만 있다고 주장할 것이다. 그런데 이 생명은 그때그때의 제한된 요인들에 의해 이런 특별한 종류의 생명으로 규정될 수밖에 없는 것이다.

제2장 현실태와 가능태

1. 현실적인 것과 가능적인 것

존재를 기본적으로 분류하는 또 한 가지는 현실태(Akt)와 가능태(Potenz)다. 즉 현실적인 것(Wirklichkeit)과 가능적인 것(Möglichkeit, 가능한 것)으로 분류하는 것이다. 우리는 가능태(가능한 것)를 맨 먼저 우리들 자신에게서 배우게 된다. 우리는 자유롭기 때문에 어떤 것을 할 수 있고 할 능력도 가지고 있다. 이러한 사실이 뒤에 와서, 특히 우리들의 계획 안에서, 우리들로 하여금 다른 존재자들의 가능성을 찾아 헤매게 해준다. 왜냐하면 어떤 존재자들은 한 가지의 성질을 가지고 있지 않으나, 이 성질을 가질 수 있다는 사실이 당장 밝혀지기 때문이다. 이와 반대로 다른 존재자들은 한 가지의 성질을 가지고 있지도 않고, 또 그 성질을 얻을(가질) 수도 없다. 그래서 인간은 아직은 무지(無知)할 수 있으나, 알게 될 가능성과 힘을 가지고 있다. 식물들과 돌들도 아직은 무지이지만, 그러나 절대로 알게 될 수는 없다. 그래서 우리는 식물들과 돌들을 알지 못하고 있는 인간처럼, 알지 못하는 자라고 할 수는 없다. 즉 가능태(가능성)는 두 가지의 뜻을 가지고 있다. 첫째로, 가능태는 <아직 있지 않은 것>(Nochnichtsein)이요, 현실태(현실적인 것, actus)가 아직 거기에 있지 않은 것이다. 둘째로, 가능태란 단순히 <있지 않은 것>(Nichtsein)이 아니다. 그것은 동시에 힘이요, 일종의 소질(素質)이다. 힘으로서의 가능태는 일종의 능력이기도 하다. 그리고 이 가능성이 아무리 많고 아무리 본래적인 것이라 하더라도, 반드시 실현되는 것은 아니고, 실현될 가능성만 주어져 있는 것이다. 모든 힘은 그 자체로서는, 무엇이 될 수 있고 무엇이 될 수 없는가 하는 것을 결정하는 어떤 긍정적인 것이다. 이와 반대로 <아직 있지 않은 것>은 미래의 상태에 대한 상상적인 관계로서만 존재하고 있다. 이런 관계는 힘의 적극적인 면에 바탕하고 있다. 가능성들에 관해서도 똑같은 말을 할 수 있다. 진실로 가능한 것은 그것을 실현시킬 힘이 있는 것뿐이다.

2. 능동적인 가능태와 수동적인 가능태

우리는 경험 속에서는, 그 어디에서도 밖으로부터의 동인(動因)을 필요로 하지 않고, 또 이 동인에 의해 결정지어져 있지 않은, 그런 순수한 힘을 볼 수가 없다. 또 스스로의 힘은 조금도 가지고 있지 않고, 오로지 밖으로부터 결정지어지기만 하는 그런 것은 더욱 더 드물다. 스스로를 (밖에서) 결정하도록 내버려두는 그런 것은 하나도 없을는지 모른다. 그밖에도 결정을 하는 것과 결정지어지는 것은 언뜻 보기로는 일방적으로 활동을 하는 쪽으로부터 그 활동을 받아들이는 쪽으로만 행해진다. 실제로 중요한 것은 양쪽이 다 같이 결정을 내리고 또 결정을 받아들이고 하는 그런 과정이다.

물론 힘과 결정을 내릴 수 있는 것은 존재자들의 서로 다른 종류에 따라, 그때그때 다른 관계 속에 있을 수 있다. 잠깐만 반성해 봐도 이 관계는 능동적인 요인에 이롭지 못하게 인간의 자유로부터 동물의 존재와 식물의 존재를 거쳐 무기물들에게로 옮겨가며, 이렇게 될수록 밖으로부터의 동인이 결정을 내리는 한층 더 강한 역할을 한다는 것을 알 수 있다. 질료(재료)는 언제나 그 자체로서는 있는 그대로의 것이다. 주어져 있는 상태에서는 조금도 다른 것으로 될 수 없다.

우리는 추상을 통해 이 두 측면들을 각각의 것으로 생각해 볼 수 있다. 그렇게 하면, 활동적 또는 능동적인 가능태는 행동을 하고 결정을 하는 힘이요, 받아들이는 혹은 수동적인 가능태는 결정 당하는 능력이라는 것이 밝혀진다. 수동적인 가능태는 언제나 작용을 받아들이는 <앞으로 있게 될 존재>를 전제하고 있다. 이런 존재자는 주관이요, 가능태의 주체다. 이런 존재자의 실제적인 존재는 여러 작용들을 받아 변하는 것처럼, 그것이 무엇으로 될 능력이 있는가 하는 것을 결정한다. 순수하게 수동적인 가능태란 있을 수 없다. 이런 가능태는 있을 수 없을 것이다. 가능태란 오직 그 가능태를 실현시킬 능력을 갖춘 힘이 있기 때문에, 또 그러한 힘이 있는 한 성립된다. 즉 현실태는 절대적으로 가능태에 마주 세워져 있다. 가능태는 하나의 절대적인 첫 번째의 현실태에 바탕하고 있을 때에만 가능한 것이다. 그러나 이제 실현하게 될 것들에게 있어서는 가능태가 현실태를 앞서간다.

제3장 실체와 우연적인 속성

1. 자기동일성과 〈다른 것으로 됨〉(달라짐)

우리는 우리들 자신에게서 이상한 것, 언뜻 보기에 모순되는 것을 체험한다. 즉 우리가 살아 나가는 동안에 우리들 자신이 변하고, 우리가 달라지고, 우리가 변하면서도 그냥 그대로(동일하게) 남아 있는 것 등을 체험한다. 나는 무지한 자에서 아는 자로, 소년에서 어른으로 된다. 우리는 계속해서 달라지는 동안에도 우리를 보존하고 있다. 이런 일은 애초부터 정해져 있다. <나(自我)>는 변화 속에서도 계속해서 유지된다. 우리는 <너>와 교제하는 데서도 이런 일을 경험한다. 하지만 이런 사실은 사람들이 기꺼이 생각하고 있는 그대로도 아니고, 또한 부분은 그냥 그대로 있고, 다른 부분은 변하는 것처럼 보이게 하는 그런 모순된 일도 아니다. 전체적인 인간(한 인간 전체)이 변하고, 늙고, 알게 되는 것이요, 이 전체적인 인간이 그 자신으로 그냥 남아 있는 것이다. 즉 신체적인 부분이 아니라, 존재의 형이상학적인 구조들이 중요한 것이다. 자기동일성(自己同一性, Selbstgleichheit)이 없이는 정신적인 생활이 불가능하리라는 사실은 일찍부터 알려져 있다. 스스로를 계속해서 유지하는 구조나 동일하게 남아 있는 <나>와 <너>를 우리는 실체(Substanz)라고 한다. 이런 명칭은 사람들이 이렇게 자기 스스로를 계속해서 유지해 나가는 것을, 변화의 주체이면서 동시에 변화에 예속되어 있는 그런 것이라고 생각한다는 사실에서 생겨난다. 물론 이럴 때 중요한 것은 하나의 단순한 모습(그림)이다. 다른 것으로 되는 것(달라짐)의 구조는 우연적인 속성(Akzidens)이라는 명칭을 지니고 있다. 변화는 바로 실체에게 해당된다. 그래서 실체도 달라질 수 있는 것이다.

우리는 실체와 우연적인 속성 서로간의 관계를 사물들 서로간의 관계처럼 생각해서는 안 된다. 실체는 순전히 외부적인 것에 지나지 않는, 우연적인 속성의 변화무상한 옷을 입고 있는 딱딱한 나무 둥치와는 아무런 상관도 없다. 전체적인 인간은 변한다. 그러나 본질적·실체적으로 변하는 것은 아니며, 특히 그 동일성이 중단될 정도로 변하는 것은 아니다. 만약에 그렇게까지 변한다면, 기억과 인간생활 전체가 불가능할 것이다. 뒤에 와서야, 특히 데카르트와 데카르트 학파에 의해 실체개념이 고정되기에 이르렀다. 그래서 칸트는 이러한 분류의 객관성을 부인하고, 이것을 의식의 범주를 가지고 설명하지 않고서는, 데카르트에 의해서 생긴 어려움과 모순들을 극복해낼 수가 없었다.

2. 자립(自立)

우연적인 속성의 주체로서의 실체는 자립해 있고, 이 자립에 의해 정의내려진다. 우리들의 의식이 닫혀져 있다는 것, 우리들에게 속하는 모든 것들이 <나의 것이라는 것>(Ich-heit), 일시적인 모든 활동, 즉 모든 행동과 <행동을 당하는 것>(受動)의 주체라고 하는 것 등은 인간의 존재단계에서 이러한 자립을 표현하는 것에 지나지 않는다. 우리들에게 있는 모든 것은 <나>의 것이고, <나>는 그 누구의 것도 아니다. 또 다른 사람의 행동이나 성질이 있다면, 그것은 똑같이 그 자체로서 있는 것이다. 이렇게 하나의 궁극적인 것이 있어야만 한다는 사실은 잠깐만 깊이 생각해 보면 알 수 있는 일이다. 즉 어떤 것이 있다면, 그 모든 것은 실체다. 성질들과 활동들은 오직 한 인간이나 한 사물의 성질이나 활동으로서만 존재한다. 성질들과 활동들이 있을 수 있기 위해서는, 하나의 실체가 있어야 한다. 왜냐하면 우연적인 것이 없이는 실체가 규정되지 않은 채로 있게 되기 때문이다. 그런데 여러 가지로 규정되어 있는 것만이 실제로 있을 수 있다. 실체와 우연적인 것은 서로 제약을 하고 있다.

3. 보편적인 존재 구조로서의 실체와 우연적인 속성

우리들이 인간에게서 확인할 수 있는 것은 방법은 다르지만 동물과 식물에서도 나타난다. 동-식물들도 많은 변화를 하면서도 그들의 동일성을 유지하고, 그들에게 전형적인 전체 존재에 이르게 된다. 그러나 이미 보다 낮은 단계의 동물들과 더 나아가서 식물들에게 있어서는 자립과 자기동일성을 알아내기가 쉽지 않다. 이것들에 있어서는 부분들이 새로운 전체적인 개체를 형성할 수 있기 때문이다. 무기물들에 있어서는 자립과 자기동일성이 보다 더 불분명하게 된다. 그 이유는, 자기들의 동일성을 보존하는 것처럼 보이고, 우리들이 실체라고 받아들이려고 하는 그런 눈에 보이는 덩치들은 많은 실체적인 존재자들을 쌓아 놓은 것에 지나지 않는다는 사실에 있다. 이러한 최종적인 부분들은 우리들에게 직접적으로 파악되지를 않는다. 그러나 우리들은 여하튼 무기적인 물질도 실체적인 구조를 갖추고 있다는 사실을 알고 있다. 실체적인 구조를 갖추고 있지 않다면, 질료는 어떤 다른 것의 단순한 성질에 지나지 않을 것이다. 실체와 우연적인 속성은 서로 다른 여러 가지 존재의 단계들에서 각기 비슷하게, 즉 비슷한 방법으로 실현되지만 완전히 똑같게 실현되지는 않는다. 이런 일은 일반적인 존재 구조들에서도 똑같다. 정의(定義)는 언제 어디서나 동일하나, 보다 높은 존재나 보다 낮은 존재가 이런 정의를 충족시켜 준다. 인간에게 있어서는 이런 자립 자체가 의식되어 있다. <나>는 어느 정도밖에 되지 않지만 스스로를 소유하고 있다. 당연히 의식을 하고 있어야 하고, <자기 스스로 안에 갇혀져 있는 나>인 이런 실체를 우리는 인격

(Person)이라고 한다. 동물에게는 이런 <자기를 소유하는 것>과 비슷한 것만 있고, 사물에게는 그림자가 있고, 무기물들에게는 그림자의 그림자만 있을 뿐이다.

4. 자기동일성과 변화가 다 같이 우세한 것은 아니다.

우리들이 경험하는 모든 존재자들은 실체와 우연적인 속성을 다 드러내 보여주고 있다. 하지만 변화들이 자립에 간섭하는 깊이는 서로 다르다. 그래서 이 깊이의 정도에 따라 자립과 자기동일성 또는 <다르게 되는 것>이 보다 더 강하게 나타난다. 이런 관계는 사람에 따라 다르다. 존재의 단계들 사이에는 뚜렷하게 구별이 생긴다. 이런 것이 우리들로 하여금 이 두 가지의 방향(자기동일성과 변화)을 끝까지 생각해 보게 한다. 그러면 우리는 한편으로는 순수하고, 변하지 않고, 무(無)시간적인 동일성 자체에 이르게 된다. 우리들이 경험하는 범위 안에서는 우리는 이러한 동일성을 볼 수가 없다. 다른 방향에 따르자면, 마지막에는 순수한 변화, 순수한 흐름만 있고, 아무런 자립도 없고, 자기동일성 자체도 없다. 그런 것은 절대로 없고, 따라서 절대로 경험의 대상으로 될 수 없다. 우리들이 이런 서로 다른 존재의 단계들을 그 축(軸)으로부터 떨어져 있는 정도에 따라 순서를 매기자면, 인격이 순수한 동일성에 가장 가까이 서 있고, 가장 멀리 떨어져 있는 것은 무기물이고, 이 두 가지의 사이에 동물과 식물이 있다. 우리는 다시 앞에서와 동일한 질서에 맞서 있다.

5. 실체에 대한 인식

실체에 대한 인식은 우연적인 속성에서 떼어내어 생각할 수가 없고, 거꾸로 우연적인 속성에 관한 인식은 실체가 없이는 생각할 수 없다. <나>는 <나의 본성>이 끝가지 배어 있는 나의 행동들에서 알려진다. 그런데 그 어떤 주체에도 속하지 않는 그런 행동은 그 자체로서는 생각마저도 할 수 없다. 이와 똑같이 우리는 사물을 그 성질들 안에서, 또 그 성질들을 통해서 보게 된다. 그런데 이 성질이란 한 사물의 성질이다. 색깔, 모양, 크기 등은 언제나 일정한 사물의 성질이고, 또 이 사물은 색깔, 크기, 모양 등에서 우리들에게 알려진다. 그래서 실체란 우연적인 속성의 "배후에"나 또는 "밑에" 있는 알져 있지 않은 X가 아니다.

제4장 원인과 인과관계의 원리

1. 인과관계의 원리

인과관계의 원리는 이미 일찍부터 알려져 있었다. 이 원리는 <충족 이유율>의 특별한 경우다. 이때 제기되는 문제는 전체적인 존재자의 근거(이유)가 아니라, 이 존재자의 <현재의 존재>의 근거이다. 이러한 <현재의 존재>의 충분한 근거는 <현재의 존재자> 자체 안에 있거나, 다른 것 안에 있다. <현재의 존재>의 이런 충분한 근거를—그것이 확실하지 않은 <현재의 존재자> 자체 안에 있지 않은 한—우리는 작용원인(動因)이라고 한다.

인과율(因果律)이란 <모든 되어 가고 있는 것은 하나의 원인을 가지고 있다.>고 하는 것이다. 똑같은 내용을 부정적으로 표현하자면 다음과 같다. <되어 가고 있는 것은 자기의 "현재의 존재"의 충분한 근거를 자기 자신 안에 가지고 있지 않다.> 왜냐하면 충분한 근거가 되는 것은 <현재의 존재>이기 때문이다. 즉 현실만이 현실의 근거인 것이다. 그러나 <되어 가고 있는 것>으로서의 <현재의 존재>는 아직은 존재하고 있지를 않다. 만약에 이미 존재하고 있다면 그것은 그 이상 더 되어 갈 수가 없다. 그래서 이런 존재는 있기도 하고, 동시에 없기도 하다. 이런 것은 있을 수 있는 최대한의 모순이다. 그래서 이렇게 <되어 가고 있는 것>은 있을 수가 없다. 이렇게 해서 인과율이 증명되었다.

2. 원인이 있다는 것에 대한 경험

우리는 사람이나 사물과 교섭할 때 하나의 원인이 있다는 말의 뜻을 우리들 자신의 행동에서 경험하게 된다. 우리는 앞에서 말한 근원을 보고 사실, 즉 결과가 되는 행위의 대상을 이해하게 된다. 우리들에게 가장 뚜렷하게 밝혀지는 것은, 자유의지에 있어서는 <원인이 있다는 것>이고, 강요에 있어서는 영향(작용)을 받는다고 하는 것이다. 우리는 다른 분야들에 있어서 <원인이 있다는 것>의 종류를—인과관계의 원리가 타당하는 것이 아니라—이러한 경험에 비추어서 이해한다. 물론 이런 비교의 범위는 우리들이 인간의 영역에서 멀리 떨어지면 멀리 떨어질수록, 그만큼 더 폭이 넓다. 이와 마찬가지로 하나의 원인이 있다는 것을 보편적으로 알아내는 것이 아니라, 원인과 결과 사이에 있는 구체적인 연관을 찾아내는 것이 어려울 것이다. 귀납법의 방법은 커다란 복합체들에서 여러 원인들에 의해 서로 얽혀 있는 것을 확실하게 분리해내는 방법이다.

3. 잘못된 공식(표현)들

인과관계의 원리는 다른 형식으로 표현되는 일이 자주 있다. 예컨대 <모든 결과는 하나의 원인을 가지고 있다.>고도 공식화된다. 이 명제는 올바르나, 뜻하는 것은 아무 것도 없다. 왜냐하면 결과에는 본질적으로 원인이 주어져 있기 때문이다. 자연과학들에서는 앞에서 말한 원리가 다음과 같이 표현되는 일이 자주 있다. <원인은 양(量)과 에너지에 따르자면 양적으로는 결과와 같다.> 그런데 일반적인 형이상학에 있어서는 이 명제는 절대로 증명될 수 없으며, 오히려 그 반대다. 이 명제는 일반적인 인과율을 자연과학의 방법으로 좁혀 놓은 것이다. 자연과학은 언제나 개별적인 것은 고려하지도 않고, 사물들에게 공통적인 것만을 대상으로 삼기 때문에, 원인-결과-관계에 있어서도, 이 두 가지에게 공통적인 것만을 다룰 수 있다. 인과율(因果律)이 알맞게 파악된 존재에게는 타당할 수 없다는 사실을 밝혀 주는 것은 다음과 같은 생각이다. <모든 원인은 구체적이고, 따라서 일회적이며 개별적이다. 이런 사실은 결과에도 들어맞는다.> 그러나 개별적인 원인은 그 자체로서는 절대로 결과로 옮겨가지 않는다. 또 개별적인 결과는 그 자체로서는 감각적인 원인 안에 있지 않다. 그래서 결과는 절대로 그냥 그대로 원인과 같은 것이 아니며, 오히려 거꾸로다.

4. 원인과 결과의 관계

자연과학적인 형식의 인과원리는 형이상학적으로는 구체적인 존재자 전체를 감당해낼 수 없기 때문에, 이런 관계에 관한 충족이유율에서는 적어도 존재의 힘에 있어서는 원인이 결과에 뒤질 수 없다는 결론이 나온다. 그렇지 않다면, 힘이 넘치는 것이, 그렇게 될 충족이유율을 가지지 못할 것이다. 감각적으로는 언제나 그런 것처럼, 여러 원인들이 합쳐져 하나의 결과를 낳는다면, 이 충족이유율은 물론 전체적인 원인에만 들어맞는다. 이와 반대로 부분적인 원인은 결과 전체에 끼어들 수 있다. 원인이 결과보다 작아 보이는 그런 때에는 이 충족이유율은 우리들로 하여금 완전한 원인을 찾아 나서게 한다.

제5장 가치와 비(非)가치

A. 가치(價値)

현대철학은 가치의 분야에 특별한 관심을 쏟아 왔다. 신칸트주의의 바탕 위에서 이런 일을 한 것은 바덴학파(빈델반트 Windelband, 리커어트 Rickert)와 실재론에 바탕한 현상학의 도움을 받은 셸러(Scheler) 등이었다. 여러 가치들과 선(善)들이 있다는 사실은 일상생활에서 일반적으로 받아들여지고 있는 한 가지의 사실이다. 그래서 철학적으로는 존재와 가치 서로간에 어떤 관계가 있는가 하는 중요한 물음이 제기된다. 비판적인 실재론에 있어서는 이 물음에 대답하는 것이 동시에 가치의 본질에 관한 여러 물음들에 대한 대답으로 된다.

1. 현대의 가치론

가치들에 있어서는 순수하게 주관주의적인 평가가 행해지는 일이 많다. 가치란 사람들이 그런 것(가치가 있는 것)이라고 생각하는 바의 것이다. 그러나 이것만으로는 사람들이 한 가지의 일에 대해 착각을 할 수 있다는 사실이 해명되지 않는다. 착각이란 판단이 다르게 내려지고, 이 다른 것과 일치되지 않는다는 사실을 전제하고 있다. 그러나 동시에 이렇게 다른 것이 나의 판단을 결정짓는 것이 아니라는 사실도 전제하고 있다. 신칸트학파의 가치이론은 칸트의 범주론을 가치의 분야에 확대-적용해 놓은 것에 지나지 않는다. 문화생활의 측면에서 보자면 우리는 이제 존재에서가 아니라 가치들에서 기초가 되는 것을 찾고 있다. 사람들은 가치를 우리들의 인식의 기초(밑바탕)라고 결론내리고 있다. 가치들은 우리의 의식의 범주구조를 구성하고 있는데, 이 범주구조는 칸트가 존재범주를 다뤘던 것과 똑같은 선험적인 방법에 의해 확정되어 있다. 물론 이런 이론은 칸트의 범주론 전체와 똑같은 비판을 받고 있다. 거기에 더하여 이 학파(신칸트학파)는 한 가지의 자유분방한 당위를 궁극적인 기본범주로서 받아들이도록 강요당하고 있다는 비판도 받고 있다. 그런데 셸러가 잘 연구했던 바와 마찬가지로 당위는 언제나, 의욕을 하고 인정을 해주고 하는 존재(인간)에 대한 한 존재자의 요청이다. 셸러는 두 가지의 객관적인 영역, 즉 존재의 영역과 가치의 영역을 인정하고 있다. 인간에게는 이 두 가지의 영역에 알맞은 두 가지의 본질적으로 서로 다른 인식방법이 있어야 한다. 즉 존재를 인식하는 데는 형이상학적인 존재인식이 있고, 가치를 인식하는 데는 <마음이 향하는>5)(향하기만 하지, 순수한 마음의 상태는 아니다) 가치감각(가치를 느끼는 것)이 있다는 것이다.

이 가치감각 안에서는 하나하나의 가치들의 본질을 직접적으로 볼 수 있다는 것이다. 또 완전한 가치감각 안에는 가치들의 객관적인 단계의 순서, 즉 위계질서가 주어져 있다는 것이다. 셸러는 이 두 영역(존재와 가치)을 매우 날카롭게 분리시켰다. 이런 것은 특히 종교적인 인식에 관한 그의 학설에 잘 나타나 있다. 이 두 영역은 인식을 하는 인격 안에서만은 하나로 통합된다. 물론 셸러도 주관에 의해서만 조건지어지는 가치와 존재의 통일에 만족하지 못하고, 일종의 객관적인 통일이 제시되어야만 한다는 사실에서 완전히 벗어나지 못한다. 모든 사실들과는 달리, 세계가 극단적으로 아무런 관계도 없는 두 가지 영역으로 분해되어서는 안 되기 때문이다. 그러나 셸러는 이런 문제를 해

역주 5) intentional 을 번역한 말인데, 일반적으로 志向的이라고 번역하고 있으나, 번역한 이 말도 알아듣기가 힘들어, 나름대로 이렇게 풀어서 옮겨 봤다.

결하는 준비단계를 벗어나지 못했다. 더욱이 그의 이론과 대개의 순수한 현상학파의 이론은 가치들이 개별적인 선(善)들에서 실현되는 관계에 관해서는 플라톤의 이데아와 개별적인 존재자들의 관계에 관해서처럼, 분명하지 못하다는 사실에 고민하고 있다. 셸러는 말기에 와서는 이데아(이념)의 자유분방한 제3의 왕국 같은 것을 가정했다. 이 제3의 왕국이란 존재할 힘도, 존재도 없는 일종의 개념인데, 이 개념이 셸러의 이론이 근거가 박약하다는 것을 드러내 보여준다. 그러나 가치의 현상학적인 객관성을 애써 밝혀 낸 것은 셸러의 커다란 공적이다.

또 다른 연구는 여러 가치들에서 존재가 증진하고 그 정점에 이르게 된다고 보고 있다. 여기서는 두 영역(가치와 존재)이 연관되어 있음이 드러난다. 문제되는 것은 오직 이렇게 정점에 이른다는 것과 증진한다는 것이 무슨 뜻인가 하는 것이다. 여기서는 가치가 일정한 모습으로 전제되고 있는가? 정점에 이른다는 것은 이미 <가치가 붙어 있는 존재>를 뜻하는 것이 아닌가? 그래서 이런 정의(定義)는 <가치는 가치다.>라고 말하는 것으로 되는 것일까? 그래서 <가치에서 풀려난> 존재를 가정할 필연성이 생길 법하다. 가치란 존재 내부에 있는 한 쪽 귀퉁이(구석)일 법하다. 이렇게 되면 당연히, <가치에서 풀려난 존재>와 <가치가 붙어 있는> 존재를 구별할 수 있게 해주는 한 가지의 기준, 그것도 객관적인 기준이 주어져 있어야 한다는 요구가 생긴다. 이런 기준이 주어져 있지 않고서는 이 물음 전체가 이해될 수 없게 된다. 그러나 존재자가 객관적으로 그 자체 안에서 이미 <가치에서 풀려나> 있거나 <가치가 붙어> 있다면, 동일한 존재자가 객관적으로 한 사람에게는 선한 것, 즉 <가치가 붙어> 있는 것이지만, 이와 반대로 다른 사람에게는 악(惡)한 것이 되는 그런 사실은 해명될 수가 없다.

2. 스콜라철학의 가치론

스콜라철학은 실제로 모든 방면에서 만족을 주는 그런, 한 가지의 다른 방법으로 존재(ens)와 가치(bonum)의 관계를 해결했다. 스콜라철학에 따르자면, 존재와 가치는 실제로는 동일한 것이나, 인식에게 서로 다른 객관적인 측면을 드러내 보인다. 그래서 존재와 가치의 개념들은 서로 비슷한 것을 뜻하는 것이 아니라 완전히 다른 것을 뜻한다. 왜냐하면 이 개념들은 각기 독자적인 정의(定義)를 가지고 있기 때문이다.

첫째로 《모든 존재는 <가치가 붙어 있는> 것이다.》(omne ens est bonum)라는 명제가 그렇다. 이 명제는 <존재자들은 떨어져 있지 않다.>고 하는 생각에 의해 증명된다. 존재자들은 서로 여러 가지의 실제적인 연관을 맺고 있다. 존재자들은 원인으로서 변화가 일어나게도 한다. 이렇게 원인으로서 작용하는 것들은 작용을 받아들이는 존재자의 존재를 위해 이로울 수도 있고 해로울 수도 있다. 이로운 경우가 되느냐 해로운 경우가 되느냐 하는 것은 활동을 하는 존재자나 작용을 받아들이는 존재자의 존재에 달려 있는 것이 아이라, 두 쪽의 존재에서 생기는 관계에 달려 있다. 따라서 이런 관계들은 객관적인 존재관계에 바탕하고 있다. 관계가 객관적으로 존재에게 이로울 때에는 하나의 존재자가 다른 존재자를 위한 가치가 되고, 이 관계가 존재에게 해로울 때에는 이 존재자가 하나의 비가치(Unwert) 또는 악으로 된다. 헌데 구체적인 존재자들은 형이상학적인 뜻으로 매우 복잡한 구조를 가지고 있기 때문에, 두 개의 구체적인 존재자들 사이에는 <가치가 붙어 있는 것>이나 <비가치가 붙어 있는 것>(가치가 붙어 있지 않은 것)의 다양하고 객관적인 관계들이 서로 교차할 수 있다. 한 가지 점에서 선한 것이 다른 측면에서는 악한 것일 수 있다. 특히 우리는 사람에게서 언제나 이런 것을 경험하게 된다. 입(입맛)에는 좋은 것이 건강에는 해로울 수 있다. 따라서 하나의 구체적인 존재자에게 <가치가 붙어 있다>는 전체적인 판단이, 하나의 다른 구체적인 존재자에게도 내려져야 한다면, 하나의 또 다른 척도가 필요하다. 이 척도는 <하나하나의 구체적인 존재자는 그 실체를 통해 우연적인 것의 존재를 위한 조건이 되는 하나의 통일을 이룩한다.>는 명제에서 생겨난다. 이 실체가 궁극적으로 그 존재 안에서 이롭게 될 때에는, 그 전체도 이롭게 된다. 만약에 이 실체가 해를 입거나 존재를 위협받으면, 전체가 해를 입거나 위협받는다. 단순히 하나의 다른 존재를 위해 가치가 있다는 것은 직접적으로나 간접적으로 전체의 존재에 이로운 것이며, 부차적인 관점에 따르자면 비가치적인 것일는지도 모른다. 다른 사람을 위한 단순한 한 가지의 악은 직접적으로나 간접적으로 전체를 해치거나 위협하는 것이다.

그런데 한 존재자가 작용을 할 수 있는 모든 능력은 자기의 존재에 바탕하고 있다. 그래서 이 작용능력은 오직 그 스스로로서만 남을 위해 가치일 수도 있고 비가치일 수도 있다. 즉 <존재는 그 위에 모든 다른 가치들이 바탕하고 있는 기초적인 가치 있는 것>이라는 뜻이다. 존재하고 있는 것은 좋다(선이다). 이런 것은 존재 안에서 드러난다. 모든 존재자는 자기의 존재에 알맞춰 <현재의 존재> 안에 버티고 있으려고 애쓴다. 동물에서도 이런 노력이 의식되고, 인간에게서도 이런 노력은 스스로 의식(自意識)된다. 우리는 이런 노력을 자기 보존본능이라고 한다. 즉 형이상학적으로는 모든 것이 존재하고 있는 한 가치가 붙어 있는데, 우선은 자기 자신을 위해 가치가 있다.

3. 가치의 단계와 높고 낮음의 질서

존재에는 서로 다른 여러 단계들이 있다. 이런 존재의 단계에 알맞춰 가치의 단계도 여러 가지로 있다. 이러한 존재의 단계들이 객관적으로 보다 많거나 덜 많거나 하기 때문에 하나하나의 가치의 단계들도 단순한 주관적인 평가나 인간의 기분에 좌우되지 않은, 그런 객관적인 질서를 가지고 있다. 보다 많은 단계를 가진 것이 원래 덜 많은 단계를 가진 것보다 높다. 우리는 이미 이런 가치의 단계들이나 존재의 단계들을 자주 대해 왔다. 그래서 우리는 여기서는 이 단계들에 관해서 간단히 말해 두려 한다. 특히 그 이유는 하나하나의 단계들에 관해서는 뒤에 가서 보다 더 정확하게 살펴보겠기 때문이다. 이 단계들은 아래서 위로 올라간다. 즉 물질적인 가치의 단계, 식물적인 가치와 활동력의 가치로 나눠지는 생명 가치의 단계, 정신적인 가치 또는 문화 가치의 단계, 종교적인 가치의 단계로 올라간다. 대상물의 영역에 속하거나 적어도 이 영역을 배제할 수 없는 이런 가치들에 맞서 있는 가치는 본질적으로 주관, 자유로운 주관, 즉 인격에 관계되는 가치다. 이런 가치는 윤리적인 가치다. 그런데 윤리적인 것은 가치상대주의의 뜻으로 주관적인 가치가 아니라, 일종의 주관에 붙어 있는 가치다. 이 말은 가치가 존재하고 있을 형이상학적인 곳(場)이 주관이라는 뜻이다. 인식론적으로는 윤리적인 것은 일종의 객관적인 가치임과 동시에 객관들에 붙어 있는 가치들이다.

4. 스스로 가치인 것과 수단가치

선은 존재에 이로운 것이고, 따라서 추구할 만한 가치가 있는 것이다. 일찍이 선을 추구할 만한 가치가 있는 것이라고 정의한 사람은 아리스토텔레스다. 이런 정의에 바탕해서 선이 달리 나눠 붙여진다. 선은 그 자체를 위해서 추구되는 어떤 것, 즉 궁극적인 목표일 수 있고, 적어도 상대적이나마 이렇게 추구하는 것의 궁극적인 목표일 수 있다. 우리는 이런 목표를 <자기 가치>(Selbstwert, 스스로 가치인 것)라고 한다. 그런데 이런 목표가 하나의 다른 가치에 도달하기 위한 수단으로서 추구될 수도 있다. 이런 목표는 수단가치 또는 <쓰임새 있는 가치>다. 자기 가치에 비하면 수단 가치는 부차적인 것이다. <쓰임새 있는 가치>(수단가치)는 궁극적으로 추구해야 할 것으로서, 그리고 수단의 자기가치로서 <자기가치>(스스로 가치인 것)를 전제로 하고 있는데, 물론 <쓰임새 있는 가치>를 추구할 때에는 자기가치가 고려되지 않는다.

5. 선과 완전함

또 구별해야 할 것은 <가치가 붙어 있는 것> 또는 선과 완전함이다. 완전함이란 내적인 형식을 완전히 갖춰서, 가치를 잃어버리지도 않고, 또 가치가 줄어들지 않을 뿐만 아니라 늘어나지도 않는, 그런 내적인 가능성이다. 우리들은 여러 가지 이유로 사물들의 내적인 형식과 가능성을 재어 보게 되는데, 이때 우리들은 완전한 것만을 <좋다>(선하다)고 하는 일이 자주 있다. 이런 일은 또 존재의 가장 꼭대기, 즉 가장 높은 곳이 가치라는, 앞에서 말한 가치론으로 나아가게도 한다. 그런데 선의 시작, 즉 가치를 뜻하는 모든 것과, 한 가지의 관계 여하에 따라서만 가치가 있는 그런 모든 것은 구체적으로 가능한 모든 관계들에 따라 선하다고, 즉 그저 간단히 선하다((bonum simpliciter)고 할 수 없고, 오직 상대적(비교적)으로 선하다(bonum secundum quid)고 할 수 있을 뿐이다. 선, 그저 간단히 가치가 있는 것은 구체적으로 가능한 모든 방향과 관계에 따라서도 가치가 있는 것, 즉 완전한 것뿐이다. 우리가 보편적인 선에 관한 말을 할 때에는 최고의 가능성과 완전함을 갖추고 있는 <선한 것>만을 보고 있는 것이다. 이렇게 한 결과로 추상적인 것 안에서는 선과 완전함이 쉽게 일치되는 것으로 보인다. 그러나 선과 완전함이 다르다는 것을 알지 못해서는 안 된다. <모든 완전한 것은 선하거나 가치가 있다. 그러나 가치가 붙어 있는

대부분의 것들은 완전하지가 못하다.> 모든 존재자들은 선하거나 가치가 있다. 그러나 이들 중에서 완전한 자는 몇 되지 않는다.

B. 비가치

가치에 마주 서 있는 것은 비가치(Unwert) 또는 악이다. 옛날부터 악의 문제는 인간을 괴롭혀 왔다. 그래서 이 문제는 계속해서 철학에로 되돌아온다. 철학에서는 두 가지의 극단적인 해결이 제공된다. 한 가지의 해결은 관념론적인 해결을 과장하고 있다. 이 해결은 악은 인간에게 너무나도 강력하게 붙어 있기 때문에, 악의 실재성을 의심하는 것은 무의미한 것처럼 보인다는 사실을 바탕으로 해서 심리학적으로 설명한다. 이와 반대로 다른 해결은 악으로부터 해방을 시켜 주는 마음(정신적)의 기술로 되돌아간다.

1. 실제적인 현실로서의 악

과장된 실재론적인 해결의 한 가지 보기는 여러 체계들에서 드러나고 있는 이원론(二元論)이다. 세계는 두 가지의 현실(실재)들, 즉 그 자체 안에서 선한 현실과 악한 현실이 뒤섞여 있다는 것이다. 이 두 가지의 현실들은 각기 선한 원리와 악한 원리에 그 가장 높은 곳을 가지고 있다. 질료가 악이라고 파악되는 일이 매우 자주 있다. 이런 사상에 동조하는 것은 플라톤과 신플라톤주의다. 현대 철학에서는 그저 유한한 것을 악이라고 보는 일이 자주 있다. 라이프니츠는 이 유한한 것을 형이상학적인 악이라고 했다. 이 학설에서 나온 결론은 인간이 행하는 모든 일은 미리부터 악이라는 것이다. 인간의 행위는 유한한 것과 연결되어 있기 때문이다. 존재 그 자체가 악이라고 하는 비관론의 해결,

예컨대 쇼펜하우어의 해결이 가장 철저한 해결이다. 사람들은 이미 오래 전부터 이런 해결을 반대해 오고 있는데, 이것은 옳은 일이다. 왜냐하면 이런 견해를 확신하고 있는 사람은 삶을 그 어떻게든 고양시키고 촉진시키는 모든 것들, 특히 기쁨과 즐거움을 포기해야만 하기 때문이다. 인간이 자살을 하는 몇몇 폭력적인 경우들을 제외하고는, 기쁨과 즐거움을 포기할 수 없다는 사실이 이런 해결이 유지될 수 없다는 것을 증명해 주고 있다.

2. 악이란 상상(공상)이다.

악을 일종의 단순한 환상이라고 주장하는 체계들은 이와 반대되는 과장에 빠지게 된다. 이런 해결은 인도에 널리 퍼져 있다. 이런 해결은 인도에서는 사람들이 일찍부터 구원, 즉 삶의 무거운 짐에서 풀려나는 것을 <탈혼 상태>(Exstase)에서 찾아온 것과 관련이 있을 것 같다. 스토아학파도 악을 상상(공상)이라고 파악하고 있었다. 관념론의 체계들도 악, 적어도 악에 붙어 있는 쓸데없는 것을 부정한다. 이 관념론의 체계들은 현실적인 것 전체를 합리적인 원칙들에 따라 전진하고 있는 정신적인 발전이라고 보고 있다. 여기서는 악이 <반드시 지나가야 할 점>(通過點), 즉 변증법적인 <반대편>으로 된다. 즉 전체를 바라보면 악도 일종의 선이요, 필요한 것이기 마저 하다.

3. 악이란 〈반드시 있어야 할 것이 결여된 것〉이다.

가치를 자세히 설명해 오는 동안에, 이 문제를 해결할 원리들이 생겨났다. 존재란 그것이 존재하고 있는 한 선이다. 그래서 악 그 자체는 존재를 가질 수 없으며, 실재가 아니다. 그러나 하나의 실재가 다른 실재를 방해하거나 파괴하는 일은 충분히 있을 수 있다. 더 나아가 하나의 존재자가 자기를 자기이게끔 해주는 그런 전체를 가지고 있다면, 이 전체는 본질적으로 방해를 받을 수가 있거나, 우연적으로 방해받을 수도 있을 것이다. 첫 번째의 경우에는 그 존재자가 간단히 존재하기를 중단한다. 두 번째 경우에는 그 존재자는 존재는 하고 있으되, 모든 것을 다 갖추고 있는 것이 아니다. 전체라는 입장에서 보자면, 그 존재자에게는 어떤 것이 결여되어 있다. 이런 전체와 관련지어 보자면, 이 존재자는 그 이상 선(좋은 것)이 아니라 악(나쁜 것)이다. 그래서 악이란 일종의 결여(부족한 것)이지만, 그렇다고 아무 것이나 결여되어 있는 것이 아니라, <반드시 있어야 할> 어떤 것이 결여된 것이다. (privatio, carentia vel absentia boni debiti.) 여기서 <반드시 있어야 할 것>(當爲, 當在)은 본질적인 전체에 따라 헤아려진다. 돌에는 보는 능력이 결여되어 있다. 그러나 이런 결여는 돌에게 악이 아니다. 왜냐하면 <보는 것>은 그 돌의 본질의 전체에 속하는 것이 아니기 때문이다. 그래서 우리가 <돌은 눈이 멀었다>고 말하는 것은 아무런 뜻도 없다. 동물과 인간에게 있어서는 사정이 이와는 다르다. 여기에서는 <보는 것>이 완전한 본질형식에 속한다. 하나의 본질형식이 뚜렷하면 뚜렷할수록, 결여는 그만큼 더 강하게 악을 뜻한다. 그래서 인격 자체에 있어서의 결여로서의 도덕적인 악은 우리들이 본래적인 뜻으로 악이라고 일컫는 그런 것이다. 내면적인 형식이 흐릿하면 흐릿할수록, 그만큼 더 있을 수 있는 악도 흐릿하다. 모든 생명은 독자적인 내면의 형식을 가지고 있기 때문에, 생명에 있어서는 악이 질병, 노쇠, 죽음 등으로 훨씬 더 분명하게 드러난다. 물질의 세계에서 악을 보기란 매우 어렵다. 궁극적인 통일체들은 아직 잘 알려져 있지 않기 때문에, 우리는 이것들의 내면적인 본질형식에 관해서도 잘 알지 못하고 있다. 하나의 돌을 부수는 것은 하나의 내적-본질적인 전체를 파괴하는 것이 아니라, 우연적이고 외적인 전체를 파괴하는 것이다. 그래서 이런 일은 원래 악이 아니다. 인간이 물질적인 세계에다 하나의 새로운 전체를 덧붙였을 때에만, 이 덧붙여진 것이 파괴될 수 있다. 그래서 문화적인 산물의 세계에도 악이 있는 것이다. 즉 하나의 도구가 부서져 쓸모없이 되고, 하나의 예술 작품이 파괴된다.

4. 존재와 비가치

악이란 결여(缺如)이고, 결여란 그 어떤 것에만 붙어 있을 수 있기 때문에, 결여는 언제나 그 주체로서의 한 존재자를 전제로 하고 있다. 그런데 이런 주체는 존재자로서는 선하다.(Omne malum in bono.) 한 가지 작용(활동)의 결과는 언제나 그 어떤 긍정적인 것이기 때문에, 악은 두 가지의 긍정적인 활동들이 서로 화합하지 못하기 때문이거나, 원인을 따지지 않거나, 계속해서 추구하려 하지 않기 때문에 야기될 수 있을 뿐이다. 악은 존재의 근원이 되는 하나의 가치 있는 것을 원인으로 가지고 있다.(omne malum a bono.) 그러나 그 존재자는 간접적으로만 악의 원인인 것이다.(non causa per se, sed per accidens.) 이렇게 해서 우선은 <그 스스로가 철저하게> 악한 그런 존재자는 없다는 주장이 성립된다. 다른 편으로 악은 보다 더 완전한 인식에 의해 없어져버리게 될 그런 환상(Illusion)이 아니다. 오히려 생명(삶)이 언제나 밝혀 주고 있는 바와 같이 비록 그 자체로서는 존재자가 아니라고 하더라도, 어떤 객관적인 것, 인식과는 독립해서 있는 것이다. 바로 실제로 <현재에 존재하고 있는 자>는 <악 그 자체>가 아니라, <나쁜(악한) 것(짓)>(악한 사물)이다. 그리고 이런 사물이 악한 이유는 이런 것이 당연히 가지고 있어야만 할 어떤 것을 가지고 있지 못하기 때문이다. 그래서 매우 비본래적인 뜻으로 이외에는, 유한성이 악이라고 일컬어질 수 없다는 결론이 나온다. 이런 명칭을 붙이는 것은 잘못으로 인도하기 쉽기 때문에, 이런 명칭은 피해야 한다.

5. 악은 설명할 수가 없다

악이 한 사물의 전체, 즉 본질형식에서 생겨나는 것이 아니라, 이와 반대로 이 전체에게 해를 끼치는 것이기 때문에, 악에 대한 설명도 이 전체에서 행해질 수는 없고, 해당되는 것의 본질(반드시 의지일 필요는 없다.)에 관계되는 것이다. 비록 악에 관한 일반적인 이론이 정립된다 하더라도, 구체적인 경우에 한 가지의 구체적인 악이 현재에 존재하고 있다는 사실이, 해당되는 것의 본질에서 필연적으로 결론을 내릴 수 있다고 해서, 반드시 설명될 수 있는 것은 아니다. 즉 구체적인 악에는, 단순한 사실이요, 절대적으로 필연적인 것은 아니지만 실제로 있고, 설명할 수 없다고 하는 등의 성격이 붙어 있다는 것이다. 바로 이런 것이 악에게 무게를 더해 주고, 이 악을 풀 수 없는 수수께끼로 만들어 버린다. 그래서 아직까지는 그 어떤 명확한 이론도 실제적인 악의 어려움과 매력적인 것을 없애 버리지는 못했다. 이 매력적인 것이 악에다 필연성을 주는 것이 아니며, 설명을 할 수 없게 하는 것도 아니다. 악의 이러한 성격이 가장 뚜렷이 나타나는 곳은, 단합이 허물어질 때 자기를 소유하려는 성격, 즉 개인적인 일의 성격이 생겨난 곳이다. 이와 반대로, 일반적으로 생명의 본성에 따라 죽음이 생겨나는 단순한 생물들에 있어서와 마찬가지로, 한 생물이 바로 지금 여기서 사라져 버려야만 하지 않을 그런 때에는, 악은 그다지 급진적인 것이 아니어서, 그다지 예리한 것이 아니다. 이런 악은, 정신적인 것에, 특히 인간의 윤리에 관계되는 악처럼, 절대적, <다시-회복할 수 없는> 그런 성격을 가지고 있는 것은 아니다.

제 3 부

경험적인 존재의 단계들

제1장 존재의 단계들

1. 실제적인 존재의 단계

이미 여러 번 말해 왔던 바와 마찬가지로 존재의 종류에 따라 존재론을 크고 포괄적으로 분류해 놓은 기본적인 분류는 서로 다르게 응용되고, 이런 분류에 관한 정의(定義)는 모든 단계들에 있어서 똑같이 원초적인 방법으로 그 내용이 채워진다. 그러나 이 정의의 내용을 충족시켜 주는 것은 매 번 하나의 다른 것이며, 따라서 이렇게 내용을 충족시켜 주는 것 그 자체가 모든 다른 것들에 비슷해진다. 더 나아가서 질서의 계열은 매 번 위에서 아래로 이뤄진다. 즉 자유롭게 자기를 소유하고 있는 존재(인격), 정신적인 활동(인간의 문화창조), 동물, 식물, 질료(물질) 등으로 질서지어진다. 이와 똑같이 모든 단계들은 마지막에 가서는 개체들에 이르게 될 때까지 분류된다. 그리고 이 개체들의 동일한 기본개념들에서 이 정의에 일치되고 또 일회적인 그런 실현이 이루어진다. 물론 개체들 이외의 다른 모든 단계들은 추상이요, 이 추상의 내용은 현실에서 얻어낸 것이다.

2. 특수 존재론

특수 존재론의 과제는 일반적인 존재론에서 알려진 원리들의 도움을 받아, 서로 다른 단계의 존재와 그때그때 이 단계들을 특징짓는 구조들을 연구하는 것이다. 또 이런 연구를 할 때에는 다른 모든 앎(학문)에 있어서와 마찬가지로, 현실을 인식하는 것이 그 목표다. 그런데 현실은 구체적인 것이다. 따라서 철학의 목표도 구체적인 것, 즉 개별적인 것이다. 그러나 인간의 인식은 힘이 약해서 존재를 개별적인 깊이에 있어서도, 또 존재자들이 다양해서 생기는 끝없는 다양성에 있어서도, 다 포괄할 수가 없다. 그래서 보편적-총괄적인 요약, 따라서 추상적인 인식은 모든 존재자들을 절대로 충분히 인식할 수 없어서, 반드시 일종의 보충을 필요로 한다. 이런 생각에 걸맞게 인간의 인식은 어떤 불완전한 것이며, 날카롭게 한계지어진 뜻으로는 현실이란 변화하는 것이다. 그러나 알맞지 못하게 인식된 개별적인 사물에 파묻혀 잊혀져 있는 것과 비교하자면, 바로 지금 하고 있는 경험의 범위를 넓히지 않고서도 인식은 그것만으로 인간의 생활을 가능하게 해주는 커다란 이익(소득)이다. 추상적인 인식은 바로 직접적인 경험을 활성화시켜 주는 것임과 동시에, 그것을 죽여 버리는 것이기도 하다.

제2장 인격(개인)으로서의 인간

1. 〈스스로 있음〉과 〈더불어 있음〉

말을 해서 알려 주는 것과 들어서 이해하는 것은 한 주체의 행동이다. 이 주체는 스스로를 "나"(自我)라고 하고, 알려주는 것과 이해하는 것은 나의 행동으로서 나에게 속한다. <나>는 자기의 행동과 의식 전체에 침투되어 있다. <나>는 행동과 의식을 제 마음대로 하며, 단순히 사건에 감동만 받는 것이 아니라, 제 마음대로 이것이나 저것에 마음을 돌리기도 한다. <나>는 자기 자신에게 의존할 수 있고, 자기의 주의(注意)를 다른 것에로 돌리거나, 계속해서 새로운 것에로 돌릴 수도 있다. <나>는 자기의 행동을 이렇게 자기 마음대로 할 때에는 <스스로 마음대로 하는 것>(Selbstverfuegen)이요, <스스로 있음>(Selbstsein)에 바탕하고 있다. 이런 <나>는 인격(Person, 개인)이다. 왜냐하면 이 주체는 절대로 다른 존재자의 행동, 생각, 부분 또는 동작이 아니기 때문이다. 이 주체(<나>)는 자기 스스로 존재하고 있고, 따라서 자기의 능력들을 자유로이 제 마음대로 할 수 있다. 이 주체는 시간과 공간 안에서 자기의 행동과 경험이 통일된 것으로서 스스로 존재하고 있다. <나>는 주체로서 대상들에 마주서 있으며, 자기 자신은 대상이 될 수 없다.

<나>는 <나>가 아닌 모든 것들에 대한 태도로서, 그 스스로이기도 하다. <나>는 독자적인 존재로서 모든 <너>(Du)와 <그것>(Es)에 대해 구별되고 한계지어진다. 그 누구도 자기 자신을 남과 뒤바꾸지를 않는다. 다만 비인격적인 것들의 관계에 있어서만 이런 혼란이 있을

수 있다. 다른 것에 대한 관계{(행동)는 인격이나 사물을 대하는 관계에 따라 다른 성격을 띠고 있다. 인격들에 있어서는 이 관계가 이해를 하거나 이해를 못하면서, 받아들이거나 거부하면서, 긍정하거나 부정하면서, 동시에 말해진 것으로 향해져 있고, 현재적이다. 이 관계는 인격들의 견해를 지지하면서 인격들과 관계를 맺게 되는데, 이때 인격들은 본래적인 뜻으로는 대상이 아닌 것이다. 인격들에 대한 <스스로>의 관계는 <더불어 있음>(Mitsein)이다.

2. 존재와 소유(육신)

이와 반대로 비인격적인 것은 대상으로서의 <스스로>에게 마주서 있다. 그 누구도 이 비인격적인 것이 스스로 생각하고, 욕망하고, 행동하는 데에 직접적으로 관여할 수 없다. 이 비인격적인 것은 사물들을 가지거나 소유하고 있다. 그리고 이 사물들은 비인격적인 것을 위해 있는 것이다. <스스로 있음>과 <대상인 것>의 한계선 위에 서 있는 것은 육신이다. 육신은 정신적-육신적인 것을 넘어서 있는 인격에 속하나, 인격에 맞서 있기도 하다.

따라서 인간의 인격적인 존재라고 하는 것에는 아무런 한계도 없다. 이 인격 존재는 존재의 내적인 핵심을 이루고 있을 뿐이다. 그리고 인간은 이 핵심을 통해 주위에 널려 있는 여러 층(層)들의 통일이요 중심점으로서의 <자신>인 것이다. 인간에게 속하는 이런 비인격적인 층들은 그 존재방식이 낮을수록, 그 만큼 <스스로 있음>에 참여하는 정도가 적고, 또 <스스로 있음>이 침투하기가 어렵다. 가장 낮은 층에 있어서는 인간이 점점 더 하나의 단순한 사물에 가까워진다. 여기서는 인간이 대상으로 되고, 즉 자기의 의지는 없이, 아니 의지와는 반대되는 그런 관계에 놓이게 된다. 인간의 인격적인 존재의 내부에서 인간에게 의미와 자리를 정해 주기 위해, 인간이 이런 수동(受動)적인 것을 감수하는 태도에서만, 인격의 <스스로 있음>이 주장될 수 있다.

3. 질서의 구조로서의 세계

생각하고 행동하는 자로서의 인격은 언제나 자기를 에워싸고 있는 주위, 즉 세계를 가지고 있다. 이 세계의 중심은 인격이지만, 세계는 이 인격에 속하는 것이 아니다. 왜냐하면 인격은 자기에게로만 향하고 있는 것이 아니라, 이미 언어가 가르쳐 주고 있는 바와 같이 자기와 떨어져서, 자기를 넘어서서, 다른 사람들과 더불어 다른 사람들에게로 나아가기 때문이다. 세계는 그 안에서 다른 존재들이 서로 만나고, 장소와 높낮이와 의미를 제시해 주고, 많건 적건 간에 <스스로>에게 밀접하게 속해 있거나 <스스로>와 연관되어 있는 그런 질서다. 세계가 주위에 얽매여 있다는 것은 <여기서>, <지금에> 당장 알 수 있다. <여기>란 바로 인격에게 있어서는 그 인격이 서 있을 점이 아니라, 이 점을 에워싸고 있는 바의 것이다. 하지만 인간의 세계란 오로지 <스스로> 자체의 일인 것만은 아니다. 활발한 관심도 세계의 구조에 기여(공헌)하고 있다. 바로 이런 관심은 세계를 공간적으로 나눠 붙이는 데도 쓰임새가 있다. 모든 존재자는 자기의 자리를 차지하고 있다. 이 자리는 육신과 떨어져 있는 거리에 의해 드러난다. 거리란 <더불어 있음>이나 사용하는 데 필요한 장소의 변화(이동)다.

4. 본래적으로 알려진 것은 인격에 붙어 있는 것이다.

인격은 그 <스스로 있음>에서 이미 최고의 뜻으로 근거가 되는데, 이 근거를 바탕으로 해서 인격의 행동이 어떤 새로운 것, 즉 이 행동에 의해서 동기가 주어진 그런 것으로 된다. 동기가 주어진 것은 단순히 앞서 간 사건에서 흘러나오는 것이 아니라, 하나의 시초, 전환, 다소간에 확정된 결단 등을 필요로 한다. 이러한 시작, 즉 이러한 전환은 <스스로 있음>, 즉 실체로서의 인격에 의존할 수 있고, 이 인격에 바탕하고 있을 수 있다. 그래서 인격은 가장 확실한 방법으로 첫 번째로 시작하는 자, 새로운 사건의 근거, 즉 원초적인 것(Ur-sache, 원인이라는 뜻이기도 함)이다. 인격은 자유로이 결단을 내릴 가능성들을 가지고 있다. 인격은, 그리고 인격만이 본래적인 뜻으로 결단을 내릴 수 있다. 인격은 다른 인격들과 더불어 있는 데서, 그리고 사물들과 관계하는 데서, 여러 관계들을 만들어내고 소유하게 된다. 인격만이 완전한 뜻으로 여러 가지 성질들을 가지고 있고, 이 성질들의 실체다. 스스로를 알고, 스스로를 소유하고 있고, 스스로를 다른 것들과 구별짓는 <스스로 있음>(스스로 있는 존재)으로서의 "존재"라는 단어의 완전한 내용은 인격으로서만 실현된다.

그래서 모든 최고의 존재구조들 또는 현실의 범주들은 인격존재의 차원에서 뚜렷하게 구별지어지고, 스스로 존재하고 있는 것이며, 단순히 우리들의 생각에서 생겨난 것이 아니라는 것이 밝혀진다. 우리들이 이런 존재의 차원에서 밑으로 향해 떨어져 내려갈수록, 이 존재의 차원은 그만큼 서로 가까워지고, 그만큼 더 불분명해진다. 왜냐하면 우리들이, 아래에서 보일 바와 같이, 이 단계들을 그 실제적인 존재와 여러 가지 성질들에 따라 객관적으로 규정할 수 있고 또 설명할 수 있다면, 우리는 그 존재방식을 오직 인간의 존재방식과 비교함으로써만 이해하게 되고, 이 단계들이 단순한 질료에 가까울수록 그만큼 이해하기가 어려워지기 때문이다. 그래서 존재론(Ontologie 또는 Seinslehre)은 존재의 본래적인 성질을 놓치지 않으려면, 인격 존재의 단계로부터 출발하지 않으면 안 된다.

5. 역사성

인격은 이미 존재하고 있는 그대로, 그 인격이 행하는 행동의 근거다. 모든 행동은 인격에서 시작되어, 반성을 통해 인격을 변화시킨다. 이런 뜻으로 행동은 인격 자체를 위해 있는 것이다. 두 번째의 모든 동작(행동)은 첫 번째 동작 때문에 다르게 되어 버렸으나 그래도 그 자체로 남아 있는, 그런 근원에서 생겨난다. 그래서 인격은 자체 안에 과거를 간직하고 있으며, 이 과거를 바탕으로 해서 생각하고 의욕하며 미래에로 향하고, 여러 다른 원인들과 더불어 자유로운 결단을 통해 미래를 창조해낸다. 인격은 다른 사람들과 더불어 있음으로써, 계속해서 동의도 하고 거부도 하면서 다른 사람들의 의견과 욕망에 동참한다. 인격의 기본적인 존재는 다른 사람들의 기본적인 존재와 뒤얽혀 있으며, 교육과 영향(간섭)을 통해 저 먼 과거에까지 이르게 된다. 즉 인격은 본질적으로 역사적이다. 이 말은, 인격이 단순히 이 인격을 꿰뚫고 있는 자연에서 필연적으로 생긴 일의 결과로서 지금 있는 그대로 존재하고 있는 것이 아니라, 다르게도 내려질 수 있었던, 나 자신과 남들의 인격적인 결단들에 바탕하고 있다는 뜻이다. 이런 것은 이미 위에서 언어에 관해 말할 때 말해 둔 바가 있다. 자연에 얽매여 있다는 것은 인간존재의 전제조건이며, 인간의 가능성의 한계다. 이 가능성들은 그때그때의 역사적인 위상과 구체적인 상황에 의해 계속해서 좁혀진다. 우리는 모든 인간들에게 있어서 자연적인 측면에서 공통적인 것을 인간의 본성이라고 한다.

6. 주의 : 사랑과 공동체

인간은 일종의 비공간적인 운동(정신운동 : 역주)을 통해, 이해를 하면서 자기와 "더불어 있는 사람"의 자리에 옮아앉게 되고, 그 위치에서 현실을 보게 된다. 이런 능력 때문에 정신은 질료적인 것과 본질적으로 구별된다. 질료적인 것은 공간 안에서 서로 배척하고, 배제하고 하는 그런 것이다. 정신은 다른 사람들의 행동을 함께 수행할 수 있으며, 이렇게 하는 데서 이 다른 사람을 이런 행동의 비대상적인 주체라고, 즉 인격이라고 직접적으로 인식할 수 있게 된다. 만약에 이런 비대상적인 주체가 인격의 <스스로 있음>(자기 존재)에 모순된다면, 사람들은 <더불어 있는 사람>을 자기 자신의 목적을 위한 단순한 수단으로 이용하려 할 것이다. 즉 이 말은 <더불어 있는 사람>을 사물로 취급하고, 자기의 계획에 이로울 때에만 <더불어 있는 사람>을 인정하고, 자기에게 방해가 될 때에는 그 사람을 밀어내 버리거나 없애 버리기까지 한다는 뜻이다. 사람들은 인간을 이렇게 잘못 다룰 때, 인간에게 있어서 인간을 본래적인 인간이게끔 해주는 본질적인 것, 다시 말해서 인간의 <인격 존재>를 해치게 되는 것이다. 이런 사실은 우리가 이 인격 존재를 그 자체 존재에 있어서, 그 자립성에 있어서 그리고 그 독자적인 권리에 있어서 인정해 줄 준비가 되어 있을 때에만 인식될 수 있다. 그래서 인간 안에 있는 인격 이하에 속하는 층이 우위를 차지하고 있는 데서 생기는 이기심은 언제나 계속해서 극복되어야만 한다. 또 인간은 인격이 깃들어 있는 존재를 올바르게 인식해야 한다. 그리고 또 인간은 인격 이하에 속하는 그런 노력들에 지배당하지 말고, 자기 자신의 자체 존재를 발전시켜 나가야만 한다. <더불어 있는 사람>을 그 자신의 자체 존재에 대한 권리를 가지고 있는 인격이라고 긍정해 주는 것이 사랑이다. 인간은 사랑 속에서 인격으로 완성된다. 서로 이해를 하고 서로 인정을 해주며 함께 있는 것은 본질적으로 인격에 속한다. 이런 것에 관한 최초의 척도가 없이는 진정한 뜻의 인간 생활이 불가능하다.

이렇게 서로 함께 있는 것이 공동체를 형성케 해준다. 그래서 공동체도 본질적으로는 <인격이 깃들인> 존재다. 서로 <함께 있는 데서>

태도와 평가의 공동성들이 생기고(같아지고), 또 과거의 공동성도 생긴다(같아진다). 이러한 공동성들이 미래의 행위와 행동에도 영향을 미친다. 인격(개인)의 세계들이 서로 비슷하다고 하는 사실, 즉 개인들이 공통적인 과거와 경험을 통해 가까이 접근해 있으면 접근해 있을수록 그만큼 더 비슷하다고 하는 사실이 역사적인 힘들을 생겨나게 한다. 이 역사적인 힘들이란 수많은 인격(개인)들에게서 똑같은 방향으로 활동하고 작용하는 그런 힘들이다. 이렇게 해서 각개인들 주위에는 점점 더 범위가 넓은 교제권(交際圈)이 형성되고, 부분적으로는 서로 교차되는 그런 공동체들도 생긴다. 개인은 전체로서 이 하나하나의 공동체에 속하지만 완전히 속해 있는 것은 아니다. 개인은 언제나 내적인 자기 존재로 있으면서, 공동체를 형성하고, 공동체를 지탱하고 있다. 공동체는 한 인격(개인)의 두 가지의 본질적인 측면인데, 개인은 이 두 가지의 측면 없이는 존재할 수가 없다. 다른 측면을 유리하게 하기 위해 다른 한 측면을 파괴해 버리고자 하는 것은, 다른 측면을 없애 버리겠다는 뜻이기도 하다. 인간의 공동체들은 인간의 세계들과 마찬가지로 그 구조에 있어서 육신적인 삶과 이 육신적인 삶의 필연성에 의해 조건지어져 있다.

7. 〈스스로 있음〉(자기 존재)이 과제다.

인간의 인격은 결단을 내릴 때에는 언제나 인간의 안과 밖에 있는, 이미 앞에서 말한 인격 이하의 층과 얽혀 있다는 것을 경험하게 된다. 이 인격 이하의 층은 모호하거나 수동적이거나 또는 그저 생겨나게 된 현재적인 존재의 어려움 때문에, 그 움직임과 스스로의 결정 등이 마비되고 한계지워져 있다. 그러나 인간의 인격은 단순히 이러한 인격 이하의 층들에 내맡겨져 있는 것만은 아니다. 인간의 인격은 버릇에 따라 차츰 아래쪽으로 기울어질 수 있고, 게을러질 수 있고, 점점 더 이 인격 이하의 층들과 동등하게 될 수 있고, 이 층을 위해 존재할 수도 있게 된다. 또는 이와 반대로 인격은 언제나 새로운 도약을 하여 자기를 유지해 나갈 수 있고, 인격 이하의 것에 자기의 의미 내용을 불어넣을 수 있고, 자기 존재의 한계를 넓혀 나갈 수 있고, 모든 것을 점차로 책임 있는 행위에 이바지하도록 할 수 있다. 첫 번째 경우에 있어서는 인간이 <자기 자신이 아닌 것>에 의해 이기적으로 움직이고, 두 번째 경우에 있어서는 인간이 <자기 자신이 없는 속>에서 점점 자기 자신으로 된다. 첫 번째 경우의 행위는 인격의 존재 방식에 모순되는 것으로서 도덕적으로 악하다(나쁘다). 두 번째 경우의 행위는 인격의 존재방식에 합치되는 것으로서 도덕적으로 선하다. 도덕적인 가치는 인격 자체에 붙어 있는 것이다.

인간 자신은 자기의 행동의 자유로운 원인이라는 것을 승인해야 하고, 이 행동에 대답을 해야 하고, 즉 책임을 져야만 한다. 인간은 <자기 동일성>을 통해서, 자기가 과거에 행한 행동들을 <행한 자>로 남아 있게 된다. 이 과거의 행동들은 영향을 미침으로써 그 사람 안에 계속해서 살아 있고, 그 사람의 다른 행동들에도 영향을 미친다. 이 행동들이 악했다면, 이에 대해 책임을 진다는 것은 잘못을 고백하고, 통회(후회)를 통해 그 나쁜 짓을 없애 버리는 것으로 된다. 잘못을 부정하는 일은 <자기 동일성>을 부정하는 짓이다. 아무런 후회도 하지 않고 그 잘못을 승인하는 것은, 사람들이 그 나쁜 짓에 눈이 멀게 되었거나, 그 자체를 긍정한다는 뜻이 된다. 이와 반대로 후회를 하게 되면, 자기 자신의 존재와, 따라서 앞으로 하게 될 행동에 대한 나쁜(악한) 영향이 제거된다. 인간은 자기 동일성 덕택으로 어느 정도까지는 자기의 미래도 마음대로 할 수 있다. 환경이 계속해서 변하는데도 자기의 자기동일성을 지켜 나갈 수 있기 위해, 인간은 약속을 한 것에 대해 책임을 진다. 성실히 이행하는 데서 (약속의) 힘이 증명된다. 불성실하면 자기동일성이 부정되고, 인격 이하의 층의 영향이 자기동일성을 능가

하고 있다는 것을 승인하게 된다.

8. 〈사실이라고 하는 것〉(사실성)이 한계요 문제다.

행동과 행위는 다시 인격에게 영향을 미치기 때문에, 인격은 또 간접적으로나마 자기의 존재를 마음대로 할 수 있다. 인격은 스스로의 인격존재의 한계 안에서 그리고 대상이 되는 것이라는 돌림길을 통해서, <자기가 될 바의 것>으로 되고, 스스로를 만들어낸다. 그러나 이렇게 <자기 스스로를 만들어 내는 것>은 언제나, 자기의 근거로서의 <자기 자신>에게서 생겨나며, <자기 존재>를 전제하고 있다. 이와 같이 <자기 스스로를 만들어 내는 것>은 대상적인 것과 인격적인 것이 반작용을 일으킨 결과다. 그런데 이 대상적인 것은 인격 스스로가 만들어낸 것이 아니다. 이러한 존재자들에 대한 태도, 즉 이 존재자들이 인격에 대해 가질 의미는 인격에게는 정해지지 않은 채로 있다. 그래서 인간의 인격은 순수하고 온전하게, 인격 자체와 인격세계의 근원이 아니다. 처음에는 인격이, 자기가 행동하고 행위하는 이유로서 자기의 <자기 존재>를 발견하게 된다. 그래서 인격은 단순한 인격 이하의 것이 아니라, 사실로서의 자기 자신의 <현재적인 존재>를 받아들이지 않으면 안 된다. 인격은 자기를 마음대로 할 수 있는 한계로서의 이런 현재적인 존재와 이 존재의 다양한 조건(제한)에 부딪히게 된다. 그래서 인간의 모든 이해(理解)도 위로는 사실로서의 인격의 현재적인 존재에 의해서, 밑으로는 인격 이하의 것의 현재적인 존재에 의해서 한계지어져 있다. 따라서 인간의 인격은 <지금 존재하고 있는> 자기 존재요, 정해져 있는 자유요, <맨 끝에서 두 번째의> 마지막 것이다. 이렇게 해서 자기 자신의 존재와 남의 존재는 하나의 심오하고 불안한 비밀로 된다. 그리고 이 비밀은 자기의 어두움을 가지고 우리의 밝음을 에워싸고 있으며, 바로 이러한 밝음을 통해 그렇게도 어두운 것이다. 이렇게 해서 인간은 궁극적인 이유(근원), 즉 자기 자신의 현재적인 존재와 모든 인격적인 존재자들과 인격 이하의 존재자들의 이유에 직면하게 된다. 그러나 인간은 인격으로서 이 이유에 직면해 있는 것이다. 인간은 물음을 인정할 수도 있고, 피해 갈 수도 있다. 그러나 이 물음은—종교적인 물음이다—인간에게는 본질적으로 제기되어 있는 것이다.

제3장 정신적인 것의 단계

A. 인간은 두 가지가 합쳐진 것이다(이원성).

1. 표현에는 두 가지의 극(極)이 있다.

스스로를 나타내는 것이 인간의 특징이다. 한 가지의 내적인 것, 즉 그때그때에 오직 그 개인에게만 다가갈 수 있는 그런 것이 한 가지의 다른 것을 통해 알려지고, 이 다른 것 안에서 남에게 보이게 된다. 이 내적인 계기와 표현을 하는 계기의 결합은 매우 밀접해서, 우선은 이 두 계기들이 하나인 것처럼 보인다. 그러나 이런 결합은 자연필연적으로 언제나 정해져 있는 것은 아니다. 이런 사실을 증명해 주는 것은 언어들이 서로 다르다는 것과, 또 구체적인 상황이 그 의미를 자세히 정해 놓지 않았을 때 동일한 몸짓(제스처)이 여러 가지 뜻을 지니고 있다는 것 등이다. 즉 이 결합은 실제로 다른 두 가지 요인들의 결합이다. 왜냐하면 만약에 그렇지 않다면, 하나가 조금만 변해도 다른 것이 똑같은 정도로 변해야만 하기 때문이다. 이 실제로 다른 요인들은 보다 더 자세히 연구해 보면 매우 다르다는 것이 밝혀지고, 때로는 바로 반대되는 것일 때도 있다. 그래서 한 가지 요인은 보여질 수 있으나, 다른 한 가지 요인은 보여질 수가 없다. 보여질 수 있는 요인은 언제나 일정한 형식, 형태, 크기 등을 가지고 있으나, 보여질 수 없는 요인은 이런 것을 가지고 있질 않다.

2. 영혼과 육신

여기서 우리가 추론할 수 있는 것은 인간은 서로 다른 존재양식이 통합(통일)되어 있다는 것과, 인간의 존재가 두 가지의 존재 단계들로 꿰뚫려 있다는 사실이다. 그런데 이 두 가지의 존재의 단계들은 인간의 생명이 파괴되지 않고서는 절대로 완전히 분리되지를 않는다. 인간이 인간으로서 활동을 하고, 이 인간에게 그저 무의식적으로 생긴 것이 문제되지 않는 모든 곳에서는 이 두 가지가 항상 함께 있다. 이 두 가지는 그 관계가 서로 바뀌기도 한다. 그리고 이것들의 작용과, 따라서 이것들의 존재는 너무나도 분명하게 구별되어 있어, 전체적으로 보자면 이것에 속하는 것과 저것에 속하는 것이 뚜렷하다. 내적인 요인은 영혼 또는 정신이라 하고, 밖으로 드러나 있는 요인은 육신 또는 육체라고 한다. 그래서 인간 안에 정해져 있는 두 가지의 존재 단계들은 정신적인 존재와 육체적 또는 생명적인 존재다.

따라서 영혼과 육신은 내적으로는 서로 다른 것으로 주어져 있지만, 하나의 인간을 이룩한다. 인간은 육신을 가지고서는 세계에 속한다. 인간은 동시에 넘어가는 길(移行路)과 한계선을 형성한다. 세계는 육체를 통해서만 인간에게 작용한다. 그러나 인간은 육신 때문에 자기의 의지에 거슬러 이 세계에 내맡겨지고, 그 속마음(내면)까지 수동적으로 된다. 그러나 인간은 육신을 통해 세계에 작용을 하고, 세계에 대해 자기의 속마음의 활동까지 실행한다. 이 두 가지의 계기들(영혼과 육신)은 언제나 서로 얽혀 있다. 육신적인 계기가 질병이나 부상 때문에 기능을 하는 데 장애를 받으면, 정신적인 활동이 방해받거나 완전히 불가능해지는 때도 가끔 있다. 다른 편으로는 정신적인 것이 육신을 변하게 하는 영향을 미치는 일도 경험이 증거해 주고 있다. 신뢰와 확신이 육신을 강하게 해주고, 육신이 기능을 잘 할 수 있게도 해준다. 절망과 불만이 육신을 억누르고 마비시키기도 한다.

3. 정신적인 것과 감각적인 것

이 두 가지 계기들이 언제나 서로 얽혀 있다고 하더라도, 그 중 한 가지가 우월할 수 있다. 이런 생각에 따라 우리는 여러 가지로 서로 다른 인간의 활동들을 영혼적인 활동과 육신적인 활동으로 나눌 수 있다. 또 이 두 계기들은 생각으로는 완전하게 구별되기도 한다. 그리고 우리는 서로의 관계를 변형시킴으로써, 이것들 중의 어느 하나를 소중하게 다룰 것인가 하는 것을 밝혀낼 수 있다. 이렇게 해서 우리는 감각적인 인식과 정신적인 인식, 감각적인 노력과 정신적인 노력 등등에 관한 말을 하게 된다. 헌데 우리는 단순히 생각을 하는 실재가 아니라, 두 실재들 사이의 구별을 뜻하는 이런 분류를 바탕으로 해서, 다른 것이 없어도 한쪽은 활동할 수 있기나 할 것처럼 분리를 시켜서는 안 된다. 활동(능동성)을 우선적으로가 아니라 전적으로 영혼의 측면에 귀속시키는 것도 잘못이요, 수동적인 것(수동성)을 우선적으로가 아니라 전적으로 육신의 측면에 귀속시키는 것도 잘못일 것이다. 영혼도 육신으로부터 여러 가지 인상(印象)들을 받아들이는 것이다.

B. 정 신

1. 보다 높은 존재로서의 정신

철학은 애초부터 인간존재의 정신적인 측면을 다뤄야만 한다. 왜냐하면 그렇지 않고서는 철학이 불가능하기 때문이다. 인간 존재라는 통일체 안에서는 정신적인 것이 보다 더 결정적인 것이요 보다 더 능동적(활동적)인 것이다. 예컨대 (정보를) 전달할 때에는 육신적인 주체가 종속적인 역할을 한다. 이때 중요한 의미는 순수하게 정신적인 것에서 생겨나는 것이다. 또 정신적인 것은 보다 풍부하고, 보다 더 움직일 수 있는 그런 것이기도 하다. 때로는 고통스럽기도 한 한 가지의 경험이, 원래 단어(말)가 상상이나 의지의 내용을 많이 받아들이지 못하고, 또 그 내용을 볼 수 있게 해주지도 못한다는 사실을 잘 알려주고 있다. 단어는 일종의 암시에 지나지 않는 때도 자주 있다. 단어는 마음속이 변화하는 것에 대해 올바르게 적응할 수도 없다. 언어의 존재는 정신적인 것보다 밀접하고 끈질기며, 탄력적이지 못하다. 그래서 정신적인 것의 존재는 육신적인 것의 존재의 정도보다 높다. 정신적인 것 안에서는 <통일적인> <나>, 즉 인격이 의식적으로 활동하고 있다. 그리고 이 정신적인 것이 없으면, 인격을 특징짓는 <자기 소유>(Selbstbesitz)가 불가능하게 된다.

2. 자기의식(自意識)

의식은 정신 안에 성립된다. 의식이 무엇이냐 하는 문제는 자세히 설명될 수 없고, 또 그렇게 할 필요도 없다. 왜냐하면 한 가지의 설명을 이해하는 것 자체가 이미 의식을 전제로 삼고 있고, 따라서 의식이 무엇이냐 하는 것에 대한 앎도 전제하고 이기 때문이다. 우리는 존재가 스스로를 알고, 또 스스로뿐만 아니라 자기 자신의 존재 밖에 있는 존재도 알고 있기 때문에, 존재가 이중(二重)적으로 되어 있을 때, 존재하게 되는 그런 방식을 의식이라고 한다. 물론 이렇게 이중적으로 되어 있다는 것은 매우 미미한 모습으로만 받아들여야만 한다. 따라서 의식이란 존재자에 의해서 존재가 받아들여지는 한 가지 방식을 뜻한다. <자기의식>(흔히 自意識이라고 함)에 있어서는 <받아들이는 자>로서의 자기 자신을 아는 것은 단순히 받아들이는 것으로 되고, 내용에 대한 일정한 규정도 된다. 정신은 세계를 가지고 있다. 정신은 이 세계에 대해 인식과 의지(의욕)라는 두 가지 방법으로 관계 맺고 있다.

인식은 첫 번째로 갖는 것(所有)이요, 행동을 위해 사용하는 첫 번째의 요령이다. 이 행동은 우리들이 그 어떻게든 연관되어 있고, 즉 자기 자신의 존재를 위해 중요한, 그런 존재에 관해서는 스스로 잘 알고 있다. 의지(의욕)에 있어서는, 필요하다고 인식되느냐 해롭다고 인식되느냐에 따라, 다른 존재가 소유되거나 거부당한다. 인식에 있어서는 그르칠 수 없는 자기 자신의 활동에 비해, 받아들여야 할 계기가 보다 더 뚜렷하게 드러난다. 이와 반대로 의지는 알려진 것으로 향해 뻗어나간다. 그러나 이 두 가지는 다 인간(인격)에게 이바지하고 있고, 인격의 존재를 위해 활동하고 있다.

3. 의도와 목적(志向性과 目的性)

이러한 본질 규정에서 생겨나는 결과는 인간의 모든 행위는 의도적(intentional)이라는 것, 즉 하나의 대상으로 향하고 있다는 사실이다. 행위는 이렇게 마음속으로 <무엇으로 향하고> 있지 않으면 이뤄질 수가 없다. 어떤 것이 인식되지 않고서는 인식을 하는 것이 불가능하고, 어떤 것을 욕망하지 않고서는 의욕(의지)도 할 수가 없다. 그런데 대상이란 반드시 실제적인 존재자인 것은 아니다. 대상은 그저 가지고 있는 것, 상상한 것, 생각된 것 등일 수도 있다. 그런 뒤에는 물론 이 대상은 <갖게 된> 실제적인 경험으로 거슬러 올라간다. 의지의 의도(志向性)는 도달해야 할 한 가지의 목표에로 향해져 있다. 목표란 도달되기 위해 생겨나게 마련이다. 인간의 의욕과 이 의욕에서 생겨난 행동은 목적적이고, 목표에로 향해져 있다. <목표에로 향하고 있음> 또는 목적성은 하나하나의 부분들이나 기능들이 전체를 이룩한다는 뜻이 아니다. 또 이런 일은 한 가지의 기능이 다른 기능들을 위해 존재하고 있지 않은 그런 경우와도 같다. 그래서 우리는 한 그루의 나무를 보고, 잎사귀들은 뿌리들을 위해, 그리고 뿌리들은 잎사귀들을 위해 생겨났다고는 말할 수 없다. 애초부터 전체가 틀림없이 그 스스로 있다. 목적(목적성)은 전체 이상의 것을 뜻한다. 하나가 존재하고 있는 것은 다른 것을 위해서이고, 이렇게 해서 다른 것이 있게 된다. 한 개의 전체를 이룩하고 있는 부분들의 내재적인 목적과 다른 존재들 때문에 스스로의 존재를 넘어서 있는 본래적인 목적은 서로 비슷한 것이다.

4. 문화창조

목적이 인간의 모든 행동을 특징짓는다. 즉 물질적인 것에 있어서의 창작, 문화적인 창작 및 이 문화적인 창작의 산물 등등, 문화적인 것들을 특징짓는다. 문화적인 것들은 목적을 가지고 있는 것들이고, 하나의 목적 또는 의미에 따라 규정된다. 예컨대 하나의 도구에 있어서는 인간이 질료에서 변화시킨 모든 것들이, 사용을 할 수 있으리라는 생각으로 그 목적에 알맞춰진다. 목적성과 질료에 의해서 만들어졌으나 질료에서 그리고 질료와 더불어 생겨나지 않은 한 가지 형태 등의 이중적인 성격을 보면 인간의 예술적인 산물들을 인식할 수 있고, 이 산물들을 생물들과 구별할 수 있다. 생물들은 질료 안에 그리고 질료를 통해서 존재하고 있고, 뒤에 와서야 밖으로부터 만들어지지 않는 그런 전체라는 특징을 지니고 있다. 이런 것이 만들어진 것과 성장한 것의 차이다. 이런 차이는 인간의 인식이 언제나 불완전하고 그밖에도 순수하게 창조적이지 못하다는 사실 등을 통해 한층 더 뚜렷해진다. 인간은 계획을 세울 때 앞으로 도달하게 될 것 또는 앞으로 만들어내게 될 것의 전체적인 현실을 고려하지 않고, 자기가 다가갈 수 있는 측면만을 고려한다. 예컨대 질료가 존재하고 있다는 사실, 이것은 인간의 창조력 안에 있지를 않다. 인간은 이 질료를 찾아 헤매고 또 찾아내야만 한다. 그래서 인간은 자기의 계획에서 질료의 존재방식에 마음

쓸 필요가 없다. 질료는 인간의 힘을 빌리지 않고도 존재하고 있다. 그래서 인간의 의지와 계획의 뚜렷한 대상도 언제나 불완전한 어떤 것이며, 오히려 전제되고 있는 현실적인 존재의 전체적인 내용일 수는 절대로 없다. 그래서 인간이 질료에게 만들어 준 형태는, 자연적인 성장의 낭비(소비)적이고, 내용이 풍부하고, 목적만 보아서는 조금도 이해할 수 없고, 일반적으로 우리들에게 이해될 수 없는 그런 방법에 비하자면 내용이 빈약하고, 일방적이고, 직선적이고, 계산된 것에 지나지 않는다. 거의 모든 나무들은 열매로 발전할 수 있을 것보다 훨씬 더 많은 꽃들을 피운다. 씨앗은 헤아릴 수 없을 정도로 뿌려지나, 그 씨앗 안에 소질로 주어져 있던 성장에 이르는 것은 많지가 않다. 자연의 활동은 인간의 목적에 비하자면 낭비적인 것 같고, 특히 자연이 야무지지 못한 시행착오를 하고 있는 것 같으면서도 엄격하게 목표를 향하고 있는 것과 비교하자면 더욱 더 그렇다. 이 시행착오는 전체를 창조하고 단순히 질료를 외형적으로 변화시키지 않는다는 점에서 훨씬 우월한 것이다.

5. 느낌(감각)

인간의 의도적인 활동은 주체를 위해 행해지기 때문에, 주체에게 반응을 일으키고, 또 이 반응은 의식된다. 주체는 이 반응을 통해, 즉 받아들인 작용을 통해 <느낌>(감각)이라고 일컬어지는 일정한 상태에 빠져들게 된다. 행동과는 달리 이 느낌은 의도적인 것이 아니며, 내적인 본질에서 생겨나고 이 본질에 의해 요구되는 의지의 방향도 갖고 있지 않으며, 그 스스로 대상에 대해 직접적인 관계도 맺지 않고, 오직 능동적인 것과 수동적인 것과만 관계하고 있다. 따라서 이 느낌은 세계에 관한 인식을 전해주는 것은 아니나, 그 스스로의 상태에 관해서는 설명을 해준다. <나>(自我)의 전체 안에서는 인식이나 의지의 객체(대상)로서 분명하게 의식되지 않은 그런 대상이 문제되는 때도 자주 있다. 이런 경우에는 다른(낯선) 존재가 파악되는, 그런 느낌이 있는 것 같기도 하다. 그러나 한 가지의 정확한 연구는 비록 약하기는 하나 언제나 한 가지의 인식 또는 노력이 생겨나게 한다.

한 가지 행동의 결과가 인간이나 한 계층의 인간들에게 이익이 되느냐 손해가 되느냐에 따라, 그 때에 생긴 상태가 즐겁거나 즐겁지 않거나, 즉 유쾌하거나 불쾌하거나 한다. 그밖에도 상태들, 즉 유쾌한 상태와 불쾌한 상태는 자기들의 상태를 뜻하는 그런 계층의 사람들의 존재 방식에도 관여한다. 그래서 인간 안에는 서로 다른 종류의 느낌들이 있는 것이다. 물론 정신적인 느낌들은 이것을 대상화할 수 없기 때문에, 대개는 감각적인 느낌들의 배후에로 숨어 버리고 만다. 이 정신적인 느낌들은 감각적인 느낌들과 구별하기가 어렵다. 그 이유는 정신적인 느낌들은, 마치 감각적인 상상과 노력 없이는 정신적인 인식과 의지가 생겨나지 않는 것처럼, 감각적인 느낌들 없이는 생겨나지 않기 때문이다.

C. 정신적인 인식

인간의 인식의 본질적인 특징들은 이미 첫머리에서 설명해 두었다. 왜냐하면 모든 철학은 인식의 본성과 의미를 밝히는 것으로부터 시작해야 하기 때문이다. 그래서 여기서는 몇 가지의 보충만 하면 충분할 것이다.

1. 한계를 넘어서는 것으로서의 인식

정신적인 인식은 한 가지의 존재단계, 즉 정신적인 존재단계에만 해당되는 그런 인식방식이다. 정신적인 인식이란 인식을 하는 사람에게는 동시에, 자기 자신의 존재를 넘어선 것(超越)으로 넓혀 나가는 것이다. 다만 이렇게 할 때에도 인식을 하는 그 사람이 자기 자신의 개성을 상실해서는 안 된다. 따라서 정신적인 인식이란 일종의 <넘어섬>이요, 자기 자신을 초월하는 것이요, 자기 자신의 한계를 넘어서는 것이다. 그래서 스콜라철학은 인식을 하는 사람은 인식을 통해 동시에 <인식된 자>로 된다고 말했다. 그래서 우리는 어떤 뜻으로는 인식이란 인식된(알려진) 존재에 참여하는 것이라고 말할 수 있다. 다만 우리들이 이때 꼭 의식하고 있어야 할 것은 유일한 종류의 참여(관여)가 중요하다는 것이다. 여기서 말하는 유일한 종류의 참여란 다른 종류의 참여와 혼동되거나 이 참여를 바탕으로 해서 설명이 되어서는 안 된다. 특히 대상들의 영역에 속하는 그런 종류의 참여에 바탕해서 설명되어서는 안 된다. 셸러는 자기의 인식론에서 이 점을 충분히 고려하지 않았다. 인식이란 언제나 다른 것을 다른 것으로 파악하는 것이고, 따라서 존재 안에서 이 다른 것과 <하나로 되는 것>이 아니다.

그래서 인식이란 다른 존재양식으로 되돌이킬 수 없고, 또 이 다른 존재양식을 바탕으로 해서 설명될 수 없는 그런, <원초적으로 주어져 있는 것>이다. 인식이란 이렇게 인식을 하는 존재에게는 긴장을 하게 하는 엄청난 힘이요, 끝까지 다 생각해낼 수 없는 풍부한 재산이다. 정신적으로 인식하는 자야말로 비로소 완전한 뜻의 <인식을 하는 존재> 자체다. 그래서 정신적인 인식은 <자기 자신을 소유하는 것>과 사물을 소유하는 전제조건이다. 이렇게 해서 이런 성질을 띠고 있는 존재양식은 다른 존재양식들보다 더 높은 존재단계와 가치단계에 있는 것이다.

2. 이해, 설명, 믿음

인식에 다가가는 길은 모든 존재자들에게 같은 것이 아니다. 우리는 언어에 관한 말을 했을 때, 이미 <소리>와 <의미>라는 언어의 두 가지 계기들을 파악하는 것이 서로 다른 것이라는 것을 말해 두었다. 후자, 즉 단어들의 의미는 인격이 생각하고 있는 것이요, 인식을 하면서 목표로 삼고 있는 그런 것이다. 인격은 전달을 해줌으로써, 그 전달을 듣고 있는 사람으로 하여금 자기와 같은 방향으로 생각하면서 존재자들에게 다가갈 수 있도록 해주려고 하며, 자기와 똑같은 의도(지향성)를 실행하고, 생각한 것에 따라 자기가 한 말의 의미를 근거가 있는 것, 즉 참된 것이라고 파악할 수 있도록 해주려고 한다. 이렇게 해서 <말을 한 것>이 듣고 있는 사람에게 의미가 있고 이성적인 것으로 보이게 된다. 왜냐하면 <말을 한 것>은 단순한 자연적인 과정(시간이 흘러가는 동안)에서 생겨난 것이 아니라, 인격의 자기 존재가 현실에 관하여 충분한 이유들과 목표에 따라 선택하고, 자기의 목표들과 연관지우기 때문이다. 이런 의미 연관을 파악하는 것을 <이해하는 것>이라고 한다. 이런 의미 연관이 <감각>(감성적인 뜻, Sinn)이고, 또 모든 것들이 인격을 위해 생기고, 인격을 위해 중요한 것이기 때문에, 의미(Bedeutung)라고도 한다. 따라서 <이해한다는 것>은 말을 전달해주는 자의 표현 방식을 잘 알고 함께 실행하는 것이요, 계속해서 이어지는 단어들을 일치된 의견으로 되돌아가게 하는 것이며, 또 이 일치를 그 나름대로 <말하는 사람> 또는 <행위하는 사람>의 전체적인 행동 속에 끼워 넣는 것이요, 이 전체적인 행동에 의해 조건지어져 있는 것이라고 파악하는 것이다.

의미를 이해할 때에는 이미 언어를 설명할 때 밝혀진 바와 같이, 언제나 <더불어 있는 사람>이 인격으로서, 즉 행동의 비대상적인 주체로서 함께 파악된다. 인식의 이러한 방법만이 인식의 존재 양식에 걸맞다. 그런데 <함께 실행한다는 것>은 <더불어 있는 사람>이 자기의 행위를 통해, 특히 <전달해 줌>을 통해 인식을 할 수 있을 기회를 제공해 준다는 사실을 전제하고 있다. 이렇게 함으로써 인격의 자립성도 보장되는데, 이럴 때에는 아무리 날카로운 이해력(오성)을 가지고 있다고 하더라도 그 누구도 그 인격의 의지에 반대하면서 그 인격이 <스스로를 소유하고 있는 것>에 끼어들 수가 없다. 오히려 인격은 스스로를 열어젖히고 스스로를 보여주어야 한다. 우리는 이런 방법으로 한 인간의 세계를 파악함으로써 그 사람을 바로 그 사람이요 그 인격이라고 인식한다. 우리들이 한 사람에게 보여주어야만 한다고 믿고 있는 믿음이나 불신은 감각과 결합되어 있기 때문에 착각도 일으킬 수 있을 이런 인식에 바탕하고 있다. 앞으로 인식해야 할 것들이 많기 때문에, 바로 이런 인식은 여러 가지 개별적인 경험들을 종합해 봄으로써 가능해진다. 시간과 형이상학적인 순서에 따르자면, <종합해 봄>이 모든 다른 인식들이 바탕하고 있을 첫 번째의 인식 방법이다. 이런 것은 이미 언어에 관한 연구가 밝힌 바 있다.

이미 들은 소리들에 바탕해서도 <이해>는 생긴다. 이 소리들은 의미의 주체로서만 주목을 끈다. 그러나 단순한 소리들로서의 <소리의 존재>에 있어서는 의미의 주체가 거의 사라져 버리고 만다. 우리들이 한 가지의 특별한 경우에 그 이상 더 이해할 수 없을 그런 때에야 비로소 <이해>가 문제된다. 이럴 때 우리는 소리가 있다는 것을 확인하나, 그 소리를 한 인격의 생각에 의해 이미 설정되어 있을 수 있을 관계와 일치시킬 수가 없다. 우리들에게 뚜렷이 밝혀지는 것은 자연적으로 생긴 소리의 작용 원인뿐이고, 인격적인 견해(생각)의 목표 원인이 아니다. 우리는 그 이상 더 이해를 못하고, 작용 원인을 바탕으로 해서 확정하고 설명할 뿐이다.

모든 이해는 소리나 글씨나 예술작품의 소재와 같은 의미의 주체인, 단순히 앞으로 결정되어야 할 그런 것에 바탕하고 있다. 그래서 언제나 양면성이 있다. 즉 어떤 것은 어떤 다른 것을 위해서 있다. 이런 양면성, 즉 <스스로를 넘어서라는> 지시가 없는 곳에는 이해가 있을 수 없다. 우리는 인격들의 행동을 마음속의 태도와 의욕을 밖으로 드러낸 것이라고 이해하고, 그 형식을 통해 인간 생활 전체에서 가지고 있는 의미를 제시하는 그런 문화적인 사물로서 이해하고 있다. 우리는 인간의 살아있는 생명과 노력과 규정들에 관해서는 매우 낮은 단계로, 또 매우 불확실하게 이해하고 있으며, 동물들에 있어서는 훨씬 더 불확실하게 이해하고 있다. 동물의 경우에 있어서는 물음과 대답을 통해서도 부분적으로나 전적으로 보장할 수가 없다. 여기서 이해와 관계맺고 있는 통일적인 점은 전체적인 삶과 이것들의 결과, 즉 의식의 통일이다. 우리는 물질적인 것은 조금도 이해하지 못하고, 그것을 확정짓고 설명할 뿐이다. 이해는 점점 더 깊이 파고들 수 있다. 그러나 응용의 분야는 제한되어 있다. 확정짓는 것과 설명하는 것은 이런 한계를 알지 못한다. 그러나 이것들은 깊이 파고드는 대신에 하나의 존재자로부터 다른 존재자들에게로 점점 더 넓게 퍼져 나간다.

즉 이해는 확정짓는 것과 설명하는 것이라는 계기를 내포하고 있다. 그것은 두 가지의 관점에서 그렇다. 이해된다는 관점에서의 구체적인 인격들이 <있다는 것>과 질료적인 의미를 걸머지고 있는 것이 <있다는 것>이 그 두 가지 관점이다. 드러난 이해가 물러났을 때에야 비로소 이 다른 계기가 전면에 나타나게 되는데, 그 이유는 질료에게 첫 번째 것으로서의 자리를 주장케 하기 위해서다. 그래서 확정짓는 것과 설명하는 것은 쓸모없는 이해다. 이런 일은 인간의 인식이 인격의 인격에 대한 태도로서의 이해와 더불어 시작된다는 사실과, 우리가 어디서나 이해를 하고자 하는 자연적인 경향을 가지고 있다는 사실 등에 의해 뒷받침된다. 원시적인 사고는 무엇보다도, 인간의 생명적인 구조를 자연적인 것에 적용함으로써 아무런 비판도 없이 이런 경향에 순응하는 데서 성립된다.

3. 인식의 제약성과 절대성

모든 이해(理解)는 궁극적으로는 인격에 바탕하고 있기 때문에 역사적인 조건들의 제약을 받는다. 이와 반대로 <설명하는 것>은 자연적인 것과 같은 정도로 역사적인 조건들과는 상관이 없다. 똑같은 역사적인 힘들은 하나의 공동 정신을 창조해낸다. 그리고 이 공동 정신 안에서는 모든 것들에 대한 의미들이 거의 동일하다. 그래서 이해가 직접적으로 가능한 것이다. 두 인간의 세계들이 서로 멀리 떨어져 있으면 멀리 떨어져 있을수록, 그 만큼 직접적인 이해가 어려워지고, 또 사람들은 같은 단어들을 가지고 동일하지 않은 것을 생각하고, 서로 겉도는 말을 하게 된다. 이해하는 일이 이렇게 제약받고 있다는 사실은 칸트주의를 따르는 모든 체계들에게는 매우 큰 어려움이 된다. 이 체계들은 칸트주의에 따라 인식에서 <사물 자체>가 형성되는 것을 의식의 범주를 통해서 보고, 또 이 범주들이 어디에서나 동일하고 시간이 흘러도 변치 않는다는 것을 아무런 전제도 없이 전제하고 있다. 그래서 이에 대한 반격으로서 일종의 보편적인 상대주의가 생겨나게 마련이다. 이 상대주의는 인식의 범주들과, 또 이런 범주들을 가진 진리는 시대와 문화에 따라 각기 다르다고 생각한다. 역사는 모든 시대들이 달리 생각해 왔고, <주어져 있는 것들>을 달리 파악하고 달리 다뤄 왔다는 것을 잘 보여주고 있지 않은가? 자연에서 변하지 않는 모든 것들이 종의 발전(진화)에 의해 없어져 버렸다면, 왜 이 변하지 않는 것들이 증명되지도 않은 채로 또 겉보기와는 반대로, 정신적인 것이라고 받아들여지고 있는가? 이미 니체에게서 이런 의문이 제기되고 있다. 그리고 딜타이가 이런 사상을 체계적으로 완성했다. 딜타이에 따르자면 모든 생명들과 마찬가지로 범주들도 계속해서 변하고 있다는 것이다. 그래서 모든 인식들과 이 인식의 진리는 이것들이 생겨난 시대에 따라 상대적인 것이다. 이런 인식들과 그 진리는 우리들에게 객관적인 현실에 관해서는 아무 말도 하지 못하고, 이 개념들 속에서 은밀한 방법으로 스스로 대상으로 되어 버린 그런 생활을 반영하고 있을 뿐이다. 그리고 오늘날 타당하고 있는 것은, 삶이 계속해서 변화됨으로써, 한참 뒤에는 참이 아닌 것으로 될 수도 있다. 모든 진리는 상대적이고 변할 수 있는 것이다.

이와 반대로 우리들이 현재와 과거의 모든 사람들에게 이해를 하면서 행동을 하고, 처음에는 미약했으나 점차로 보다 깊은 이해를 할 수 있게 된다는 사실은 아직은 어디에나 공동적인 바탕이 있다는 사실을 증명해 주고 있다. 즉 이 공동적인 바탕이란 모든 인간들이 비록 분명하게는 아니라고 하더라도, 하나의 인간의 인격이 있다는 것, 말을 하고 이해할 수 있다는 것 및 존재하고 있다는 것 등이 무엇인지를 알고 있다는 것이다. 따라서 <삶의 철학>과 실존철학의 노선에 자리잡고 있는 것과 같은, 인식에 대한 철저한 상대주의는 계몽주의의 합리론처럼 배제된다. 이 계몽주의는 소박한 방법으로 그 시대의 단견(短見)적인 이성을 인간의 이성 전체라고 생각하고, 단순히 역사적으로 이뤄진 모든 것들을 잘못(오류)이라고 보려고 한다. 똑같이 단순한 초보적인 정신(마음의) 상태를 받아들이는 것도 금지된다. 이런 정신 상태를 가지고써는 우리는 공동적인 것을 아무 것도 가질 수 없다. 가장 보편적이고, 존재에 바탕하고 있는 원칙들은 어디에서나 같다. 기본적인 정신적 통찰들도 같다. 앞에서 말한 바와 마찬가지로 이 정신적인 통찰들 안에서 현실의 그 <자체존재>가 파악된다. 이 통찰이 허용하는 범위 안에서만 역사적인 것(역사성)이 작용한다. 그렇지 않다면 앎으로서의 역사는 불가능할 것이다.

4. 실용주의

인식도 <나>에게 쓰이며, 인격을 위해 있는 것이다. 그래서 실용주의는 우리의 모든 인식들은 상대적이며, 진리의 척도는 일정한 형식이 삶에다 가져다주는 유용성이지 객관적인 사실이 아니라는 것 등을 이끌어내려고 했다. 그러나 이렇게 하면서 인간생활의 다양한 층들이 도외시되고 있다. 사람들은 오로지 신체적-생물적인 생활만을 보았다. 그래서 여기서는 진리가 필요치 않고, 적응하는 것만으로 충분하다. 그러나 인간은 본질적으로 정신적인 생활도 가지고 있다. 인격으로서의 인간 자신의 가능성을 선택하고 결단을 내린다. 그래서 인간은 자연적인 적응이나 오히려 자연적으로 적응된 것이 아닌 사태를 잘 알고서 결단을 내린다. 인간은 자기가 내린 결단에서 생겨날 것을 잘 알고 있어야만 한다. 인간은 자기의 존재를 다른 존재자들과 관련지우고 있기 때문에, 그의 운명은 다른 존재자들에게 의존하고 있다. 그래서 적어도 자기의 자유가 이르는 범위 안에서는 현실의 <자기 존재>도 알 수 있어야 한다. 특히 본래적인 인간의 영역에서는 더욱 더 그렇다. 그렇다고 해서 모든 개별자들이 다 알고 있는 그런 모든 존재자들에 대한 완전한 인식이 요청되는 것은 아니다. 왜냐하면 인간의 자유는 무한한 것이 아니기 때문이다. 그래서 인식을 이용하는 인간의 생활 자체는 존재에 관한 객관적인 인식이다. 설사 위의 사실을 시인한다 하더라도, 삶의 철학의 견해에 따르는 절대적인 상대주의는 하나도 없다. 이미 스콜라철학은 인식과 오성이 인식을 하는 것이 아니라, 인간 즉 오성을 가지고 있는 <나>가 인식한다는 사실을 알고 있었다. 우리는 그저 생활(인생)을 하나의 측면이나 한 층에서가 아니라 그 전체적인 내용 면에서 받아들여야만 한다.

여기서는 또 인간이 여러 학문들에서 정립한 인식의 형식들과 인식의 체제를 철학적인 뜻으로 연구해 봐야 할 것 같다. 그러나 인식은 단순히 주체에 의해서뿐만 아니라 대상에 의해서도 정해진다. 그리고 대상의 영향은 학문에서도 타당하기 때문에, 이 연구는 뒤에 가서 모든 경험적인 존재단계들을 철학적으로 관찰한 뒤에 행하는 것이 더 좋을 것 같다.

D. 의지와 의지의 자유

1. 자연적으로 주어진 기본적인 노력

현재에 주어져 있는 여러 가능성들 중에서 <자기 소유>(자기를 소유하는 것)와 선택은 인격의 본질에 속하는 것이다. 이 말은 마음속(내적)의 자유와 그 결과에 대한 책임을 뜻한다. 우리의 존재가 게으른 것도 죽는 것도 무관심한 것도 아니라는 것은 경험이 잘 알려 주고 있다. 오히려 이미 언제나 활동을 하려고 하고 자기를 벗어나려고 애쓰고 있다. 우리는 개별적인 모든 행동에 앞서서 있는 존재의 이런 경향성(하려고 하는 경향)을 본성적(자연적)으로 함께 주어져 있는 기본적인 노력(appetitus naturalis)이라고 한다. 또 동시에 인간의 모든 활동 배후에는 충동력(밀어붙이는 힘)이 있다. 그러나 인간의 이원성에 알맞춰 이런 충동력도 이원적으로 드러난다. 신체에 속하는 요소, 즉 감각적으로 노력하는 능력도 있고, 영혼에 알맞는 정신적으로 노력하는 능력, 즉 의지도 있다. 경험은 우리들에게 <나>의 감각적인 노력은 직접적으로 제어될 수는 없고, 이 감각적인 노력의 일정한 한계 안에서 간접적으로 제어될 수 있을 뿐이라는 것을 알려 주고 있다. 그런데 <나>는 이 한계를 넘어서면 이 감각적인 노력에 대해 거의 힘을 쓸 수가 없다는 것이다. 이 감각적인 노력은 인격(개인)의 중심에 알맞춰 멀리 떨어져 있으며, 이것이 정신적인 노력, 즉 의지와 연결되어 있음으로써 인격의 중심에 속하게 된다. 이와 반대로 감각적인 노력은 신체의 상태 및 변화와 매우 밀접한 관계를 가지고 있다.

2. 의지의 자유와 그 조건들

이와 반대로 정신적인 노력은 직접적으로 인격의 중심에 놓여 있다. 그래서 정신적인 노력은 자유로운 것이다. 그러나 자유로운 행동 자체도 인간의 자유를 폐기하지는 않지만 제약을 가하는 그런 전제조건들에 의존하고 있다. 첫 번째 전제조건은 주관에게 <좋다>(혹은 나쁘다)고 생각되는 그런 대상에 의해 매료당하는 것(또는 거부당하는 것)이다. 이런 것은 분명히 진정한 뜻으로 매료당하는 것이 아니다. 왜냐하면 인간이 아닌 객체는 이렇게 매료할(또는 거부할) 능력이 없기 때문이다. 오히려 언제나 대상으로 향하도록 잠복해 있는(숨어 있는) 자기의 경향(傾向, 좋아하고 싫어함)이 인간으로 하여금, 알맞은 대상이 나타나자마자 선을 권장하거나 악을 막도록 해줄 것이다. 이렇게 해서 대상은 우선은 어떻게든 선이나 악으로 인식되게 된다. 그런 다음에는 자기의 노력, 즉 <본성적으로 주어져 있는 노력>이 <자기의 것>으로 되거나 보존하는 것으로 된다. 만약에 자유가 주어져 있지 않다면 반대하는 영향력들이 사태를 혼돈시켜 놓지 않는 한, 주체의 알맞은 운동이 생기게 될 것이다. 실제로 이런 운동은 직접적으로 생기는 것이 아니라, 마음대로 해도 될 것인지, 해서는 안 될 것인지를 다소간에 오래 생각한 결과로 생기는 것이다. 이미 이런 깊은 생각이 끼어든 데에 대상과, (보다 더 중요하고 결정적인) 자신의 미리부터의 자유에 대한, 인격의 마음속의 거리와 마음속의 힘이 드러난다.

깊이 생각하는 일은 꼭 필요하다. 왜냐하면 그 어떤 대상도 그저 선한 것이거나 악한 것으로 나타나지 않고, 인간 안에 있는 여러 층들(육신-영혼, 개인-공동체, 개별적인 기능-모두 함께 있음)이 서로 다른 요청들을 하기 때문이다. 또 이 깊은 생각은 이 개별적인 층들에 대한 관계를 검증하고, 그 관계가 이것을 위해서는 좋으나 저것을 위해서는 해롭다는 것을 인식한다. 우리들은 선에 의해서는 이끌리고, 악에 의해서는 떠밀려 난다. 이렇게 해서 개별적인 대상들은 우리들에게는 단순한 사물들이 아니라 재화(財貨, Gueter, 좋은 것들)요—이미 알려져 있는 것으로서—동기들, 즉 행위를 하도록 하는 근거들로 된다. 깊은 생각은 이런 동기들을 수습(해결)하려고 애쓰고, 그 동기를 뜻에 따라 인식하려고 애쓴다. 그런데 특히 이 깊이 생각하는 일은 여러 동기들을 서로 저울질해 보아야만 한다. 달리 말하자면 개별적인 동기들과 부분적인 동기들을 전체 안에 잘 배열해야만 한다. 인격은 부분적인 영역 배후에, 또 이 영역을 넘어서 있는 것과 마찬가지로, 이 깊은 생각을 통해서 이 부분적인 동기들을 자기 자신에게도 관계지운다. 이런 깊은 생각을 바탕으로 해서 <내>가 하고자 하는 것을 결정짓는다. 외부 세계에 끼어드는(관여하는) 그런 행동이 문제될 때에는 이런 끼어듦은 육신과 외부의 사물들에 의한 중개를 필요로 한다. 우리는 이런 것을 수단이라고 한다. 이 수단들은 결단에 알맞춰 선택되며 결단을 내릴 때 함께 원했던 것들이다.

3. 결단

깊은 생각에 바탕해서 결단을 내리는 데에 진정한 자유가 있다. 즉 우리는 이런 결단을 내릴 때 우리들이 결단을 내린다는 분명한 의식을 가지고 있다. 그 어떤 개별적인 동기가(그것의 영향력이 아무리 힘세다고 하드라도) 단순히 우리들을 감동시키지 못한다는 사실—이런 사실도 생길 수 있다. 그러나 이럴 때에는 자유가 실행되는 것이 아니다. 오히려 우리는 감동을 주지 못하는 동기들 하나하나에 대해 우리들의 결단의 무게를 저울질해 볼 수는 없다. 또 원래부터 중요치 않은 동기에 대해서도 그럴 수 없다. 그렇게 하면 그 동기를 중요한 것으로 만들어 주기 때문이다. 따라서 동기의 두 가지 강점을 살펴봐야 한다. 첫 번째 강점은 선택을 하기 전에 인식에 바탕한 기초적인 노력을 한다는 것이다. 두 번째 강점은 우리들이 우리 스스로를 동기에 맡겨 버린다는 것인데, 그것도 선택에 의한 것이다. 우리는 첫 번째 뜻의 강한 동기는 두 번째 뜻에 있어서는 언제나 절대로 가장 강한 동기가 아니라는 것을 알고 있다. 인간은 동기의 강도가 표현되어 있는 매우 격렬한 감정의 흐름에 저항할 수 있으며, 자기를 끌어들이는 운동에만 머물러 있을 수 없다. 물론 우리는 행동을 하고 나서는 보통 두 번째 뜻의 강력한 동기에 관한 말을 한다. 그래서 우리는 선택을 하는 것이 아니라, 가장 강한 동기에 의해 규정된다고 하는 반론에 부딪히게 되었다. 우리들이 어느 동기가 궁극적으로는 가장 강한 동기인가 하는 것을 결정짓는다는 것은 참(사실)이 아니라는 것이다. 만약에 우리들이 한 가지 층에 대해서는 선이지만, 전체에 대해서는 주로 악이 되는 그런 것을 선택한다는 그런 뜻으로 보다 약한 동기를 선택한다면, 우리는 보다 좋은 통찰에 반대되는 선택을 하는 것이다. 자유에 내맡겨진 한 가지의 행동은 그 존재에 있어서는 자유롭지 못한 행동과 구별되지 않으나, 행해지는 방법에 있어서만은 구별되는 것이다. 그래서 이런 자유에 내맡겨진 자유에게는 확대된 뜻으로만 "자유로운"이라는 술어가 붙을 수 있다. 원래 자유로운 것은 힘과 능력으로서의 의지이고, 궁극적으로는 의욕을 하는 인간 즉 인격뿐이다.

4. 자유를 드러내다.

자유라는 사실은 자기가 경험하는 것 이외의 다른 방법으로는 직접적으로 주어질 수 없다. 자유는 스스로를 없애 버리는 그런 행동에서만 실행된다. 자유는 애초부터 인격에 속해 있는 것으로서 비대상적이요, 절대로 객관(객체)으로 될 수 없고, 또 절대로 객관의 세계에서는 보여질 수도 없다. 허나 자유는 직접적으로 드러난다. 인간의 전체적인 삶은 우리와 다른 사람들이 일정한 행동과 그 결과에 대해 책임을 진다는 전제조건 아래 이뤄져 있다. 우리는 여러 가지 이유로 남들에게 영향을 미치려고 한다. 그리고 그 성과에 대한 기대는 이때 사용된 물리적인 에너지가 아니다. 이럴 때 사실은 인간의 모든 행동은 비인간적인 세계에서 생긴 일들과는 달리 자유롭다고 말해질 수 있는 것이 아니다. 오히려 우리는 인간의 자유로운 행동과, 인간에게서, 인간에 의해서, 자유와 상관없이 생긴 행동이나 사건들과를 구별한다. 공적을 치하하는 것, 상을 주는 것, 벌을 주는 것 등은 자유의 바탕 위에서만 뜻이 있다. 즉 타이르는 일, 말리는 일, 의논하는 일 등등이 그렇다는 것이다. 뜻이 있는 말을 하는 것마저도 자유가 없으면 자기의 언행을 마음대로 할 수가 없다. 이런 일은 이미 우리들의 첫 번째 연구에서 밝혀진 바와 같다. 체계들을 유리하게 하기 위해 이런 사실을 불가능한 일이라고 설명하려는 짓은 불가능한 일이다. 체계에 따라 이런 사실들이 불가능하다면, 이 체계는 바로 사실에 알맞춰져야만 한다. 여하튼 이런 과정들을 그저 자유롭지 못하다고 한다. 그뿐만 아니라 인간이 원초적인 생각(관념)을 허구로 만들어내지 않고 그 관념을 그 어떤 경험에서 발견해낼 수도 있다. 그런데 이런 때에는 어떻게 해서 인간이 자유라는 생각에 이르게 되는가 하는 것을 꿰뚫어 보게 해주는 것은 의지의 자유에 관해 논란하는 사람들의 과제다. 이렇게 경험에서 발견한 것을 바탕으로 해서야 비로소 자유에 관해 논란하는 사람들은 자기들이 처해 있지 않은 곳으로 옮겨가게 되는데, 이것은 잘못이다. 그런데 자유는 분명하고 확신에 찬 생각(표상)으로도, 또 하나의 생각을 확실하게 실현하겠다는 의식에게로도 거슬러 올라갈 수 없다. 이 두 가지(확신에 찬 생각과 실현하겠다는 의식)는 우리들의 의식에 있어서는 자유로운 결단을 내리는 경험과 분명하게 구별되는 것이며, 이런 경험이 없이도 생겨날 수 있다. 이 두 가지는 우리들과는 관계될 필요는 없고 사물들에게만 관계가 있다. 이와 반대로 자유는 의지에게만 타당하는 것이다. 우리들과 아무런 상관도 없는 앞으로 틀림없이 생겨나게 될 사건들은 우리들의 의식에게는 이 사건을 우리들의 자유로운 결단에서 생긴 사건으로 되게 하지는 않는다.

또 흥분된 상태들도 결단과는 다른 것이며, 결단과 반대되는 일도 자주 있다. 바로 이럴 때 우리에게 대한 가장 강한 의식을 갖게 된다. 흥분상태들은 우리들에게 영향을 미치면 유쾌한 감정이나 불쾌한 감정을 일으키는 여러 동기들의 부차적인 현상이다. 이와 마찬가지로 결단 자체도 그 결과로서 감정을 일으킨다. 왜냐하면 그 결단이 주관(주체)을 보다 좋은 상태나 보다 나쁜 상태로 만들기 때문이다.

5. 외적인 자유와 본래적인 자유

의지의 자유에 관한 어려움의 커다란 부분은 우리가 사실들에 머물러 있는 대신에, 나중에 가서 당연히 발견해낼 수도 없게 되는 그런 종류의 자유를 선천적(선험적)으로 구성해내는 데서 생긴다. 또 외적인 자유와 내적인 자유를, 즉 외적인 강제에서 풀려나는 자유(libertas a coactione)와 내적으로 결단을 내리는 자유(liberitas a necessitate, liberum arbitrium)를 혼동하는 일도 자주 있다. 첫 번째 자유(외적인 자유)는 참된 자유를 위해 절대적으로 요청되는 것도 아니고, 비록 참된 자유에 도달했다 하더라도 (그것만으로는) 충분치가 못하다. 어떤 사람이 내적으로 절대로 반대하는, 그런 외적인 움직임을 하도록 강요당할 수 있다. 그런데 그 움직임은 본래적인 뜻으로 그 사람의 행동으로 되지 못한다. 그래서 그 사람은 그 행동에 대해 책임을 지지 않아도 된다. 이렇게 책임을 지는 일은 외적인 압력으로 강요될 수는 없고, 자유로운 내적인 결단에서 생겨나는 것이다. 인간의 인격의 위신은 인간이 스스로 허용하지 않는 한, 내적인 의지가 강요될 수 없다는 데 바탕하고 있다. 그리고 인간의 인격의 위신은 자기의 육신인 생명을 포기하면서까지도 모든 잔인한 폭력에 저항해서 스스로를 주장할 수 있는 것이다. 다른 편으로는 외적인 강제가 조금도 없을 때 내적인 결정을 내릴 수 있다. 주의력이 부족해서라고는 하더라도, 충분히 의식하지 못한 채로 그런 과정은 진행되는 것이다. 육신의 상태(질병, 중독 등등) 때문에 자유의지가 방해받는 일이 그런 경우다.

6. 동기가 꼭 필요하다.

자유의지와 자의적(恣意的)이고 동기가 없는 행위를 동일시하는 사람은 의지의 자유에 관해 올바른 생각을 할 수 없다. 이럴 때에는 인간의 의지의 자유가 거의 없기 때문에, 이런 의지의 자유는 여러 가지 가능성들, 즉 여러 가지 동기들이 없어서 절대로 실행될 수가 없다. 병리학에서는 이미 오래 전부터 한 가지의 동기가 의식을 철저하게 실행해 버려 다른 동기들이 그 이상 더 생겨날 수 없을 때에는, 강제적인 행위가 생기게 된다는 정설이 있다. 또 이와 마찬가지로 사물들이 기본적인 노력을 해도 선이나 악으로 인식될 수 없어, 아무런 동기도 형성될 수 없을 때에도 행위는 불가능하다. 동기가 이렇게 꼭 필요하다는 것(필연성)은 우리들의 정신적인 노력, 즉 의지가 활동을 하기 위해서는 감각적인 노력의 가능성과 객체 및 따라서 세계에 의존하고 있다는 사실을 나타내는 것에 지나지 않는다. 여기서도 행위의 조건들은 존재의 종류와 본성에서 생겨나는 것이다.

7. 자유의 한계

동기들은 언제나 일정하게 예측할 수 있는 수만큼만 있을 수 있다. 동기들은 주체의 상황과 종류에 따라 주어져 있다. 추상적-일반적으로 인간 자체에게 주어져 있는 가능성에 따라서가 아니라, 구체적인 가능성들에 따라서만 의지는 실제로 선택된다. 따라서 이런 관점에서 보자면 자유란 제약이 없는 것, 절대적인 것이 아니다. 자유는 외적-내적으로, 역사적으로 제약되어 있다. 그러나 역사적인 제약이란 의지를 필연적-일의적으로 규정한다는 뜻은 아니다.

더 나아가 의지는 어떤 내적인 힘이 이런 결단을 요청하고 있는가 하는 것과는 상관없이, 모든 결단을 다 내릴 수 있는 것은 아니다. 하나의 동기가 지나치게 강하면, 이 동기가 의지를 감동시킨다. 이렇게 인간이 갑자기 습격을 당했을 때에는, 그것을 자유로운 결단이라고 말할 수 없다. 동기가 지나치게 강력하다는 것은 인식에 미치는 동기의 영향력에서 이미 잘 드러난다. 이럴 때에는 이미 조용하고 분명한 심사숙고를 할 수 없게 된다. 우리들이 그 행동을 의식하기 전에 그 행동이 행해진다. 그러나 깊은 생각을 하게 되면, 인간은 이미 동기의 지나친 힘에 완전히 내맡겨지지 않으며, 제정신을 차리고, 동기에 대해 거리를 갖게 될 수도 있다. 그런데 이 말은 이미 동기가 휘두르는 폭력을 막아낸다는 뜻이다. 그래서 이런 경우에는 자유가 어느 정도인지는 분명히 알 수 없다고 하더라도, 그 어떻게든 이미 자유는 있는 것이다. 따라서 사람으로 하여금 반성을 하게 하는, 예측할 수 없고 지나치게 강력한 정열이 밀어닥쳤을 때 자유가 없어져 버리는 그런 일이 가장 자주 있다. 육신의 병리적인 상태들도 자유를 끌어내리거나 완전히 없애 버릴 수가 있다.

더 나아가 일반적으로 인간은 아무런 뜻도 없는 행동들, 즉 그 이득을 얻는 것이 치르게 될 희생과 아무런 상관도 없는, 그런 행동을 할 자유는 없다는 사실은 분명한 일이다. 정상적인 인간은 한 푼의 돈을 위해 자기의 생명을 진정한 위험에 내맡기지를 않는다. 하지만 그 사람이 그런 짓을 할 때에는 명예욕과 같은 숨겨져 있는 다른 동기들이 그렇게 하도록 할 것이다. 또는 위험, 즉 앞으로 바치게 될 희생, 따라서 선택이 행해지는 실제적인 상황이 올바르게 인식되지 않고 있을 것이다.

이렇게 해서 인간의 존재가 조건지어져 있고 한정되어 있는 것과 똑같게, 인간의 자유도 여러 관점에서 조건지어지고 제한되어 있다. 이런 존재에게 들어맞는 한 가지의 자유만이 실제로 인간적일 수 있고, 따라서 실제로 인간에게 가능할 수 있다.

8. 의지의 자유와 인과의 법칙

의지의 자유에 관한 주된 어려움은 <인과의 법칙>이라는 자연과학의 공식을 정신적인 것의 영역에다 전용(轉用)하는 데서 생긴다. 우리는 의지의 자유가 인과의 법칙에 위배되는 것이라고 믿고 있다. 물론 이 인과의 법칙은 다음과 같이 설명된다. 즉 <결과는 양적으로는 원인과 동일하고, 오로지 원인에 의해서만 정해진다.>는 것이다. 의지의 자유에서는 이 법칙이 허물어진다. 즉 인간에게 정해진 여러 구체적인 동기들이 영향(결과)을 미치면, 그 결과는 이 법칙에 따라 한 가지 뜻으로 계산될 수 있어야만 한다. 그런데 이렇게 되면 자유가 성립될 공간이 없어지고 만다. 그러나 여기서 언제나 말없이 미리 전제되고 있는 것은 바로 문제되고 있는 것, 즉 모든 원인들은 방해를 받지만 않으면, 반드시 작용을 한다는 사실이다. 이런 견해는 자연과학의 영역을 단순히 인간에게 옮겨 놓은 것이다. 물리학은 이렇게 반드시 작용을 하게 될 원인들과 관계 맺어져 있다. 그런데 이 물음은 여기서는 바로, 오직 이런 원인들만 있느냐 또는 스스로의 결과를 제어할 수 있는 그런 원인들도 있느냐 하는 것이다. 따라서 우리들이 아직 증명되지 못한 이런 주장을 토론하는 입장에서 보지 않는다면, 앞에서 설명한 바와 같은 인과율의 전제하에서는 하나의 원인이 이렇게는 행동할 수 없고 저렇게는 행동할 수 있을(이 원인은 libertas specificationis, 특수화될 자유) 그런 가능성은 없어지고 말 것이다. 그러나 사실 원인은 이 행동은 할 수 있으나, 저 행동은 할 수 없는 것이다(libertas exercitii, 실천의 자유).

9. 보편적인 원인과 공동적인 원인으로서의 질료

이러한 파악에 대해서는 앞에서 논의되고 증명된 인과율에 관한 일반 형이상학적으로 제한 없이 타당하는 설명만 보면 충분하다. 형이상학적으로 보편타당하는 것은 원인이 충분해야만 한다는 것, 즉 적어도 결과에 대한 존재의 높이가 충분해야 한다는 것뿐이다. 그러나 원인이 결과와 같아야만 한다는 것, 즉 원인이 반드시 결과로 나타나야 한다는 것 등은 증명이 될 수 없을 뿐만 아니라, 전체적인 원인에 대해서는 전적으로 잘못된 것이다. 자연과학적인 설명이 타당하는 분야는 전체적인 인간이 속하지 않는 하나의 좁은 분야뿐이다. 자연과학적인 설명은 질료가 보편적인 원인으로 작용하고 있는 무기적(無機的)인 세계에만 들어맞는다. 이 보편적인 세계에 있어서는 원인에 의해 결과가 한결같이 정해져 있고, 그 결과를 미리 계산할 수가 있다.

그러나 생물의 영역에서는 이미 그러한 설명이 올바르게 성립될 수 없다. 한 포기의 식물에 있어서의 물리적-화학적인 과정들도 물리적인 법칙, 특히 <양과 물리적인 에너지의 보존법칙>을 따르고 있긴 하다. 그러나 이 법칙에 따라서만 결과가 똑같이 헤아려질 수는 없다. 이때 식물은 언제나 물리적인 법칙을 이용하는 독자적인 생물학적 종의 법칙을 가지고 있다. 생명력(살아 있다는 것)이 새로운 원인으로서 덧붙여지는 것이다. 순수한 물질세계의 모든 법칙들이 식물들에게도 들어맞는다면, 어떻게 알맞은 외부의 영향도 없이, 또 바로 땅의 끌어당기는 힘에 맞서, 식물 안에서 수액이 움직일 수 있겠는가? 이럴 때에도 물리적인 법칙이 방해를 받지 않는 것은 분명한 일이다. 외부의 영향을 훨씬 더 받지 않는 것은 동물의 세계, 특히 고등동물들에게서이다. 어떤 사람이 자기가 잡으려고 하는 동물의 우리 안에서의 움직임들을 수학적으로 계산할 생각을 어떻게 할 수 있겠는가? 한 마리의 동물이 기뻐서 뛰는 높이를 물질에 타당하는 법칙들과 어떻게 일치시킬 수 있겠는가?

그래서 분명한 것은 무기물들의 단계에서만 물리적인 법칙이 결과를 일의적이고 수학적인 정확성을 가지고 규정한다는 것이다. 생물들도 생물로서가 아니라 단순한 물질적인 존재로서 문제될 때, 예컨대 넘어질 때에만, 똑같이 물리적인 법칙의 지배를 받는다. 이와 반대로 다른 단계에 있어서는 이 물리적인 법칙은 결과를 일의적으로 규정하지 못하고, 여러 가능성들을 제한할 뿐이다. 여기서는 궁극적이고 구체적인 규정은 내적인 종의 법칙과 물리적인 법칙이 함께 작용하는 데서 생긴다. 존재가 높으면 높을수록, 언제나 상당히 폭 넓은 가능성을 열어 놓고 있는 순수한 물리적인 법칙에서 보자면, 그 결과는 그만큼 더 정해져 있지를 않다. 물리적인 법칙에서는 한 마리의 동물이 심리적인 버릇에 따라 하느냐 저항하느냐 하는 결론을 내릴 수 없다. 이런 문제는 그 동물에게 달려 있는 것이다. 그러나 동물이 하게 될 일도 사실은 물리적인 법칙들을 충족시키고 있느냐 하는 것이다.

보다 높은 존재의 단계들이란 새로운 원인들이 질료적인 것, 즉 하나의 보다 높은 원인으로 되는 질료와 결합되어 있는 생명적인 것과 정신적인 것으로 됨으로써, 생명이 없는 물질에 의해 일의적으로 규정되어 있는 것으로부터 점차로 떨어져 나오는 것을 뜻한다. 이렇게 되는 것이 질료적인 것과 영향을 받는 것으로부터 완전히 풀려나게 하는 것은 아니지만, 가능성들의 한계를 계속해서 넓혀 주고, 점점 더 큰 힘을 갖게 해주기는 한다. 인간에게 있어서는 (일의적인 규정에서) 떨어져 나오는 일이 의지의 자유에서 그 정점에 이른다. 여기서 인간은 허용된 여러 가능성들 중에서 실현시켜야 할 것이 무엇인지 하는 것은 스스로가 결정한다. 이제 인간은 순전히 밖으로부터만 떠밀리지 않고, 자기 스스로의 내부에서 결정을 내린다. 즉 자기 행동의 근원이 지기 자신이다.

10. 원인으로서의 정신

형이상학적인 인과법칙은 자유로운 결단을 내릴 때에도 절대로 손상을 받지 않는다는 것은 분명한 일이다. 공동원인 즉 결정적인 공동원인은 바로 자유의지다. 의지가 결단을 내리기 위해서는 이 자유의지의 배후에로까지 거슬러 올라갈 수는 없다. 정신은 일종의 힘이요, 최고의 뜻으로 힘이 있는 것이다. 자유란 본질적으로 하나가 시작될 가능성을 뜻하고, 엄밀한 뜻의 기본존재다. 또 자연과학자들이 자기들의 영역에서 당연히 행하고 있는 것처럼, 자유를 다른 원인들에게로 거슬러 올라감으로써 설명하려는 것은 어두움 속에서 태양을 보려는 짓이요, 자유를 설명하기 위해 자유를 포기하는 것과 같은 짓이다. 자유로운 결단에는 일종의 관련이 있는 시작이 내포되어 있다는 사실은 인간의 특징이다. 이런 것이 그 안에서 인간이 변화하면서 관여하고 있는 세계에 대한 새로운 위치를 인간에게 부여하고 있다. 인간의 결단에 시작이 있다는 사실만이 역사를 가능케 해 준다. 이 역사란 자연에서 생기는 일처럼 시간에 따라 회귀(回歸)하는 경과가 아니라, 미리 예측하지 못했던 것과 헤아릴 수 없었던 것이 나타나는 것이다. 분석과 추론을 통해 설명을 시작하려는 정신에게는 자유란 일종의 수수께끼다. 아니 일종의 모순이기도 하다. 그러나 이해를 하려고 애쓰는 정신에게는 자유란 참고 견디어야 할 일종의 비밀이다. 즉 모든 사람들이 궁극적으로는 자기와 <더불어 있는 사람>을 위해—그리고 자기 자신을 위해 간직하고 있는 비밀이다. 우리는 어떤 사람이 당면한 동기를 바탕으로 해서 뜻있게 결단을 내릴 수 있으리라는 것을 <파악>한다는 뜻으로, 하나하나의 결단들을 <이해>할 수 있을 뿐이다.

11. 인간의 행위에 대한 통계적인 법칙

주목해야 할 것은 의지는 공동원인, 즉 결정적인 공동원인이지만, 그것만이 원인이 아니라는 사실이다. 이런 사실은 위에서 동기를 다룰 때 이미 설명해 두었다. 인간이 자유로운 선택을 할 때 의존하고 있는, 계속해서 작용하고 있는 공동원인을 보면, 가능성의 폭을 예측할 수 있다. 특히 공동원인들이 필연적으로 작용하고 있는 것들이라면, 이 가능성의 폭이 헤아려질 수 있다. 이런 원인들은 인간의 밖에만 있는 것이 아니라, 인간의 안에도 있다. 인간의 자유는 자기 자신의 존재를 마지막까지 지배하고 있는 것이 아니라, 바로 세계와 꼭 마찬가지로 어느 한계 안에서만 지배하고 있다. 여기에 인간의 자유로운 행동에 대한 통계(학)가 있다. 하나의 동기들의 강도(強度)와 그 심리적인 효과는 미리 알려져 있다. 그래서 대중들 속에서 무엇이 가장 많이 생기거나 평균적으로 생기는가 하는 것이 밝혀지게 된다. 그러나 이런 통계적인 법칙에서는 개별적인 경우에 대해 일종의 개연성 이상의 것은 절대로 말해질 수 없다. 그러나 우리가 인간의 자유의 한계에 가까이 다가가면 가까이 다가갈수록, 그 만큼 더 예외가 드물어지고, 또 충분하리만큼 많은 사람들에게 있어서는 평균적인 수치가 그만큼 더 정확하게 들어맞을 것이다. 이런 통계법칙의 가능성은 의지의 자유에 위배되는 일은 절대로 없으나, 절대적이고 근거가 없는 자의(恣意)라는 비현실적인 자유에는 위배된다. 여기서 중요한 것은 바로 우리들의 일상적인 행동의 밑바탕에 깔려 있는 것과 바로 똑같은 사실들이다. 즉 자유가 동기를 유보함으로써, 더불어 있는 사람들이 영향을 미칠 가능성을 배제하는 것이 아니라, 그런 가능성의 전제조건이라는 것이다. 만약에 그렇지 않다면 물리적인 영향이나 최고도의 훈련(강압)만이 뜻을 갖게 될 것이다.

E. 영혼은 정신적인 실체다.

1. 단순성과 실체

인간은 영혼과 육신이라는 두 가지의 서로 다른 본질적인 구성요소들로 이뤄져 있다. 이 구성요소들의 본성을 보다 더 자세히 설명해 보기로 하자. 우리는 정신적인 사고와 의지(의욕)에서 영혼을 경험하게(알게) 된다. 이 두 가지의 행동들은 육신에 있어서와는 반대로 연장(延長, 장소를 차지함)도 형태도 갖고 있지를 않다. 우리는 진정한 뜻으로 사고 행위의 크기와 무게에 관한 뜻있는 말을 할 수 없다. 그래서 이미 이 행동들은 물질과 내적으로 서로 다른 존재양식의 특성을 갖고 있다. 더 나아가서는 사고, 특히 비교판단에 있어서는 여러 가지 사물들이 그것을 판단하는 의식에게 생생하게 남아 있다. 이런 의식이 연장(延長)을 가지고 있다면, 한 부분은 다른 부분이 아닐 것이다. 그렇다면 한 부분이 알고 있는 것은 다른 부분에게는 알려지지 않을 것이다. 하나의 점(點)과 같은 연장은 실재를 없애 버릴 것이다. 왜냐하면 연장이 없는 점 자체는 존재할 수가 없고 한계개념에 지나지 않기 때문이다. 따라서 판단을 내리는 원리, 즉 연장해 있지 않은 행동을 하는 <나>(自我)는 연장해 있지 않으며, 점과 같지 않고 존재의 단순성에 의해 연장되어 있는 물질의 존재방식을 초월하는 그런 부분들은 가지고 있지 않은 것이다. 그래서 어디에서나 있게 되는 그런 존재방식은 서로 다른 위치에서 개별적인 부분들과 함께 있는 것이 아니다. 그러나 부분을 가지고 있지 않은 것은 나눌 수가 없고 단순한 것이다. 그래서 부분을 가지고 있지 않은 것은 부분들로 해체해서 파괴될 수가 없고, 존재 자체를 폐지함으로써, 즉 없애 버림으로써만 파괴될 수 있다.

영혼이 이렇게 단순한 것이라는 데서 인간 안에 있는 전체가 <나>에 의해 그 전체성을 갖게 된다는 사실을 알 수 있다. 의식된 모든 것은 동일한 <나임>에 의해서 꿰뚫려 있고, 하나의 전체로 묶여진다. 무기물들에게는 하나의 (겉으로 쭉 늘어 설) <나란히 있는 것>만 있지만, 의식에는 정신적으로 <내면적인 상관관계>가 있다. 이 내적인 상관관계가 자기의식(자기를 깨달음)의 바탕이다.

여기서 중요한 것은 하나의 실체라는 사실인데, 이미 앞에서 설명한 바 있다. 의지의 자유에 있어서는 <정신적인 나>의 자립이 생각이 깊은 현상으로 드러난다. 이 <나>가 행위의 궁극적인 원리다. 나로부터 행동이 시작되고, 이 행동은 그 전체적인 존재에 있어서 나에게 속하는 것이다. 그러나 <나> 자신은 그 스스로 자립해 있고, 그 누구에게도 속하지 않으며, 자기가 속하고 있을 것이라고 하는 저 배후에 있는 존재가 밖으로 드러난 것도 아니다. <나>는 주관(주체)으로서 다른 모든 것들에 맞서 있다. 따라서 <나>는 단순하고, 연장해 있지 않으며, 물질과는 다르고 대상화될 수 없는 실체다.

2. 질료가 아니다.

더 나아가 언어에 바탕해서, 우리들의 사고는 육신적인 것과 결합되어 있으나, 이런 결합은 일의적으로 정해져 있는 것은 아니다. 이 육신적인 요소는 그 내용에 있어서 서로 매우 다를 수 있다. 즉 모습, 움직임, 촉각, 소리, 압력 등등으로. 동시에 이 육신적인 구성요소가 생각된 것의 내용 전체를 다 알아내지 못하고, 그냥 암시 정도밖에 할 수 없을 때도 있다. 사상(생각)은 정신적인 활동에 의해 구성되고 정해진다. 육신적인 요소는 본질적인 구성요소로서 사고의 내용에까지 침투하지 못한다. 육신적인 요소는 언제나 정해진 형태를 가지고 있기 때문에 그렇게 할 수 없는 것이다. 그러나 이런 것에 대한 보편적인 개념들은 없다. 이 보편개념들은 궁극적이고 구체적인 규정들에서 이끌어내진다. 만약에 육신적인 요소가 내적인 구성요소로서 사고에 끼어들게 된다면, 모든 개념이 다 완전히 정해진 일종의 형태에 얽매어 있어, 보편개념이 없게 될 것이다. 그래서 육신적인 요소는 정신적인 것이 기능을 하는 것과 외적으로 연결되어 있는 것에 지나지 않을 것이다. 영혼은 작용을 할 때 내적으로는 물질에 의존하질 않는다. 그러나 행위가 존재에 들어맞고 또 이런 사실이 밝혀져 있기 때문에, 영혼의 존재는 내적으로 육신에 의존하고 있지 않다. 이렇게 단순하고, 나눌 수 없고, 내적으로 물질에 의존하고 있지 않은 실체를 우리는 정신이라고 한다. 우리들은 사람들과 교제할 때, 이런 존재양식이 있다는 것을 직접 경험하게 된다.

3. 정신적인 것을 나타내는 말, 그리고 유물론

우리들이 영혼을 나눌 수 없는, 연장해 있지 않은, 물질에 의존하고 있지 않은 등등의 부정적(否定的)인 말로 특징짓는 것은 주목할 만하다. 직접적으로 주어져 있는 것들이 미리 있는 때에는 이렇게 부정적으로 표현할 필요가 없다. 우리는 색깔(색채)을 <음색(音色)이 아닌 것>이라고는 절대로 말하지 않는다. 이런 부정적이고 물질에서 받아들인 표현방식은 영혼은 육신 즉 물질의 단순한 부수현상이고 정신은 일종의 환상에 지나지 않는다고 하는 유물론적인 견해가 왜 그 어떤 사람에게 받아들일 수 있는 것으로 보이게 되는가 하는 이유이기도 하다. 사람들이 이미 일종의 유물론적인 체계를 설립했다는 사실은 원래 이 이론에 대한 일종의 모독이다. 물질만 존재하고, 그 이외에는 아무 것도 존재하지 않는다. 이 체계들이 설립된 곳에는, 유물론이 교조(신조)로서 대표되는 곳에는 자기 자신을 분명히 알려고 하고, 즉 그 어떤 물질도 애매한 채로 있어서는 안 된다는 자기의식이 성립된다.

또 물질의 부수현상이 이 현상과 직접적으로 대립되는 그런 성질들을 가질 수 없다. 성질들은 언제나 그 실체에 들어맞아야 한다. 철학으로서의 유물론은 정신의 도움을 받아 정신이 존재하지 않는다는 것을 나타내려는 특별한 시도다.

정신적인 실체를 설명하는 일을 육신적 또는 물질적인 성질들을 부정하는 데 돌리려는 이유는 이 정신적인 실체가 정신적인 활동을 할 때에는 언제나 이 활동의 주체라고 경험되는 데 있다. 이 정신적인 실체가 직접적인 대상으로 되는 일은 절대로 없다. 또 반성을 할 때에도 활동이 대상이 아니라, 특히 그 활동의 구체적인 내용, 즉 내재적인 목적물에 붙어 있는 기억이다. 그러나 언어의 모든 표현들은 대상이 되는 세계, 즉 생명이 있는 것과 질료적인 것의 세계에서 얻어내진 것이다. 정신적인 것은 바로 세계에로 향하고 있고, 세계의 사물들을 위해 동시에 대상으로 삼을 수 있는, 그런 활동들의 주체로서 알려진다. 그러나 정신적인 것의 직접적인 표현은 주체를 대상화할 수 있다. 그래서 이 주체가 정신적이기를 그치고 만다. 왜냐하면 전달을 해주는 것(알려 주는 것)은 전체적인 인간의 행동으로서 반드시 일종의 육신적인 구성요소를 가지고 있어야 하기 때문이다. 이 육신적인 구성요소는 정신적인 것을 대상화할 수 없는 것과 사물들을 대상화할 수 있는 것 사이의 한계선 상에 놓여 있기 때문이다. 그래서 육신적인 구성요소에서는 정신적인 것이 간접적으로 드러난다. 이것은 마치 의미가 함께 이야기할 때 이해되는 언어의 소리에서 드러나는 것과 같다. 사물들은 육신으로부터 글자와 같은 매개체를 넘겨받을 수 있다. 이렇게 해서 정신적인 것은 아무런 매개도 없이 직접적으로 전달해 주는 것과 인간에 의해서 만들어진 문화적인 사물들에서 질료적인 것도 대상적인 것도 아닌 것, 즉 부정적인 방법에 의한 것으로서 지각된다. 이와 반대로 이럴 때 파악된 내용은 전적으로 긍정적인 어떤 것이고, 의식적인 활동 속에서 계속해서 경험되는 어떤 것이다.

F. 인간의 실체적인 통일

인간은 영혼과 육신이라는 두 가지의 본질적인 구성요소들로 이뤄져 있다. 영혼이 일종의 정신적인 실체라는 사실은 이미 증명되었다. 육신을 이루고 있는 물질이 여러 가지 실체들이라는 것은 설명할 필요도 없이 분명하다. 여기서 제기되는 물음은 이 두 구성요소들이 서로 어떻게 관련되어 있는가 하는 것이다.

1. 심-신 병행설

첫 번째 대답은 심-신 병행설(der psychophysische Parallelismus)이다. 물론 이 학설은 우리들과는 다른 전제조건들에서 출발한다. 이 학설은 영혼이 실체라는 것을 부정한다. 이 학설은 의식을 행동들이 서로 잇달아 일어나는 것이라고만 본다. 이 학설은 행동들이 일종의 기억을 보유하고 있는 자아의식(Ichbewusstsein)에 의해, 그 행동들이 생겨나는 통일체로 뭉쳐져 있다는 사실을 보지 못하고 있다. 이 학설은 육신적인 것과 영혼적인 것의 관계를 속이 빈 공(球)에서 오목한 것과 볼록한 것 사이에 성립되어 있는 것과 비슷하게, <함께 있는 것>, 즉 평행선을 그리는 것이라고 설명한다. 한 쪽 면이 오목하다면 다른 쪽은 볼록하다. 그래서 영혼의 과정과 육신의 과정이 하나요, 동일한 실재의 두 측면에 지나지 않으며, 심리적인 것과 물리적인 것은 병행하는 현상에 지나지 않는다는 것이다. 이에 덧붙여 주목해야 할 것은 이 학설은 현상들을 설명하는 대신에 외래어를 끌어들이고 있다는 사실이다. 왜냐하면 두 계기들이 언제나 함께 있다는 사실은 확인된 사실이고 앞으로 설명될 사실이기 때문이다. 또 이 학설의 의미는 영혼적인 것과 육신적인 것 사이의 존재의 차이가 부정되고 있다는 사실이다. 그래서 마침내는 사람들이 형이상학적으로 지탱해낼 수 없는 결론, 즉 유물론이나 관념론에 이르게 된다. 이런 경우에 가정될 수밖에 없는 것은 하나요, 동일한 실체가 본질적으로 다른 우연적인 속성들을 가지고 있다는 사실이다. 그밖에도 육신의 구성요소들이 바뀌는 것이—일 년이 지나는 동안에 신진대사에 의해 이뤄진다—정신적인 구성요소가 바뀌는 결과를 가져온다. 왜냐하면 이 두 가지는 동일한 것이기 때문이다. 따라서 시간이 흐르는 동안에 <같은 것이라는 의식>(동일의식)이 사라지고 말 것이다.

2. 단순한 외적 통일체

다른 학설들도 우리들처럼 두 가지의 실체적인 구성요소들을 인정하고 있다. 그러나 이 학설들은 장소의 관계들에 비춰 이 구성요소들의 관계를 설명하고 있다. 이 학설들에 따르자면 영혼은 집안이나 감옥에 살고 있는 것처럼 육신 안에 살고 있다. 영혼은 배의 선장과 같다. 플라톤과 그의 학파가 이런 견해를 대표하고 있다. 근세에 와서는 데카르트가 방법은 다르지만 같은 견해를 대표하고 있다. 일반적으로 본질에 관한 견해는 물질을 바탕으로 삼고 있다. 그리고 이 견해는 물질을 중요시하지 않고, 악이나 적어도 정신에 대립되는 것이나 정신에 모순되는 것(데카르트)으로 만들어 버린다. 그러나 여기서 응용되고 있는 공간적인 모습(像)은 사실들에 들어맞을 수가 없다. 단순히 공간적으로 <그 안에 살고 있다.>는 인간 안에서 보여지는 바와 같은 통일체를 이뤄내지 못한다. 이 학설에 따르면 영혼과 육신은 단순히 외적인 관계만 가지고 있는 두 가지의 독립적인 것들이다. 그래서 이 설명은 충분한 것이라고 생각할 수 없다.

3. 실체적인 통일체

즉 바로 눈에 띄는 것은 무엇보다도 인간은 하나의 <인간>이라는 것이다. 이런 사실은 이미 언제나 알려져 있다. 이와 반대로 영혼과 육신에 있어서의 차이는 언제나 그다지 분명하지가 않다. 인간은 하나요, 전체로서 행위를 한다. 인간이 인간으로서 행위하고, 단지 물질로서 순수하게 수동적인 것으로서 문제되지 않는다면, 인간이 오직 영혼으로서만 행위하고, 더구나 오직 육신으로서만 행위한다는 것 따위는 있을 수가 없다. 그래서 사실은 두 부분이 결합을 이루고, 이렇게 결합된 결과가 철두철미한 인간의 본성, 즉 인간의 실체를 형성하는 것임에 틀림없다. 따라서 (인간은) 외적-우연적인 통일체가 아니라, 실체적인 통일체(unio substantialis)이다. 이 말은 육신과 영혼이 단순히 외적으로만 함께 행위하는 것도 또 평행선을 그리며 달리는 것도 아니며, 이 두 가지가 행위의 원리로서는 하나라는 뜻이다. 여기서 두 말할 나위도 없이 밝혀지는 것은 모든 인간적인 것은 바로 인간적인 것으로서 언제나 두 가지가 합쳐져 있는 것이며, 하나하나의 구체적인 행동은 언제나 이미 영혼-육신적, 정신-감각적이라는 것이다. 정신과 감성은 실제로 서로 다른 것이나, 절대로 분리되어 있는 것이 아니다. 하나의 행동은 동시에 정신적이며 감각적이다. 인식도 언제나 정신적이요 감각적이다. 인간에게는 순수한 감각적인 인식이란 없다. 감각적인 것은 원래 정신적인 인식행위의 부수현상이다.

더 나아가 이 말은 육신과 영혼 사이에는 두 가지 사물들 사이에서처럼 인과관계가 성립되지 않는다는 뜻이다. 육신 안에는 언제나 이미 영혼이 관계되어 있다. 왜냐하면 육신이 있는 곳에는 영혼도 있기 때문이다. 영혼의 여러 가지 변화는 육신의 여러 가지 변화이기도 하다. 이것은 여러 가지 질병의 경우들에서 보여지는 바와 같다. 인간은 변한다. 원초적으로 관계되어 있는 것들에 따른 변화들은 육신적 또는 영혼적인 변화라고 할 수 있다. 즉 육신은 심리적인 영향에 의해서, 또 영혼은 비물질적인 것의 영향에 의해서 변화한다. 혹은 보다 더 강력하게 보여지는 것에 따라 여러 가지 변화들이 생기기도 한다. 즉 육신적인 구성요소들이나 영혼적인 구성요소들에 따라 변하기도 한다.

그런데 이런 통일체에 있어서는 영혼이란 생명을 주는 것이고, 인간을 인간으로 만들고, 따라서 결정적인 것이요, 주로 규정을 하는 그런 것이다. 이런 일은 무엇보다도 죽음과 시체라는 사실에서 잘 드러난다. 그래서 일종의 병행적인 질서가 아니라 종속적인 질서가 성립된다. 영혼은 보다 높은 존재요, 생명의 결합관계에 받아들여진 물질을 위한 보다 높은 존재방식 자체의 원천이다.

이런 통일체는 인간에게서 확인된다. 이런 통일체는 우리들이 외부세계의 관계들에서 보게 되는, 그 무엇과도 알맞게 비교될 수 없다. 그래서 이 통일체를 위에서 말한 관계들에서 이끌어낸 비유로써 설명하려는 모든 시도들은 실패할 수밖에 없다. 그런데 동물과 식물의 세계에는 형이상학적으로 설명하기 어려운 형상들이 있는데, 이런 현상들은 물질과 영혼과 육신 사이의 관계와 비슷한 다른 실체적인 원리들 사이의 관계를 통해 설명될 수밖에 없다.

4. 육신적인 생명의 원리로서의 정신영혼

의식적인 생명은 하나의 원리만을 가지고 있다는 사실이 바로 밝혀졌다. 그렇지 않으면 정신적인 생명이 서로 생소한 과정들이 병행하는 것으로 분해되고 말 것이다. 정신적인 생명은 육신적인 생명의 무의식적인 과정들과 함께 있는 것과는 다르다. 이런 무의식적인 과정들이 동일한 정신적인 영혼을 원리로서 가지고 있느냐 가지고 있지 않느냐 하는 것은 그냥 분명한 것이 아니다. 물질과 나란히 있는 모든 생명이 물질보다 우월한 원리를 가지고 있어야만 한다는 사실은 이 생명을 연구함으로써 밝혀진다. 한때는 인간 안에 여러 가지 원리들이 있다고 한 철학자들도 있었다. 즉 식물적인 것 - 활동적인 것 - 정신적인 것이라는 생명의 세 단계에 들어맞는 세 가지의 원리나, 육신적인 생명과 정신적인 생명이라는 두 가지의 원리를 주장한 철학자들이 있었다. 하지만 원시인들이 여러 가지 영혼들(일곱 가지까지)을 인정할 때에는, 위의 주장들의 뜻이 완전히 달라진다. 이 사람들의 영혼개념은 우리들의 영혼개념과는 상관이 없다. 이 영혼개념은 자유의지에서 독립해서 작용하는 개별적인 기관들의 능력과 힘을 서투르게 표현한 방법이며, 우리들이 영혼이라는 말로 가리키고 있는 그 사실을 표현하거나 설명하려는 것은 절대로 아니다.

그런데 인간 안에 여러 가지 영혼의 원리들이 있다는 가정(假定)에 반대하는 것은 개별적인 층들이 서로 강하게 영향력을 미치고 있다는 사실이다. 정신적인 활동이 생물학적인 생명을 괴롭히고 방해하는 일도 자주 있다. 몸이 불편하거나 신체적인 피로가 정신활동을 어렵게 하거나 완전히 불가능하게 하기도 한다. 그런데 무엇보다도 정신적인 장애들이 신체적인 질병이라고 거침없이 말해진다. 단순한 실체로서의 영혼은 본래적인 뜻으로 질병에 걸릴 수 없다. 왜냐하면 질병이란 개별적인 부분들이 변화해서, 전체가 기능을 하는 데 장애를 받는 것을 뜻하기 때문이다. 정신도 혼란되고 잘못될 수가 있다. 그러나 정신에 있어서는 물리적인 과정들이 있을 수 없다. 이와 반대로 정신적인 활동을 수행하는 데 있어서 신체적인 기초로서 반드시 있어야 할 부분들이 질병에 의해 변화되었을 때에는, 정신이 신체의 상태에 따라 그 기능에 장애를 받는다는 사실은 명백한 일이다. 따라서 병적인 육신의 변화들이 영혼에 의해(근심, 걱정 등에 의해서) 유발될 가능성, 즉 정신질환이 정신적일 가능성은 부정될 수 없다. 또 육신의 병적인 변화들이 시초가 될 그런 거꾸로 된 가능성도 배제할 수 없다. 개별적인 경우에 있어서는 결정을 내릴 수 없는 경우가 자주 있다. 여러 가지

원리들이 있다면, 개별적인 층들이 서로 독립적으로 기능할 수 없는 이유를 알 수가 없다. 다른 편으로는 하나의 보다 높은 원리가 보다 낮은 원리의 기능들을 넘겨받을 가능성도 있다. 그래서 한편으로는 통일체(하나임)를 방해하는 것이 아무 것도 없고, 다른 편으로는 이런 사실 때문에 여러 가지를 요청하지 않고, 통일체(한)만을 요청한다. 그래서 인간 안에서 여러 가지 영혼의 원리들을 인정하는 것은 자의(恣意)적이라 할 수 있을 것이다.

G. 영혼의 불사성(영혼은 죽지 않는다.)

인간은 죽음으로써 그저 존재하기를 그치는 것이 아니라 그 어떻게든 계속해서 살아 있다고 하는 것이 옛날부터의 인류의 믿음이었다. 사람들이 육신과 영혼의 차이를 깨달으면 깨달을수록, 그만큼 더 이런 확신이 분명해졌고, 계속해서 무한하게 살아남는다는 것을 믿는 데서 불사성(不死性, 죽지 않음)에 대한 믿음이 강해졌다. 이 문제에 관해 철학적으로는 어떻게 결론을 내릴 수 있을까?

1. 여러 부분으로는 분해될 수 없다.

(영혼의) 불사성에 관한 여태까지의 확신에 대해 말을 하는 것은 특히 영혼의 단순성이다. 우리들이 알고 있는 모든 소멸(사라짐)이란 부분들로 분해되는 것이다. 부분들은 여전히 남아 있다가 새로운 결합을 이뤄낸다. 그러나 영혼은 이러한 분해를 통해 존재하기를 중단할 수가 없다. 왜냐하면 영혼은 단순해서 그곳으로 해체될 수 있는 부분들을 가지고 있지 않기 때문이다. 따라서 영혼은 단순히 존재하기를 중단해야만 한다. 즉 영혼은 스스로의 존재 자체 안에서 없어져 버려

야만 할 것 같다. 물론 이런 일이 불가능하다는 사실은 그냥 그대로 밝혀지는 것은 아니다. 만약에 영혼이 절대적인 존재이기만 하다면 이런 일은 내면적으로 불가능할 것이다.

2. 육신-영혼이 통일체라는 데는 반대이유가 없다.

영혼이 활동을 할 때 육신에 의존하고 있다는 것이 불사성에 관한 반대이론이다. 육신이 함께 작용하지 않고서는 영혼이 아무런 활동도 할 수 없다. 만약에 반드시 이렇게 하는 것이 영혼 자체의 본질에 바탕하고 있다면, 육신이 없으면 영혼은 아무런 활동도 하지 못하도록 저주받은 셈이다. 그리고 이런 존재는 아무런 뜻도 없을 것이다. 하지만 이미 확인된 바와 같이 인격, 즉 인간 안에 있는 정신적인 것은 활동하는 것, 즉 스스로 새로운 것을 시작하고 주도권을 장악할 수 있는 그런 활동을 하는 것이다. 이런 정신적인 것에 비하자면 육신은 수동적이다. 육신이 자발적으로 움직이게 해주는 동인(動因)은 정신적인 것에서 출발한다. 그리고 기타의 육신적인 사건들은 일종의 자연적인 진행과정이다. 그밖에도 영혼과 육신의 존재에 따른 차이와 영혼이 육신에서 내적으로 독립해 있다는 것 등은 이미 잘 밝혀져 있다. 헌데 마차에 팽팽하게 매달려 있는 말은 마차를 함께 움직이게 하지 않고서는 앞으로 나아갈 수가 없다. 또 마차가 차단되었을 때에는 말도 자리를 떠날 수가 없다. 이러한 사실에서 운동의 출발점이 마차에 있고, 말이 마차에 매여 있지 않으면 그 말이 움직일 수 없다는 그런 결론을 이끌어낼 사람은 아무도 없다. 물론 영혼과 육신의 결합은 말과 마차 사이에서 보다 훨씬 긴밀하고 다방면적이다. 그래서 영혼과 육신이 결합되어 있는 한, 이 두 가지가 동참하지 않는 그런 인간의 행동은 있을 수 없다. 그러나 이러한 사실에서 영혼도 한 번 육신에서 떨어져 나가면, 어떤 활동도 할 수 없다는 결론은 나오지 않는다. 다만 그 이상 더 이 세상의 사물들에 영향을 미칠 수 없을 뿐이다. 왜냐하면 이렇게 영향을 미치는 일은 육신을 수단으로 써서 이뤄지기 때문이다. 그러나 순수한 정신적인 활동의 가능성은 남아 있다. 그래서 다른 근거들에 바탕해서 영혼의 불사성을 증명해 내야만 한다면, 이렇게 하는 데 방해가 되는 어려움은 없다.

3. 도덕적인 책임에 바탕한 증명

이 다른 근거들은 인격적 윤리적인 책임이라는 본성에 있다. 윤리 법칙(도덕률)은 이를 실행하는 의무가 무조건적이라는 특성을 지니고 있다. 도덕률은 자기 자신의 생명을 대가로 치르더라도 준수되어야만 한다. 불사성이 없다면, 도덕법칙을 실현하다가 죽은 인격이 단순한 수단에 지나지 않을 것이다. 이런 일은 인격의 존재에 모순된다. 세계가 존재하고 있는 것으로서 뜻이 있거나, 인격적인 하느님이 존재한다면 인격에 모순되는 그런 일은 있을 수 없다. 즉 영혼이 계속해서 살아 있을 수 있게 된다. 그래서 영혼을 없애 버릴 수 있는 유일한 분은 하느님뿐이다. 왜냐하면 하느님만이 영혼을 창조할 수 있고, 영혼이 계속해서 살아 있게 하는 조건들을 마련하기 때문이다.

4. 계속해서 산다는 관념과 하느님의 모습에 관한 관념이 일치하다.

짐작할 수 있는 것은 인격적인 한 분의 하느님에 대한 신앙이 없이는 사람들이 개인적인 불사성에 관한 확신을 갖기 어렵거나 언제나 가지고 있을 수 없다는 사실이다. 만약에 절대적인 존재가 비인격적이라면, 이런 존재와의 결합은 비인격화, 즉 바로 개인적인 영혼이 중단되는 것을 뜻하게 된다. 역사적으로 보자면 실제로 인격적인 하느님의 존재와 개인적인 불사성에 관한 확신은 병행하고 있는데, 이것은 일종의 정신적인 의존관계를 가리키는 것이다. 불사성에 관한 확신이 영혼의 존재에 어울리는 것이기 때문에, 사람들이 이 확신을 비난할 때에는, 이 확신이 여러 가지 <보충적인 관념들>에서, 예컨대 명성(名聲)이나 자손들이나 그 업적 등에서 계속해서 살아 있는 것으로 변신하게 된다. 물론 이런 모든 것들은 영혼이 죽는 것이건 아니건 간에 이 모든 경우가 다 환상에 지나지 않는다. 만약에 바빌로니아 인에 관해 그 언어를 알고 그것을 향유하는 그런 것이 아무 것도 없다면, 오늘날 우리들이 바빌로니아 인에 관해 말하는 것이 그에게 무슨 뜻이 있겠는가? 사람들은 거짓된 불사성에 관해 말할 때에도 언제나 스스로는 죽지 않고, 개인적으로 죽지 않는다고 생각한다.

여태까지 말한 것을 미뤄 보자면, 사람들이 불사성에 관한 믿음을 인간의 자랑이나 그리움(憧憬)으로 되돌리려고 애쓰는 일은 덧없는 일이라는 것을 알 수 있다. 도덕질서와 옳은 행동에 대한 인간의 개인적인 책임을 결합시킨 것으로서의 불사성은 일의적으로 선한 것이 아니라, 인간 자신이 어떤지에 따라 최고의 선일 수도 있고 가장 나쁜 악일 수도 있다. 그러나 윤리적인 선의 본성은 인간이 스스로를 위해 거만하거나 주제넘은 방법으로, 불사성을 선으로 만들려는 그런 상태를 요구하는 것을 배제한다. 불사성은 고통을 주고 불안케 하는 개념일 수도 있다. 따라서 사람들은 이 개념을 실현시킬 그리움은 조금도 느끼지 않게 된다. 다만 이런 그리움 때문에 현실이 변하지도 않는다. 만약에 불사성이 있다면, 인간이 이것을 피하려고 해도, 불사성은 여전히 있는 것이다. 왜냐하면 선하건 악하건 모든 인간은 도덕적인 책임이 있기 때문이다.

제4장 유기적인 생명의 단계

A. 모든 생명에게 공통적인 성질

유기적인 생명은 세 가지의 서로 다른 종류로 되어 있다. 즉 인간의 육신적인 생명으로서, 동물의 생명으로서 그리고 식물의 생명으로서 나타난다. 이 세 가지 종류의 생명들은 몇 가지 특징들에서는 일치되나 이 특징들을 실현하는 방법은 각각이다. 이 특징들이 실현될 때 인간의 생명은 동물의 생명과 매우 비슷하다. 그래서 이 두 가지 생명들은 식물의 생명과는 달리 하나의 강목(綱目)으로 묶여지는데, 이 강목을 스콜라철학자들은 감각적인 생명이라 하고, 현대인들은 대개 활동력이 있는 생명이라고들 한다. 우리들도 여기서 이런 뜻으로 "활동력이 있는"(vital)이라는 표현을 사용한다. 모든 종류의 생명들은 다음과 같은 점들에서는 공통적이다.

1. 전체(성)와 형태

하나하나의 개체들은 다음과 같은 두 가지의 관점에서 보자면 조직적 또는 유기적인 전체를 이룩하고 있다. 이 두 가지의 관점들이란 공간에 있어서의 생명의 전체와 시간의 흐름에 따라 생명을 발전시켜 나가는 관점이다. 공간에 있어서의 전체란 우선 이 전체가 인식될 수 있는, 각각의 종에 독특한 형태로 드러난다. 그 조직은 기관(器官)들, 즉 전체 내부에서 이 전체를 위해 하나의 특별한 기능을 가지고 있는 형성물(形成物)들에 의해 이뤄진다. 그리고 이 특별한 기능이란 전체를 바탕으로 해서만 이해될 수 있다. 또 이 기능은 기관들의 내적인 기능을 결정하기도 한다. 기능을 가지고 있는 모든 기관들이 모여 유기체의 통일을 이룩한다. 그래서 <전체-부분>이라는 개념은 유기적인 것들의 영역에 그 근원적이고 본래적인 의미와 장소를 갖게 된다.

2. 성장

시간이 흐름에 따라 생명 전체가 독특한 발전방법에 따라, 시작(태어남)에서 정점을 거쳐 쇠퇴하고 끝장을 맞게 된다. 즉 성장을 하게 된다. 또 발전의 이런 계속과 리듬은 그 종에 따라 특징지어져 있으며, 하나하나의 개체들은 형이상학적으로 동일할 수가 없다. 오히려 이 발전에는 그 형태에서와 마찬가지로 그 종에 특징적인 활동공간이 주어져 있다. 이 발전은 외부의 영향을 벗어나 있지는 않지만, 우선 내적, 즉 독자적인 종에 의해서 정해진다. 그래서 <마지막> 즉 죽음은 외부의 조건들이 아무리 좋다고 하더라도, 본성적으로 주어져 있는 가능성들이 다 소모된 뒤에, 내부에서 생기는 결과다. 다만 나쁜 외부의 조건들은 죽음을 앞당길 뿐이다. 이런 점에서 인간의 정신적인 생명과, 생명의 무기적(無機的)인 것이 다른 것이다. 정신적인 생명은 그 자체에서는 정점이 없고, 계속해서 상승할 수가 있다. 다만 정신적인 생명은 육신적인 바탕(기초)에 의존하고 있기 때문에 다소간에 육신적인 삶에 관여할 뿐이다. 이와 반대로 무기물에는 내면으로부터의 성장이라는 뜻의 발전은 조금도 없으며, 따라서 정점에 이르지도 못한다.

3. 자발성

유기적인 생명의 특징이 되는 것들 중의 또 한 가지는 자발성(自發性)이다. 이 자발성이란 유기적인 생명에게 정신적인 생명과 비슷한 어떤 것을 부여한다. 즉 유기물들 안팎에서 생기는 일은 무기적인 것에 있어서와 같은 정도로, 외부의 영향에 의해 정해지는 것이 아니다. 그러나 무기적인 것에서 생기는 일은 처음의 상태와 외부의 영향을 보고, 하나하나의 개별적인 것을 일률적으로 짐작할 수 있게 해 준다. 오히려 유기체는 활동의 중심이다. 즉 외부의 환경에 적응하고, 단순히 수동적으로 정해지게 되는 대신에, 이 환경에 능동적으로 적응한다. 내면적인 중심으로부터 생명을 가장 깊이 특징지어 주고 있는 이 자발성에 바탕해서 유기적인 것은 물질의 법칙들에 대해서도 독자적인 관계를 갖는다. 즉 유기적인 것도 이 물질의 법칙에 예속되어 있다. 왜냐하면 물질은 유기적인 것의 본질적인 구성요소이기 때문이다. 그러나 생명을 통해 살아 있는 물질에게는 무기적인 것 안에 있지 않을 가능성들이 열려져 있다. 위로 성장하는 것, 더 나아가 모든 자발적인 움직임은 물리적인 세계의 가능성들을 넘어선다. 그러나 이렇게 함으로써 물리적인 세계의 법칙이 충족되는 것이다.

세계에 적응하는 것이 생명을 역동적이고 불확실한 과정으로 만들어 버린다. 생명은 절대로 완성되지 않으며, 한결같으며, 자기가 살고 있는 조건들과 자기가 내맡겨져 있는 위험들의 한복판에서, 동시에 계속해서 스스로와 싸워나가지 않으면 안 된다. 왜냐하면 생명은 물질들을 필요로 하며 스스로 물질에 얽매여 있기 때문에, 이 물질을 넘어설 수도 있고 위협할 수도 있어야 하기 때문이다. 물론 생명은 그 전체로서, 손상 입은 것을 보상하고 내면으로부터 조정하는 그런 한 걸음 더 나아간 능력도 가지고 있다.

4. 서로 반대되는 구조

여태까지 말해온 생명의 성질들에는 서로 반대되는 구조가 있다. 생명은 모든 종의 특징인 보다 높은 한계와 보다 낮은 한계 사이에서만 성장할 수 있다. 너무 덥거나 차거나, 영양이 너무 많거나 적거나,

기압이 너무 강하거나 약하거나 등에 따라 해를 입기도 하며, 심지어는 죽기까지 한다. 이 두 가지의 한계들은 개별적인 생물이나 종에 있어서 지켜져야 할 서로 반대되는 가능성들의 마지막 끝이다. 그래서 이 한계들은 특별한 의미를 가지고 있다. 마주치게 되는 모든 것들은 이 한계에 관계되어 있고, 큰 것-작은 것, 밝은 것-어두운 것, 무거운 것-가벼운 것, 높은 것-깊은 것 등과 같은 서로 반대되는 감각적인 질들도 잘 분간해서 받아들이고 있다. 또 색깔들, 방향들, 느낌들도 서로 반대되게 질서지워져 있다. 감각적인 인식과 육신의 상태 등의 영향을 받아, 생물의 존재단계들에 관한 인간의 파악도 서로 반대로 될 수 있다. 즉 질료적인 것과 정신적인 것은 존재할 가능성의 두 한계들 사이에 끼여 있지 않음에도 불구하고, 서로 반대되는 것으로 생각된다. 그래서 능동적-수동적, 내면적인 것-외부적인 것 등과 같은 유기적인 것에서의 진정한 반대들을 질료적인 것의 단계에 대해서와 마찬가지로 인격적인 것과 정신적인 것의 단계에 적용하게 되면, 가짜로 반대되는 것들이 생겨나게 된다. 이 가짜 반대들의 특징은, 이것들에 있어서는 진짜로 반대되는 것들과는 달리 최종적인 끝이 절대로 생기지 않고, 단순히 관념적인 극(極)만 생긴다는 것이다.

5. 번식

마지막으로 생명에 속하는 것은 재생산을 하는 능력이다. 성이 서로 다른 두 개체들이 결합함으로써 하나의 새로운 동일한 유(類)가 생겨난다. 이것은 앞에서 말한 리듬과, 같은 형태를 갖고 계속해서 살아간다. 물론 이렇게 해서 유기적인 생명이 개인적인 불사성에 이르게 되는 것은 아니지만, 종이 무한히 살아남게는 될 수 있다.

6. 생명의 원리

단순한 질료에 반대되는 생명을 특징짓는 이러한 여러 성질들에서, 물질만으로는 생명을 해명하기에 충분치 못하다는 사실이 밝혀진다. 전체와 이 전체에 이바지하고 있는 유기적인 활동도 또 자발성도 무기적인 존재의 결과와 작용일 수는 없다. 그래서 본질적인 구성요소로서의 물질에는 한 층 더 나아간 원리, 즉 생명의 원리(principium vitale)가 덧붙여져야만 한다. 유기적인 생명이 정신과 물질 사이에 있는 것처럼 이 원리도 정신에게는 밑에 있고 무기적인 것은 능가해 있는 그런 존재의 높이를 차지하고 있어야 한다. 동물과 식물들은 언제나 통일체로서 활동하고 있기 때문에, 실체적인 통일체의 종류에 따라 인간의 영혼과 육신 사이에 내면적으로 실체적인 통일체가 생긴다고 하는 사실은 물질과 내면적인 결합을 하고 있다는 것을 밝혀 준다.

하지만 동물의 생명은 스스로 드러난다. 그리고 식물의 생명은 한 층 더 분명하게 드러난다. 하지만 식물의 생명은 감각적인 것과 심리적인 것의 단계를 넘어서는 그런 어떤 현상들을 드러내는 일이 절대로 없다. 특히 <인격의 자기 존재>(인격이 스스로 있음)는 없다. 이 인격의 자기 존재란 인간에게 있어서와 같이 육신에 대해 독립해서 드러나는 것이다. 또 아래에서 밝혀질 바와 같이 세계에 대한 내면적인 거리도 없다. 이렇게 보자면 생명의 원리는 질료에게 생명을 부여하는 데서 완전히 드러난다. 이렇게 해서 이 생명의 원리는 존재 안에서 오로지 이런(생명을 부여하는) 과제를 맡도록 되어 있고, 이런 과제를 통해 질료와 결합되어 있다. 질료가 없으면 생명의 원리가 아무것도 할 수 없고, 또 존재할 수조차도 없다. 생명의 원리는 스스로 소유하고 있고 책임지는 <자기 자신>을 가지고 있지 않으며, 따라서 인격적인 불사성을 요청하지도 않는다. 그래서 동물과 식물 안에 있는 생명의 원리는 동물이나 식물과 더불어 사라진다. 동물과 식물 안에 있는 서로 다른 생명의 높이에 알 맞춰 생명의 원리도 그 존재의 높이가 서로 다르다.

7. 유기체와 기계

사람들은 자주 생명을 순수하게 기계적으로, 즉 물질을 넘어서는 원리의 도움을 받지 않고 설명하려고 애써 왔다. 이때 모범으로 되어 온 것은 기계라고 불리는 인간에 의해 만들어진 기계적인 구조들이다. 그러나 이렇게 할 때 사람들은 두 가지의 것을 보지 못하고 있다. 첫째로 사람들은 말없이 언제나 살아 있는 것들 안에 있는 구조들을 이미 전제하고, 이 구조들이 생명의 원리가 없이도 그들의 기능을 다할 수 있다는 사실을 의기양양하게 제시한다. 구조들은 당연히 그 기능을 다할 수 있다는 것이다. 왜냐하면 구조들은 그렇게 하도록 형성되어 있기 때문이라는 것이다. 그러나 이러한 특수한 구조들이 형성되었다는 사실, 이 사실은 바로 앞으로 설명될 것을 보다 더 높은 원리를 인정하지 않고는 절대로 설명할 수 없다. 두 번째로 사람들이 생물의 구조들과 비교하는 구조들도 물질에 의해 형성되는 것이 아니라, 정신적인 깊은 생각에 바탕해서 인간에 의해 형성된다는 사실을 잘 생각해 봐야 한다. 그래서 대개의 기계론적인 구조도 이미 단순한 물질의 가능성을 이미 능가하고 있다. 기계는 이미 언제나 인간의 활동을 내포하고 있다. 몇몇 관점에서 보자면 기계가 유기적인 생명과 비슷하다는 것은 놀랄 일이 아니다. 하지만 그 차이도 뚜렷하다. 유기체들에 있어서는 원리가 내재적이며, 내면적인 구조의 한 구성요소다. 그래서 이 구조는 움직일 수 있고 적응력이 있으며 바로 살아 있는 것이다. 기계를 만들어내는 인간의 정신은 절대로 구성요소로서 기계에 들어가지를 않는다. 그래서 기계는 생명의 탄력성이 없는 딱딱한 무기물로 남아 있다. 만약에 사람들이 기계와 비슷한 유기적인 구조들을 그 물리적인 <짜 맞춤>으로 설명한다면, 특히 죽은 신체의 구조들을 그렇게 설명한다면, 생명 자체에 관해 아직도 많은 것을 설명해야만 할 것이다.

8. 생명의 첫 번째 발생, 진화론

생명 자체가 물질에서만 설명될 수 없는 것처럼, 생명의 발생도 물질의 힘들에서 생겨났다고 결론 내릴 수 없다. 왜냐하면 만약에 그렇다면 생명이 물질만으로도 존재할 수 있겠기 때문이다. 즉 일종의 진화가 자연적으로 증명될 수 있다면, 한 가지의 보다 높은 힘이 끼어들었거나, 더 잘 말하자면 그 힘이 계속해서 함께 작용하고 있다고 가정될 수밖에 없다. 이런 일이 생긴다면, 그밖에 발전(진화)의 문제는 자연사(自然史)가 할 일이고, 이 문제가 실제로 있다는 것은 자연사를 수단으로 해서 결정되어야 한다. 분명한 것은 정신은 물질과 매우 달라서 식물과 동물의 생명보다 적게(최소한으로) 물질에서 이끌어내질 수 있다는 사실이다. 또 생물적인 생명과 정신적인 생명 사이에는 다리를 놓지 못할 거리가 가로놓여 있다. 또 여기서는 계속적인 발전을 통해 동물성을 벗어날 수 있다는 것도 생각될 수 있다. 이런 이론은 자연과학적인 방법에 대한 인식이 부족한 데서 생긴 것이라 설명될 수 있다. 이런 이론은 도처에 성립되어 있는 비슷한 것들에서 오직 동일하다고 하는 동기만 고려하고 있다. 이렇게 해서 사람들은 차이와 비약을 보지 못하고, 비슷한 것들을 계속적으로 변화시키려는 경향을 지니고 있다.

또 주목해야 할 것은 적응만이 발전을 설명하는 것이 아니라는 사실이다. 여러 가지 본능들은 하나의 생물이 적응을 통해 비로소 형성되기를 바랄 수 있는 그런 것으로서, 생명에 꼭 필요한 것이다. 그 생물은 이렇게 형성되기 이전에는, 이미 아득한 옛날에 멸망해 버리고 말았을는지도 모를 일이다. 생명을 하나의 다른 별에서 생겨났다고 하는 것은 생명의 근원에 관한 물음을 해결해 주는 것이 아니다. 이런 것은 문제를 뒤로 미뤄놓는 것에 지나지 않는다. 자연과학적으로는 이 문제에 대해 오직 하나의 차선(次善)의 대답이 주어질 수 있을 뿐이다. 마지막의 대답은 형이상학이 존재에 관한 물음을 제기하는 한, 형이상학에서 주어져야만 한다.

B. 감성적 또는 활력 있는 생명

1. 심리적인 것

인간은 자기 자신의 육신적인 생명을 통해 생명체의 단계를 경험적으로 알게 된다. 그래서 인간은 생명도 어느 정도까지는 이해할 수 있다. 더 나아가 인간은 생명을 동물에게서도 관찰한다. 그러나 심리적인 생명은 인간과 동물에 있어서 같은 것이 아니다. 인간 안에서는 정신영혼이 동시에 육신을 살리는 원리이기도 하기 때문에, 인간에게서는 심리적인 것이 정신적인 것에 의해 꿰뚫려 있고, 동물에게는 없는 여러 가지 성질들과 능력들을 가지고 있다. 다른 편으로는 생명의 원리로서의 정신은 <의식 밑에 있는 것>과 무의식적인 것에게까지 이르고, 거기에서 정신이 알지 못했고 따라서 정신을 강제적으로 억압하고 있던 그런 영향들도 알게 된다. 인간이 자유로이 극복해내지 못한 과제들이 해결되지 못한 갈등으로서 <의식 밑에 있는 것>에로 밀려들어가고, 거기에서 의식적인 생명을 혼란시키고 방해한다. 동물을 관찰하는 것은 자기 자신만을 위해 심리적인 것을 해낼 수 있는 것은 누구인가 하는 것을 알려 주는 장점을 가지고 있다. 또 우리는 인간의 생명에서 절대로 떨어져서 생기지 않는 정신적인 것과 심리적인 것의 그때그때의 기여도를 보다 잘 분간할 수 있다.

2. 의지

활력 있는 생명은 유기체 전체가 최고도로 드러나는 의식에 의해 구별된다. 인간에게 있어서는 이 의식이 직접적으로 주어져 있다. 동물도 의식이 있다는 사실은 그 표정들, 운동들, 활동들 등을 보고 알 수 있다. 이런 동작들은 의식이 있다는 것을 인정하지 않고서는 설명될 수 없다. 동물들은 또 인간과 같거나 비슷한 외부의 감각기관들을 가지고 있다. 이 감각기관들은 위에서 말한 것들과 함께 확실하게 동일한 기능을 하도록 정해져 있다.

감각적인 인식은 인식, 노력 및 느낌 등을 내포하고 있다. 더 나아가 소리와 움직임 등에서 내면의 상태를 나타내기도 한다. 이 서로 다른 기능들은 의식, 즉 동시에 일어나는 서로 다른 것을 총괄하는 건전한 상식(sennsus communis, 보편적인 감각)의 통일에서와 시간을 통해 의식의 통일을 형성하는 기억 속에서 통일을 이루게 된다. 이 의식과 기억은 동물의 생명에서도 외부적인 증표들이 드러나고, 이 증표들에서 확실히 이 두 가지가 생겨나며, 전체로서 그 존재에 알맞게 된다.

3. 표현

더 나아가 이런 생명은 내적인 것이 하나의 외적인 것에서 표현되는 것이 그 특징이다. 동물도 쾌감과 고통에 대한 감각, 인간과 비슷한 요구와 공포를 드러낸다. 하지만 이런 경우 전달해 주는 것과 표현은 구별되어야 한다. 전달해 주는 것은 단순한 표현을 넘어서서 객관적인 인식을 매개해 준다. 물론 이때 올바른 것은 전달해 주는 것이, 그것이 소리이건, 표현의 선택이건, 또 대상을 선택하는 것이건 간에, 전달을 해주는 자의 마음속 전체를 표현하는 것이기도 한 그런 어떤 측면을 가지고 있다는 사실이다. 이와 같은 일은 인간의 문화적인 작품에도 타당한다.

4. 감각적인 활동과 본능

외부의 생활조건들에 대한 적응은 대부분의 경우 생명력의 단계에서 이뤄진다. 몇몇 기관들은 이 조건들에 관한 방향을 잡아주는 데 이바지한다. 그래서 동물도 하나의 환경을 가지고 있다. 그리고 이런 인식에 바탕해서 반작용(반응)이 생긴다. 이 반작용은 대부분의 동물들의 경우, 자유로운 장소이동에서도 자발적으로 일어난다. 동시에 동물들은 자기의 내면적인 상태에 따른 느낌도 알고 있다. 그러나 동물의 생명에서 드러나는 이 모든 것들은 일종의 커다란 내면적인 자발성에 의해 알려짐에도 불구하고, 이것들은 다시 인간과는 반대로 종에 얽매어 있는 일이 가끔 있고, 경험에 의존하고 있질 않다. 하나하나의 동물은 모두 일정한 양의 소질들을 생명 안에 가지고 있다. 이 소질들은 거의 완전히 정해져 있고, 따라서 알맞은 첫째 번의 자극(충동)에 대해 놀라울 정도로 완전하게 행동한다. 그래서 더 나아간 훈련과 변화를 위한 활동공간이 거의 없다. 이런 것이 일정한 동물적인 활동의 고도의 예술적인 완성과 완전성에 대해 뚜렷하게 반대되는 것이다. 그래서 동물의 의식생활은 인간에게 있어서처럼, 이성 즉 정신에 의해 인도되는 것이 아니라, 이런 종에 얽매여 있는 소질, 즉 본능에 의해 인도되는 것이다.

5. 정신(성)이 없다

이런 일은 다음과 같은 사실을 보아도 분명하게 밝혀진다. 즉 인간에게 있어서는 정신이 육신의 생명과 결합하고 있는 것이 자연적인 결과로서, 보편적인 개념들, 즉 언어, 문화활동 및 역사를 바탕으로 한 진보 등등을 형성한다. <자기의식>(自意識)이 인간을 완전히 자연에 얽매여 있는 것에서 풀어준다. 그러나 이런 모든 것들은 동물의 영역에는 있지를 않다. 동물은 문화와 언어를 가지고 있지를 않다. 동물이 소리를 지를 때에는 그것이 대상들을 전달해 주는 것이 아니라, 인간이 아픔이나 기쁨 때문에 소리 지르는 것처럼, 흥분상태가 폭발한 것이다. 그밖에도 소리들은 종(種)을 통해 가장 좁은 한계 안에 한정되어 있다. 이 소리가 다른 개체들에게 흥분을 전염시켜 생기는 흥분을 통해서만, 이 소리들은 행동을 하게 할 수 있고, 겉보기로는 (의사를) 전달해 주는 것처럼 보일 뿐이다.

또 동물은 인간처럼 내적인 거리, 즉 내적인 자유를 가지고 자기의 환경(주위)에 마주 설 수 없다. 만약에 그렇다면 동물도 문화창조를 할 수 있을 터이다. 동물에게는 <자기의식>이 없고 그냥 <의식>만 있을 뿐이다. 그래서 세계는 없고 환경만 있을 뿐이다. 동물에게는 정신적인 활동, 보편개념, 비물질적인 가치를 얻어내려는 노력 등이 없다. 인식, 관념 및 노력 등은 개별적인 물질적인 사물들에게만 한정되어 있다. 그래서 동물에서는 생명을 나타내는(표현하는) 근거로서의 정신적인 원리가 인정될 수 없다. 동물은 인격이 아니다. 동물에게는 정신적인 존재의 세계와 정신적인 가치들의 세계가 닫혀져 있다. 그래서 동물은 절대로 단순한 수단으로 될 수 없는 그런 궁극적인 중심이 아니다. 동물은 언제나 인간에 의해 실제로 수단으로서 이용당하고 있다.

6. 동물의 생명원리

다른 편으로 생명이 밖으로 드러날 때 본질적으로 순전한 물질을 넘어서고 있어서, 이 물질만을 바탕으로 해서 생명을 설명할 수 없다는 사실은 바로 동물, 특히 고등동물들에서 밝혀진다. 단순한 물질은 무엇보다도 의식과 감각적인 활동의 전제가 되는 그런 <전체>를 이룩할 수가 없다. 그래서 이미 말한 바와 같이, 물질 이외에 또 하나의 원리가 인정되어야만 한다. 이 원리는 한편으로는 인간의 영혼 즉 정신의 존재적인 높이에는 이르지 못하나, 다른 편으로는 다시 적당히 물질을 능가하고 있다. 그러나 우리들은 우리 자신의 영혼에 관해서와는 달리 이 원리에 관해서는 내적인 경험을 할 수 없고 또 다른 편으로는 외적인 물질처럼 밖으로부터 직접 접근해 갈 수도 없다. 그렇기 때문에 원리의 본성에 관한 더 자세한 것은 인간의 영혼과 비슷하게 이 원리가 드러나는 것을 알아보는 그런 방법으로만 규정될 수 있다.

C. 식물의 생명

식물의 생명의 단계는 우리 인간에게는 동물의 생명의 단계보다 훨씬 더 멀리 떨어져 있다. 우리 안에는 식물의 생명에 직접적으로 일치되는 것이 아무 것도 없다. 왜냐하면 육신의 생명 전체는 활력적이기 때문이다. 육신의 생명과정들 하나하나는 식물의 생명과 비슷한 점이, 예컨대 혈액순환, 성장 등이 있는 것처럼 보인다. 그러나 이런 것들은 전적으로나 거의 전적으로 무의식적으로 이뤄지고, 따라서 우리들에게는 오직 외부적으로만 알려진다는 단점을 지니고 있다.

1. 식물의 특징

여하튼 식물도 생명의 본질적인 특징을 지니고 있다. 즉 그것에서 독자적인 형태, 독자적인 리듬, 불확실한 적응, 전체에 이바지하는 기관 등등이 생겨나는 내적으로 정해져 있는 전체다. 그러나 이 모든 것들은 새롭고 동시에 느슨한 방법으로 존재하고 있다. 이 내적인 전체는 동물에게 있어서보다 강하게 외부의 영향을 받는다. 즉 덜 자립적이다. 자발적인 움직임들은 없는 것과 같다. 적응이란 질료의 관계들과 일치하지 않을 때에는, 질료의 수동적인 관계와 더 비슷하다. 이런 관점에서 보자면 그 구조들이 인식과 노력과 기억을 나타내 주고, 동물의 자발성을 가능케 해주는 그런 기관들이 없다. 그래서 식물은 유리한 생활조건을 찾아낼 수 있는 동물보다 더 환경의 유리함과 불리함에 내맡겨져 있다. 다른 편으로는 한 번 이뤄진 적응은 보다 안정적이다.

2. 식물의 생명원리

식물의 전체와 형상을 이뤄나가는 힘은 다시 이것들을 설명하는 하나의 원리를 요청한다. 왜냐하면 물질은 그런 것을 할 수 없기 때문이다. 그런데 분명한 것은 이 원리, 즉 식물적인 생명의 원리가 동물의 생명원리보다 한 층 더 깊은 곳에 있다는 사실이다. 이 식물적인 생명원리는 인식이나 노력도 할 수 없고 의식도 할 수 없다. 그러나 이 원리는 전체와 통일체가 생겨나게 한다. 그러나 이 전체와 통일체는 매우 약하다. 잘 알려져 있는 바와 같이 식물의 한 부분은 하나의 완전한 개체로 성장할 수 있다. —보다 하등동물에게 있어서도 경우는 마찬가지다. 그래서 이 원리는 나눠질 수 있고, 비물질적이지만 나눠질 수 있는 것이라는 개념은 우리에겐 이해하기가 힘들다. 식물 원리의 본질은 동물 원리의 본질보다 훨씬 분명하지가 않다. 우리들에 대한 거리도 너무 멀고, 밖으로부터 즉 원리를 말로써 비슷하게(유비적으로) 해명하는 데에는 우리들의 육신적인 생명의 경험이 거의 도움이 되지 않는다.

애초부터 분명한 것은 여기서 일종의 순수한 기계적인 설명이 성과를 거둘 전망이 있다는 사실이다. 식물에는 의식이 없다. 그 구조들은 동물에게 있어서보다 더 안정되어 있다. 그럼에도 불구하고 여기서는 실험이 성공을 거둘 수 없다. 왜냐하면 그래도 (식물에게는) 기계에게 없는 몇몇 자발성, 예컨대 주위(환경)에 대한 적응, 둔하지만 영양을 찾는 것, 손상 받은 부분을 보상하는 것, 번식 등등이 있기 때문이다. 이런 모든 것들은 기계에는 절대로 이런 방법으로 이뤄지지 않는다.

D. 생명의 철학6)

1. 생명으로서의 현실

철학의 한 가지 방향, 즉 <생명의 철학>은 생명을 존재영역의 근본적인 근원으로 삼으며, 모든 것을 생명이라는 범주에 따라 파악하려고 한다. 왜냐하면 생명은 우리들에게 가까이 있고 잘 알려져 있기 때문이다. 이 말은 모든 것이 객관적이고 밖으로부터 인식되고 설명되는 대신에, 생명의 여러 상태들이 체험되는 것처럼, 내면으로부터 이해되어야만 한다는 뜻이다. 그렇게 하면 모든 객관적인 영역들이 일종의 생명을 표현하는 것으로서, 또 생명의 내적인 상태들을 반영하는 것으로서 당연히 파악된다는 것이다. 즉 얼굴이 인간의 내면을 드러내 보여주는 것처럼, 사물들은 보편적인 생명의 내적인 분위기를 드러내 보여준다. 또 이런 일은 생명이 하나의 커다란 통일체라고, 즉 인간 안에

역주 6) 원어는 Lebensohilosophie로서 "生 의 철학","삶의 철학"등으로 번역되고 있으나, 여기서는 생명을 다루고 있어 "생명의 철학"으로 번역해 보았다.

서 깨달아지는 일종의 지나가는 흐름이라고 보여질 때에만 가능해진다. 인식은 그 객관적인 성격을 잃어버린다. 인식은 한 시대의 주관적인 존재나 개인을 반영하는 것으로 된다. 이렇게 되면 모든 종류의 형이상학이 불가능하게 된다.

식물의 세계에서는 물론 개체(성)가 동물계나 인간에게 있어서처럼 뚜렷하게 드러나지를 않는다. 어디까지가 한 개체들인가 하는 것을 정하지 못하는 경우마저 가끔 있다. 또 식물을 부분으로 나눌 수 있다는 것도 이런 사실을 증거하고 있다. 그래서 옛날부터 생명이 하나의 커다란 동일한 흐름이라고 하는 견해는 그 보기와 증거를 식물계에서 찾아내곤 했다. 하지만 이런 가정(假定) 자체가 식물들에게 완전히 들어맞는 것은 아니다. 이 식물계에서도 종과 개체들이 서로 너무나 다르고 뚜렷하기 때문에 구분되어 있다. 그래서 다른 생명의 영역에서보다 훨씬 더 강한 유사성이 문제될 뿐이다. 다른 편으로는 의식이 없는 생명은 잘 알려져 있지 않고 수수께끼이기 때문에, 식물들에서 사람들이 미리 찾아내려고 하는 것을 생각해보기도 쉽다. 즉 통제를 하거나 증명을 해내는 일은 불가능한 것이다. 그래서 우리는 이 식물의 영역에서는 이미 시(詩)의 영역에 들어와 있는 것이다.

2. 생명이라는 말은 의미가 다양하다.

그밖에도 이런 시도(실험)에는 본질적인 것이 두 가지 결여되어 있다. 첫째로 생명은 여러 가지 뜻을 지니고 있는 개념이다. 생명의 철학에서는 사람들이 어떤 종류의 생명을 생각하고 있는지가 밝혀져 있질 않다. 사람들은 필요에 따라 정신적인 생명에서 식물적인 생명에로까지 나아간다. 또 사람들은 인간의 역동적인 생명에는 이미 정신적인 것이 깃들어 있다는 사실을 잘 잊어버린다. 그렇기 때문에 정신적인 것이 본질적으로 단순한 주관적인 <자기-스스로를-표현하는 것>을 거쳐 <객관적으로 전달해 주는 것>에 이르게 되는 것과, 다른 편으로는 동물계에서와 같이 <밖으로 드러내는 것>(표명)이 단순한 표현에 머물러 있을 때에는 객관화, 즉 문화적인 것들을 이룩해낼 수 없다는 것 등을 보지 못하고 있다. 자기 존재와 결단이 이뤄지지 않는 단순한 활력적인 것(살아 있는 것)들에서는 존재에 관한 객관적인 인식이 요청되지 않는다. 여기서도 순수한 감각적인 인식이 생활하는 데 유용한 것이나 해로운 것을 상징하고, 이런 한계를 벗어나지 못할 때에는, 이 순수한 감각적인 인식이 그 본질적인 뜻에 이르게 된다. 그러나 이런 생명은 그렇기 때문에 잠자코 있는(말이 없는) 생명이요, 자기 자신에 대한 설명을 할 수가 없다. 왜냐하면 이런 생명은 자기의식을 통해 자기 자신과 내적인 거리를 가질 수 없기 때문이다. 만약에 생명의 철학이 옳은 것이라면, 이 철학은 절대로 생겨날 수 없었을 것이다. 왜냐하면 인격이 없었기 때문이다.

더 나아가 생명의 철학은 우리들이 모든 존재 단계들에 대해 동일한 인식을 할 수 없다는 사실을 보지 못하고 있다. 우리는 모든 것을 다 이해할 수 없으며, 생물도 이해할 수 없고, 무기물에 관해서는 한층 더 이해할 수 없다. 사람들이 이런 것을 이해하려고 애쓸 때에는, 지나치게 성급하게 자기 자신의 상태들을 다른 단계에다 투영해 버린다. <밖으로 나타난 것>이 <전달해 주는 것>과 같은 한 가지 뜻으로만 이해될 수 있을 때에는 이런 투영이 보다 더 쉽게 생긴다. 물론 보통 한 순간만 지속되는 강한 감정적인 체험들은 더 잘 증명될 수 있을 것 같기도 하다. 사람들은 살아서 움직이는 모든 것을 하나라고 느낀다. 사람들은 자연에서도 두루 작용하거나 없어지거나 하는 힘들이 자기 안을 꿰뚫고 있고, 자기도 그 힘을 지니고 있다고(또는 꿰뚫려 있고 뒤엉켜 있다고) 느끼고 있다. 사람들은 이럴 때 중요한 것은 비슷함, 즉 유비이고, 통일(일치)이 아니라는 것을 보지 못하고 있다. 우리들의 자기존재가 특히 금지하고 있는 것은 하나의 다른 존재자의 존재에 함께 녹아드는 것이다. 우리들이 동물과 식물을 내면으로부터 이해하고, 이것들과 더불어 살아간다고 믿을 때 동물과 식물이 하나가 된다는 체험은 자세히 살펴보면 자기 자신의 강력한 감각적인 상태들을 거듭해서 환경에 투영하고 있다는 것이다. 인간의 지난날의 경험들에서 생겨나지 않은 새로운 요소는 이런 체험들에서는 절대로 드러나지 않는다.

단순화하려는 인간의 강박관념은 언제나 거듭해서 서로 다른 종류의 존재들을 어디에서나 동일한 힘 또는 본질이 서로 뒤바뀌면서 밖으로 드러난 측면이라고 설명하도록 잘못 인도하고 있다. 그러나 이런 강박관념은 인간의 파악능력과 인간의 능력에 한계가 있다는 데 바탕하고 있으며, 그래서 형이상학적인 뜻을 지니고 있지 않다. 더 나아가 실천적으로는 생명과 문화적인 것의 범주들은 아무런 비판도 없이 모든 존재단계에로 확대되어야만 한다. 존재단계의 본질적인 차이는 이런 단순화에 반대하고 있다. 그래서 <주어져 있는 것>(所與) 전체는 인간의 정신생활에서만(관념론), 또 생명(생명의 철학)이나 물질(유물론)에서만 설명되거나 이끌어내지는 것은 아니다.

제5장 무기물의 단계

1. 질료는 잘 알려져 있는 것 같기도 하다.

우리들에겐 물질계보다 더 잘 알려져 있는 것이 없는 것 같다. 우리는 이 물질계 안에서 움직이고 있다. 그리고 이 물질계는 우리들의 인식과 행위의 일상적인 대상이다. 우리는 이 물질계를 제일 먼저 잘 알고 있다. 우리는 이 물질계와 더불어 우리들이 원하는 것을 가장 잘 시작할 수 있다. 이와 반대로 생물들은 우리들에게 언제나 일종의 비밀로 남아 있고, 인간의 행위를 헤아리는 데는 계속해서 불확실성의 계기가 끼어든다. 유익한 교제를 하기 위해서는 물질을 먼저 생각하는 일은 어쩔 수 없는 일이다. 우리들이 물질을 위해 얻어낼 수 있는 인식은 확실성과 정확성이 그 특징이다. 그래서 많은 사람들에게는 자연과학들이 완전한 인식의 본보기요 이상으로 된다. 칸트는 자연과학의 방법에 따라 형이상학을 해 나가고, 그렇게 함으로써 형이상학이 정확성과 진보라는 자연과학들의 커다란 두 가지 특징을 갖게 하려고 했었다. 그는 또 이렇게 할 때, 즉 형이상학이 치료를 받는 동안에 죽어 버린다는 사실에 대해서 주의를 환기하기도 했다. 우리는 물질에 관한 자연과학적인 인식이 자연과학의 본질에 관한 철학적인 인식을 우리들에게 보장해 줄 수 있느냐 없느냐 하는 물음을 제기하지 않을 수는 없는가?

2. 질료적인 것에 관한 단순한 유비적인 인식

헌데 우리들이 물질에 관해 알고 있는 한 가지는 적어도 이 물질이 실제로 존재하고 있다는 것이다. 물질은 우리들의 앞을 내다보는 인식의 공동적인 대상이다. 그런데 이 대상은 말을 하는 사람의 의식 안에 들어 있을 수 없는 그런 대상이다. 이런 대상은 이미 우리들로 하여금 칸트의 <사물 자체(Ding an sich)>를 넘어서게 해준다. 우리들은 칸트의 <사물 자체>에 관해 어떤 객관적인 것을 알고 있다. 그러나 우리가 이 사물 자체를 넘어서게 되면, 우리들이 질료에 대해 사용하고 있는 모든 개념들이 그 근원과 본래적인 뜻을 생물적인 것에 두고 있다는 사실을 알 수 있다. 그래서 우리는 힘과 에너지를 육신의 힘과 노동능력이라는 것과, 질량과 타성을 우리들의 노력들에 저항하는 것이라는 것을 알게 된다. <스스로에게 대립하는 것>으로서의 본래적인 뜻의 저항은 살아 있는 것(생물)에서만 생긴다. 접촉은 저항과 <앞으로 더 나아갈 수 없다는 것에> 관한 생생한 경험으로서의 바로 이 생명체들에 뿌리박고 있다. 원자들도 실제로는 서로 거리를 두고 있다. 이 거리는 그 크기의 질서에 따라, 매우 중요한 것이다. 원자들의 표면이 합쳐지는 일은 절대로 없다. 우리들이 질료에 붙어 있다고 하는 여러 성질들이 서로 대립하고 있다는 것도 생물적인 근원을 증명해 주고 있다. 이 여러 성질들이란 따스함-참, 밝음-어두움, 무거움-가벼움, 큼-작음, 빠름-느림 등등을 이름이다. 그래서 질료는 감각적인 여러 가지 질(質)들에 있어서는 순수하게 그 스스로 있을 때만큼 잘 인식되지 못하고, 이 질료가 우리들의 생물학적인 조직 덕택으로 우리들에게 드러날 때 잘 인식되게 된다. 객관적인 것이 우리들에게 알려져 있지 않은 정도로 주관적인 것과 뒤섞여 있다.

3. 병행현상은 생기지 않는다.

이제 병행현상(竝行現象)을 구별해내는 일상적인 수단을 동원해서 다른 곳에서와 마찬가지로 주관적인 계기를 가려내 없애 버리려고 할 법하다. 그러나 자연과학의 연구에서 생기게 될 여러 가지 이유들 때문에, 이런 병행현상은 질료의 객관적인 존재와, 그밖에는 질료의 연장(延長,,자리를 차지하는 것)과 크기의 관계 등에만 가능하다. 따라서 다른 모든 질료들에 있어서는 그 객관성의 정도가 불확실하다. 그리고 이 (성)질의 <자체존재>(Ansichsein,,그 스스로 있는 것)는 끊임없는 주관적인 계기에 의해서만 보여지게 된다. 즉 생명적으로 경험될 수 있는 것과 비교함으로써 알려지게 된다. 물리학은 대립되고 있는 양쪽 편들 중의 한 쪽 편을 억제한다. 물리학은 <찬 것>도 <작음>도 모르고, <가벼움>도 모르고 <느림>도 모른다. 그러나 이렇게 함으로써 다른 측면도 그 뜻을 변하게 한다. 그러나 우리들이 그 (성)질을 모르고 있는, 한 가지의 물질이 그 <자체존재> 안에서 보여질 수 있게 되는 것은 아니다. 이 물질은 우리들이 상상도 할 수 없는 그런 형태와 색깔 그리고 기타의 특수한 (성)질들을 가지고 있는 것이 아니다. 즉 우리들이 원자와 전자 등을 가장 작은 물체들이라고 생각하고 있음에도 불구하고, 이것들이 그런 것은 아니다. 왜냐하면 우리들이 생각하고 있는 물체는 형태와 색깔을 포함하고 있기 때문이다.

우리는 여태까지 말한 것을 다음과 같은 생각을 통해 밝혀낼 수 있다. 즉 질료에 관한 우리들의 인식은 다섯 가지의 감각을 통해서 이뤄진다. 이 감각들 중의 하나하나는 질료의 영향을 각기 독특한 방식으로 받아들이고 변형시킨다. 동물에게도 속하고, 인간에게서는 인격의 통일을 통해 보다 더 높여져 있는 의식에로의 통일(일치)은 이런 인식이 서로 아무런 연관 없이 그저 나란히 있지 못하도록 한다. 그러나 순수하게 정신적인 존재자는 질료를 서로 다른 감각의 특별한 (성)질들에 나눠 붙이지 않고, 전체로서 그리고 아무런 생명적인 변화도 시키지 않고 받아들일 것이다. 우리는 이런 한 가지의 정신에는 질료가 어떻게 나타나고, 즉 그 질료의 순수한 자기존재가 어떠한가 하는 것을 결코 그려낼 수가 없다. 다만 이런 것을 생각할 수는 있다. 그리고 많은 사실들이 달리 방향 잡혀진 생물들은 동일한 길이에 대해 우리와는 다른 색깔을 가지고 대답하거나, 인간에게 있어서와 같이 시각과 형태가 아니라, 후각(개)이나 청각(박쥐)이 신체가 지각을 하기 위한 바탕이라고 하는 것 등을 긍정해 주고 있다.

4. 독자적인 존재단계로서의 질료

질료에게는 종의 형태가 없고, 정해진 시간에 따라 상응하고 정점에 도달하고 내려(하강)가는 것 등과 같은 발전의 내면적인 법칙이 없다는 것을 가지고, 질료와 생물을 구별하려고 하는데, 이것은 부정적(否定的)인 방법이다. 외부의 영향들은 내면에 간직되지도 다듬어지지도 않고, 자신의 존재에 가장 좋은 상태에 이른 알맞은 순간에 소모되지도 않고, 그냥 질료를 거쳐 갈 뿐이다. 즉 의식과 더 나아가서는 자기존재에 관한 말을 할 수가 없다. 질료는 생명의 본질적인 성질들도, 또 정신의 본질적인 성질들도 가지고 있지 않다. 그래서 질료는 본질적인 성질의 존재방식을 가지고 있지 못하며, 우리들에게는 비유(유비)를 통해서만 알려질 수 있는 그런 독자적인 존재 방식을 가지고 있다. 관념론에 있어서는 질료에 관한 이러한 생소한 생각이 언제나 그 한계가 되었다. 하지만 관념론은 인간은 모든 것을 다 이해해야만 한다고 생각한다. 그래서 관념론은 언제나 질료를 원래부터의 정신적인 것이 그냥 드러난 것(현상)이라고, 또 스스로에게 마주치고 나타나는 주관이라고 파악하려고 애썼다. 그런데 이런 생각이 성과를 거두게 되는 것은 사람들이 물리학의 공식들의 내용을 질료의 전체적인 현실이라고 볼 때뿐이다. 이런 일이 허용되지 않는다는 사실은 자연과학의 한계들에 관한 연구가 아래에서 계속해서 밝혀 줄 것이다.

동물에서 볼 수 있는 바와 같은 순수한 감각적인 인식은 이미 말한 바와 같이 생물로 하여금 사물의 자기존재에 접근하게 하려는 목적을 가지고 있는 것이 아니다. 이 감각적인 인식은 오히려 생물학적인 가치, 즉 유용성이나 위험성, 친구나 적을 깨닫게 해주는 것이다. 동물들의 인식은 이상적-실용적인 인식이다. 그리고 이런 인식은 인격이 아닌 생물에게는 충분한 것이다. 또 이런 인식을 위해서는 아무런 구별도 없이 현실적인 모든 것에 주목할 필요도 없다. 그 종을 위해서 무관심한 것은 아무런 흔적도 없이 지워 버릴 수 있다. 그래서 우리는 우리들의 눈이 빛의 조그만 움직임에도 반응한다는 사실을 알고 있다. 다만 우리들의 정신적인 인식은 감각적인 인식을 넘어서기 때문에, 무관심한 것을 지워 버리는 것에 주목할 수도 있고, 간접적으로라도 질료의 이런 영역을 알기 위한 방법들을 발명해낼 수도 있다.

5. 물리학과 관념론

지금까지의 모든 설명들에 따르자면 질료와 이 질료에 알맞은 자연과학에서 출발하는 체계들이 쉽사리 관념론에 빠지게 된다는 사실은 놀라운 일이 아니다. 왜냐하면 물리학은 우리들에게, 우리들 자신이 질료를 가지고 기술적으로 도달할 수 있는 것에 관해서만 확실하게 가르쳐 주기 때문이다. 이와 반대로 질료의 <자체존재>는 대부분 우리들에게는 감춰져 있다. 르네상스 이후 이번 세기에 이르기까지 자연과학이 일방적인 우위를 차지해 온 것은 관념론이 부흥한 것과 우위를 차지한 것 및 데카르트에서 비롯된 인식문제에 관한 잘못된 위치 등을 잘 설명해 주고 있다. 또 자연과학이 우위를 차지한 것은 존재개념과 실체개념이 굳어지고 경직화된 것을 설명해 주며, 따라서 현대철학이 이 개념을 거부하게 된 것도 설명해 주고 있다. 하지만 우리가 물질에서 알고 있는 것은 이 물질의 궁극적이고 자립적인 구성요소들이 실체적이어야만 한다는 것뿐이다. 그러나 물리학은 양적인 관계들만 인식하고, 질료에게 고유한 실체성(Substantialität)에 관해서는 아무런 말도 할 수 없다. 우리들이 물질에 관해 가지고 있는 인식은 토막인식에 지나지 않기 때문에, 이런 일이 이뤄질 수 있는지 하는 것은 매우 의문스럽다. 여태까지 고대의 물리학과 철학에서도, 또 현대의 물리학과 철학에서도 모순이 없는 물질에 관한 이론은 없었다. 그 이유는 아무래도 이런 단편적인 성격과 다섯 가지의 종류가 서로 다른 감각들로 나눠 붙인 데 있는 것 같다. 물론 이런 것은 실천적으로 중요한 것이 아니다. 왜냐하면 우리들의 인식이 물질을 다루기에 충분하기 때문이다.

이와 반대로 문화적인 사물(문화재)들을 출발점으로 삼으면, 그 결과는 대개 상대주의로 된다. 상대주의는 모든 현실을 인간이 파악한 것을 반영한 것으로만, 즉 해석한 것으로만 본다(실존주의). 하지만 문화적인 사물들의 그때그때의 형식은 질료(소재) 그 자체가 아니라, 인간과 인간의 목표 및 인간의 정신적인 세계의 특징이며, 이 정신적인 세계와 더불어 변화한다. 하지만 사실에 관해 포괄적으로 헤아려 보는 것은 인간의 인격과 인격의 객관적인 존재인식에로 주의를 돌리게 될 것이다. 왜냐하면 문화적인 사물들은 형이상학적으로는 인격을 전제하고 있고, 이 인격과의 관련 속에서만 문화적인 사물들로서의 존재를 갖게 되기 때문이다.

제6장 문화적인 사물들(문화재)

1. 문화적인 사물들의 구조

연구가 진전되고 있음에도 불구하고, 만약에 우리들이 질료를 다른 것들보다 더 잘 안다는 그런 인상을 계속해서 가지고 있다면, 그 원인은 우리들이 일상적으로 질료 자체가 아니라, 우리들이 우리들의 목적을 위해 형성해냈거나 형성해나갈 질료, 즉 문화적인 사물들과 관계하고 있다는 데 있다. 달리 말하자면 그 이유는 일반적으로 말해지고 있는 바와 마찬가지로 객관화된 것들 또는 여러 도구들과 관계하고 있다는 데 있다. 이런 여러 도구들에 관한 보기로는 공작도구, 의복, 주거, 예술작품, 교통수단, 책 등등이 있다. 이 문화적인 사물들은 일종의 독자적인 이중구조를 드러낸다. 첫 번째 구조는 인간에 의해 틀에 박힌 형태(형식)이지만, 이 형태는 뒤에 와서야 질료의 현존재(지금 여기에 있는 것)로 나타난다. 두 번째 구조는 형태를 받아들이는 질료다. 이 형태가 어떤 것이 어느 종류의 문화에 속하는가 하는 것을 결정한다. 형태 자체는 사물이 우리의 생활 전체에 이바지하는 목적이나 의미에 따라, 즉 옷을 위해서냐, 거주하기 위해서냐, 정보를 전달하기 위해서냐 하는 것 등에 따라 제약되어 있다. 또 알맞은 질료를 선택하는 것을 결정하는 것도 목적 또는 의미다. 우리는 이 목적과 의미를 통해 문화적인 사물이 왜 이러하고 달리 형성되지 않았는가 하는 <이렇게 있음>(Sosein, 앞으로 있게 될 존재. 이 책 제2부 제1장 참조)을 이해하게 된다. 또 형태로부터 우리들에게 목적이 비춰 나온다. 형태와 목적은 문화적인 사물들의 본질을 이렇게 드러낸다. 예컨대 각각의 종류에 따라 칼, 집, 책으로 드러난다. 우리는 처음부터 이런 본질에서 필요한 성질들을 이끌어낼 수 있다. 이와 반대로 스스로의 특성들을 지니고 있는 질료는 이해하는 데 한계선을 긋는다. 이러한 질료는 우리들이 그것이 왜 그렇고 다르지 않는가 하는 것을 알지도 못한 채로, 있는 그대로 그렇게 있다. 이 질료는 이해할 수 없고 비지성적이지만, 인식할 수 없는 것은 아니다. 질료는 또 같은 종류의 문화적인 사물들이 개체들로서 서로 구별되는 바탕이기도 하다. 왜냐하면 같은 형태가 언제나 새로운 질료덩이에 찍혀 나오기 때문이다. 질료에 형태를 부여해 주는 것은 정신 안에 이미 이뤄져 있는 형태를 질료 안에 옮겨놓는 것이라고 해석되기도 한다. 형태를 부여해 주는 것은 실제로는 장소를 변화시키는 것일 뿐이요, 질료에서 일어나는 한계지움과 짜 맞춤이다. 이때 머릿속에 아른거리는 계획은 움직임들로 하여금 사태에 알맞는 결과를 가져오도록 조정한다. 이와 마찬가지로 형태 자체는 질료를 새로운 공간에 정돈하는 것이요, 질료에게는 순전히 외부적인 것이다. 글자들의 의미, 부호의 뜻, 예술작품의 아름다움 등은 자체로서는 그 존재를 질료 안에 가지고 있는 것이 아니라, 형태를 인식하고 이해하는 인간 안에 가지고 있는 것이다. 그래서 문화적인 사물 자체는 우리들에게 질료의 자체존재를 밝혀줄 수가 없다. 질료에 비해 형태는 외부적인 것이기 때문에, 사람들은 문화적인 사물의 구조를 질료 자체나, 더 나아가서는 존재 전체에게 전용(轉用)해서는 안 되며, 그렇게 전용함으로써 그 구조를 철학적으로 이해했다고 생각해서도 안 된다.

2. 역사주의

인간은 문화적인 사물이건 이 문화적인 사물의 자료이건 간에, 사물들을 사용하는 것에 중점을 두고 있다. 특히 역사가들에게 있어서는 문화적인 산물들은 문화적인 사물들로서만 뜻을 지니고 있다. 왜냐하면 이 문화적인 사물들 안에는 역사가들이 만들어냈거나, 봉사했던 사람들의 성격이 반영되고 있기 때문이다. 이런 사람들의 성격은 문화적인 사물들 안에서 대상화되어 있다. 그래서 딜타이(Dilthey)는 이 문화적인 사물들을 객관화된 것들(Objektivationen)이라고 일컫고 있다. 이렇게 하려는 목적도 없이 또 그런 것도 모르면서, 모든 문화와 모든 시대는 자기들의 작품들에다, 자기들도 뒤에 와서야 알게 되는 그런 독특한 형태를 부여하고 있다. 이런 문화와 시대들은 모두 동일한 양식을 가지고 있다. 그런데 이 양식은 공동체에 생명을 불어넣는 통일된 정신과, 앞으로 말하게 될 객관적인 정신에서 생겨 나온 것이다. 그래서 우리는 지나간 한 시대의 정신을 이 문화적인 사물들을 보고 다시 인식할 수 있는 것이다.

역사가들은 분명히 문화적인 사물로서의 이런 존재를 오직 인간에 관련시켜서만 보고, 인식은 우리들로 하여금 이런 관계만 알 수 있도록 해주고, 그 존재 자체를 알 수 있게 해주는 것이 아니라고 믿고 있다. 이렇게 되면 우리들이 인식하는 존재는 인간에 따라 완전히 상대적일 것이다. 그래서 서로 다른 여러 문화들과 시대들에 있어서 양식, 이해 및 견해들이 뒤바뀌기 때문에, 우리들이 이런 영역을 벗어나지 못하면, 한결같은 진리는 있을 수가 없을 것이다. 진리는 오히려 서로 다른 시대와 문화 속에 살고 있는 인간들에게 있어서 각기 다른 것이며, 기타의 다른 모든 것들과 마찬가지로 역사의 변화에 내맡겨지고 말 것이다. 역사주의는 시종일관 이런 주장을 하고 있다.

3. 해석으로서의 인식

우리는 독특한 방법으로 문화적인 사물들을 그 자체로서 인식한다. 이미 말한 바와 마찬가지로 글자들은 원래 질료적으로 존재하고 있음으로써, 글자들이 아니라, 글자를 읽을 수 있는, 즉 글자들을 글자들로서 해석할 줄 아는 그런 인간에게만 글자들인 것이다. 이런 말은 기계, 도구, 예술작품, 간단히 말해서 모든 문화적인 사물들에게도 해당된다. 이럴 때에는 인식이란 해석이요 해석학(Hermeneutik)이며, 이런 현상은 고전을 이해할 때 잘 드러난다. 어떤 것, 즉 물질적인 사물은 어떤 것으로서, 즉 단어로서, 도구로서, 문화적인 사물로서 이해된다. 이럴 때 <첫 번째의 어떤 것>은 그 <자체 존재>안에는 아무런 이해관계도 가지고 있지를 않다. 존재가 완전히 (하나의) 의미로 변한다.

그러나 이런 해석은 텅텅 비어 있는 공간에서 이뤄지는 것이 아니라, 그 당시의 총체적인 문화에 바탕해서 이뤄진다. 문화적인 산물들은 그 문화(권)의 내부에서만 정해진 의미를 가지고 있다. 그리고 그 문화 안에 살고 있지 않은 사람은 그 문화를 올바르게 이해하지 못한다. 역사학은 아래에서 계속해서 우리들에게 이런 이해에 도달하는 방법으로 될 것이다. 보다 낮은 문화적인 사물들은 보다 높은 것들보다 시대정신에 덜 의존하고 있다. 도구들은 그 목적에 따라 형태와 재료가 모든 시대에 거의 고정되어 있으나, 이와 반대로 예술양식, 상징체계 및 정신적인 것들을 표현하는 형식 등은 크게 바뀌고 있다.

이런 점으로 미루어보아 쉽사리 보편화해서 <모든 인식은 해석이다.>라는 결론을 내릴 수 있다. 다시 말하자면 우리는 현실의 자체존재는 절대로 인식하지 못하고, 그 당시의 객관정신의 영향을 받아 현실을 조금씩 달리 해석해 나간다는 것이다. 이런 결론을 바탕으로 해서 다시 결론을 내리자면, 객관적이고 모든 시대에 타당하는 진리는 없고, 진리란 역사적으로 제약되어 있다는 것이다.

4. 분위기(정서)

마지막으로 문화적인 사물들에는, 특히 예술작품들에는 인간이 그것을 가지고 세계를 대하고, 그것을 바탕으로 해서 세계를 이해하는 그런 분위기(정서)가 드러나 있다. 우리는 하나의 종소리가 즐거운 축제를 위해 울리느냐 또는 슬픈 일을 위해 울리느냐에 따라, 그 종소리를 얼마나 서로 다르게 알아듣는가! 이렇게 서로 다르게 받아들이는 이유는 분명히 우리들의 정서(분위기)에 달려 있다. 하지만 서로 차이가 나는 것은 우리들에게 어떤 객관적인 것, 즉 <그 스스로 있는 것>으로서 다가온다. 그래서 딜타이는 우리들의 인식이 우리들의 정서에 의존하고 있다고 결론짓고, 정서와 뒤바꿔놓는다. 즉 인식은 관념론이 생각하고 있는 것처럼, 하나의 <첫 번째의 것>, 즉 절대적인 것이 아니다. 현실에 다가가는 첫 번째요 본래적인 것은 인식이 아니라 인간 안에 있는 정서의 층(層)이다. 따라서 인식은 그 당시의 삶과 삶의 상태에 대해 상대적인 것으로 보인다.

5. 실존철학

역사주의를 통해 주의력이 인간에게로 되돌려졌다. 역사주의란 인간의 분위기에 따라 사물들을 해석하는 것이다. 진리는 이 분위기 쪽으로 향해져 있다. 그래서 이제 인간에게 있어서 가장 본래적인 것과 가장 깊이 있는 것, 즉 모든 다른 영역을 규정하는 것이 무엇인지 하는 것을 밝히는 것이 중요하다. 이 물음은 데카르트가 <생각하는 나>에게로 방향을 바꾼 뒤부터 제기되어 왔다. 관념론은 이런 근거가 되는 것은 인식이라고 대답했다. 즉 사고의 운동은 존재의 운동이라는 것이다. 물론 옛날부터 사고는 서로 다르게 해석되어 왔다. 칸트는 서로 일치될 수 없는 세 가지의 본질적인 인식능력들을 구별했었다. 즉 순수이성의 이론적인 사고와 실천이성의 도덕적인 사고와 판단력의 전체적-미학적인 사고가 그 세 가지다. 그 뒤에 와서 피히테(Fichte)는 도덕적인 사고를 강조했고, 헤겔(Hegel)은 이론적-논리적인 사고를 강조했고, 셸링(Schelling)은 예술적-정서적인 사고를 강조했었다. 여기서부터 그리고 쇼펜하우어(Schopenhauer)와 니체(Nietzsche)로부터 위에서 간단히 말한 딜타이의 삶의 철학(生哲學)의 역사주의에로 발전해 나간다.

실존주의는 한 걸음 더 나아간다. 실존철학에 따르자면 인간의 본래적인 특징은 다음과 같은 것들이다. 즉 인간은 자기가 존재하고 있다는 것을 알고, 계속해서 자기가 어떠했으면 좋을까 하는 것을 결정해야만 한다는 것이다. 즉 인간만이 실존(實存, Existenz)이라는 것이다. 사물들은 존재(Sein)를 가지고 있다. 그러나 인간은 자기가 <실존하고 있다는 것>을 배려(걱정)해야만 한다. 왜냐하면 인간은 동물들처럼 이미 본성적으로 하나의 유한한 가능성으로 고정되어 있지 않고, 많은 가능성들이 열려져 있기 때문이다. 동물들은 태어나면서부터 그 종에 따라 정해진 생활방식, 거동 및 소리 지름 등을 가지고 있다. 이와 반대로 인간은 스스로 서로 다른 언어와 문화들을 창조해 왔다. 언어와 문화들 중에서 그 어떤 것도 인간의 본성에 따라 주어진 것은 없고, 자유로운 결단에 따라 역사적으로 형성되어 온 것들이다. 그래서 보편적인 인간의 본성은 없는 것과 같고, 실존이 자유로운 결단을 통해 인간을 그 당시의 자기의 상태로 만들어 주는 것처럼 보인다. 그래서 인간은 언제나 자기의 <현재의 존재>를 돌봐주게 될 그 어떤 것을 추구하고 있다. 인간은 미래로 향해서 순수하게 시간적으로 움직이는 자다. 그러나 이럴 때 과거의 영향도 받으며 현재에도 적당히 열중한다. 그래서 인간은 실천적인 행동을 할 때에만 현실에 가까이 있으며, 이론적인 행동을 할 때에는 현실에서 떨어져 있다. 중요한 것은 인간이 남들, 즉 세상 사람들의 <지껄임>(Gerede)에 따라 자기의 행동(태도)을 결정하느냐, 혹은 그 당시의 사태에 직면해서 자기 자신의 내면 깊은 곳으로부터 스스로 결정하느냐 하는 것이다. 첫 번째 경우의 인간은 비본래적으로 실존하고 있고, 따라서 비진리 속에 있다. 두 번째 경우의 인간은 인간 그 자신이고, 본래적이고 진리 속에 있다. 따라서 진리는 순수성과 일치된다. 이런 진리는 일찍이 논리적인 진리가 아니다.

6. 평가

삶의 철학과 실존주의가 역사적인 존재자로서의 인간에 관한 여러 가지 인식을 개발해냈다는 것은 의심할 나위도 없다. 이 두 가지 철학들은 역사적인 존재와 그 구조들에 관한 문제를 제기했고, 여러 가지 개별적인 문제들을 해결하기도 했다. 하지만 이 철학들은 전체적인 철학으로서는 일방적이고 따라서 받아들일 수가 없다.

맨 먼저 시인해야 할 것은 <전체>가 세계에 대한 관계에 있어서나 문화적인 사물을 인식하는 데 있어서 하나의 요소라는 사실이다. 하지만 이 전체가 유일한 요소도 아니고 또 결정적인 요소도 아니다. 살아 움직이는 생명과 이 생명 전체에 알맞는 표현을 능가하는 것은 <전달해 줌>(알려줌)이다. 이 <전달해 줌>에 있어서는 인격들이 그 자체존재 안에서 직접적으로 주어져 있으며, 위에서 설명했던 바와 같이 사물들의 자체존재도 이런 인격의 자체존재에 의존하고 있다. 이렇게 해서 인식이 완전한 상대성에서 벗어나게 되며, 전체에 의해 생길 잘못의 위협을 언제나 받게 될 것이다. 인식은 또 본질적으로 해석이 아니라, 비록 어디에서나 다 성취될 수는 없다고 하더라도, 현실 그 자체를 파악하는 것이다. 해석이란 인간에 의해서 창조되고 문화세계를 인식하는 것에 지나지 않고, 인격들과 자연의 사물들에 대한 인식이 아니다.

그러나 <전달해 줌>과 더불어 현실의 한 영역이 눈에 띄게 되는데, 이 영역은 생명(삶)의 철학과 더 나아가서는 실존주의는 충분히 극복하지 못했었다. 즉 그 영역이란 다른 인간들과 <함께 있음>이라는 영역이다. 이 <함께 있음>은 시간적으로나 순서상으로나 사물들을 돌보는 것보다 앞서는 것이다. 사랑, 존경 및 공동체와 같은 인간의 관계들은 소유(물)보다 중요하다. 함께 있음이 잘못되면 부(富)에 대한 모든 기쁨이 없어져 버리고, 자살을 행할 수도 있다. 이 자살이란 단순한 빈곤이 행하는 일은 드물다. 자기 자신만을 돌보는 것은 좌절을 맛보도록 운명지어져 있다. 왜냐하면 인간은 죽지 않을 수 없기 때문이다. 그래서 현실을 오직 이런 차원에서만 보는 사람에게는 모든 것들의 배후에는 아무 것도 없는 것처럼 보인다. 이와 반대로 남들과 함께 있는 데서는 하나의 정신적인 현실이 나타난다. 이 정신적인 현실은 근심하는(돌봐주는) 세계를 넘어서 있으며, 하나의 궁극적이고 절대적으로 확실하고 굳건한 현실, 즉 하느님(신적인 것) 안에 믿음직하게 바탕하고 있다. 근심하는 것 즉 불안이 인간을 좌절에서 벗어날 수도 없게 계속해서 앞으로만 내모는 그런 인간의 궁극적인 태도로서 모습을 드러내면, 함께 있는 데에서는 현실이 궁극적으로는 믿을 만한 것(신뢰할 만한 것)이라는 것이 밝혀진다. 함께 있음(함께 있는 것)은 인간들과 이 인간들이 책임지고 있는 것에 대한 한결같고 따라서 대개는 등한히 하고 밖으로 드러나지 않은 그런 신뢰가 없이는 불가능할 것이다. 이런 신뢰는 정신적·인격적인 존재를 비대상적으로 꿰뚫어 보는 것에 바탕하고 있다.

그래서 인간 안에서는 언제나 신뢰와 불안이 서로 다투고 있다. 인간이 정신적인 것에 의해서 사느냐 생명적인 것에 의해서 사느냐에 따라, 신뢰나 불안이 우위를 차지하게 될 것이고, 또 인간의 인식이 현실의 자기 존재 앞으로 밀고 나가거나 전체로부터 보다 더 강한 영향을 받거나 할 것이다. 그러나 인간이 객관적인 진리를 찾아내려고 애쓰는 일은 인간의 정신에 합당한 일이고 따라서 인간의 의무이기도 하다.

인간은 자기동일성을 통해 역사적인 것의 단순한 흐름에서 벗어난다. 내가 오늘 일 년 전과 동일하기 때문에, 나는 내가 몇 해 전에 했던 일이나 그 때 생겼던 일을 기억할 수 있고, <전해 줌>을 통해 이런 것을 남들에게 알려줄 수 있다. 이럴 때에는 진리가 변하지 않고 있다. 진리란 언제나 정해진 시간에 생겼던 일들과 일치되는 그런 진술이다. 이와 반대로 역사주의는 어떤 진리들이 첫 번째로 보여지고 인식될 수 있기 위해서는 정해진 역사적인 조건들이 필요하다는 사실을 올바르게 인식했었다. 이와 마찬가지로 역사주의가 인간의 문화가 하나의 커다란 연관을 이룩한다는 사실과 문화적인 사물들의 의미가 이러한 연관을 바탕으로 해서만 올바르게 파악될 수 있다는 사실 등에 주목하게 한 것은 옳은 일이었다.

마지막으로, 인간의 본성이 사물들의 본성처럼 굳어져 버린 한계선 안에 갇혀 있지 않다고 본 것은 옳다. 인간의 본성은 커다란 가능성들을 지니고 있는데, 이 가능성 안에서는 많은 것들이 역사에 의해 정해진다. 그러나 여러 가지 성질(특성)들과 특히 보편적인 소질들도 있다. 이 소질들이란 말을 하고, 이해를 하고, 문화적인 사물들을 형성하는 그런 가능성들이다. 만약에 이런 것이 없다면 우리는 인간이 아닐 것이다. 이런 소질들이 역사적인 변화 속에서도 동일하게 남아 있는 인간의 본성을 이룩한다.

제7장 공간과 시간

A. 공 간

물질적인 사물들의 성질들을 가지고 있지 않은 정신적인 활동을 제외하고는 우리들의 경험의 범위 안에서 마주치는 모든 존재자들은 다 공간 안에 존재하고 있다. 즉 인간들, 동물들, 식물들 및 무기물들 등은 모두 공간 안에 있다. 공간은 어떤 종류의 존재에 속하는 것일까?

1. 고대의 공간관념

고대인은 공간을 하늘의 제일 바깥 범위에 의해 한계지어지고 폐쇄된, 일종의 그릇과 같은 것이라고 생각했다. 공간은 공(球)과 같은 형상을 하고 있고, 따라서 하나의 중심점도 가지고 있는데, 이 중심점에는 지구가 있다는 것이다. 그 사이 사이에는 여러 천체들이 돌고 있는데, 이 천체들의 움직임을 통해 눈에 보이는 하늘에서 별들이 움직이게 된다. 사람들이 인정하고 있던 네 가지의 원소들은 각각 이 공간과 본질적이며 자연적인 관계를 맺고 있다. 흙이라는 원소는 그 내적인 본질 때문에 세계의 중심점에 있으려고 애쓰고, 흙 위에는 물이라는 원소가 있고, 그 위에는 공기가 있고, 가장 높은 곳에는 불이 있다. 이 원소들이 이런 자연적인 위치를 벗어났을 때에는, 일종의 내적인 압박에 의해 자기들의 자연적인 자리에로 되돌아가려고 애쓴다. 이런 세계상(世界像)에서는 그 위치가 절대적으로 정해져 있을 수 있다. 왜냐하면 중심점과 제일 바깥 범위라는 방향을 제시해 주는 두 가지의 확고한 점들이 있기 때문이다. 그래서 공간에는 한계가 있다는 사실이 저절로 밝혀진다.

2. 현대의 공간관념

천문학의 여러 발견들에 따라 이런 세계상은 근본적으로 변했다. 망원경이 강력해지면 강력해질수록, 그만큼 더 공간의 깊이가 깊이 해명되었다. 그러나 한계선은 그 어디에서도 드러나지 않았다. 공간은 무한하고 어디에서나 같은 것으로 보인다. 이제 앞에서 말한 점들, 즉 중심점과 제일 바깥 범위도 없다. 사람들이 비 유클리드 기하학을 발견해냄으로써, 여태까지는 자명한 것이라고 보아오던 평행선의 공리(Parallelenaxiom)를 아무런 모순도 없이 부정할 수 있게 되면서, 이 문제는 한층 더 뒤엉키게 되었다. 여태까지의 경험은 언제나 유클리드 기하학을 옳다고 해왔다. 몇몇 사람들은 아마 공간은 어디에서나 다 같은 것이 아닐 것이라고 생각했다. 즉 공간의 구조가 우주의 여러 부분들에서는 변하리라는 것이다. 사람들은 서로 다르게 구부러진 공간들에 관한 말도 했다. 이런 말은 공간이 어떤 실재적인 것이라는 사실을 전제하고 있다.

3. 직관의 형식으로서의 공간

칸트는 한 가지의 다른 해결을 제공해 주고 있다. 칸트에 따르자면 공간이란 받아들여진 인상들을 형성하고 질서지우는 주관적인 감성, 즉 선천적인 직관형식(Form der Anschauung a priori) 이외의 아무것도 아니다. 정신적인 영역에서 범주들이 되는 것이 감성적인 영역에서는 공간으로 된다. 그러나 이런 (직관)형식은 <주어져 있는 것>(所與)에서 실증되어야만 한다. 만약에 우리들이 이 형식을 순수하게 그 자체로서 적용한다면, 잘못 제기되었고 따라서 해결할 수 없는 물음에 이르게 된다. 즉 공간이 유한하냐? 무한하냐 하는 문제에 이르게 된다. 그러나 이런 아포리아들은 부당하게도 공간형식을 <텅 빈 것>에다 적용하는 데서 생겨난 것이다,

4 장소

현대의 모든 공간이론들은 자연과학의 공간으로부터 출발한다. 여기서 제기되는 물음은 이 개념이 하나의 근원적인 개념이냐 하는 것이다. 실제로 우리들은 맨 처음에는 공간에 관해 말하지 않고, 장소나 하나의 사물이 차지하고 있는 자리에 관해 말을 한다. 모든 물질적인 사물들은 연장(延長)해 있고(퍼져 있고), 자리를 차지하고 있고, 서로간에 거리를 두고 있다. 이런 것이 일종의 보편적인 인식이다. 생물학적으로 특별히 중요한 것은 물질적인 사물이 우리들로부터 얼마나 멀리 떨어져 있느냐 하는 것을 아는 것이다. 왜냐하면 우리는 우리의 몸을 거쳐, 즉 그 어떤 접촉을 통해 물질적인 사물을 붙잡을 수 있거나, 혹은 그것이 우리들에게 해를 끼칠 수 있기 때문이다. 물질적인 사물이 멀리 떨어져 있으면 멀리 떨어져 있을수록, 그만큼 그것을 갖기가 힘드나, 그것이 우리를 위협하고 있는 위험도 그만큼 줄어든다. 그래서 우리들의 감각들도 생명에 중요한 영역, 즉 육신과 가까운 곳에서는 보다 더 날카롭다. 그래서 육신과 더불어 당연히 <떨어져 있는 관계>가 주어져 있다. 즉 정신적인 인식이 일종의 실제적인 질서로 드높여지는 그런 질서가 시작된다. 그러나 장소들의 이런 질서는 그 장소의 중심점에 있는 그때그때의 인간에게는 상대적이다. 이런 질서의 객관적인 바탕은 물질적인 사물들의 연장(延長, 자리를 차지하고 있음)이다. 관계의 중심점은 첫째로 육신이다. 그리고 주된 방향들은 위-아래, 좌-우 등이다.

5. 개인들 서로간의 질서체계로서의 공간

여기서 덧붙여야 할 것은 인간은 다른 사람들과 더불어(함께) 있을 때에는 장소의 관계들을 잘 알고 있어야만 한다는 것이다. 공동적인 일을 꾀하는 것이 그렇게 해야 할 가장 강력한 동기를 제공해 준다. 그러나 이미 단순히 전달을 해주려는 노력이 그렇게 하도록 하고 있다. 그러나 이런 목적에 도달하기 위해서는 개인의 순수한 인격적인 질서체계만으로는 충분치가 못하다. 나의 오른 쪽에 있는 것이나 또는 멀리 떨어져 있는 것이 다른 사람에게는 왼 쪽에 그리고 가까이 있을 수 있다. 그래서 개인들 서로간에 관계체계를 가질 필요가 있다. 따라서 이 관계체계는 외부세계에 있는 하나의 확고한 지점에 연결되어 있어야만 한다. 우선 산, 바위, 나무 등이 그런 지점으로 되면 충분하다. 그러나 교통이 멀리 떨어져 나갈수록, 그만큼 더 이런 관계체계들도 불충분하게 된다. 왜냐하면 이 관계체계들은 장소에 따라 제한되어 있기 때문이다. 그래서 진작부터 모든 사람들에게 보이고 절대로 변하지 않을 그러한 확고한 지점 자체를 선택하는 쪽으로 발전해 나간다. 이러한 지점들이 겉으로 보이는 우주의 운동들을 제공해 준다. (이것을 중심으로 삼고 모든 운동이 일어난다. 역주). 해가 뜨는 쪽, 즉 동쪽이 주로 "방향을 잡는" 수단으로 된다. 종교적인 견해들이 바로 이 <하늘의 방향>(동쪽)을 우대하도록 한 것 같다. 천문학의 역사는 처음에는 절대적인 것으로 보였던 공간적인 관계체계들을 항상 새롭게 상대화(相對化)해온 역사다. 이런 일은 마침내 인식에게는 공간 안에 절대적인 <영 지점>(0 地點)이 없다는 것을 꿰뚫어 볼 때까지 계속되었었다. 이 0 지점이라는 것은 오히려 이해를 시키려 하거나 계산을 하려는 등의 목적에 따라 인간에 의해 정해지는 것이다.

6. 공간의 존재방식

이렇게 해서 첫째로 공간 그 자체는 객관적인 존재자가 아니라 일종의 관계체계라는 사실이 밝혀진다. 다른 편으로는 공간이란 순수하게 자의적(恣意的)으로 형성된 것이 아니다. 공간이 형성될 동기를 제공해 주는 것은 인간의 사회적인 본성, 육신의 객관적인 원리(기초) 및 연장해 있는 사물 등등이다. 즉 공간이란 일종의 순수한 선천적인 형식이 아니다. 왜냐하면 공간이 추상적인 것으로서만 개념에 받아들여지는 그런 객관적인 요인들을 가지고 있기 때문이다. 즉 본래부터 존재하고 있는 것은 연장해 있는 사물들이고, 우리들의 공간에 대한 지각은 이 사물들과 관련되어 있다. 그래서 원시인에게 장소와 사물이 함께 하나를 이루고 있는 것처럼 보이는 것은 어느 정도까지는 옳다. 추상화와 체계화가 어느 정도까지 발전하고 나서야 비로소 장소와 사물이 분리되고, 연장과 <떨어져 있음>을 자립적인 것이라고 생각하게 된다. 즉 우리들이 마침내 자연과학의 공간이라고 알고 있는 동질적(同質的)이고 속이 텅 빈 관계체계에 이르게 될 때까지는 그렇게 생각하게 된다. 자연과학의 공간에는 어떤 지점도 우선권을 갖지 못하며, 그 특징이 하나의 실체적인 존재자와 떨어져 있음으로써 정해지는 것이 아니라, 자의적인 0 지점과의 좌표상의 거리에 의해 정해진다. 현실에 적용하기 위해서는 언제나 이 0 지점이 현실 속에서 거듭해서 확정되어야만 한다. 따라서 자연과학의 공간은 하나의 기나긴 과정의 맨 마지막 결과다. 그래서 이 공간은 공간의 본질을 해명할 때의 출발점으로는 될 수 없는 것이다.

즉 수학적으로 가능한 모든 기하학들은 현실에 들어맞는다. 휜(굽은) 공간들이란 없다. 왜냐하면 애초부터 아무런 공간들도 없기 때문이다. 차원(次元)들을 하나의 직각(直角)을 이루어 서로 떨어져 있는 방향들이라고 이해한다면, 다차원(多次元)의 공간들이란 단순히 기하학적인 도형(圖形)에 지나지 않는다. 우리들이 바로 직각을 가장 훌륭한 것이라고 선호하고, 따라서 3차원적인 도형을 관계의 체계라고 우선권을 주고 거의 자연적인 것이라고 느끼고 있는 것 등등은 그 이유가 위-아래, 좌-우, 전-후 등과 같은 생명적인 여러 방향들에 따라 우리들의 육신을 방향지우는 데 있다. 이 방향들이 생명적인 것이기 때문에, 이런 방향들 자체가 자연과학의 공간체계에서는 없어져 버린다.

그래서 우리들의 공간관념과 원시인들의 공간관념에서 중요한 것은 서로 다른 범주들이 아니라, 구체적인 현실에 똑같이 가까이 있는 것이요, 비생명화하고 체계화하는 정도가 다르다고 하는 것이다.

7. 공간(성)의 단계들

서로 다른 여러 존재단계들의 공간(성)은 구체적인 현실에 있어서는 동일한 것이 아니다. 정신적인 것은 연장(延長)은 가지고 있지 않으나 지배적이고, 육신을 통해 공간을 가지고 있다. 인격의 <여기>(에 있는 것)는 지점(地點)은 아니나, 사람들이 함께 있을 수 있는 가능성과 규정을 정할 수 있는 가능성의 범위다. 그래서 인간에게 있어서도 공간관념을 형성하게 된다. 동물도 자기가 살고 있는 공간을 자기 주위에 가지고 있다. 그러나 동물은 내적으로 공간에서 풀려날 수 없으며, 인간처럼 공간에 대해 정신적으로 마주 설 수가 없다. 식물들은 자기들의 생활공간에 완전히 얽매어 있다. 마지막으로 생명이 없는 질료는 그냥 있기만 한다.

8. 객관적으로 정해져 있음(所在性)

공간관념이 형성되는 것은 연장을 하고 있는 사물들이 객관적으로 실존하고 있는 데에 바탕하고 있다. 그래서 어떤 사물이 여기에는 있고 다른 곳에는 없다는 사실은 궁극적으로는 그 사물의 구체적인 존재에 달려 있다. 왜냐하면 이런 일은 일종의 객관적인 사실이기 때문이다. 하나하나의 존재자들에게는 이런 객관적인 규정(성)이 있다. 이런 하나하나의 존재자는 자기의 존재에 알맞는 장소에 따른 실존방식을 가지고 있어야만 한다. 추상(抽象)들만이 하나의 정해진 장소에 있지를 않다. 우리는 이렇게 객관적으로 규정되어 있는 것을 우비카씨온(Ubikation, 所在性)이라고 한다. 우리는 이런 우비카씨온을 그 자체로서는 지각할 수 없고, 다른 사물에 대한 관계 속에서만, 즉 거리(떨어져 있음)를 통해서만 지각할 수 있다. 모든 우비카씨온이 다 연장해 있는 것은 아니다. 그래서 정신적인 활동에는 연장이 없으며, 따라서 영혼에도 연장이 없다. 그러나 정신적인 활동과 영혼은 여기에는 있으나 저기에는 없으며, 따라서 일정한 우비카씨온을 가지고 있다. 이 우비카씨온이 순수한 정신의 존재단계에 어떤 기능을 하게 될는지 하는 것은 물론 멀리 떨어진 유추(類推)에 의하는 것 외에 달리 생각할 수는 없는 것이다.

B. 시 간

1. 실재론적인 시간이해와 관념론적인 시간이해

시간은 여러 가지 관점에서 공간과 평행선을 그리고 있다. 경험에 따르자면 내적인 것이건 외적인 것이건 간에 모든 사건들은 시간 안에서 이뤄진다. 여기서도 어떤 실재론은 시간을 그 안에 하나하나의 사건들이 질서지어져 있는 그런 어떤 객관적인 것이라고 본다. 다시 이런 실재론에 대립되는 것은 칸트에 바탕하고 있는 시간관(時間觀)이다. 이 견해에 따르면 시간이란 모든 것을 다 포함하는 선천적인 주관의 형식이다. 그래서 모든 경험은 시간적이다. 칸트에게 있어서는 그 외에도 시간은 감성과 사고 사이를 매개해 주는 도식(Schema)이 되는 그런 기능도 가지고 있다. 왜냐하면 감성과 사고는 시간 안에서 생기기 때문에, 시간이 의식과 범주의 통일을 이뤄내기 때문이다. 그런 다음에 시간을 인간과, 따라서 존재의 기본구조라고 보는 것은 한 걸음 더 발전한 것이다. 왜냐하면 존재는 의식에 대해 상대적이기 때문이다.

2. 지속

여기서도 하나의 객관적인 계기가 생각이 풍부한 체계화의 대상으로 된다. 이 체계화는 공간에 있어서와 마찬가지로 동일한 원인에 바탕하고 있다. 이 객관적인 계기가 지속(Dauer, 持續)이다. 지속이 무엇이냐 하는 것은 모든 사람들이 자기 자신의 의식 속에서 직접적으로 알게 된다. 사람들은 이 지속을 하나의 <흐름>(流, 시간의 흐름)이라고 한다. 그리고 다른 끊임없는 신체적인 운동들과 비교해 왔다. 이런 모든 것은 대상의 영역에서 얻어낸 표상들이며, 따라서 암시만 해주는 표상(表象)들에 지나지 않는다. 인간의 존재는 정적(靜的, 움직이지 않음)인 현실(현상)이 아니라 지속적(이어져 내려가는)인 현실이다. 즉 이런 존재의 어떤 것이 현재 활동하고 있을 때에는, 다른 것은 이미 존재하지 않게 되고, 또 다른 것은 아직 존재하지 않는다. 이런 것이 곧 과거, 현재, 미래다. 물론 이 세 가지에 관한 인식은 <나>(自我)가 가지고 있는 기억과 기대(예상)를 통해서만 가능하다. 여기서 말하는 <나>는 이미 말했던 바와 같이 시간의 흐름 속에서 견디어내고, 정신적으로 단순한 현재를 넘어선다.

3. 질서체계로서의 시간

인간이 지속(시간을 이어가는 것)하는 것과 동일한 방법으로 <더불어 있는 인간들>도 지속하고, 기타의 사물들도 비슷한 방법으로 지속한다. 인간들이 교제를 하고 협동적인 일을 하는 데에는 동시성(同時性)이 필요하다. 이 동시성을 위해서는 각 개인들에 의해 경험되는 자기 자신의 지속만으로는 충분치가 못하다. 즉 연장(延長)에 있어서와 마찬가지로 모두가 쉽게 지각할 수 있는, 따라서 외적인 사건이 있어야만 한다. 사람들은 공동적인 행동을 시작하고 중단할 때 이 외적인 사건과 관계를 맺을 수 있다. 개별적인 행동을 할 때에는 이런 모든 것이 다 가능할 수 있다. 그러나 행위는 특히 원시인들에게 있어서는 거의 낮에만 행해질 수 있기 때문에, 무엇보다도 이런 점이 고려되어야만 한다. 시간을 재는 데 쓰여질 수 있는 것은 균형이 잘 잡혀 있는 하늘에서의 태양의 움직임이다. 그 뒤에는 교통이 더욱 더 빈번해지고 교통의 속도가 빨라지면서 점점 더 정확한 시간에 대한 측정이 요청되었다. 그러다가 마침내 오늘날의 시간을 재는 기계에 이르게 되었다.

4. 시간의 존재방식

이렇게 해서 시간도 공간과 꼭 마찬가지로 일종의 객관적인 바탕을 지니고 있는 개념적인 관계체계다. 이 바탕이란 사물들이 지속적으로 존재하는 것이다. 따라서 지속이란 객관적으로 보자면 존재를 하기 위한 일종의 방법이다. 그래서 실제적인 시간이란 바로 지속하고 있는 존재자들 이외의 아무 것도 아니다. 원시인은 여기서도 사물들이나 사건들과 이것들의 시간 사이에 일종의 통일을 느끼고 있는데, 그것은 옳은 일이다. 원시인은 이런 느낌을 희미하게나마 해석하려고 한다.

그러나 문화와 더불어 추상적인 시간은 시간의 실제적인 바탕에서 점점 떨어져 나오고, 독자적인 내용이 없는 가능한 여러 사건들의 순수한 위치체계로 된다. 따라서 자연과학적인 시간은 자연과학적인 공간처럼 기나긴 추상화와 체계화의 마지막 끝이다. 이런 시간은 내용이 없고 완전히 동질적인 시간으로서 "무한"하다. 즉 순서대로 진행되는 어떤 시점도 멎어 있도록 스스로를 강요하지 못한다. 그러나 이렇게 해서 구체적인 세계와 이 세계의 지속에 관해 정해지는 것은 아무 것도 없다.

시간을 재는 데는 관계의 체계뿐만 아니라 출발점도 필요하다. 여기서도 하나의 절대적인 (시)점을 찾아내려는 노력은 아무런 성과도 거두지 못한다. 우리는 시간을 계산하기 위해서는 하나의 (시)점을 정해야만 한다. 사람들은 처음에는 해(年數)를 독립적인 것처럼 주된 사건에 따라 이름 붙였고, 그 다음에는 통치연대에 따라 계산하는 것으로 옮겨갔고, 마지막에는 정해진 세기 등으로 헤아리게 되었다. 이렇게 발전해 오는 데는 오랜 세월이 걸렸고 매우 어려운 일이었으나, 그런 결과가 오늘날처럼 되었다는 것은 자명한 일이다.

추상적인 시간과 내적인 지속은 물론 구별되어야만 한다. 고대의 언어들이 잘 보여주고 있는 바와 같이 내적인 지속은 행위들 서로간의 시간적인 관계보다 훨씬 더 많은 관심을 끌고 있다. 이런 행위들 서로간의 시간적인 관계는 전적으로 현대 유럽언어들의 시제(時制)에 의해서 표현되고 있다. 예컨대 우리들은 셈어의 시제, 그리스어의 완료형, 러시아어의 행동태 등을 생각할 수 있다. 영어에는 다시 발생하고 있는 내적인 시제, 즉 계속형(진행형)이 있다.

5. 지속의 단계들

그러나 <지속한다.>는 것은 일의적인 개념이 아니라 유추(類推)적인 개념이다. 우리는 우리 안에서 이 지속의 두 가지 층을 경험하게 된다. 즉 육신에서 생긴 일은 계속되다가 지나가버리고, 정신 안에서는 이 생긴 일이 <기억으로 보존된다.> 정신은 흐름 속에서 일종의 의식적인 통일 또는 종합(綜合)을 가지고 있다. 즉 바로 인간의 전체적인 삶이 바탕하고 있는 <나>의 기억을 가지고 있다. 만약에 우리들이 이 단순한 시간의 흐름을 초월하지(넘어서지) 못한다면, 우리는 이 흐름을 그 자체로서 지각할 수가 없다. 즉 이 흐름으로부터 내적인 거리를 가질 수가 없다. 인격의 <지금>(das Jetzt)은 <여기>(das Hier)와 비슷하게 시점이 아니라, 지속이 <뻗쳐 있는 것>이다. 지속이 이렇게 뻗쳐 있는 안에서 현재가 다른 것으로 될 수도 있고, 사물들을 사용할 수도 있다. 인격의 <지금>은 미래와 과거와 현재가 하나로 되어 있는 것이다. 동물 즉 단순한 생명체는 보다 강하게 지속에 내맡겨져 있다. 하지만 동물은 그래도 기억을 통해 지속을 지배하고 있고, 그 어떻게든 기억을 종합하고 있다. 물론 이렇게 지속을 지배하고 이는 것이 벌써 해방은 아니다. 비록 순수한 흐름이 매우 약하게나마 "없어졌다."(aufheben)고 하더라도, 동물은 이미 자기의 지속을 잃어버리고 있다. 식물에 있어서는 사정이 또 다르다. 식물의 시간은 오직 나이테를 객관적으로 채워 나가는 데만 있다. 그러나 이 나이테는 내면적으로 정해진다. 그리고 이 나이테는 내면으로부터 지속을 구별지어준다. 이와 반대로 순수한 질료에 있어서는 지속이 단순히 실제로 존재하는 것이요, 내적인 차별이 없이 거의 순전히 외부에 의해 정해진다.—이런 차이가 있는 것처럼 보일 때에는, 이 차이가 인간의 간섭에 기인한다.—즉 물리학의 동질적인 시간과 비슷하다. 그래서 이 물리학적인 시간은 질료의 세계에서도 그 본래적인 적용영역을 가지고 있다.

그래서 지속은 존재의 단계들 그 자체처럼 유비적이다. 지속이란 실제로는 실존의 특별한 종류, 즉 존재방식을 표현한 것에 지나지 않는다. 활동을 하지 않는 것은 지속을 가지고 있지 않다. 예컨대 이념,

개념, 원리 등등이 지속을 가지고 있지 않다는 것이 새로운 종류의 지속인 영원과 동일시되어서는 절대로 안 된다. 보편개념인 <존재>도 지속을 가지고 있지 않다. 즉 존재는 시간적이지도 영원하지도 않다. 시간성은 존재의 본질이 아니다. 오히려 하나하나의 존재자들이 구체적이고 때에 따라 서로 다른 지속을 가지고 있다. 이런 지속은 존재자의 존재방식에서 생겨나는 것이다. 왜냐하면 이런 지속은 실제로 그 존재방식과 일치하기 때문이다. 그러나 (지속이) 서로 다르다고 하는 것을 <현재 있는 존재>의 길이가 차이가 난다는 것으로 알아들어서는 안 된다. 이렇게 다르다고 하는 것(차이)은 개체와 개체, 종과 종, 존재의 단계와 존재의 단계 등에 따라 내적으로 서로 다른 것이다. 물론 우리는 인간의 육신적인 지속에 관해서만 내적인 이해를 가지고 있다. 우리는 또 동물의 순수하게 내적인 지속에 관해서는 유추를 통해 비교적 많이 알 수 있다. 식물과 물질들은 아직도 우리들에게 비밀스럽게 멀리 떨어져 있다.

6. 과거와 미래의 형이상학적인 장소

여태까지 말해온 것에서 과거와 미래가 무엇이냐 하는 물음에 대한 해답이 주어진다. 과거란 현재의 존재 안에 어떻게든 보존되어 있는 존재자들이다. 따라서 보존되어 있는 정도에 따라 과거는 서로 다르다. 인간은 본래적인 뜻으로 "기억을 보존하고 있다." 그래서 앞에서 규정한 바와 같이 인간의 존재는 역사적이다. 인간은 언제나 <그가 과거에 xx이었던 것>을 바탕으로 해서 행위한다. 동물도 기억을 보존하고 있다. 그러나 동물은 과거를 인간처럼 가지고 있지 못하고, 오직 매우 낮은 정도로만 가지고 있다. 식물에서도 객관적으로는 과거를 볼 수 있으나, 과거를 주관적으로 보존하고 있는 것은 아니다. 순수한 물질에는 원래 과거가 없다. 하나의 돌이 지난날에는 어떠했던가 하는 것이 그 돌의 상태와 내적인 본질을 결정하는 것이 아니다. 돌의 현재의 상태는 과거와는 아무런 관계도 없이 인식될 수 있다. 이런 사실은 무기물질에 관한 과학에서도 드러난다. 이 무기물질에 관한 과학은 더 깊이 연구하기 위해 그 물질의 역사를 알 필요는 없고 오직 현재의 상태만 알면 된다. 이 과학 자체는 역사를 연구대상으로 삼지 않는다. 왜냐하면 과학으로서의 무기물질에 관한 과학은 인간의 주관의 산물이기 때문이다. 이런 역사는 무기물질의 과학 자체에는 조금도 중요하지 않고 따라서 이 과학에 속하는 것이 아니다. 그러나 정신과학들에는 그 대상의 측면에서 보자면 역사적인 계기가 본질적으로 내재해 있다. 그 대상에 알맞게 그 중간에(자연과학과 정신과학 중간에) 위치하고 있는 것이 생물학이다. 이렇게 해서 인간의 과학이 정신과학과 자연과학이라는 두 가지로 크게 나눠지는데, 이것은 아래서 다룰 것이다.

미래는 다가올 현실을 기다리는 실재다. 미래는 하나하나의 존재단계에 있어서는 과거와 동일한 유추적인 성격을 띠고 있다. 본질적으로 과거를 가지고 있는 사람만이, 그리고 이 사람이 과거를 가지고 있는 한에 있어서, 미래도 갖게 된다. 미래도 인간에게 있어서는 과거와 동일한 근거에 바탕하고 있다. 즉 지속적인, 그러나 지속을 상대적으로 초월하는 인간의 존재에 바탕하고 있다. 이 존재(인간존재)가 정지해 있지 않은 것처럼 다른 존재자들과의 관련 및 다른 존재자들로부터의 위협도 정지해 있을 수 없다. 그러나 인간의 자기소유가 이렇게까지 발전하고 나면, 새로운 안전성이 자동적으로 생기는 것이 아니라, 인간의 이성적인 행동을 통해 생긴다. 그래서 인간은 본질적으로 자기의 존재를 걱정하는 것이다.

C. 공간과 시간

이미 언어적인 표현이 공간과 시간이 서로 독립해 있는 것이 아니라는 것을 암시하고 있다. 공간의 측정과 시간의 측정은 같은 표현들로 일컬어지는 경우가 자주 있다. 하나의 길(道)이 길고(lang), 어떤 것이 길게(오래, lang) 지속된다. "Da"(지금, 여기)라는 말은 공간적 의미와 시간적 의미를 가지고 있다. 실제로 이 두 가지는 서로 맞물려 있다. 즉 구체적인 존재자들을 서로 다르게 규정한다. 모든 것은 자기의 "여기"(Hier)와 "지금"(Jetzt)을 동시에 가지고 있다. 즉 장소적 시간적으로 정해진 존재를 가지고 있다.

1. 현재

인간에게 있어서는 이런 것(여기와 지금)이 현재에서, 즉 "지금 여기에 있다."(da-sein)에서 드러난다. 그러기 위해서는 동시성(同時性)뿐만 아니라 장소적으로 정해져 있는 것도 필요하다. 즉 두 사람 사이의 거리가 완전한 교통을 할 수 있을 거리 이상으로 떨어져 있어서는 안 된다. 엄밀한 뜻으로 구체적인 여기와 지금이 일치하는 것은 필요치 않다. 왜냐하면 개별적인 존재의 일치가 요구되지만 이런 일은 불가능하기 때문이다. 공간적인 거리가 멀어지는 곳에서는, 동시성보다 한층 더 큰 시차가 필요하다. 거리는 인공적인 수단을 써서 어느 정도까지는 극복될 수 있다. 그래서 예컨대 멀리 떨어져 있는 사람들이 말을 할 때 현재적으로 될 수 있다. 그러나 이런 현재는 좁혀진 뜻의 현재다. 이 사람은 눈을 통해서가 아니라 청각을 통해서만 현재적인 것이다. 여기에다 TV.가 더해지면 이 현재가 완전한 현재에 보다 더 가까워질 것이다. 그러나 이런 현재는 도움을 주는 것과 같은 육신의 영향을 미칠 수가 없기 때문에, 완전한 현재에 도달한 것은 아니다. 다른 편으로 이해를 시킬 가능성이 조금도 없는, 순수하게 질료적으로 가까이 있는 것은 현재가 아니라 두 개의 사물들처럼 그저 나란히 있는 것에 지나지 않는다. 이런 경우는 두 사람이 질료적인 장애들 때문에 교통이 완전히 방해받고 있을 때와, 따라서 서로 가까이 있음에도 불구하고 서로가 아무 것도 알 수 없을 때 등이다.

꼭 인간의 측면에서만 공간과 시간이 결합되어 있는 것이 아니라, 대상들의 측면에서도 그렇다. 우선 인간이 다른 존재자들을 다룰 때에도, 인간들과 교통을 할 때와 마찬가지로 일종의 유추적인 공간-시간 관계가 요청된다. 그러나 이때의 현재는 약해지고 순수하게 형식적으로만 동일한 것이다. 다른 존재의 단계들에서는 이런 관계가 이미 여러 차례 말한 것과 같은 방법으로 물질들이 단순히 나란히 있는 것으로까지 나아간다. 그리고 이 물질은 내용적인 요소로서 물리적인 작용의 가능성을 드러내 보여준다.

2. 공간과 시간의 관계

공간과 시간이 하나를 이루고 있다는 것은 질료에서는 특히 운동에서 잘 드러난다. 하나의 길을 정복하는 데는 시간이 필요하다. 존재와 존재의 능력 안에 길을 갈 능력이 있다는 증명은, 힘이 늘어나면 보다 짧은 시간 안에 같은 길을 갈 수 있다는 데서 밝혀진다. 운동은 존재의 통일적인 상태이다. 그러나 우리는 이 상태는 공간과 시간이라는 두 측면으로 나눠서 파악할 수 있다. 존재에 관한 인식이 완전하다면, 이 두 가지 측면이 하나의 존재에서 생겨난 것이라는 것을 알게 될 것이다.

여기서 공간을 시간으로(베르그송), 또는 시간을 공간으로 환원시키려는 모든 시도가 실패할 수밖에 없다는 결론이 나온다. 공간과 시간은 나란히 있다. 이것들 위에 있는 것은 존재이고, 존재 안에서는 이 두 가지가 통일되고, 이 두 가지는 적어도 원칙적으로는 존재에로 환원된다.

움직여지고 있는 것의 존재 안에서 (공간과 시간이) 실제로 통일을 이루고 있다는 사실은 우리들이 공간을 시간을 통해서 잴 수 있고, 시간을 공간을 통해서 잴 수 있다는 본래부터 두드러진 현상의 이유를 밝혀준다. 물리학에서는 이런 일이 계속해서 행해진다. 그러나 이런 사실은 하나의 절대적인 0지점으로부터 절대적인 측정은 할 수 없다는 것을 뜻하기도 한다. 이런 사실은 모든 <여기>(공간)와 <지금>(시간)이 원래부터 공간과 시간 안에서 가만히 서 있지를 않는, 말을 하고 있는 주관과 관계되어 있다는 사실을 표현한 것에 지나지 않는다. 이 모든 것들은 그러나 서로 관련되어 있는 이 모든 <여기>와 <지금>은 실제적으로 존재하고 있는 존재자들의 서로 관련되어 있지 않은 <어디에 있음>(Wo-sein)과 <언제 있음>(Wann-sein)에 바탕하고 있다. 그래서 <여기>와 <지금>은 외적인 표현이고, 모든 존재자의 존재를 구체화하는 내적인 이유(근거)가 아니다.

제 4 부

학문(과학)의 철학과 예술의 철학

제1장 학문의 본질

학문(Wissenschaft, 과학)의 하나하나의 계기들은 이미 여러 차례 마치 길거리에서 주워온 것이기나 한 것처럼 밝혀져 왔다. 이제 해야 할 일은 서로 다른 여러 계기들을 종합적으로 결합시키고, 학문의 두 가지의 커다란 부문들을 그 내적인 본질에 따라 서로 대립시켜 보는 것이다.

1. 일상생활에서는 인식이 부족하다.

이미 우리들의 연구가 시작될 때부터 우리들의 인식의 먼 앞을 내다보는 성격이 우리들을 귀찮게 해왔다. 한 사람 한 사람의 개인은 동일한 현실을 각기 자기들의 입장에서 내다본다. 태도, 관심(이해관계), 교육, 사회계층 등이 인식능력과, 따라서 이미 아무런 평가도 내리지 않은 현실파악에 심대한 영향을 미친다. 그런데 이 영향은 인식을 하는 그 사람에게는 대개 감춰져 있다. 더 나아가서는 인간의 존재구조들을 모든 존재단계에 끌어넣어서 보려고 하고, 이 구조들을 겉보기로만 이해하려고 하고, 더 나아가서는 주관 안에서 요청되는 인식조건들을 대상에다 적용하려는 그런 경향들도 있다. 마침내 일상생활에서 얻은 인식을 실천에 옮긴다. 그래서 일방적으로는 존재자들과 이 존재자들의 연관만 알아내려고 한다. 이런 연관은 삶을 유지하고 편하게 하는 데 직접적으로 이용된다. 기타의 모든 것은 보지 않거나, 피상적인 인식과 설명으로 충분하다는 것이다.

헌데 이런 사실이 한 가지의 중대한 결과를 가져온다. 원래 모든 진리는 그것이 개별적인 존재자에 관한 것이건 전체에 관한 것이건 간에, 언제나 보편타당한 것이다. 즉 인식을 하는 모든 사람은 스스로가 진리 안에 있기를 원할 때에는, 진리를 여태까지 생각하고 있던 사실과 일치하는 것이라고 인정해야만 한다. 한 사람에게 참(眞)인 인식은 모든 사람들에게도 참이다. 이미 설명한 사실들이 사람들이 동일한 대상에 관해 말하고 있고 이 대상을 동일한 단어들로 표현하고 있을 때에도, 여태까지 생각해 왔던 사실이 인식을 하는 여러 사람들에게 동일하지 않게 하는 그런 결과를 가져오는 일들이 자주 있다. 왜냐하면 한 사람이 동일한 대상에서 다른 사람들과 다른 측면을 보기 때문이다. 또는 이 사람이 현실을 이미 해석하거나 상식적으로 설명해서 다시 내놓을 때에는, 현실 자체와 관련되어 있다는 뜻이다. 그러나 동일한 사실에 관해서는 언제나 하나의 고유한 인식만 있을 수 있는 것과는 반대로, 해석과 상식적인 설명은 그 가능성이 무한하다. 그런데도 사람들은 동일한 단어들을 가지고써는 동일한 것을 뜻한다고 믿게 되었다. 그러나 이와 반대로 각자는 서로 다른 것을 보고 있다. 그래서 사람과 사람, 공동체와 공동체, 민족과 민족 등등 사이에는 의견의 차이들과 다툼과 불화가 생긴다. 그러나 무엇보다도 진리의 보편타당성과 따라서 진리 자체가 위협받고 있는 것 같기만 하다. 왜냐하면 우리는 진리에 대한 보편타당한 인식은 없고, 오히려 각자는 각자의 방법으로 진리를 보고, 우리들이 현실이라고 일컫고 있는 것은 인식하는 자의 특성을 반영한 것에 지나지 않는다는 등의 결론을 매우 쉽게 내릴 수 있기 때문이다.

2. 학문의 본질적인 목표

만약에 말을 하고 있는 모든 사람들로 하여금, 같은 단어를 가지고 다른 모든 사람들과 똑 같게—그냥 비슷하게 가 아니라—동일한 것을 생각하도록 할 수 있다면, 이런 폐단은 없어질 것이다. 더 나아가 각자가 자기의 인식에서 대상 자체에 바탕하고 있는 것과 자기 자신의 독자적인 해석과 상징화하고 있는 것에 바탕하고 있는 것을 해명할 때에도 그렇게 된다. 그리고 마지막으로 <주어져 있는 것>이 단순히 유용성의 정도에 따라서가 아니라, 주어져 있는 것 그 자체를 위해서 가능한 한 완전하게 받아들여질 때에도 그렇게 된다. 이런 것이 바로 우리들이 과학(학문)이라고 말하고 있는 종류의 인식의 목적이다.

3. 개념의 형성과 방법

우리는 맨 먼저 개념의 형성이 과학에서 하나의 커다란 역할을 하고 있는 이유를 이해하게 된다. 모든 과학은 그 과학의 그때그때의 상태에 따라 일정한 표현을 무엇이라고 이해했는가 하는 것을, 예컨대 물리학에서는 힘을, 역사학에서는 중세기를 정확하게 설명하려고 애쓴다. 그래서 사람들이 지나치는 길에 서로 말하는 것 등은 있을 수가 없다. 정확한 정의(定義)와 기술적인 표현 등은 과학에게는 본질적인 것이다.

그러나 이러한 개념의 형성도 그 과학의 하나의 방법을 가지고 있을 때에만 그 목적에 알맞는 성과를 거둘 수 있다. 이 방법이란 두 가지의 성질을 가지고 있는 일종의 진행과정이다. 이 진행과정은 대상에 알맞아야 하고, 본래 있는 그대로의 대상으로 다가가야 하고, 따라서 비본래적이고 단순한 비유적인 인식은 배제해야 한다. 그밖에 더 요구되는 것은 직접적인 이용은 고려하지 않고, 될 수 있는 대로 전체적으로, 그리고 진행과정의 모든 연관 속에서 추구해 나가는 것이다. 한 가지 방법의 두 번째 성질은 방법이 그저 대상에 따라다니지만 말고, 그것을 언명하는 모든 사람들과 함께 갈 수 있어야 한다는 것이다. 이렇게 하면 곧 하나하나의 인식의 모든 단계가 많은 사람들의 계속적인 감시를 받게 된다. 이렇게 되면 <앞을 내다보는 것>이 점차로 배제되게 된다. 인식은 점차로 개인의 입장에서 풀려나고, 현실 자체에 같아지게 된다. 방법이라는 말은 공동의 길, 즉 모든 사람이 대상과 더불어(함께) 가는 것 이상의 아무 것도 아니다. 일상생활에서의 인식이 스스로의 진행과정에 관해 대개는 아무런 생각도 하지 않는 것과는 반대로, 과학은 스스로의 방법, 대상에 대한 적응 및 스스로의 한계 등을 계속해서 밝히려고 애쓰는 데에 성립될 수 있다. 그래서 연구가들 사이에서는 자기들의 진행과정과 얻어낸 성과를 계속해서 교환해야만 한다. 학문(과학)은 이런 대화와 개방성 속에서만 생명을 유지한다. 우리는 동시에 이 대화가 이미 제출된 모든 주장들에 대한 비판을 내포하고 있다는 것도 알고 있다. 우리는 또 과학이란 미리부터 제기되어 있는 진리를 구별 짓는 수단을 깊이 생각해서 가능한 한 포괄적으로 적용하는 것이라고 말할 수 있다.

4. 두 가지의 가능한 방법

같은 단어들에 대해 정확히 같은 개념들을 얻어내기 위해 무엇보다도 필요한 것은 모든 거짓들과 잘못된 해석들, 간단히 말해서 단순한 주관적인 계기들이 방법을 통해 제거되는 것이다. 그러나 이것만으로는 충분치가 못하다. 왜냐하면 입장, 교육과 교양, 재능 등이 다른 사람들에게는 직접적으로 열려져 있지 않은 인식들을 한 개인에게는 가능하게 해줄 수도 있겠기 때문이다. 같은 사태에 대한 개념들이 단순한 주관적인 계기들 때문에 서로 다른 사람들에게 있어서 서로 다를 수 있는 것이 아니라, 이들의 인식이 옳기는 하나 그 깊이와 폭이 같지 않기 때문에 서로 다를 수 있는 것이다. 이런 경우에도 같은 단어들이 부분적으로 같은 내용만 뜻한다. 이 내용을 완전히 일치시키기 위해서는 처음부터 두 가지의 방법을 생각할 수 있다. 첫 번째 방법은 인식을 하는 서로 다른 사람들의 동일한 존재자에 관한 참된 모든 인식을 가능한 한 존재자에 관한 깊은 전체적인 직관으로 통일시켜서, 마침내는 동일한 개념이 모든 사람들에게서 가능한 한 동일한 내용과 깊이를 갖도록 함으로써, 내용들을 일치시키려고 노력하는 것이다. 이와 반대로 두 번째 방법은 개념에서 인식을 하는 모든 사람들에게 미리부터 공통적이 아닌 것은 모두 떼어내어 버리고, 공통적인 것만 최소한으로 남겨 놓는 것이다.

5. 학문의 주된 두 가지 부문

첫 번째 방법은 분명히 인식가능성이 지나치게 개인의 위치에 달려 있고, 대상의 내용이 너무나 풍부하고 너무나 깊어서 많은 인식들을 전체적으로 직관하거나 종합함으로써 그 대상을 재현할 수 있을 그런 때에 권장할 만한 것이다. 이 방법은 모든 개별적인 존재자들 자체에 해당되는 경우이며, 가장 높은 정도에 있어서는 개별적인 인격들과 공동체들에도 해당된다. 그래서 실제로는 이 방법은 역사과학 또는 정신과학의 방법이다. 이와 동시에 이 과학의 형식적인 목표, 즉 이 과학이 자기의 영역에 있는 존재자들에게 다가가려는 "돌이켜 봄"(고려함)이 밝혀진다. 이 형식적인 목표는 개별적인 것 또는 개체적인 것이다. 이와 반대로 두 번째 방법은 대상에 다가가는 것이 모든 사람들에게 원칙적으로 동일하고, 더 나아가서는 동일한 종에 속하는 개별적인 존재자들이 서로 그다지 다르지 않아서, 인식에서 특수한 것이 거의 주관이 덧붙인 것에서 생겨날 그런 곳에 알맞을 것이다. 그런데 이런 대상은 개성이 적고 비인격적인 존재를 가지고 있는 질료적인 것이다. 이 비인격적인 존재란 하나의 인격처럼 신뢰를 가지고 있을 수는 없으나 <알려지지 않은 것>을 간직하고 있을 수 있다. 그래서 이 두 번째의 방법은 자연과학의 방법이다. 이 자연과학의 형식적인 목표는 개별적인 것 그 자체가 아니라, 한 종이나 유(類)에 속하는 모든 개별적인 존재자들에게 공통적인 것 또는 보편적인 것이다.

6. 형식적인 목표와 대상

정신과학과 자연과학은 그들의 형식적인 목표를 통해 서로를 보완해 주고 있다. 한 쪽이 돌보지 않는 것이 다른 쪽의 대상이다. 방법은 형식적인 목표에 일치된다. 따라서 첫 째로 두 부문은 방법에 의해 구별된다. 동일한 존재자가 두 방법의 대상이 될 수도 있다. 인간에 관해서는 그저 정신과학만 있는 것이 아니다. 인간은 자연과학적인 연구들, 예컨대 생리학, 실험심리학 및 사회학 등의 대상이 되기도 한다. 거꾸로 사람들은 일회적인 사건들로 가득 차 있는 태양계의 역사를 쓸 수도 있다.

하지만 우리는 이미 이 두 가지의 방법들이 각기 하나의 특수한 존재단계들에 우선적으로 잘 들어맞는다는 것, 다시 말해 개체성이 강하냐 약하냐 하는 이런 존재단계의 <자체존재>에 바탕하고 있다는 것을 분명히 밝혀 두었다. 따라서 두 번째로는 이 두 가지의 부문들이 자기들이 우선적으로 다루는 대상들에 의해 구별된다. 인격과 질료 사이에는 활력적인 단계와 식물적인 단계가 있다. 이 단계들에 알맞는 생물학의 방법들은 역사적인 방법과 물리적인 방법 사이에 자리잡게 되는 것이 옳다. 그래서 과학은 우리들이 눈앞에 있는 것을 보고 그 본질을 밝혀내는 그런 종류의 과학을 형성한다. 역사학과 물리학이 이런 종류의 과학의 극단적인 경우이고, 원칙적으로는 이 두 과학들이 서로 관련되어 있다. 정신과학의 주된 대상에는 <이해를 하는> 인식이 알맞고, 자연과학의 주된 대상에는 <설명을 하는> 인식이 알맞기 때문에, 이 두 부문들은 각기 이런 종류의 인식들 중의 하나에 특별히 가깝다. 그러나 이런 종류의 인식들이 이 두 부문의 특징도 아니고 특히 그 방법에 본질적인 것은 아니다. 역사도 사실들을 확정짓는다. 다른 편으로 자연과학적인 방법을 이용하는 사회학과 실험심리학 등과 같은 과학들은 <이해>(理解)가 없이도 연구해 나갈 수 있다.

7. 역사의 학문성(과학성)

고대에서 근세에 이르기까지 사람들은 역사에다 한 가지의 과학으로서의 등급을 인정해 주지 않았다. 이런 일이 옳지 않다는 사실은 여태까지의 사실을 보면 당장 밝혀진다. 이런 일은 우리들이 이 두 부문들이 옛날부터 과학의 특징으로 되고 있는 각각의 성질들을 방법을 적용하는 데서 얻어낸 것이라는 사실을 드러내 보여줄 때, 한층 더 분명해진다. 그런데 사람들은 이런 과학을 역사에서는 찾아볼 수 없는 것이라고 믿었었다. 왜냐하면 사람들이 인식과 관계된 조건들을 인식의 대상에서 찾아 헤맸기 때문이다. 이런 성질들은 보편타당성, 지속, 필연성 및 확실성 등이다.

8. 학문의 본질적인 성질들

보편타당성은 학문에 본질적인 것이며, 학문의 방법을 통해 얻어질 수 있는 것이다. 모든 진리는 원래부터 보편타당성을 지니고 있다. 과학의 방법이 이 보편타당성을 실천적으로 만들어낸다. 이 보편타당성은 개별적인 존재자들이나 일회적인 사건들에 관련되는 진리들에도 붙어 있고, 또 꼭 마찬가지로 보편적인 개념에 관계되어 있는 그런 진리들에도 붙어 있다. 우리는 진리의 이런 보편타당성을 보편개념들의 내용의 대상적인 보편성과 혼동해서는 안 된다. 시저가 갈리아를 정복했다는 사실은 돌이 밑으로 떨어진다는 사실 못지않게 모두에게 타당하는 진리다. 그러나 첫 번째 경우는 오직 시저혼자에게만 타당하나,

두 번째 경우는 모든 돌에게 다 같이 타당한다.

모든 진리는 <지속>도 가지고 있다. 왜냐하면 진리는 영원한 참이기 때문이다. 소크라테스가 일정한 날에 독배를 마셨다면, 이 사실을 주장하는 명제는 2+2=4라는 명제와 같이 오늘날은 물론 영원히 참이다. 대상의 지속은 진리가 지속하는 데 아무런 영향도 미치지 못한다. 왜냐하면 진리는 대상에 붙어 있지를 않고 인식을 하는 사람의 행동에 달려 있기 때문이다. 사람들은 인격의 자기존재(自己存在)와 공동체 안에서의 공동존재(共同存在, Mitsein, 함께 있음)를 통해 시간의 흐름을 극복해낸다. 사람은 대를 이어 계속해서 있게 될 것이다. 그래서 역사의 진리도 자연과학의 진리와 똑같이 지속한다.

이와 마찬가지로 모든 진리에는 필연성이 있어야 한다. 필연성이란 지금 있는 것이 동시에 있지 않을 수 없다는 뜻이요, 따라서 있는 것이 있다는 주장은 필연적으로 참이며, 이런 주장에서 벗어나는 주장은 필연적으로 거짓이라는 뜻이다. 그래서 사람들이 진리를 말하고자 할 때, 시저가 갈리아를 정복했다고 말하는 것은 오늘과 영원에 이르도록 필연적이다. 이때 시저가 이 정복을 필연적이어서가 아니라 자유로이 행했다고 해도 사실은 조금도 달라지지 않는다. 왜냐하면 이 마지막 필연성은 대상의 존재방식에 해당되는 것이지, 진리의 필연성과는 완전히 다른 것이기 때문이다. 과학으로서의 역사를 비난하는 일은 이 두 가지 필연성들을 혼동하는 데서 생긴 것이다. 필연적으로 생기는 것은 그 필연성이 이 생긴 것의 원인 안에 있다. 즉 그 일 자체가 있기 이전에 있는 일시적인 필연성(necessitas antecedens)인 것이다. 이런 존재의 필연성은 자유와 <존재할 수 있음>이나 <존재할 수 없음> 등과 양립할 수 없다. 이와 반대로 진리에 머물러 있기 위해 하나의 존재자에 관해 이런 것은 주장하고 저런 것은 주장할 수 없는 다른 필연성은 이 존재자가 자유롭건 자유롭지 못하건 간에, 이러하고 다를 수 없거나 다를 수 없었다는 사실에 바탕하고 있다. 즉 다른 필연성은 사실이 있은 다음에 있게 되며, 그 존재방식에서는 달라진 것이 아무 것도 없다. 이런 필연성은 <뒤따라오는 필연성>(necessitas consequens) 이다. 이런 필연성은 분명히 역사적인 진리에도 없어서는 안 된다. 이와 반대로 다른 필연성은 역사의 진리와 일치될 수가 없다.

마지막으로 학문적인 인식의 확실성은 진행과정의 우수성과 결과들을 계속해서 검증할 수 있는 가능성 등의 결과로서 생겨난다. 왜냐하면 모든 참된 인식은 그 근거들을 깨닫고 있고 그 대상에 도달할 줄 아는 한 확실하기 때문이다. 이런 확실성은 역사에서처럼 대상이 우연히 실재하고 있는 경우에도 있다. 왜냐하면 한 가지의 확실성은 바로 이미 다뤘던 것처럼 그 대상의 존재방식에 달려 있는 것이 아니라, 주관의 인식방법에 달려 있기 때문이다. 그래서 역사학도 자연과학과 똑같이 좋은 학문이다.

제2장 정신과학들

1. 인간의 역사성

인간은 개인으로서도 또 공동체의 구성원으로서도 한 역사적인 존재다. 이 말은 인간의 본질이 자연에 따라 일의적으로 고정되어 있는 것이 아니라, 인간이 스스로 자유로이 결정할 수 있을 일정한 범위의 가능성이 허용되어 있다는 뜻이다. 이런 결정이 한 번 내려지고 나면, 이 결정은 개인과 공동체에서 계속해서 영향을 미치고, 새로운 가능성들을 열어주기도 하고 다른 가능성들은 배제하기도 한다. 그래서 앞으로의 모든 결단들은 앞선 결단에 의해 다르게 되어버린 하나의 근거에서 생겨나는 것이다. 따라서 <역사적>이라고 하는 것은 그 근거를 지나가 버렸으나 지금도 영향을 미치고 있는 결단들과 결과들에 두고 있는, 여러 가능성들 중에서 결단을 내린다는 것이다. 이렇게 해서 역사에 의해 정해진 현재를 미래를 위한 근거로 만드는 것이다. 그러나 이럴 때 인간들이 공동존재(함께 있음) 안에서 서로 연결되어 있기 때문에, 자신의 지난날의 결단들과 태도들만 문제되는 것이 아니라, 결단을 내린 자가 처해 있는 공동체를 함께 형성했던 모든 사람들이 다 문제되는 것이다.

2. 역사적인 사고의 동기

모든 인간, 모든 공동체 및 모든 시대 등에는 역사적인 힘들이 작용하고 있다. 이 역사적인 힘들은 실제로 있는 것보다 다를 수 있었던 그런 태도들과 결단들에 바탕하고 있다. 하지만 대개의 경우 이 힘들은 그 안에서 활동하고 있는 인간들에게는 의식되지 않고, 자명하고 자연적인 것이라고 느껴진다. 그래서 원시적인 사고가 암암리에 경험한 힘들을 상징화하고 있는 신화와 설화에서는 역사적인 것과 자연적인 것이 거의 구별되지 않은 채로 공존하고 있고, 같은 방법으로 표현되고 있다. 그러나 서로 다른 문화들이 마주치게 되면, 역사적인 것으로 되어버린 것에 대한 이런 자명성이 흔들리게 된다. 그래서 사람들은 자기의 주위에서는 관습과 제도들이 왜 이러하며, 다른 문화를 가진 인간들에게 있어서는 왜 다른가 하는 물음을 제기하기 시작한다. 이런 인간은 역사적으로 생각하기 시작한 것이다. 과거에로의 접근을 보장해 주는 한 가지의 방법이 마련되어 있을 때에는, 이러한 사고에서 정신과학들이 태어나게 된다. 우리는 이런 과학이 존재자들과 사건들의 개별적-일회적인 계기를 존중한다는 사실을 그 근원을 보고서도 이해할 수 있다. 이 과학은 아무런 의문도 제기하지 않는 공통적인 것이 아니라, 제도들과 습관들이 다르게 된 이유를 알려고 한다.

3. 객관정신과 그 인식

개별적인 존재자들은 현재에 있어서는 자기 자신과 남의 다양한 개별적인 경험들을 종합해 봄으로써 인식될 수 있다. 이 개별적인 경험들이 다양하기 때문에 존재자들이 한꺼번에 논란되고, 가능한 한 많은 측면들이 밝혀지게 된다. 이 경험들은 그 안에 인식하는 사람들이 함께 살고 있고 또 그 자체가 역사적으로 되어버린 공동체의 정신세계 안에, 즉 객관정신 안에 바탕하고 있다. 이런 정신세계 안에 있는 사람들에게만 <전달해 줌>과 <속마음을 밝히는 것>이 좋은 뜻을 갖게 된다. 이런 세계에 낯선 사람은 이 세계가 <알려주는 것>을 자기 자신의 세계를 바탕으로 해서 이해할 것이다. 그래서 자기의 세계와 다른 세계가 역사적으로 공통적인 것을 적게 가지고 있을수록 그만큼 더 이 <알려줌>을 이해하지 못하는 일이 많을 것이다. 하지만 이런 오해는 말을 주고받음으로써 적어도 원칙적으로는 천천히 제거될 수 있고, 필요한 정도까지 올바르게 이해할 수 있게 될 것이다.

과거의 인간들과 공동체들도 자기들에게 고유한 정신세계에 살았었다. 이 정신 세계는 그것이 시간적으로 우리들과 멀리 떨어져 있을수록, 또 우리들의 과거와 다른 과거를 배후에 지니고 있을수록 그만큼 더 낯설 것임에 틀림없다. 이런 세계를 올바르게 이해할 수 있기 위해서는 거듭해서 되물어보는 것과 수정을 가하는 것 등은 쓸모가 없다. 왜냐하면 그 때의 사람들은 이미 없기 때문이다. 하지만 우리들은 그들로부터 많은 문화적인 사물들을 이어받아 있다. 그러나 이미 말한 바와 마찬가지로 이런 문화적인 사물들을 형성할 때 독자적인 파악과 태도, 간단히 말해 개인과 공동체의 정신세계는 대부분 무의식적으로 이뤄졌던 것이다. 그래서 역사에 있어서는 이 문화적인 사물들이 과거 시대의 증거들로 된다. 그러나 이 문화적인 사물들을 올바르게 이해하기 위해서는 이것들이 스스로의 독자적인 정신세계, 즉 그 근원과의 연관들 속으로 되돌려 놓아져야만 한다. 이렇게 하는 수단을 마련해주는 것은 이 문화적인 사물들 자체다. 모든 정신세계는 그 공동체의 모든 구성원들 안에 살아있었고, 모든 사람들이 특별한 표현방식으로 표현하고 표명했던, 그런 다양한 연관이다. 그래서 모든 증거는 이 세계의 한 가지 측면, 즉 한 가지의 특별한 모습을 다시 보여주는 것이다. 이 측면이나 모습들 전체는 전체적으로 바라볼 수 있도록 하기 위해 과거의 세계를 재생시키고, 보고 있는 사람을 당장 하나하나의 증거들을 올바르게 이해할 수 있는 동시대인으로 만들어 버린다.

4. 역사적인 방법

이렇게 해서 다음과 같은 방법들이 생겨난다. 즉 첫 번째 증거에는 연구가가 자기 자신의 세계를 가지고 접근해 간다. 그래서 이 연구가는 자기와의 정신적인 거리를 깨닫기 위해, 무엇보다도 그 증거가 낯설고 이해할 수 없는 속에서 자기에게 영향을 미치도록 마음 쓸 것이다. 첫 번째 증거에 대한 경험은 이미 두 번째 증거를 보다 더 잘 이해할 수 있도록 해주고, 그런 다음에 첫 번째 증거를 되돌아보게 해줄 것이다. 연구가가 여러 증거들을 많이 대하면 많이 대할수록, 그만큼 더 이 증거들이 서로 이해할 수 있도록 해주고, 그만큼 더 하나하나의 것들을 통일된 새로운 세계로 묶어주고, 또 그만큼 더 순수하게 이 세계로부터 근원적인 <독자 존재>와 진정한 뜻을 가지고 있는 개별적인 것들이 이 연구가에게 비춰진다. 이렇게 서로간에 비춰주는 진행과정은 이 정신세계들의 구조에 정확하게 들어맞는다. 이 정신적인 세계들이란 실체가 아니라, 개별적인 인격들이 걸머지고 있는, 상호간에 영향을 미치는 커다란 관련들이다. 그래서 이런 진행과정은 순환논법, 아니 결론이 아니라, 점점 더 완전해지는 <종합적으로 바라보는 것>이다. 모든 것이 일종의 정신적인 중심점을 에워싸고 배열되어 있는 이러한 <바라봄>의 설득력 안에 이 <바라봄>의 진리를 구별하는 수단이 있다.

이해를 하면서 전체를 바라보는 것은 역사연구에서는 하나의 본질적인 과제다. 그 어떤 한 사람 한 사람의 증인도, 또 가장 참된 증인도 완전히 객관적이지는 못하다. 한 인격이나 사건에 대한 이런 한 개인의 견해는 언제나 부분적인 견해다. 그 개인은 무의식적으로 자기의 입장에서 그 부분적인 견해를 얻어낸 것이다. 다른 편으로 거짓된 증인은 사기를 하는 동기와 방법에서 자기 자신과, 자기가 속여먹으려고 했던 사람들의 종류를 폭로하고 있다. 하지만 이런 맥락에서 개별적인 증거들은 일상생활에서 개별적인 경험들이 서로 보완되고 바로잡히는 것과 비슷한 방법으로 보완되고 바로잡힌다. 다만 역사에서는 이런 비판이 방법적으로 보장되어 있을 뿐이다. 일상생활에서의 인식에 비해 역사는 커다란 장점을 가지고 있다. 즉 역사는 같은 세대의 사람들이 언제나 조그만 토막밖에 체험하지 못한 것을, 예컨대 커다란 사회와 시대, 전투와 전쟁, 천천히 진행되는 발전 등과 같은 전체로서 <전체적으로 바라본다.>는 장점을 지니고 있다.

5. 역사적인 인식의 한계

역사적인 방법은 살아 움직이는 교통(교섭)에 대해서는 되물어보고 바로잡을 가능성들이 매우 제한되어 있다는 단점을 지니고 있다. 증거들이 다양하다는 것과 이 증거들이 서로를 밝혀 준다는 것이 간접적인 교통을 약간은 대신해 준다. 그러나 모든 증거는 한 가지의 지식만을 말해 주고, 어둠 속에 감춰져 있는 다른 것들은 해명해 줄 수 없다. 이런 결함을 약간 보완해 주는 것은 연구자들이 서로 이해를 나누는 것이다. 서로 다른 인간들과 다른 시대들은 과거의 이런 측면이나 저런 측면에 대해 특별히 정신적으로 가깝다. 이 정신적인 가까움이란 이 사람들과 이 시대들의 감각 깊숙이 스며있는 것이다. 그래서 이 사람들과 시대들은 과거를 인식하는 데 있어서 서로 보완을 할 수 있을 것이다. 따라서 과학으로서의 역사는 그 자체가 역사적이다. 앞 세대와 다른 정신적인 교양에 대한 연구가들의 인식은 가능한 한 고려되어야 한다. 그래서 역사적인 연구의 진보는 기술과 자연과학의 진보처럼, <앞지르기>를 통해 지난날의 업적의 값어치를 떨어뜨리지 않고, 마치 후세의 예술품이 지난날의 예술품을 쓸모없는 것으로 만들지 않는 것처럼 해야 한다. 역사연구에 있어서의 진보는 심화(深化)하고 풍부하게 하는 데 있다.

이렇게 접근해 감으로써 연구가(연구하는 사람) 자신의 세계 대신에 지난날의 근원적인 세계가 나타날 것이요, 이 근원적인 세계를 바탕으로 해서 진정한 이해가 가능해질 것이다. 원칙적으로는 이 근원적인 세계에 완전히 도달하지는 못한다고 하더라도, 이것에 접근해 가는 일에는 제한이 없다. 그러나 실제적으로는 한계들이 있다. 우리는 한 시대나 한 문화의 작품들 전체를 가지고 있을 수가 없다. 이 작품들의 수가 적으면 적을수록, 이 작품들이 가능하게 해주는 모습(像)이 그만큼 희미해지고 알맞지 못할 것이다. 그밖에도 한 연구가는 자기의 제한된 능력으로 언제나 하나의 제한된 수의 증거들만 자세히 연구할 수 있다. 마지막으로 이런 접근은 과거의 세계에 의해 자기 자신의 세계가 계속해서 바뀌어져 나갈(代置) 때 가능해진다. 그러나 이런 접근은 연구를 하는 시간에만, 그리고 인식을 위해서만 가능해진다. 이와 반대로 자기 자신의 세계는 연구가 안에 계속해서 남아 있고, 이 연구가의 인식뿐만 아니라 그의 전체적인 존재에 침투해 있다. 그래서 이 자기 자신의 세계는 절대로 완전히 제거되지를 않는다. 그러나 자기 자신의 세계와 자기 자신의 이해관계(관심)와 평가 등을 점점 돌보지 않으려는 노력이 연구가에게 반드시 따라다녀야 하고 또 그렇게 할 수도 있다. 연구가는 객관적인 태도를 취해야만 한다. 하지만 역사적인 인식은 언제나 대략적인 것에 지나지 않는다. 이 역사적인 인식은 틀린 것은 아니나 충분치는 않은 것이다.

6. 역사적인 인식가능성의 단계들

서로 다른 증거들은 증인들의 사태에 관한 지식과 믿음직함에 의해서만 서로 다른 가치를 가지고 있는 것이 아니다. 이 서로 다른 가치들은 본성적으로 일의성(一義性)의 서로 다른 계층에 배열되어 있다. 맨 꼭대기에는 글씨로 쓰여진 단어가 있다. 이 단어는 정보(알려줌)의 분명한 일의성과, 이 정보를 이해하는 사람으로부터 이해하는 사람으로 계속해서 전달해 주는 데 참여하고 있다. 그래서 우리는 글자로 쓰여진 증거들을 남긴 그런 시대를 역사 이전의 시대와는 반대로 역사적인 시대라고 한다. 물론 이 두 가지의 존재방식에 있어서는 전자(역사 이전의 시대)가 비역사적이다. 글자로 쓰여진 증거들에 따라 도구들이 분명하게 밝혀진다. 그러나 이 글자로 쓰여진 증거들의 내용이 빈약한 것이 문제다. 그래서 이 글자로 쓰여진 증거들도 그다지 성과가 없다. 이런 증거들에 비해 예술과 양태(모양) 등에서 단순하게 표현된 것이 내용적으로는 훨씬 더 풍부하다. 그러나 객관적이고 일의적으로 파악하기는 훨씬 더 어렵다. 왜냐하면 이 단순한 표현들은 그것을 변경시키지 않고 계속해서 전달해 주려고 할 때에, 그것을 표현하는 사람과 그 사람의 환경에서 분리해내기가 매우 어렵기 때문이다. 내적인 것과 외적인 것을 연결하는 일은 단어와 의미를 연결하는 것보다 훨씬 더 다의적(多義的)이다. 마지막으로 내적인 상태들은 심리적인 것에 내포되어 있다. 그래서 이 내적인 상태들은 서로 직접적으로 비교될 수는 없고, 정보로 바뀌어져야만 비교될 수 있다. 따라서 표현을 한 사람과 이해를 하는 사람 사이의 일치는 거의 검증될 수가 없다. 그래서 과학으로서의 역사는 지난날의 사건들을 뒤에 와서 체험하는 것이 아니라, 인식하는 것에 지나지 않는다. 뒤에 와서 체험하는 일은 역사적으로 확정된 성과들을 바탕으로 해서 시도될 수는 있으나, 이런 시도가 정당성을 가지고 있는 것은 아니다. 딜타이는 자기의 획기적인 연구들에서 정보와 표현을 충분히 구별하지 못하고, 정보를 표현과 너무나 가까운 것으로 끌어내렸다.

객관적인 인식을 쉽게 해주는 정도에 따라 다음과 같은 단계들이 구별된다. 역사는 하나의 커다란 공동체와 널리 펴져 있는 시대의 특성을 가장 쉽게 파악한다. 왜냐하면 여기서는 증거들의 수가 매우 많고, 이 증거들의 정신세계가 비교적 꽉 닫혀 있지 않고 정해져 있지 않기 때문이다. 한 개인의 전체적인 성격과 기본적인 태도를 정확하게 규정하는 것은 보다 더 어렵다. 그러나 여하튼 이 과제는 여러 경우들에 있어서 충분한 확실성을 가지고 해결될 수 있다. 이와 반대로 개별적인 사건들에 있어서의 동일한 인간의 태도와 그의 정서 및 행동원인 등에는 다가가기가 어렵고, —여기서는 단순한 개연성으로 만족해야 할 때가 자주 있다.

7. 역사적인 통일

한 사람의 동일한 인간과 하나요 동일한 공동체 안에서는 언제나 다수의 역사적인 힘들이 작용하고 있다. 이제 이 힘들이 흘러가는 시간 속에서 어떻게 하나의 통일을 이뤄나가는가 하는 것을 알기 위해 이 힘들 전체에 주목해 보기로 하자. 그러면 삶에 대한 묘사들과 독일 민족의 역사와 같은 현실적인 공동체들의 역사들이 생겨난다. 또는 이 힘들의 하나하나가 따로 떼어내어져 그 자체만 추구되기도 한다. 이렇게 해서 특수 역사들, 즉 예술사나 경제사 등이 생겨난다. 마지막으로는 이 두 가지 종류가 일정한 시대에만 제한된다. 예컨대 "아우구스투스의 로마시대", 또는 "17세기의 독일 음악" 등등. 리커어트(Rickert)가 역사적이라고 말했던, 알맞는 개념들은 이미 다뤘던 집단개념들에 속한다.

8. 역사와 예술

역사적인 개념들은 공식에 의해서는 규정되지 않는다. 그래서 묘사해 나가는 걸음걸이를 바꿔, 눈길이 그것으로부터는 모든 것이 다 하나의 통일체로 보이는 그런 중심으로 향해져야만 한다. 개성을 이렇게 묘사하는 것은 외적으로는 역사를 예술에 접근시켜 준다. 그런데 오직 외적으로만 그렇다. 왜냐하면 예술은 경험에 바탕하고 있는 생산품이기 때문이다. 이런 생산품을 통해 기분(정서)들은 형태를 갖추어, 이런 것을 표현하기 위해서만, 순수하게 표현되게 된다. 이와 반대로 역사의 척도는 가능한 한의 표현의 순수성이 아니라 과거에 있었던 현실에 가능한 한 가까이 있는 것이다. 예술가의 소질들은 역사가의 연구 성과들을 전달해 줌으로써 역사가에게 크게 이바지할 수 있다. 그런 것이 이바지라면 말이다. 그러나 연구 자체에 있어서는 이런 예술가적인 소질들이 위험으로 될 수도 있다.

9. 선택의 원리

과거는 너무나 풍부하기 때문에 연구가 필연적으로 제약될 수밖에 없다. 이러한 제약을 선택하는 원리는 방법 자체도 제공해 준다. 원래 모든 인간 또는 공동체들과 모든 사건들이 다 역사의 대상으로 될 수 있다. 왜냐하면 이런 것들은 모두 개별적이기 때문이다. 만약에 방법적으로 올바르게 조치해 나간다면, 기타의 여러 문제들에서 각각의 연구가는 제 마음대로 자기의 대상을 선택할 수 있다. 그러나 많은 사람들과 사건들은 그 개성에 있어서는 자기들의 환경에서 뚜렷이 떨어져 있지를 않고, 오직 외부적인 층에서만 뚜렷이 떨어져 있기 때문에 노력을 한 것만큼 성과를 거두지 못할 것이다. 그래서 연구는 저절로 역사에서 어떤 새로운 것을 말해 주고, 그것으로부터 특별한 영향이 퍼져나갈 그런 사람과 시대에로 향하게 된다. 이와 같은 이유 때문에 연구는 개별적인 인간보다 공동체들에 우선권을 주는 그런 경우가 매우 많다.

10. 법칙들이 아니라 가능성들에 관한 인식

역사의 형식적인 목표에서 당장 나오는 결론은 <역사적인 법칙들은 없다.>고 하는 것이다. 더욱이 이런 법칙들이 연구의 목표일 수는 없다. 법칙들에 해당되는 것은 <규칙적으로 되풀이되는 것>이다. 역사는 일회적인 것으로 끝난다. 그러나 자연과학적인 방법을 이용하는 여러 과학들, 특히 사회과학은 역사와 똑같은 현실을 대상으로 삼을 수 있다. 이런 과학들은 언제나 정해지지 않은 채로 남아 있을 것이고, 바로 우리들 인간에게서 매우 중요한 일회적인 특수성은 제외시키고 말 것이다.

이와 똑같은 이유 때문에 역사는 언제나 새로운 미래를 위한 기술들을 정립하지 않는다. 역사는 과거에로 향하고 있다. 역사의 의미는 일종의 다른 의미다. 역사는 무의식적으로 우리들 안에서 작용하고 있는 힘들을 어둠에서 끌어내어 인식의 빛으로 들어올린다. 그래서 역사는 우리들로 하여금 이미 <이뤄져 있는 것>을 이해하도록 가르쳐 주고, 우리들이 여태까지 본성적으로 확실한 필연성이라고만 보아 왔던 곳에서 우리들의 눈을 여러 가지 가능성을 보도록 열어 준다. 이렇게 해서 역사는 완전한 인식 속에서 결단들을 내리게 해준다. 즉 단순히 충동에 휘몰리는 존재가 아니라 진정한 결단을 내리게 한다. 따라서 역사는 인격으로서의 인간의 본질에 바탕하고 있으며, 고등문화에서는 없어서는 안 될 그런 역할을 한다.

11. 역사와 가치

하지만 역사 그 자체는 이런 한계선 상에서 중지한다. 이제 역사가 아니라 책임 있는 인격이 얻어낸 인식을 바탕으로 해서 결단을 내린다. 이 결단은 자유롭다. 이 결단은 인식된 힘들을 긍정하고 강화시킬 수도 있고, 또는 이 힘들에 반대하여 약화시킬 수도 있다. 과거는 자체 안에 좋은 것과 나쁜 것을 감추고 있다. 역사적으로 이뤄진 것을 그 가치에 따라 평가하고, 긍정하거나 거부하는 것은 역사가 할 일이 아니라 가치의 원칙을 손에 쥐고 있는 인격이 할 일이다. 만약에 역사가 평가를 하기를 원한다면, 역사는 스스로의 객관성을 포기하지 않으면 안 된다. 그래서 평가(가치를 인정하는 것)는 역사 자체의 특징일 수 없다. 그리고 또 사회학, 실험심리학 및 경제학 등과 같은 여러 과학들의 대상들도 역사적인 성격은 가지고 있지 않고, 가치가 붙어 있는 것이라는 특징을 가지고 있다. 꼭 한 가지 옳은 것은 역사적인 인식의 으뜸가는 대상, 즉 인간이 우리들의 경험의 범위 안에서 마주치는 최고의 가치를 나타내고 있다는 사실이다. 그래서 방법이 역사와 가치의 연관을 나타내는 것이 아니라, 이런 연관을 나타내는 것은 으뜸가는 대상, 즉 인간이다.

12. 자유에 이바지하는 역사

역사는 우리들 안에서 작용하고 있는 여러 힘들을, 인식에서는 우리들에게 대립시킨다. 따라서 자유롭고 책임 있는 행위를 할 수 있게 해주기 때문에, 우리는 역사의 의미를 인간을 과거에서 해방시켜 주는 것이라고 할 수 있다. 그러나 이런 해방은 역사적으로 이뤄진 모든 것을 일방적으로 거부한다는 뜻은 아니다. 역사적인 조건들이 정당하게 이뤄진 것이라고 인식되었을 때에는, 이 조건들을 거부하는 것은 좋지 않은 짓이다. 왜냐하면 이 조건들은 역사에서 생겨난 것이기 때문이다. 해방은 이런 거부를 뜻하는 것이 아니다. 해방도 비록 부정적이기는 하지만 과거에서 비롯된 것이다. 어떤 것이 역사적인 것으로 되었다거나 지나간 시대에 실증되었다고 해서, 이 어떤 것을 논란할 여지도 없이 좋은 것이라고 생각하는 것은 잘못된 보수주의일 것이다. 역사는 원래 생명의 원천도 아니며, 죽음의 원천도 아니다. 각 개인들이 자기의 결단을 통해 역사를 그렇게 만들 뿐이다. 역사적인 인식들에 바탕해서 새로운 결단들을 내림으로써 역사 자체가 역사적인 요인으로 된다. 역사적인 힘들은 역사를 통해 새로워진 작용을 할 수 있다. 그래서 한 개인, 한 작품이나 사건의 역사적인 영향은 인류의 역사가 끝날 때까지 끝날 수가 없다. 그러나 역사적인 존재가 끝나지 않는다는 것은 존재자들이나 사건들 그 자체와는 상관이 없다. 새로운 것은 새로우면 새로울수록, 거듭해서 역사를 인정하는 살아서 움직이는 인격들의 현실에 바탕을 두고 있으며, 따라서 그 존재를 인격 안에 두고 있다. 이와 마찬가지로 이렇게 <끝나지 않는다는 것>은 역사적인 인식이 불충분한(불완전한) 것과는 구별되어야 한다.

13. 역사와 철학

정신과학자가 자기 학문의 궁극적인 의미를 알 필요는 없다. 그리고 그 의미를 의식적으로 알아내려고 할 필요는 더더욱 없다. 정신과학자는 오히려 사태 자체에 이끌려가야만 한다. 또 과학자로서의 정신과학자는 자기의 대상 자체의 형이상학적인 존재와 자기가 이용하는 방법의 유효범위 및 오랫동안 분명하게 알려지지 않는 기본적인 전제(조건)들을 분명하게 알고 있을 필요도 없다. 정신과학들에서 이 과학들 자체를 넘어서는 결론들이 내려질 때에야 비로소 이런 물음들이 제기된다. 그러나 이 물음들에 대한 대답은 정신과학 자체에 의해서 주어질 수는 없다. 이런 일이 정신과학 전체를 넘어서서 일종의 다른 과학, 즉 철학으로 가라는 지시를 해주고 있다.

제3장 자연과학들

1. 인간은 자연의 제약을 받는다.

인간은 역사적인 사건에 의해서만 정해지는 것이 아니다. 인간의 삶은 모든 방향으로 자연에 의해 에워싸여 있고, 자연에 의해 지탱되고 있다. 또 인간은 자기의 육신을 위해 영양, 의복, 주거 등을 필요로 하고 있다. 인간의 정신적인 삶마저도 육신을 통해 질료에 얽매여 있다. 그래서 이 정신적인 삶은 그림, 책들, 상징, 도구 등과 같은 질료적인 사물들의 도움과 지탱 없이는 영위될 수 없다. 또 언어적인 교통마저도 감각적인 소리들이 없이는 불가능하다. 그래서 인간은 자기의 삶에 유익하거나 해로운 자연의 사물들을 알고 있어야 한다. 즉 자기 자신의 태도를 유익한 것이나 해로운 것으로 방향짓기 위해 이것들의 작용들을 미리 알고 있어야 한다. 예컨대 만약에 식물의 독성이나 동물의 위험성이 언제나 이미 생긴 결과를 보고 확정될 수 있다면 삶은 불가능할 것이다. 그래서 일찍부터 인간의 노력은 질료적인 사물들의 한결같은 결과들(작용들)을 앞질러 내다보려는 방향으로 나아가고 있다. 우리는 이 질료적인 사물들의 아직 보이지 않는 작용을 확실하고 쉽사리 정의내릴 수 있는 성질들에 따라, 특히 형태와 색깔, 운동방식, 무게와 딱딱함 등에 따라 미리 읽어낼 수 있다는 사실을 언제나 알고 있었다.

2. 귀납법의 문제

인간이 자기의 행동과정을 분명하게 해명하지도 않고 간접적으로 생활에 필요한 것을 요구하는 한, 인간이 불규칙적인 방법으로 이미 행했던 일을 방법적으로 완성해 주는 것이 자연과학이다. 이런 방법은 실험에 의한 불완전한 귀납법(歸納法) 안에서 성립된다. 이 방법은 실험을 해서 얻어낸 몇몇 성과들을 바탕으로 해서 같은 종류의 모든 가능한 경우들 전체에서 생긴 사건들을 유추해낸다. 사람들이 이 방법의 정당성에 관해 깊이 생각하기 시작한 이후로 이런 진행 과정이 논리적으로 정당화될 수 없는 것으로 생각되었다. 어떻게 해서 몇몇 경우들의 결론이 모든 경우, 심지어는 미래의 경우에도 가능할 수 있겠는가? 일련의 해결책들이 고안되어 있다. 그래서 사람들은 아무런 증거도 없이 자연은 계속해서 같은 모양을 하고 있다는 것을 전제로 삼게 되었다. 그런데 바로 이것이 문제로 되고 있다. 칸트는 인간의 정신은 필연적인 구조들을 지니고 있다고 가르쳤다. 그런데 인간의 정신은 이 범주들에 따라 인식 속에 현실을 받아들여 변형시켜 나간다는 것이다. 이런 구조들이 없으면 인식도 없다. 그래서 사람들은 어디에서나 필연적으로 이 구조들의 결과로서의 동일한 연결고리들을 발견하게 될 것이다. 그렇게 해서 칸트가 자연법칙의 보편성과 필연성을 매우 분명하게 설명했다면, 그는 우리들의 인식이 본래 있는 그대로의 현실에 다가가는 길을 닫아버린 것이다. 따라서 칸트에 따르자면 우리는 현실의 현상(現象, Erscheinung, Phaenomene)만 파악할 수 있을 뿐이다. 이런 것이 옳지 않다는 것은 우리들이 이미 첫머리에서 지적해 주었던 바다.

3. 실험

귀납법에 대한 올바른 논증과 평가는 오히려 이 귀납법의 출발점인 실험을 연구하는 데서 발견될 수 있다. 실험이란 그 본성에 따르자면 마음대로 자주 그리고 되도록 많은 연구가들에 의해 똑같은 방법으로 되풀이될 수 있는 진행과정이나 <생긴 일>이다. 이렇게 할 때 밝혀지는 것은 쉽사리 확인할 수 있는 성질들의 일정한 그룹(집단)과 보다 어렵게 다가갈 수 있는 두 번째 그룹이 결합되어 있다는 것이다. 첫 번째 그룹은 종(종(種)의 본질을 묘사하는 데 쓰여진다. 두 번째 그룹은 이 종의 필연적인 성질들과 작용들을 나타낸다. 그래서 우리들은 정해진 색깔과 굳기와 무게를 지니고 있는 쇠(鐵)라는 질료와 압력에 일정하게 저항하는 것과 일정한 융해점(녹는 점) 등등이 결합되어 있다는 것을 알게 된다.

그러나 모든 존재자들이 독자적이고 개별적이라는 것은 하나의 일방적인 존재법칙이다. 그 무엇에 의해서도 완전히 똑같은 두 존재자들은 둘이 아니라, 하나의 유일한 존재자일 것이다. 그럼에도 불구하고 서로 다른 장소들에서, 서로 다른 시간에, 서로 다른 연구가들에 의해, 서로 다른 존재자들에게 행해지는 실험이 동일한 결과를 나타낸다면, 이런 동일한 결과는 실험에서 얻은 인식이 이미 본성적으로 단순히 단 한 번의 경우에 생기는 것들은 모두 배제하고, 오직 공동적인 것만 남겨두거나 확정하는 것 등에 의해 생기게 된다. 그러나 이런 것은 정확하게 동일한 개념들을 얻어낼 수 있을 여러 방법들 중에서 두 번째 방법이다. 이 두 번째 방법은 바로 역사적인 방법과 반대되는 것이다. 이런 방법의 결과는 한 가지의 모든 존재자들에게 공통적인 것, 즉 오직 이 공통적인 것만을 내포하고 있는 보편적인 법칙들 안에서 이뤄지는 것임에 틀림없다. 이 법칙들에 들어맞는 개념들이 보편개념들이다.

4. 귀납법의 적용가능성

그래서 이런 방법(귀납법)은 현실에 대한 한 부분적인 견해만 파악한다. 이 부분적인 견해는 한 가지 종류의 개별적인 존재자들이 서로 차이가 적게 나면 적게 날수록, 또 이 존재자들의 개성이 강하지 않으면 강하지 않을수록, 그만큼 더 전체적인 현실의 인식에 가까워진다. 헌데 우리는 이미 여러 차례 존재의 단계들이 높아질수록 개성의 강도(強度)가 줄어든다고 말해 왔다. 질료의 궁극적인 작은 부분들은 서로 차이가 가장 적게 난다. 그래서 이것들의 차이는 관찰의 한계선 상에 놓여 있다. 우리는 이런 방법이 질료를 인식하는 데 가장 알맞다는 것을 보고 놀랄 필요는 없다. 우리는 이 방법이 생략해 버리는 것은 그 이상 더 파악할 수가 없다. 그래서 여기서 발견된 법칙들은 정확하다. 즉 개별적인 현실에서 이 법칙이 벗어나는 일은 거의 없기 때문에 우리들의 관찰에서는 이 법칙들이 제외되어 있다. 그러나 이미 식물적인 생명 자체의 단계에서는 이런 정확성이 중단되고, 살아 움직이는 것의 단계에서는 이런 정확성이 한 층 더 불가능하게 된다. 생물학의 모든 법칙들은 그 안에 종(種)이 보존되고 있는 가능성들의 폭(넓이)만 더욱 더 제한한다. 그러나 이런 폭의 내부에 일정한 식물이나 일정한 동물이 들어오게 될 때에는, 그 크기, 행동 및 생명의 길이 등은 법칙을 통해 오직 개연적으로만 예언될 수 있을 뿐이다. 그래서 자유로운 행위들을 위해서는 통계적인 법칙만 있을 뿐이다. 이 통계적인 법칙이란 개별적인 경우에 대해서는 단순한 개별성만 가지고 있는 그런 법칙이다. 법칙들의 정확성을 이렇게 단계짓는 것은 우리들의 연구가 옳다는 것을 증명해 주고 있다. 이렇게 단계짓는 것은 또 방법이 바탕하고 있는 존재의 근거를 드러내 보여주는 것이기도 하다. 즉 존재의 단계들과 개성의 강도가 일치를 이루는 존재의 법칙을 드러내 보여주는 것이기도 하다.

5. 개별적인 원인들의 구별

그러나 방법이 하는 일에는 또 다른 한 가지가 있다. 지나가 버린 행동과 업적들은 이것들의 실제보다 덜 독자적인 것으로 보이기 쉽다. 왜냐하면 우리는 이 지나가 버린 행동과 업적들을 우리들의 세계관에 따라 재기 때문이다. 즉 역사는 지나가 버린 행동과 업적들을 그 당시의 세계의 배후에 머물러 있지 않게 함으로써, 비로소 이것들을 진정한 새로움 속에서 비춰준다. 이와 반대로 자연에서 생긴 일은 자연과학적인 지식을 조금도 가지고 있지 않은 관찰자에게, 언제나 새로운 것과 미리 예측하지 못했던 것을 산출해내는 그냥 지나칠 수 없는 다양한 것들이 있다는 인상을 심어준다. 그래서 고대인들과 중세인들에게는 여러 가지 우연(偶然)이 있는 것으로 보였고, 따라서 자연과학의 인식에는 다가갈 수 없는 것으로 생각되었다. 동일한 원인들이 그 작용에 있어서 아무런 근거도 없이 소홀히 다뤄지는가 하면 완전히 제외될 수 있는 것 같기도 했다. 그러나 언제나 새로운 조건 아래서 실험을 되풀이하는 데서 밝혀진 것은 질료적인 것에 있어서의 새로움은 우연이나 동일한 질료적인 사물이 뒤바뀌는 관계에 바탕하고 있다는 것이 아니라, 그것에 의해 모든 것들이 언제 어디서나 필연적으로 동일한 방법으로 작용하는 일정한 수의 원인들이 다양하게 결합하는 결과라는 것이다. 전체적인 결과만이 전체적인 원인과 바뀌게 된다. 그래서 방법이 개별적인 원인들의 본성에 의해 요청되지 않은 <동시에 일어남>과 개별적인 원인이 필연적으로 따라서 계속적으로 작용하는 방법을 구별하게 해준다. 이 <동시에 일어남>은 연구가가 언제나 확정하거나 전제할 수 있는 사태를 이룩한다. 이와 반대로 작용방식들은 일정한 사태가 어떤 결과를 가져올 것인가 하는 것을 미리 알 수 있게 해주는 법칙들의 대상이다. 여러 가지로 다른 조건들 아래서도 동일한 것으로 드러나는 작용방식들은 일종의 외적인 <동시에 일어남>이 아니라 이런 존재자들 자체의 존재 안에만 바탕하고 있고, 존재와 더불어서만 그리고 존재처럼 변화할 것이다.

6. 자연법칙(성)의 존재근거

그런데 작용방식이 편리하지 않다는 것이 미래에 대한 무엇을 보장해 주는가? 바로 해당되는 존재자들의 존재를 보장해 준다. 모든 존재단계들은 자기들의 작용방식을 변화시키는 한 가지의 특별한 방식을 가지고 있다. 질료는 자유도 자발성도 갖고 있지 않으며, 전체적인 형태도 가지고 있지 못하다. 그래서 질료에게는 가능한 활동의 한계선들이 너무 좁게 그어져 있기 때문에, 이 한계선들이 우리들에게는 하나의 선(線)으로 합쳐진다. 그래서 질료는 스스로의 작용방식을 제 마음대로가 아니라, 필연적으로만, 다시 말해 귀납법이 확정지을 수 있는 법칙에 따라서만 변화시킬 수 있다. 식물은 자유도 자발성도 갖고 있지 않으며, 동물은 자유를 가지고 있지 않다. 전체적인 형태를 가지고 있는 질료적인 사물은 단순한 질료적인 사물이 아니라 일종의 식물이다. 거기에 더하여 이 질료적인 사물이 자발성을 가지고 있다면, 그것은 일종의 동물이다. 이런 것은 정의(定義)와 정의된 것이 동일한 것인 그런 모순 이외의 아무 것도 아니다.

그래서 귀납법의 진리는 자연의 비슷하기만 한 같은 모양도, 또 한때 질료의 존재 안에 바탕하고 있는 것이라고 확인되었던 여러 연관들이 변치 않는다는 것도 전제하지 않는다. 그러나 이런 연관들이 변할 때에는, 이 변화는 그때그때의 존재단계의 존재방식에 알맞춰서만 생길 수 있다. 우리는 방사능 물질의 분열과 진화론을 생각할 수 있다.

7. 우연을 배제하다.

하지만 본래적인 어려움은 다른 곳에 있다. 계속적인 행동방식들이 이 어려움을 만들어내는 것이 아니라, 규칙적으로 생기던 것들의 일회적-우연적인 예외들이 이 어려움을 만들어낸다. 어찌 이런 어려움들이 있을 수 없겠는가? 어찌 해서 하나의 돌이 규칙적으로 떨어지던 바로 그런 조건 아래서 예외적으로 한 번 날거나 튀어 오르는 일이 없을까? 이런 예외가 생길 가능성을 한 번 가정해 보기로 하자. 예외라는 것은 단순히 기대되던 것이 일어나지 않는 것이 아니라, 기대되던 것 대신에 다른 긍정적인 것이 생기는 것이다. —물론 한 가지의 유명한 심리학적인 법칙에 따르자면 실망이나 놀라움은 쉽사리 긍정적인 것을 등한히 하고, 생긴 일을 순전히 <생기지 않은 것>, 실수, 존재하고 있지 않는 것이라고 평가한다. —그래서 이 긍정적인 것은 하나의 충분한 근거(이유)를 가지고 있어야만 한다. 그런데 이런 근거는 해당되는 존재자가 스스로를 당장 드러낼 수도 있고, 또 당장 감출 수도 있고 억제할 수도 있는 그런 능력을 가지고 있는 데에만 있을 수 있다. 그러나 이러한 억제는 자유나 자발성을 요구하며, 그밖에도 진정한 뜻으로 내면적인 것과 외부적인 것이 대립하는 것도 요구한다. 그러나 이런 모든 것은 질료적인 사물에는 없다. 질료적인 사물들은 아무 것도 감추거나 억제할 수가 없다. 그렇지 않다면 이 질료적인 사물은 바로 하나의 동물일 것이다. 그래서 단순히 질료적인 것의 단계에는 우연(偶然)이 없다. 그 이유는 질료적인 사물은 언제나 존재하고 있는 모든 것들과 함께 작용하기 때문이다. 또 질료적인 것의 단계에는 <뒤에 남겨두는 것>(후손)도 없다. 왜냐하면 이 뒤에 남겨두는 것이란 자발성이나 <피로함>, 즉 생물적인 것에 바탕하고 있기 때문이다. 질료는, 마음대로 당장 드러났다가 당장 드러나지 않는 그런 성질들이라는 뜻의, 감춰져 있는 성질들은 가지고 있을 수 없다. 우리들에게 아직 알려져 있지 않은 성질들이 있는데, 이런 성질들은 여태까지의 관찰들의 한계선 밑에 감춰져 있던 성질들이다. 이 한계선들에는 앞으로 밀고 나가는 자연과학들의 진보가 있다. 여태까지 하나의 유일한 보편적인 법칙에 의해 덜 정확하게 표현되었던 것이 여러 가지의 덜 보편적인 특수 법칙들에 의해 보다 더 정확하게 설명된다. 그래서 자연과학도 유일하게 현실적인 것으로서의 구체적인 것으로 나아가고 있다. 그러나 이 현실에 완전히 도달하지 못한다.

8. 자연 인식의 강제적인 성격

실험이란 마음대로 되풀이할 수 있는 것으로서 진리의 보편적인 구별수단을 특별히 방법적으로 적용하는 것이다. 개별적인 연구가의 단순한 주관에서 생겨난 모든 것은 실험에 의해 제거되고 객관적인 진리만 보장된다. 그러나 질료는 인격처럼 마음대로 스스로를 열어젖히거나 해명할 수 없기 때문에, 여기서는 근본적으로 다가갈 수 있을 가능성들이 모두에게 다 같다. 따라서 여기서는 역사에서처럼, 특별한, 오직 몇몇 사람들만 직접 다가갈 수 있는 일회적인 인식들이 문제되지 않는다. 이런 이유로 자연과학의 성과들은 모든 사람들에게 동일하게 이해시키는 힘을 가지고 있다. 또 특별한 준비나 태도도 요구하지 않을 것이다. 자연과학의 성과들은 강제적인 본성을 가지고 있다. 따라서 여기서는 방법이 완전히 질료에게 알맞게 되어 있다.

9. 감각적인 질(質)을 가진 것에는 적용할 수 없다.

하지만 여기서는 수렴(진리)을 적용하는 일이 한 가지의 다른 어려움에 부딪히게 한다. 질료는 오직 비본질적으로 그 작용을 통해 우리들의 감각에 응답하는데, 우리들의 감각은 감각적인 인식으로서 우리들에게 인식되게 된다. 그런데 이 감각적인 인식은 각자에게 고유하고 자체 안에서 양도할 수 없는, 그런 심리적인 것의 영역에 속한다. 내가 보고 있는 이 붉은 색을 너는 나에 의해 보여진 붉은 색으로 볼 수 없다. 네가 들은 음(소리)을 나는 너에 의해 들린 소리로 들을 수 없다. 즉 우리 두 사람이 동일한 대상을 바라보고서 동일한 색깔을 보았는지, 또는 각자가 우리들이 같은 단어로 표현하고 있는 서로 다른 색깔의 농도를 보았는지를 확실하게 결정할 수 없다. 더욱이 개별적인 생물학적 구조에 따라 마지막 경우일 수도 있을는지 모른다. 자기 자신의 상태에 따라 동일한 물이 한 사람에게는 차고 다른 사람에게는 따스하지 않은가? 그래서 감각적인 지각 자체를 비교할 수 없다는 사실이 감각적인 질(質)들이 어느 정도까지 질료 자체에 다가갈 수 있고, 또 어느 정도까지 인식을 하는 사람들의 생물학적인 상태에 의존하고 있는가 하는 것에 관한 확실성에는 이를 수가 없다. 이 말은 우리들은 이 질(質)의 자체존재에 관한 앎에는 도달할 수 없다는 뜻이다. 하지만 자주 주장되고 있는 바와 마찬가지로 이렇게 해서 질료가 아무런 질들도 가지고 있지 않다는 사실이 결정되지 않는다는 것도 분명하다. 이런 일은 매우 개연적이다.

10. 질의 특별한 위치, 양(量)

만약에 일종의 다른 사실이 우리를 도와주지 않는다면, 이런 어려움은 극복될 수 없을 것이고, 질료의 현재적인 존재를 제외하고는 질료에 관한 순수하게 객관적인 모든 인식들이 제외되고, 이 질료는 우리들의 감각적인 지각의 조금도 알려져 있지 않은 원인 안에 머물러 있을 것이다. 원래 크기와 거리에 대한 평가(계산)도 주관적인 상태의 영향에서 풀려날 수는 없다. 그래서 지친 사람에게는 끝이 없는 것 같은 길이 활기찬 사람에게는 짧아 보인다. 한 시간도 행복한 사람에게는 빨리 지나가지만 지루함을 느끼는 사람에게는 그렇지가 않다. 그러나 공간적인 거리는 이 거리에만 적용할 수 있는 그런 방법으론 객관적으로 정해질 수 있다. 우리들이 외부세계에서 우리들의 육신을 통해 직접적으로 일으킬 수 있는 유일한 변화는 공간 안에서 물체적인 사물을 옮겨놓는 것이다. 말하는 것, 글씨 쓰는 것, 그림 그리는 것마저도 물리적인 사건으로서 옮겨놓는 것 이외의 아무 것도 아니다. 이렇게 옮겨놓는 것은 물체를 서로 접근시키는 데서 생기기 때문에, 언뜻 보기에는 하나가 다른 것과 합쳐지는 것이다. 그러나 두 물체들 사이의 거리가 보다 더 크다면, 이것들의 마지막 점(종점)에서의 일치는 관찰자의 일정한 입장에서 생겨나게 되는 것이지, 이 관찰자가 그것(종점)에서 가까이 있느냐 또는 멀리 떨어져 있느냐, 또는 왼쪽에 있느냐 오른쪽에 있느냐에 따라 생겨나는 것은 아니다. 그러나 두 물체의 표면들 사이에 아무런 공간도 없이 완전히 밀착해 있다고 가정해 보자. 그러면 이 마지막 점(종점)들은 하나의 입장에서 합쳐질 때에는 어느 입장에서 보더라도 합쳐지게 된다. 즉 이 말은 관찰자의 입장의 영향이 배제되고, 생긴 일이 객관적으로 생겼다는 뜻이다. 첫 번째 물체가 관찰자의 위치에 따라 두 번째의 물체와 똑같이 길게 보였다가, 보다 더 길게 보였다가, 보다 더 짧게 보였다가 하지 않고, 첫 번째의 물체는 두 번째 물체와 객관적으로 같은 길이인 것이다. 보다 작은 물체를 보다 더 큰 물체의 표면에 여러 차례 일직선으로 가능한 한 가까이 잇대어 놓을 때, 먼저 잇대어 놓은 곳에서 그 다음의 잇대어 놓음이 시작된다. 그런데 이런 것은 작은 것을 단위(單位)로 삼아 큰 것을 재는 것에 지나지 않는다. 즉 <재는 것>은 크기의 관계를 객관적으로 확정지어 주는 것이다. 이렇게 해서 물체들의 객관적인 성질, 즉 연장(延長)이나 질(質)이 그 자체존재 안에서 밝혀질 수 있게 된다.

11. 질(質)의 양(量)에 대한 관계, 기술

멀리 떨어져 있는 거리에 다가가기 위해서는 시간이 필요하기 때문에, 우리는 동일한 시간들을, 동일한 속도로 달린 동일한 거리를 가지고 잴 수 있다. 그런데 질들도 간접적으로 재어질 수 있다. 우리는 이미 언제나 장소를 변화시킴으로써 질(質)들을 변화시킬 수 있다는 것을 알고 있다. 예컨대 우리들이 찬 물체를 더운 물체 가까운 곳에 갖다놓으면, 찬 물체는 따뜻해지고, 따뜻한 물체는 차가운 물체 가까운 곳에 갖다놓으면 차가워진다. 우리들이 장소의 변화가 어떤 뜻으로 질들에게 영향을 미치는가 하는 것을 실험적으로 확증하고, 장소의 변화의 단위에 알맞는 질의 변화를 이 변화의 단위로 정하게 되면, 질의 변화들은 객관적으로 잴 수 있게 된다. 이렇게 해서 온도계 안에 있는 수은의 길이가 긴지 짧은지 하는 것이 온도가 높아지거나 낮아지는 정도를 나타내 준다. 하지만 이렇게 해도 그 질들 자체가 그 자체로서 알려지지는 않는다. 지금 우리들이 알고 있는 것은 일정한 양의 질의 변화를 가져오기 위해서는 어느 정도의 공간의 변화가 요청된다는 것뿐이다. 그런데 이 말은 개별적인 연구가의 개인적인 목표와는 상관없이, 측정을 하는 과학들은 실제적으로는 되풀이할 수 있는 기술들을 목표로 삼고 있다는 뜻이다. 이 측정을 하는 과학들은 미래를 위해 적용된다. 그러나 미래적인 것에 관해서는 보편적으로 꼭 필요한 모든 것들만 미리 계산되고, 새로운 일회적인 것은 계산되지 않는다. 더 나아가 보다 더 정확한 모든 측정은 지난날의 측정을 앞질러 나가기 때문에, 진보는 이런 과학들의 본질에 속하는 것이다. 여태까지 말해 온 것을 통해 우리가 분명하게 알게 된 것은 왜 물리학이 질료의 객관적인 인식을 추구하면서 측정, 즉 양에만 한정하게 되었는가 하는 것과, 질들을 양으로 환원시키는 것으로만 보아왔는가 하는 것이다.

측정한다는 것은 양이 앞으로 측정될 물체의 표면의 양과 완전히 합치되는 것을 전제로 삼고 있다. 실제로는 이런 일은 언제나 성취에로 다가가는 것에 지나지 않는다. 즉 측정을 하는 과학들은 올바른 인식들에 다가가게 해준다. 다가가는 일은 물론 근본적으로는 계속해서 이어져 나간다. 기하학의 이상적, 비현실적인 점들, 선(線)들, 평면들만이 이상에 도달한다. 이런 것은 마치 수학에서만 완전히 똑같은 크기가 발견되는 것과 같다. 측정을 통해서 수학은 실제적인 물체에 적용될 수 있다. 그리고 물리적인 법칙에 적용될 수 있다. 그리고 또 물리적인 법칙들은 수학의 공식 안에서 드러나게 된다.

제4장 학문의 인식가치

철 학

1. 학문적인 인식의 한계

정신과학(정신적인 학문)과 자연과학이 다 같이 객관적인 인식을 주려고 한다는 사실은 여태까지 말해 온 것을 보면 분명히 알 수 있다. 그러나 이 두 과학의 대상의 존재방식에 관해서는 두 과학들이 아무런 결정을 내릴 수가 없다. 이 두 과학의 대상으로서는 순수한 현상적인 연관들만으로 충분하다. 다만 철학이 드러내 보여주는 것은 인간의 인식이 이런 연관들을 넘어서서 존재자들의 <자체존재>를 파악한다고 하는 것이다. 그래서 정신과학은 인격들과 역사공동체들이 실체적인 개별적 존재자들이냐, 또는 단순한 결과들의 연관들이냐 하는 것을 결정할 수는 없다. 비로소 철학이 인격들의 <자체존재자>와, 이런 자체존재자에 바탕하고 있는 공동체와 객관적인 정신이 연관되어 있다는 것을 제시해 준다. 원래 자연과학에는 여러 현상들이 법칙에 따라 진행되는 것과 <그 자체로 존재하고 있는> 질료만으로 충분하다. 철학은 두 번째(二次的)의 설명만이 모든 사실들을 정당하게 평가하는 것이라고 가르치고 있다.

2. 과학의 이상적인 주체

이와 비슷한 생각은 주체 측에도 제기될 수 있다. 과학적인 연구를 할 때에는 개별적인 연구가가 자기 자신만을 위해서 연구하는 것이 아니라, 방법을 적용함으로써 나머지 모든 연구가들을 대표하고 있다. 이 연구가는 과학자들 모두에게 공동적인 정신이 생각하고 연구하게 될 것과 똑같이 생각하고 연구한다. 더 나아가 그 어떤 연구가도 자기의 부분적인 과학 안에서 모든 것을 다 알 수는 없다. 이 모든 앎은 한 시대의 모든 연구가들의 앎 안에만 있으며, 따라서 동시에 이 연구가들에게 공통적인 정신의 대상인 것이다. 칸트주의와 관념론은 이 공동적인 정신을 의식 전체, 이성, 정신 전체라고 여러 가지로 존재론화 했었다. 개별적으로 인식을 하는 사람들은 이런 것에 따라 이 정신에 참여하고 있다는 것이다. 다시 과학은 이런 설명으로 만족하거나, 일종의 추상적인 집합개념으로서의 이런 전체적인 정신에 관한 설명으로 만족한다. 철학은 궁극적인 해결만이 인격의 <자기존재>와 일치되게 하고, 따라서 이 공통적인 정신은 과학과 대상의 현실적(실제적)인 주체가 아니라, 일종의 이상적인 주체에 지나지 않는다고 가르친다. 과학의 본질은 스스로만을 위해 대상으로서의 존재자들의 <자체존재>를 요구하지 않고, 오히려 과학은 이 존재자들을 가능한 모든 사람들에게 보이는 그냥 그대로 파악하는 것으로 만족하기 때문에, 과학의 이상적인 주체는 인류다.

3. 인식가치의 비교

우리들이 과학의 두 가지 부문들을 그 인식 가치에 따라 서로 비교해 보면, 이 두 가지는 각기 특별한 장점들과 단점들을 지니고 있다. 만약에 우리가 한 가지의 부문에 장점을 인정해 준다면 그것은 역사일는지 모른다. 물리학은 질료에 관해서 객관적으로는 오직 그것의 현재적인 존재와 작용의 크고 작음 등만 파악한다. 모든 다른 것들은 비유를 통해서만 물리학에 접근할 수 있다. 즉 이 말은 물리학이 우리들에게 질료의 본질을 해명해 준다는 뜻이 아니다. 이와 반대로 정신과학들에서는 우리는 우리들이 그 자체존재 안에서 계속해서 이해하고 있는 여러 현실들과 관계하고 있으며, 인간의 정신생활, 인간의 욕망 및 정서 등과도 관계하고 있다. 물론 역사적인 대상은 너무나 풍부하고 의미심장해서, 궁극적인 깊이에 있어서는 대개 개연성에만 이르고 만다. 그러나 여러 사실들, 현재의 존재, 역사적인 존재자들의 보편적인 정신 등과 같은 보다 더 외부적인 층에서는 자연과학에 못지않은 확실성도 얻게 된다. 또 이 자연과학에도 단순히 개연적인 성과들이 없는 것도 아니다. 자연과학이 역사보다 우월한 것은 우리들이 이미 본 바와 같은 질료에 바탕하고 있는 강제적인 성격이다.

두 가지의 과학들은 스스로 증명해낼 수 없는 그런 보편적인 존재의 원칙과 사고의 원칙들을 적용하고 있다. 이 두 과학들은 다 같이 모든 것들이 자기들의 근거(이유)를 가지고 있다는 것을 전제하고 있다. 물질이나 에너지가 아무런 이유(근거)도 없이 흔적도 없이 무(無)로 사라져 버린다고 생각하는 사람은, 즉 적어도 포괄적으로나마 양(量)과 에너지 보존법칙을 인정하지 않는 사람은, 사라져 버린 것처럼 보이는 것이 실제로는 무엇으로 되었는가 하는 것을 연구할 생각이 없을 것이다.

4. 철학의 본질과 과제

이렇게 해서 두 가지의 과학들은 여러 가지 방법으로 한 가지의 다른 과학, 즉 철학을 알려주고 있다. 철학이란 있는 그대로의 존재자들의 존재방식, 현실 자체, 또는 존재 자체를 인식하려고 하는 과학(학문)이다. 하지만 이렇게 알려주는 것은 방법들의 인식가치와 대상들 전체의 존재방식 등에만 타당하다. 모든 과학은 자기들 영역 안에서는 자립적이다. 그러나 하나하나의 영역을 현실 전체에 수렴하고, 서로 다른 과학들을 인격의 통일 내에 수렴하는 일은 자연적인 질서 안에서는 철학의 권한에 속한다. 왜냐하면 존재의 과학으로서의 철학은 모든 주관적인 것과 대상적인 것에 관여할 수 있고, 이것들을 개관할 수 있기 때문이다.

5. 철학의 방법

그래서 철학의 방법은 일방적으로 자연과학의 방법에도 정신과학의 방법에도 쏠릴 수 없다. 철학의 방법은 순수한, 경험과는 상관없이 이끌어낼 것 즉 선천적인(a priori) 것일 수도 없고, 어디에서나 이해를 하는 그런 해석일 수도 없다. 만약에 그렇다면 철학의 방법은 언제든지 끝나버리고 말 것이다. 이것은 마치 일방적으로 자연과학에 의존하고 있는 칸트주의나 정신과학의 바탕 위에 세워진 실존철학이 그렇게 되고 있는 것과 같다. 칸트주의와 실존철학에는 <존재 자체>가 없다. 이 두 철학의 방법은 오히려 일상생활의 인식과 과학의 모든 인식들을 자기들이 포괄하고 있고 전제하고 있는 모든 것들을 가지고 명확한 것으로 밝혀내고, 존재와 더불어 알려진 두 가지의 존재원리들을 이용해서 이 인식들을 검증할 때에만, 존재에 알맞게 된다. 이런 원리들이 끊임없이 지탱되게 해주는 것은 단순히 변화를 통해 생겨난 생명현상이 아니라 존재다. 그래서 이런 종류의 인식은 모든 정신적인 존재들에게 타당한다. 비록 인식을 하는 이 정신적인 존재의 종류가 인간적인 것일 수도 있고 기타 그 어떤 다른 것이라고 하더라도 그렇다. 그래서 철학의 이상적인 주체는 인간이 아니라, 정신 자체다. 그러나 이 정신을 어떤 관념론체계(헤겔)에 따라 실체를 가진 개별적인 존재자라고 생각해서는 안 된다. 이 개별적인 존재자란 모든 현실을 결정짓고, 모든 대상의 주체요, 인간 안에서 의식되는 그런 개별자를 뜻한다. 인간이 이런 방법으로 추상적 절대적인 인식에 이르게 된다는 사실은 이미 여러 차례 말해 두었다. 우리의 철학적인 인식에서도 인간적인 요인은 부정적이며, 내용을 변화시키는 자로서도 긍정적일 수가 없다. 그래서 확실한 철학적인 인식은 한 가지의 예외도 허용될 수 없는 그런 절대적인 신뢰를 갖고 있다. 우리들의 전체적인 존재를 되돌이킬 수 없거나 배상해 줄 수 없게 내걸었을 때와, 우리들의 재량에 맡겨진 우리들의 운명이 문제될 때, 우리는 이런 인식들을 필요로 한다.

제5장 예　술

1. 기 초

대화는 보통 여러 의미들의 전달만을 담고 있는 것이 아니라, 동시에 우리들이 존재자들에 대해 느끼고 있는 기분과 느낌(감각) 등을 표현하는 것이기도 하다. 우리들에게 잘 알려져 있는 세계의 모든 존재자들은 우리들을 위해 일정한 정서적인 내용을 가지고 있다. 이 정서적인 내용은 감각적으로 볼 수 있고, 들을 수 있고, 만져볼 수 있는 형태와 이 형태의 기억상(記憶像)과 연결되어 있어, 약하게 나타났다가 보다 더 강하게 나타났다가 하기도 한다. 대상에 관해서는 이런 내용이 이 내용을 나타내는 단어로 쉽사리 옮겨간다. 그래서 형태와 단어는 나름대로 이 내용을 다시 불러일으키고, 이 내용을 표현하는 수단으로 쓰여질 수도 있다. 정서와 표현을 연결시켜 는 것은 자연적인 요인들과 역사적인 요인들에 의해 정해진다.

일상적인 생활에서는 대개 이 내용이 혼돈되어 있다. 우리들이 관찰하고 있는 모든 실제적인 존재자들은 여러 측면들을 드러내 보여주고 있고, 여러 가지 방법으로 우리들에게 관계될 수 있기 때문에 서로 다른, 때로는 반대되는 그런 인상들을 주기도 한다. 이런 인상은 서로 교차되어 약해지기도 한다. 그래서 획일적인 정서라는 것은 성립될 수가 없다. 그밖에도 우리는 우리의 생활을 근심하기 때문에, 정서(기분) 자체와 대상의 <자체존재> 등에는 거의 주의력을 쏟을 수 없고, 이것들이 우리들의 의도를 달성하는 데 관계가 있는 한에서만 이것을 고려해야 한다는 간절한 요청을 받고 있다.

2. 본질과 진리

헌데 예술에게는 기분(정서)과 표현의 이런 관계 속에서 <전달해줌>과 관계가 있는 과학의 과제와 비슷한 그런 과제가 주어진다. 과학이 직접적으로 유용한 것과 해로운 것에 관한 주의력을 존재자들의 객관성에 돌리는 것과 같이, 예술은 파악할 수 있는 다른 가치들에게 관심을 두지 않고, 존재자들의 표현가치와 형태들 자체에만 전념한다. 그리고 과학이 그 방법을 통해 정확하지 못한 것과 일상적인 개념들의 반쯤 되는 진리를 설명하고 정화하는 것과 마찬가지로, 예술은 통일된 기분(정서)들의 표현을 추구한다. 예술은 방해를 하는 것과 혼란을 일으키는 것을 모두 배제함으로써, 오직 통일적이고 조화로운 정서만 일깨워 주는 그런 순수한 형태만 추구한다. 정서와 표현 사이에 완전한 조화가 이루어지면, 일종의 독자적인 필연성, 바로 미학적인 필연성, 또는 미학적인 진리가 느껴지게 된다. 이렇게 됨으로써 이런 형태가 일종의 미학적인 보편타당성을 갖게 된다. 즉 동일한 역사적인 조건들의 영역 안에서 이 형태가 모든 사람들에게 동일한 정서들을 나타내는 것으로서, 동일한 방식으로 작용하게 된다. 앞에서 말한 예술의 과제에서 자연스레 예술의 다른 여러 가지 본질적인 특징들이 드러난다.

3. 양식(스타일)

우선 예술은 자연을 단순히 묘사해 놓은 것이 아니다. 예술은 자연에서 그 형태들을 빌린다는 뜻으로만 자연을 모방한다. 왜냐하면 형태들과 정서들을 결합시켜 주는 일은 존재자들과 예술 이전의 교섭에 의해 이뤄지기 때문이다. 그러나 예술은 선택과 분석과 결합 및 변형 등을 통해 미학적으로 순수하지 못한 자연의 형태들을 변화시키고, 예술의 표현가치를 드높인다. 예술은 예술이 소망하는 방향 안에 있는 것은 강조하고, 모순되는 것이 완전히 없어질 때까지 약화시켜 버린다. 그래서 모든 예술은 다 양식(스타일)을 가지고 있다. 이 양식이란 표현의 수수성에 이바지하기 위해 <주어져 있는 것>이 당장 보다 강하게 형태를 변했다가 또 당장 보다 약하게 형태를 변했다가 하는 것 이외의 아무 것도 아니다. 또 예술은 우리들에게 대상에 관해 가르치려는 것이 아니라, 이 대상을 표현의 수단으로 이용하게 하려 하는 것이다. 그래서 예술은 매우 자유롭게 주어져 있는 그림(모습)을 마음대로 처리하며, 그 그림을 해체해 버릴 수까지 있다. 하지만 정서들은 원래 이미 발견된 형태들에 얽매여 있기 때문에, 지나치게 강력한 양식화(樣式化)는 이런 연대의 끈을 끊어버릴 위험을 가지고 있고, 예술적으로 가치 있는 것이 되지 않기도 한다.

4. 반대되는 구조

정서들과 마찬가지로 형태들은 생물적인 단계에 얽매여 있다. 따라서 이 형태들은 서로 반대되게 분류되기도 한다. 그래서 예술작품에서 대립(반대)은 일종의 본질적인 역할을 한다. 올바른 조정, 즉 반대들의 균형은 미학적인 효력을 위해 매우 중요하다. 색채와 음색의 배열, 빛과 그림자의 배열, 질료의 양과 음양의 배열, 긴장과 긴장이 풀림의 배열 등은 정서가 리드미컬하게 움직이게 해준다. 이 정서는 예술적인 성공을 거두었을 때에는 가장 좋은 상태가 되어, 당장 지치게 되지를 않는다. 그러나 형태들과 올바른 관계들은 한 곳을 약간만 고치더라도 완전히 다른 결과를 가져오는 일이 자주 있다. 그래서 예술품은 나약한 것이고 파괴될 수 있는 그런 것이다. 즉 조그만 변화, 예컨대 시(詩)에서 하나의 모음의 음색의 변화가 이 시의 아름다움을 망쳐버릴 수도 있다.

5. 제한된 보편타당성

예술적인 가치는 그 보편타당성에 있어서 <전달해 주는 것>보다 훨씬 더 강하게 제약되어 있다. 표현은 그 당시의 전체적인 상황에 훨씬 더 밀접하게 관련되어 있고, 계속해서 표현해 나갈 때 이 상황에서 떨어져 나오기가 힘들다. 다른 경험과 다른 역사적인 유산을 지니고 있는 사람들에게는 동일한 형태들이 동일한 정서내용을 갖지 않는 일도 자주 있다. 이런 일은 특히 서로 다른 언어들에서 동일한 존재자들을 지칭하는 그런 단어들에서 분명하게 드러난다. 즉 함께 감동하는 정서가 완전히 다른 때가 자주 있다. 그래서 시(詩), 특히 운율시(韻律詩)는 거의 번역할 수가 없다. 번역을 통해 시의 형태가 파괴되는 것이 아니라, 모든 단어들의 정서적인 화음(和音)도 뒤집혀지고 만다. 이렇게 예술은 집단들과 공동체들에 강하게 얽매여 있다. 존재자와 인식 사이에는 오직 한 가지의 진리만 있는데, 그 이유는 인식이 <자체존재>에 관계되기 때문이다. 그러나 하나이요 동일한 정서에 대해서도 여러 가지의 가능한 표현들이 있다. 그래서 아름다운 양식이란 오직 하나만 있는 것도 아니며, 오직 하나의 참된 예술만 있는 것도 아니다. 오히려 본질적으로는 공간과 시간에 따라 다양한 것들이 있는 것이다. 이와 같은 이유로 뒤에 만들어진 하나의 예술작품은 비록 그것이 앞에 만들어진 것보다 더 아름답다 하더라도, 공간과 시간을 벗어날 수는 없다.

보편타당성과 따라서 한 예술작품의 가치는 이 작품이 표면의 변화하는 정서들에 머물러 있지 않고 개인적인 깊이를 표현할 수 있을수록, 그만큼 더 커진다. 개인적인 깊이를 표현할 때에는 우리들의 존재가 정서(기분)에 따라, 모든 사람들이 언제나 새롭게 마주치고 언제나 새롭게 속박하는, 그런 커다란 물음들과 경험들에 대응하게 된다. 왜냐하면 이런 물음들과 경험들은 우리들의 가장 독자적인 존재에 관계되기 때문이다. 이런 작품들은 인류의 영원한 소유물로 된다. 물론 우리는 우리들이 이런 예술품을 접했을 때 그것을 만든 예술가의 동시대인들과 동일한 느낌을 갖게 된다는 것을 보장할 그런 수단은 없다. 왜냐하면 감각적인 성질들에 관해서와 마찬가지로 정서에 대해서는 수렴(인식)이 불가능하기 때문이다. 그러나 이러한 보장은 예술품을 즐기는 데에는 아무런 의미도 없는 것이기도 하다.

6. 의미 : 공동체와 삶의 향상

왜냐하면 예술 그 자체는 우리들에게 존재자의 <자체존재>를 가르쳐 주려고 하는 것이 아니기 때문이다. 예술 자체는 표현이지 <가르쳐 줌>이 아니다. 시에서처럼 <가르쳐 줌>이 이용될 때에는 예술은 수단이지 목표가 아니다. 인간의 전체적인 삶에 있어서의 예술의 의미는 한 가지의 다른 것이다. 우선 예술은 집단들과 공동체를 위해 동일한 정서를 보편적으로 파악할 수 있게 표현해 주고, 공동적인 정서를 통해 공동체를 체험할 수 있게 해준다. 따라서 축제와 경축행사들을 조직하고 실행한다. 그래서 여러 종교들과 국민성과 기타의 것들이 인간에게 깊이 파악된 공동체들을 예술적으로 표현해 주고, 이 표현은 다시 공동체에 작용을 미친다.

예술은 더 나아가 우리들의 눈길을 일상생활의 근심에서 돌려, 그것을 지각하는 것이 마음을 기쁘게 하는 그런 형태들로 향하게 한다. 예술이 삶과의 직접적인 연관에서 이 형태들을 떼어내 버리면, 구체적인 형태와 따라서 이 형태의 정서적인 가치를 조금도 해치지 않고, 이 형태들에서 근심을 자극할 것을 떼어내 버린다. 인간은 조용히 그리고 자유롭게 가장 무시무시한 것을 관찰할 수 있고, 그렇지 않으면 당장 투쟁이나 도망을 하게 할 수 있는 그런 인간의 가능성들에 기분 내키는 대로 순종할 수 있다. 인간은 자기가 현실적인 것의 분야에 합치될 수 없다는 것을 알고 있다. 그래서 인간은 근심이 없이 삶을 체험한다. 즉 예술은 인간에게 생존경쟁에서의 긴장을 풀어준다. 예술은 인간에게 아무런 위협도 받지 않는 그런 지역을 마련해 준다. 그래서 예술은 해방으로서, 아니 구원으로서 경험되기도 한다. 그러나 예술이 제공해 줄 수 있는 해방이란 인위적인 것이고 현실적인 것은 아니며, 위협을 쳐다보지 않는 것이지 이 위협을 제거하는 것은 아니다. 그래서 예술은 한 사람에게 있어서 현실 대신으로 될 수 없고, 일종의 종교로 된다. 오히려 예술은 어떤 순간에는 인간의 어깨를 짓누르는 삶(현재적인 존재)의 짐을 덜어주기도 한다. 그래서 인간은 새로이 예술을 강력하게 지탱해 나갈(떠받들) 수 있다.

이러한 해방을 통해 예술은 그렇게 할 사명은 없지만 객관적인 종류의 새로운 인식들을 매개해 주고, 우리들의 눈길을 편파적인 것에서 풀어내 줄 수 있으며, 따라서 직접적으로 새로운 현실들, 특히 인간존재의 현실들을 알 수 있게도 해준다. 물론 예술은 목적의지를 배제한다. 그러나 예술은 정서들을 일깨워준다. 정서들이 원래 세계에 대한 태도에서, 그리고 결단들에 맞서 생겨난 것임과 마찬가지로, 이 정서들은 또 거꾸로 영향을 미쳐 새로운 태도들과 행동들에 길을 열어주기도 한다.

7. 예술과 도덕

예술 자체는 현실과 관계가 없고, 또 정서들이 자유로운 결정에 직접적으로 예속되어 있지 않기 때문에, 미학의 영역은 가치와 무가치를 잘 알고 있으나, 도덕처럼 이 두 가지를 결합시킬 의무는 없다. 다만 예술의 창조와 예술을 즐기는 것은 자유로운 행동으로서 책임을 져야 할 의무에 미치지 못한다. 그런데 이 의무는 도덕적인 것이지 미학적인 성질의 것이 아니다. 왜냐하면 예술도 인격을 위해 존재하고 있고,

육신을 가진 인격 안에서만 성립될 수 있기 때문이다. 육신을 가지고 있는 인격에게는 표현이 본질적이고, 이 인격은 인격으로서 표현을 마음대로 할 수 있고, 표현에 대해 객관적으로 마주 설 수 있다. 예술이 인격 자체를 위태롭게 할 때에는 예술은 예술이기를 중단하지 않지만, 비도덕적이고 본래적인 전제조건들을 뒤집어엎는 것이다.

8. 아름다움

아름다움의 본질을 보편적으로 묘사하는 것으로서, 여태까지 말해온 것에서 다음과 같은 결론이 나온다. 즉 아름다움이란 보편적으로 마음에 드는, 감각적으로 지각할 수 있는 것이라는 것이다. 이때 <마음에 든다.>는 말은 욕망한다는 말과 의욕한다는 말과 구별해야만 한다. 이 <마음에 든다.>는 것이 공간과 시간 속에서 보편적이면 보편적일수록, 정서는 그만큼 더 순수하게 표현되고, 또 그만큼 더 보편적으로 인간적인 것이 된다. 아름다움이 있는 형이상학적인 곳(장소)은 생명과 정신이 마주치는 한계이나, 생명 쪽에 치우쳐 있는 한계선이다.

제 5 부

자 연 신 학

제1장 하느님의 존재[7)]

1. 종교적인 물음의 의미

우리는 학문론의 끝머리에서 우리들의 운명에 결정적인 관계를 가지고 있는 몇 가지 인식들에 관한 말을 했었다. 이때 생각했던 것은 하느님의 존재(Dasein, 현재에 계심)와 본질에 관한 물음이다. 우리들의 존재가 절대적이 아니라는 사실은 두말할 나위도 없이 분명하다. 우리는 모든 면에서 다른 것들에 의존하고 있고, 이 다른 것들이 없이는 존재할 수가 없다. 즉 우리들의 현재의 존재(Dasein, 생활)는 이 다른 것에 의해 제약되어 있다. 그러나 제약되어 있는 모든 것은 자기 자신 이외의 그 무엇에 의해서도 제약되어 있지 않은, 즉 절대적인, 하나의 궁극적인 것에 내맡겨져 있다. 따라서 우리들의 실제적인 존재, 즉 우리들의 운명에 관한 물음은 이 절대적인 존재에 따라 결정된다. 우리들이 이 존재에 관한 인식을 가질 수 있느냐, 그리고 이 존재의 본질적인 성질에 관한 물음에 대답할 수 있느냐 하는 것 등에 따라, 우리들의 태도(입장)가 정해질 수밖에 없다. 만약에 이 존재가 비인격적이라면 우리의 태도가 다를 것이다. 그리고 이 존재에 대한 궁극적인 태도도 필요 없게 될 것이다. 우리의 운명도 자동적으로 처리될 것이다. 또 만약에 이 존재가 그 어떤 인격적인 본성을 지녔다면, 즉 이 존재에 대한

역주 7) 제5부의 제목인 <자연신학>은 Naturliche Gotteslehre를 번역한 말이다. 이 Gotteslehre라는 말은 주로 철학에서 쓰이는 것으로 "하느님에 관한 가르침" 곧 신학이다. 일반적인 신학은 Theologie라는 말을 쓴다.

우리들의 행동에 그 어떤 방법으로 대답이 주어질 수 있다면, 우리들의 태도가 달라질 것이다. 그러면 이 존재는 마치 우리들의 운명이 스스로 형성되는 것처럼, 이 행동에 의존하게 될 것이다.

2. 거룩함(聖)과 종교

보통의 존재를 넘어서서 우리들의 운명과 그 어떻게든 연결되어 있는 그런 어떤 다른 존재가 있다는 사실을 우리는 희미하게나마 알고 있다. 이런 다른 존재와 이런 존재자들에게는 언제나 불안해하면서도 기대에 찬 존경이 바쳐져 왔다. 사람들은 이런 존재와 존재자들은 우리들이 이 세상에서 만나게 되는 그런 존재자들과는 완전히 다르고, 인간과 인간의 세계를 훨씬 능가해 있고, 그 존재도 확실하게 보장되어 있다는 것을 알고 있다. 모든 시대에 있어서 사람들은 신적인 것과, 이 신적인 것과 관련이 있는 모든 것, 즉 거룩함에 마주치게 된다. 즉 일종의 독특하고, 동시에 매력적이고 거리를 두게 하는 두려움에 마주치게 된다. 더 나아가 신적인 것과 교섭하는 형식에 바탕해서, 우리들은 이 신적인 것을 그 어떤 인격적인 것으로 보게 되고, 신적인 존재는 이해를 하고, 스스로의 능력으로 자유로이 행위할 수 있는 능력이 있다고 생각하게 된다. 인간은 이 신적인 존재의 <좋은 의지, 善意志>를 간청하거나 더 나아가서는 사들이기 위해 커다란 노력들과 희생을 바쳤다. 사람들은 희미하게나마 자기들이 요청했거나 거부했던 개별적으로 줄 수 있는 모든 것들 중에서 중요한 것은 궁극적인 것, 전체적인 것, 즉 운명이라는 것을 알고 있었다.

인간의 운명 위에 강력하게 군림한다고 생각되는 이런 존재에 대한 살아 있는 모든 관계들을 우리는 종교라고 한다. 종교는 모든 민족들에게 있어서 다양한 형식들을 갖추고 있다. 과거에 사람들이 그렇게도 자주 말해 왔던 종교가 없는 민족들은 점점 더 많이 발견되고 있다. 오직 몇몇 책들에서만 종교가 없는 이런 민족이 허무한 삶을 꾸려가고 있다고 말하고 있을 뿐이다. 철학자들에게는 다음과 같은 물음이 제기된다. 즉 어떻게 해서 사람들이 적어도 그 절대다수에 있어서 실증주의가 인류를 위해 충분치 못하다는 단순한 사실들에 만족하지 못하게 되었으며, 이젠 다시 실증주의적인 사실들을 넘어서려고 애쓰게 되었는가 하는 것이다. 이런 사실은 인간의 존재에 바탕하고 있는가? 즉 일종의 주관적인 소질인가? 또는 이런 사실은 존재 전체에 바탕하고 있으며, 따라서 결정적인 성격을 띠고 있는가? 이때 우리는 종교적인 관념들과 훈련들의 다양성을 이해할 필요는 없다. 우리들은 이미 보편적인 것은 언제나 구체적인 것에서 추상해낸 것이라는 것을 알고 있다. 하나하나의 인간이 개인적으로 서로 다르면서도 인간이기를 그치지 않고, 동시에 이것이 하나의 테마로 뒤바뀌는 것처럼, 초월에 관한 이런 테마도 서로 다른 사람들의 경험을 넘어서서 언제나 새로운 변화들 속에서 거듭될 수 있다. 그래서 이 테마는 객관적인 계기로서 하나하나의 모든 경우들에서 현실로 되고, 이 경우들에서 추출될 수 있다. 즉 존재 자체가 스스로 안에 초월로 나아가라는 지시를 받고 있는지 하는 것이 연구되어야만 한다.

3. 절대적인 존재

하나의 절대적인 존재가 실존하고 있어야 한다는 것은 두말할 나위도 없이 분명하다. 이 말은 <충족이유율>을 달리 표현한 것에 지나지 않는다. 자기의 존재(현재의 존재)를 자기 이외의 어떤 존재자에게도 의존하고 있지 않고, 모든 제약에서 풀려나 있는 그런 존재가 절대적인 존재다. 다른 모든 존재는 제약을 받고 있다. 첫 번째 존재는 그것이 생성된 것이건 생성된 것이 아니건 간에, 절대적임에 틀림없다. 왜냐하면 이 첫 번째 존재가 그것에 의존하고 있을 그런 다른 존재가 없기 때문이다. 즉 원래 이런 존재자의 실존에 관해서는 문제가 되지 않고, 오히려 이런 존재자가 어디에 있으며, 어떤 성질의 것인가 하는 것이 문제된다. 경험을 할 수 있는 세계 안에 있는 어떤 것이 이런 존재인가? 또는 이런 존재는 세계에서 경험할 수 있는 존재 전체인가? 또는 다른 어떤 것인가? 마지막 경우에는 우리는 당장 일종의 인식조건을 이끌어낼 수 있다. 첫 번째 존재의 존재는 세계 안에 있는 존재자들의 방식에 따라 주어질 수 없다. 왜냐하면 우리들의 경험에게 직접적인 대상으로 되는 모든 것은 <세계 안에 있는 것>에 속하기 때문이다. 그래서 이 첫 번째 존재는 스스로가 직접적으로 주어지지 않고, 다른 방식으로 인식될 수밖에 없다.

4. 범신론

세계 안에 있는 존재자가 절대자라고 하는 사실이 엄밀한 뜻으로 받아들여진 일은 일찍 없었다. 거기에다 개별적인 모든 존재자들이 제약되어 있다는 것은 직접 볼 수가 있다. 몇몇 이교도적인 종교들에서 신적인 것이 세계 안에 있는 하나의 존재자 안에 자리 잡고 있는 것처럼 보일 때에도, 일정한, 오히려 배후에 서 있는 초월에 대한 예감이 없는 때가 없다. 거룩한 사물들과 신들의 모상들이 공경 받는 것은 이교도적인 종교의 자연적인 존재 때문이 아니라, 이 존재를 넘어서는 신비스런 힘 때문인 것이다. 이와 반대로 모든 존재자들 전체, 즉 전체로서의 세계가 절대적인 것이라는 견해는 조금 다른 것이다. 이런 범신론(汎神論)은 이론으로는 성립될 수 있다. 그러나 종교적인 실천에 있어서는 이 세계가 다시 스스로를 넘어서는 초월적인 것을 내포하고 있다. 우리는 이 세계를 인격화하고 이 세계에다 인격적인 성질들을 부여하며—자연은 현명하다, 자애로운 어머니다—사람들은 세계(자연)에 대해 종교적인 공경과 충성을 맹세한다. 그래서 종교로서의 범신론은 경험한 존재로 하여금 자기 자신을 넘어서라는 지시를 동시에 거부하기도 하고 긍정하기도 해야 한다. 거부하는 이유는 절대적인 존재로서의 세계가 자기 자신을 넘어설 수 없기 때문이며, 긍정하는 이유는 그렇게 하지 않고서는 세계에 대한 종교적인 태도가 설명될 수 없기 때문이다.

5. 절대자는 세계 밖에 있다 : 유비

세계의 존재에 관한 한 가지의 연구는 이 존재가 제약되어 있다는 결론을 내리고 있다. 따라서 세계는 절대적인 것일 수 없다. 그래서 하나의 절대적인 것이 실존한다면, 이 절대적인 것은 세계 밖에 있음이 틀림없다. 만약에 이런 것이 검증될 수 있다면, 이런 사실에서 이미 두 가지의 결론이 생긴다. 첫째로, 이런 진술은 우선 그리고 직접적으로 세계, 즉 경험할 수 있는 존재자들에게 해당되고, 간접적으로만 이 존재자들을 넘어선다. 왜냐하면 이 존재자들 자체가 스스로를 넘어서도록 되어 있기 때문이다. 즉 경험은 본래 초월되지 않으며, 사람들이 이런 <초월>이 세계와 함께 주어져 있다는 것을 인식하지 못할 때에는 경험 전체를 포괄할 수 없게 된다. 둘째로, 따라서 세계 밖에 있는 존재자는 그 자체로서 주어져 있는 것이 아니라, 이런 존재를 지시하고 있을 뿐이다. 우리들이 이런 존재자에 관해 가지고 있는 모든 인식은 이런 존재자 자체를 우리들의 인식의 대상으로 삼지 않는다. 그래서 세계 밖에 있는 존재자에 관한 우리들의 모든 지식은 유비적(類比的, analog)이다. 이런 유비는 자연적인 수단들을 가지고써는 그 한계를 절대로 넘어설 수 없다. 만약에 그렇게 한다면 절대자는 세계 안에 있는 존재자로 되어버릴 것이다. 즉 이런 절대자(세계 밖에 있는 존재자)는 절대자이기를 중단하고 말 것이다. 그러나 절대자를 위해서는 유비가 성립되고, 따라서 이 절대자가 유비 속에서 세계 안에 있는 존재자라고 생각될 수 있다는 사실은 옛날에 규정되었던 것, 즉 <모든 존재자들은 다른 모든 존재에게 유비적이다.>고 하는 것에서 생겨난 결과다. 이런 조건을 충족시키지 못하는 것은 실제로 존재할 수가 없다. 즉 절대적인 자의 존재를 인식할 수 있게 해주는 것은 바로 이 절대자가 세계를 세계이게끔 만들어 주는 모든 징표들이나 규정들을 가지고 있어서는 안 된다는 사실이다. 달리 말하자면 이 절대자는 이런 조건들을 넘어서야 하면서도, 존재하고 있어야 한다는 것이다. 세계의 존재가 제약되어 있다는 것을 인식할 수 있게 해주는 사실들은 세계의 사물들이 변화하고, 제한되어 있으며, 서로 의존하고 있다는 것 등이다. 여기서 생기는 결론은 세계의 사물들의 실존이 조건지워져 있거나 필연적이라는 것, 또는 세계 자체가 실제로 존재하고 있다는 것이다.

6. 세계의 변화(성)(세계는 변한다.)

하나하나의 변화에는 하나의 다른 존재자로 되라는 지시가 들어 있다. 즉 변화를 하고 있는 존재자가 변화를 하기에 알맞은 전체적인 원인이라면, 이 존재자는 변화의 결과를 미리부터 자기 안에 간직하고 있음에 틀림없다. 그렇지 않다면 구체적인 변화 전체를 위한 충분한 이유가 없다. 이유가 지금 있다고 하는 것이 일반적인(보편적인) 변화가 이뤄지게 하기에 충분한 것은 아니다. 왜냐하면 하나하나의 변화는 구체적이기 때문이다. 이 구체적인 것은 전체적인 것으로서, 구체적이고 일회적인 개별적인 것과 더불어 미리부터 있지 않으면 안 될 것이다. 그러나 사실이 앞으로 다가올 변화를 그저 소용없는 것으로만 만들지 않고 불가능하게도 해버린다. 왜냐하면 비로소 되어야 할 것은 일회적인 것으로서 이미 한 번 있었고, 동일한 것이 두 번은 있을 수 없기 때문이다. 그래서 변화가 가능한 곳에서는 변화를 위한 전체적인 이유가, 변화하고 있는 존재자 안에는 절대로 있을 수 없다. 그래서 하나의 변화하고 있는 존재자는 언제나 하나의 다른 존재자의 영향을 받는다. 이 변화하고 있는 존재자는 이 다른 존재자에 의해 궁극적으로 구체적인 것으로 규정되고, 이 궁극적으로 구체적인 것을 위해서는 이 다른 것에 예속되어 있다. 헌데 존재하고 있는 모든 것은 이 궁극적으로 구체적인 것을 가지고 있어야만 하기 때문에—추상적인 것은 실제로 존재할 수가 없다—남의 영향을 받기 쉬운 존재는 그것이 실존하기 위해 다른 것에 예속되어 있거나, 그 실존이 제약되어 있다.

세계 안에 있는 모든 존재자들은 변화할 수 있고, 따라서 그 존재가 제약되어 있다. 즉 기껏 해서 개별적인 존재자들이 제약되어 있으리라는 가능성에는 의문이 제기될 수 있겠으나, 전체로서의 세계에는 의문이 제기될 수 없다. 그러나 이런 생각은 지탱될 수 없다. 사물들의 존재는 제약되어 있다. 이렇게 제약되어 있다는 것은 일종의 부차적인 성질이 아니라, 사물들의 존재의 핵심에까지 침투해 있다. 그래서 존재자들의 전체가 다른 존재를 가질 수 없다. 헌데 이 전체는 개별적인 사물들을 넘어선 그 어떤 것도 합쳐놓은 것이 아니다. 단순히 끌어 모아놓은 것은 존재를 본질적으로 드높일 수가 없다. 개별적인 존재자들이 함께 작용을 하는 것은 언제나 남의 영향을 받아들이는 것과, 따라서 제약되어 있다는 것을 전제하고 있다. 즉 제약되어 있는 존재자들 안에서는 절대성이 가장 작다는 결과를 가져올 수 있다.

이렇게 해서 세계가 변한다는 것이 개별적인 존재자들이 제약되어 있는 것처럼 전체로서의 세계도 제약되어 있다는 것을 드러내 보여준다는 사실이 밝혀진다. 제약되어 있는 것은 자기 스스로만으로는 존재하지 못한다. 그래서 필연적으로 존재하고 있는 것이 아니다. 이 제약되어 있는 것은 그 존재를 이것에 의존하고 있는 조건이 갖춰지지 않았을 때에는 존재할 수 없다. 궁극적인 조건은 절대적인 존재다. 따라서 이 절대적인 존재는 비세계적인 존재로서 실존하고 있으며, 반드시 변화하지 않는 것이어야 한다. 그러나 여기서 중요한 것은 변화하지 않는다는 것(不變性)인데, 우리는 이 불변성을 유비적으로만 파악한다. 여기서 말하는 불변성이란 내용의 충만함, 이미 소유하고 있는 것, 필요치 않은 것 등이 변하지 않는 것을 뜻하며, 타성(惰性, 게으름), 생명이 없는 것, 힘과 존재가 부족해서 할 수 없는 것 등이 변화하지 않는 것 등을 뜻하는 것은 아니다.

우리들이 알고 있는 가장 강한 변화는 생성과 소멸이다. 충족이유율에 비춰볼 때, 여기서 당장 밝혀지는 것은 그 어떤 존재자도 스스로를 실제로 존재할 수 있게 작용할 수는 없다는 것이다. 작용이란 존재를 전제로 하고 있다. 이 존재에서 흘러나온 것이 작용인 것이다. 그래서 생겨나고 소멸하는 모든 것은 그 실존에 있어서 제약을 받고 있다. 그래서 절대자는 생성과 소멸에 예속되어 있을 수가 없다. 절대자는 자기 자신에 의해서도 또 다른 것에 의해서도 만들어내어지지 않는다. 즉 우리는 절대자를 자기원인(自己原因, causa sui)이라고는 말할 수 없고, 오직 sua ratio, 즉 자기 자신과 동일한 자기의 전체적인 존재 원인이라고 말할 수 있을 뿐이다.

7. 유한성

세계의 사물들이 제한되어 있다는 것은 이것들이 제약되어 있다는 것을 뜻하기도 한다. 실제로 존재하고 있는 모든 것들은 본래적으로는 하나하나의 개별자들이 실존하고 있는 것이다. 즉 존재하고 있다고 말해질 수 있는 그런 방법으로 존재하고 있다. 하지만 이렇게 실존하고 있는 것들의 존재는 언제나 이 존재요 언제나 이 실존이지, 다른 어떤 것이 아니다. 개별적인 실존의 일회적인 <미래에 있을 존재>(Sosein)는 단순히 실존하는 데서 생겨나는 것이 아니다. 이 <미래에 있을 존재>는 진정으로 사실적이다. 즉 이 존재는 다른 것들의 영향을 받아 그렇게 되도록 정해져 있다. 이렇게 해서 제한된 존재자는 제약을 받고 있는 것이다. 따라서 절대자는 제한된 실존을 가질 수 없다. 즉 자기와 나란히 있으면서 스스로가 포괄하고 있지 않은 다른 실존이 있다고 하는 것과 같은 그런 실존은 가질 수가 없다. 그래서 이런 실존은 실존할 수 있는 모든 가능성을 다 자기 안에 내포하고 있음이 틀림없다. 즉 절대자는 무한하다. 그러나 무한히 많은 수의 유한한 존재자들을 합쳐놓은 것으로서—왜냐하면 이런 존재자들의 존재는 언제나 제한되어 있기 때문에—제약되어 있는 것은 아니다. 오히려 절대자는 모든 존재의 단계들을 자체 안에 담고 있는 실존에 의해 무한한 것이다. 그래서 이런 실존은 모든 존재의 단계들 저편에 있고, 이 실존의 현실을 무한한 초월적인 방법으로 영원히 자체 안에 간직하고 있다. 이때 <현재적인 존재>의 일회성은 본질 자체에서 생겨나며, 개념적으로 본질과 일치하게 된다. 하느님은 무한히 강력한 일회적인 분이시다.

8. 상호의존성

세계의 사물들이 서로 의존하고 있다는 사실은 이것들이 제약되어 있다는 것을 드러내 보여준다. 개별적인 존재자들은 서로 의존해 있음으로써 자기들의 작용능력, 즉 존재능력을 충분히 발휘하게 된다. 그래서 개별자는 혼자 있을 때보다 <질서의 구성원>으로서 더 많은 능력을 발휘한다. 그러나 존재가능성이 제약되어 있을 때에는 존재도 제약되어 있다. 그래서 절대자는 질서체계를 형성할 수 없다. 그래서 이런 체계들로 구성되어 있는 세계는 절대자일 수가 없다. 오히려 절대자는 <하나>(통일) 안에서 <많음>을 초월해야만 한다. <하나>란 자기 이외의 아무 것도 필요로 하지 않고, 따라서 의존적으로 되지 않을 정도로 통일되어 있는 것을 뜻한다.

9. 우연

의존, 제한, 변화 등이 있는 곳에는 존재 자체의 제약이 있다. 즉 이런 존재자는 오로지 자기 자신만으로는 실존하지 못한다. 이런 존재자들이 실존하고 있다는 사실은 이런 존재자들의 본질에 속하는 것이 아니다. 그래서 이런 존재자들은 생성될 수도 소멸될 수도 있다. 이런 존재자들은 우연적이다. 즉 있을 수도 있고 있지 않을 수도 있다. 그래서 이런 존재자들은 <현재적인 존재> 안에 있다. 왜냐하면 이것들의 <나타나는 것>(現象)과 <현재적인 존재>는 어떤 다른 것으로부터 오기 때문이다. 그래서 이런 존재자들에게는 사실로서 이런 <현재적인 존재>가 주어지기는 하나, 그것은 어디까지나 사실에 지나지 않는다. 이런 <현재적인 존재>만 생각해보기로 하자면, 이것은 오성(이해력)에게 남김없이 다 꿰뚫어 보여지지 않고, 사람들이 절대자에 의해 이 현재적인 존재가 제약받고 있다는 것을 꿰뚫어 볼 때에야 비로소 다 꿰뚫어 보여지게 된다. 절대자에 있어서는 사정이 다르다. 절대자는, 존재하는 것이 자기의 본질에 속하는 것인 것처럼, 존재한다. 절대자는 정해진 존재자이거나 존재 그 자체다. 그런데 이제 존재는 추상된 것이 아니라, 존재의 내용을 최고로 구체적으로 드러내는 것이다. 하느님에게는 <현재의 존재>가 단순한 사실이 아니라—완전히 이해하자면—순수한 빛의 알맹이요, 침착하게 스스로 이해되는 것(自明性)이다. 하느님 안에서는 존재와 존재가능성, 원리와 사실, 이념(관념)과 개별적인 경우 등이 절대적인 통일을 이룬다.

세계 안에 있는 것들은 모두 그 존재에 있어서 제약되어 있는데, 이것들은 궁극적으로는 절대자에 의해 제약받고 있음이 틀림없다. 달리 말하자면 절대자는 모든 <현재적인 존재>의 궁극적인 원인이다. 그래서 하느님은 세계 안에 있는 존재의 모든 능력을 세계 안에서의 초월이 아니라, 세계 밖의 무한한 초월을 통해 영원히 통일시켰다. 즉 하느님은 모든 관계에 있어서 적어도, 우리들이 알고 있는 최고존재자의 존재의 높이를 가지고 있다. 그래서 우리들에게는, 먼 곳에서부터 유비적인 방법으로 하느님의 본질에 관해 더 많은 것을 알게 해주는 그런 수단이 주어져 있다. 존재의 여러 단계들을 순차적으로 거슬러 올라가면, 점진적으로 하느님에게로 다가가는 하나의 선(線)이 당장 밝혀진다. 따라서 세계는 하느님의 자연적인 계시다. 세계를 통해 하느님에게서 볼 수 없는 것이 볼 수 있게 되는데, 물론 저절로 그렇게 되는 것이 아니라, 거울과 비유에서처럼 볼 수 있게 되는 것이다. 육신안에 있는 영혼이 보는 것처럼 보는 것이 아니라 예술가의 작품에서처럼 볼 수 있게 되는 것이다.

제2장 하느님의 본질

1. 본질적으로 실존하고 있는 분

세계 안에 있는 모든 존재자들에게 있어서는 <현재적인 존재>와 <앞으로 있게 될 존재>가 구별된다. 하느님은 온 세계를 통해서만 인식되기 때문에, 우리는 하느님에게 있어서도 <현재적인 존재>와 <앞으로 있게 될 존재>에 관한 말을 하지 않을 수 없다. 그러나 구별되는 것은 하느님의 <현재적인 존재>가 하느님의 본질이라는 것이다. 하느님은 바로 실존하고 있는 그분이시다. 하느님 이외의 그 어떤 다른 존재자들에게 있어서도 특징으로서의 실존이 본질에 속하지 않는다. 이런 것을 통해 하느님은 기타의 모든 것들과 구별된다. 하느님이 실제로 존재하고 있다는 것이 바로 하느님의 본질이다.

2. 무한성

더 나아가 이미 확실해진 것은 하느님은 무한하다는 것이거나, 가능한 한 전체적인 존재내용이 영원하다는 것 등이다. 이때에는 우선 무한한 것에 대한 올바르지 못한 개념부터 제거되어야만 한다. 여기서 비로소 진정한 무한성이 밝혀진다. 우리는 이 진정한 무한성에 관해서는 유한한 것에 의한 유비적인 개념만을 갖고 있다. 하지만 보통, 표현이라는 것은 하나의 다른 근원에서 생겨난 서로 다른 개념을 뜻한다. 예컨대 일련의 수(數)에 관해 생각할 때, 그 어떤 수도 그 스스로 가만히 정지되어 있는 것은 없다. 우리는 하나(1)를 더함으로써 언제나 더 많은 것으로 나아갈 수 있다. 우리는 언제나 실제로는 유한한 수만 열거할 수 있음에도 불구하고, 일정한 수를 넘어설 수 있다는 사실을 수의 계열이 무한한 것이라고 한다. 시간도 사정이 이와 비슷하다. 계속해서 앞으로 나아갈 수 있는 가능성의 근거는, 구체적인 내용을 추상함으로써 이 개념들이 속이 비게 된다는 데 있다. 실제적인 사물들은 언제나 정해진, 즉 유한한 수로 존재하고 있고, 일정한 시간 동안 계속된다. 혹은 이 실제적인 사물들은 시간을 조금도 가지고 있지 않다. 그런데 하느님에게서 중요한 것은 완전히 다른 어떤 것이다. 하느님은 실제로 존재하고 있다. 그래서 하느님은 구체적이다. 하느님의 무한성은 모든 가능한 존재의 단계들을 초월하는 것이다. 이렇게 함으로써 하느님은 자기를 능가하는 모든 것을 자기 안에 간직하고 있다.

그래서 올바른 무한성은 <합해놓은 것>(종합)일 수가 없다. 즉 하느님과 세계를 합해놓은 것일 수도 없다. 세계는 하느님에게 아무 것도 덧붙이지 못한다. 창조주로서의 하느님은 세계의 전체적인 존재능력을 영원히 가지고 있다. 존재의 충만한 내용은 경험에 의해서는 늘어나지도 않고, 변화되지도 않는다. 우리는 이런 사실을 완전히 파악하지 못한다. 왜냐하면 세계 안에 있는 모든 존재자들은 적어도, 자기 이외의 여러 유한한 존재자들에게 의존해 있지 않는 그런 존재를 가지고 있다. 유한한 존재자들은 의존해 있지 않는 그 존재자의 존재능력을 자기들의 존재방식에 따라 자기 안에 간직하고 있지 못하기 때문이다. 그래서 의존해 있지 않는 이런 존재는 이런 존재자들과 나란히 있는 어떤 것이며, 이 존재자들에게 덧붙여지는 어떤 새로운 것이다. 유한한 존재자들과 무한한 것 사이의 관계는 이렇지가 못하다. 모든 유한한 존재자는 무한한 것의 존재능력에 의해 존재하거나 존재하지 않거나 한다. 그래서 여기서는 덧붙인다는 전제들이 타당하지 않는다. 따라서 올바른 무한성은 무한한 것 이외에 다른 존재자들이 실제로 존재하기를 요청하지 않는다. 왜냐하면 우리는 이 다른 존재자들에서 출발하여 세계 밖에 있는 존재자들의 실존에 오게 되었기 때문이다. 그 존재 안에서 이 세계 밖에 있는 존재에 의존하고 있지 않은 존재자들만은 실제로 존재할 수가 없다. 달리 말하자면, 무한한 자는 다른 모든 것들의 창조자이다.

하느님의 무한성은 우리들로 하여금 우리들의 인식이 유비적이라는 것을 가장 잘 깨닫게 해준다. 하느님의 무한성에 관해 말하는 우리들의 말은 비참하게 더듬는 말이다. 우리는 하느님의 우월성, 전능, 및 존재의 확실성을 예측한다. 그러나 이런 예측은 현실에 비하자면 거의 예측이라 할 수 없다. 그것은 자기 자신의 무지를 아는 그런 앎이요, 알고 있는 무지다.

3. 하느님과 피조물

하느님과 유한한 모든 것들 사이의 본질적인 차이는 한없이 크다. 그래서 하느님은 우리에게 완전히 낯설고, <완전한-남>이다. 이렇게 완전한 남이라는 것은 초월에서 알려지게 된다. 그러나 하느님은 동시에 유한한 것의 모든 존재, 즉 이것들의 개체성을 무한히 우월한 방법으로 소유하고 있기 때문에, 하느님의 무한성은 동시에 모든 존재자들과 본성적으로 매우 가깝다는 것을 뜻하기도 한다. 모든 존재의 단계들은 궁극적으로는 서로 극복해낼 수 없는 차이점을 가지고 있다. 아니 이런 차이점은 유한한 개체에서 유한한 개체에로 이어지고 있다. 하느님만이 이런 차이점을 가지고 있지 않다. 그리고 신뢰를 하게 해주는 매력은 <완전히 다른 것>에 대한 두려움과 더불어 종교적인 경험에 속한다. 이럴 때에는 서로 다른 여러 종교들과 개별적인 인간들에게 있어서, 이 측면이 강조되는가 하면 또 당장 저 측면이 강조되었다가들 한다. 하느님은 그저 가까이 있지도 않고 또 그저 떨어져 있지도 않으며, 우리가 이 두 가지를 종합해서 <먼 곳에서부터>라는 말로 암시할 수 있는 그런 방법으로, 이 두 가지의 유한한 개념들을 초월해 있다. 그래서 하느님은 유한한 존재에 모순되지 않는다. 하느님의 존재는 다른 것들의 존재를 부정하지도 않는다. 다만 하느님과 다른 것들이 같다는 것만 부정된다. 만약에 이들 사이에 모순이 있다면, 하느님은 창조주일 수 없고, 또 스스로를 드러낼 수도(계시할 수도) 없을 것이다. 이렇게 된다면 하느님 이외에는 아무 것도 없게 될 것이다.

하느님이 무한하다는 데서, 사람들이 하느님의 본질을 설명하고, 찬양하고, 드높이려는 그런 표현들이 많아지게 된 원인이 밝혀진다. 하느님의 비교할 수 없는 무한성과 비교해 보면, 모든 피조물들은 무(無)요 너무 작으며, 멀리서 하느님을 정당화하는 것도 무의미하다. 피조물은 하느님의 능력에 대해 스스로를 무(無)와 먼지와 재(灰)라고 느낀다. 그리고 피조물은 하느님의 능력에 대해 절대로 강제적인 수단도 동원할 수 없다. 경건한 사람은 겸손과 기도 속에서 이런 존재관계를 인정하고 있다. 피조물의 자존심은 저항과 거부 속에서도 이 존재관계에 맞서기에는 무력하다. 피조물이 하느님께 반항해서 스스로 서려고 할 때에는, 이 피조물은 원래 무(無) 위에 서 있는 것이며, 자기가 인정하지 않으려는 것에 의해 무라고 여겨지게 된다.

4. 유일함과 단순함

하느님이 무한하다는 데서 또 밝혀지는 것은 하느님은 <유일(唯一)하다는 것>이다. 두 번째로, 무한한 것이 하나 있다면 이것은 틀림없이 하느님에게 의존해 있지 않을 것이고, 따라서 첫 번째의 무한한 것에 의존하고 있지 않은 존재일 것이다. 이런 주장은 무한성에 모순된다. 이런 존재는 하느님의 존재와 나란히 있는 존재일 것이요, 하느님의 존재가 이 존재와 함께 하나의 보다 더 큰 총체(總體)를 이룩하게 될 것이다. 하느님의 이런 유일성은 수가 아니오, 오히려 수를 배제한다. 하느님은 다른 것들과 나란히 있는 한 분이 아니라 유일하다. 왜냐하면 하느님만이 유일한 자로서 존재할 수 있기 때문이다.

더 나아가 하느님은 단순하다. 즉 아무런 짜 맞춘 것이 없다. 만약에 그렇지 않다면 하느님은 서로 아래-위로 질서지어져 있고 서로 의존하고 있는 부분들을 가지고 있어야 하고, 따라서 이 부문들의 존재는 제약되어 있을 것이다. 우리들이 하느님의 속성들 사이에서 행하는 구분들마저도 그 근거는 우리들이 하느님을 인식하는 방법에 있다. 즉 우리들이 이 속성들이 개념적으로, 또 때로는 실제적으로 구분되어 있는 때에, 유한한 사물들을 통해 하느님을 인식해야만 하기 때문이다. 그러나 동시에 우리는 정의(正義)가 곧 자비가 아니라는 것과, 하지만 하느님의 정의는 곧 하느님의 자비라는 것을 잘 알고 있다.

5. 어디에나 계심(遍在)

모든 존재단계들은 소재성(所在性, Ubikation, 있는 곳)과 지속성(持續性)을 가지고 있다. 물론 이것은 서로 유비적인 방법으로 하는 말이다. 따라서 하느님이 이 두 가지를 다 가지고 있다는 것은 애초부터 확실하다. 그러나 하느님은 하느님의 무한성에 알맞은 초월적인 방법으로 이 두 가지를 가지고 있다. 그래서 어떤 무한성과 어떤 의존성도 이 두 가지와 결합되어 있어서는 안 된다. 따라서 소재성은 물체처럼 연장(延長)해 있을 수가 없다. 왜냐하면 연장해 있다는 것은 부분들을 뜻하기 때문이다. 오히려 이 소재성에 비교되는 것은 육신 안에 영혼이 현존하고 있다는 것이다. 영혼은 자기가 있는 곳에는 어디에나 있고 완전하다. 이와 같이 하느님도 어디에나 있다. 즉 자기의 전체적-무한한 본성을 지닌 그대로 어디에나 있다. 하느님이 자기의 창조적인 존재능력과 따라서 자기의 전체적인 본질을 가지고 있는 곳에서만,

유한한 존재자들이 실존할 수 있다. 하느님은 자기와 유한한 존재들을 뒤섞지 않은 채로, 유한한 존재자들에 침투해 있다. 하느님은 자기의 현존을 통해 이 유한한 존재자들에게 내재해 있으며, 자기의 존재를 통해 이것들을 초월해 있다. 하느님은 언제 어디에나 있다(無所不在, 遍在).

6. 영원성

하느님의 지속은 무한한 내용을 지니고 있는 하느님의 무한한 실존의 한 측면에 지나지 않는다. 그래서 하느님의 지속은 시작과 끝이 없으며 아무런 변화도 없다. 하느님의 <현재>는 끝없이 힘세고 넓기 때문에 모든 과거와 미래적인 것을 동시에 삼켜 버렸다. 이렇게 해서 하느님은 시간을 완전히 초월한다. 하느님은 정지해 있지도 않고 흘러가지도 않는다. 하느님은 자기의 영원성을 통해 위에도 있고 밖에도 있다. 이렇게 해서 하느님은 실제로 존재하고 있는 모든 것들에게 <현재적>이다. 모든 시간은 하느님에게는 다 같이 가깝다. 하느님 안에는 <미래>와 <뒤에 가서>가 없다. 이렇게 해서 하느님은 영원 속에서 역사적인 것과 비역사적인 것을 모두 초월한다.

7. 순수한 활동(actus purus)

하느님은 존재할 때 다른 어떤 것에도 의존하지 않고 스스로 존재하고 있기 때문에 영원히 <모든 것>이다. 하느님은 그 무엇으로도 될 수 없다. 하느님 안에는 뒤에 와서야 실현될 어떤 소질도 어른거리지 않는다. 하느님은 삶과 죽음, 현실태와 가능태가 뒤섞여 있는 것이 아니라, 순수한 생명이요, 순수한 활동이며, 최고요 동시에 확 풀린 긴장의 존재능력이며, 간단히 말해 순수 활동이다.

제3장 하느님의 인식

1. 하느님의 자기의식

하느님은 자기의 무한한 존재에 알맞은 방법으로 인식을 해야만 한다는 사실은 인식이 자기 자신의 존재를 넓혀나가는 것을 뜻한다는데 바탕하고 있다. 의식을 가진 존재자는 의식이 없는 존재자들보다 존재질서에서는 보다 높은 위치에 있다. 자기의식(Selbstbewußtsein)을 가지고 있는 존재자들은 보다 더 완전하다. 우리는 이런 존재자들에 관해서 비로소 존재를 가지고 있다고 말할 수 있다. 만약에 하느님이 적어도 자기 자신을 모른다면, 인간이 자기 자신의 존재를 가지고 있다는 그런 뜻으로, 하느님이 자기의 독자적인 존재를 가질 수 없을 것이다. 그렇다면 하느님은 돌과 같은 것에 지나지 않을 것이다. 하느님의 자기의식은 완전하고, 자기의 존재와 똑같이 널리 퍼져 있다. 하느님은 아무런 어두움도 없고, 무의식적인 것도, 반쯤 의식하고 있는 것도 아닌 순수한 빛이다.

2. 세계의 인식

이와 반대로 유한한 사물들에 관한 인식은 이 유한한 사물들에 의존하고 있는 것을 포함하고 있는 것처럼 보이고, 즉 하느님을 인식하는 데는 불가능한 것처럼 보인다. 헌데 인간의 인식과 동물의 인식을 비교해 보면, 인식의 수준이 높으면 높을수록 이 인식이 대상에 대해 그만큼 자유롭고 비(非)의존적으로 된다는 것을 알 수 있다. 동물은 대상에게 전적으로 몰입하여, 이 대상을 잃어버린다. 이와 반대로 인간은 대상에 대해 자기 자신을 주장하고, 따라서 그 대상이 현존해 있지 않을 때에도 자기의 인식을 이용할 수 있다. 인식을 통해 대상이 일단 인간의 존재 안에 받아들여지고 나면, 인간은 이 인식을 보존하고 있다. 우리들이 자신의 존재 안에 이렇게 받아들여진 것을, 대상이 실존하기 이전에 인식하는 사람의 존재 안에 있는 <대상>이—왜냐하면 대상은 이 대상을 <보유하고 있는> 존재를 통해서만 현재적으로 있을 수 있기 때문에—이미 <보존되고 있는 것으로> 드높이면, 우리는 하느님의 인식을 가지게 된다. 하느님은 존재할 수 있는 모든 것을 영원히 가지고 있다. 하느님의 무한한 존재 안에서 하느님은 자기의 우월한 방법으로, 언젠가는 하느님의 의지에 의해 존재할 수 있고 또 오로지 존재만 할 수 있는 그런 모든 사물들을 <보유하고 있다.> 그래서 하느님은 인식에 있어서 사물들에 의존하지 않으며, 엄밀한 뜻의 대상들을 가지고 있지를 않다.

3. 하느님의 인식의 여러 속성들

하느님의 앎은 그 존재와 마찬가지로 습득되는 것이 아니라, 불변적이고 영원한 것이다. 하느님의 앎은 대상들이 그렇게 하는 것처럼 차례로 행해지는 그런 활동에서 생기는 것이 아니다. 하느님이 그 안에서 모든 것을 다 알고 있는 하느님의 존재는 영원히 현재적이다. 하느님은 단순하기 때문에, 이런 하느님의 존재는 동시에 하느님의 인식이기도 하다. 즉 하느님의 인식은 외부의 대상들이 없는 무시간적이고 영원한 활동이며, 하나의 유일하고 완전한 내적인 존재이고, 자기 스스로를 아는 순수한 빛이다. 하느님은 영원함 속에서 우리 인간들처럼 덧없는 현재에 대한 관계를 통해 시간에 제약된 사물들을 보지 않고,

독자적이고 영원한 현재 속에서 본다. 사물들의 시간성은 하느님의 정신 앞에서는 사물들 자체의 속성의 한 가지에 지나지 않는다. 사물들의 존재는 하느님의 정신에는 당장 눈에 띄게, 절대적으로 알려진 지속이라는 특징을 띠고 있다. 하느님은 이 지속에 따라 사물들이 실제로 언제 존재하고 있는가 하는 것을 알게 된다. 과거, 현재, 미래는 우리들이 그 자체로서 인식할 수 없는, 이 세 가지가 아무런 관계도 없이 <언제 있는가?> 하는 것에 바탕해서, 시간의 제약을 받고 있는 사물들의 시간적인 관계들을 뜻한다. 하느님은 모든 것을 넘어서 있다. 그래서 하느님은 우리들과 실존하고 있는 모든 것들에게는 과거요 현재요 미래인 것을, 마치 우리들이 현재를 보고 있는 것처럼, 영원히 보고 있다. 이렇게 보기만 하는 것은 규정을 한다는 뜻이 아니고, 또 이제 막 다가오고 있는 것을 규정한다는 뜻도 아니다. 그래서 하느님이 미래적인 것을 안다는 것은, 우리들이 현재 생기고 있는 자유로운 행동을 보고 있는 것처럼, 자유를 방해하지 않는다. 하느님도 본래적인 뜻으로 <앞질러> 아는 것이 아니다. <앞질러서>와 <뒤에 와서>는 시간적이고 변화하는 것들에만 뜻이 있다. 하느님은 영원히 보고 있다.

하느님은 존재할 수 있는 것은 모두 알고 있다. 왜냐하면 하느님은 자기 자신을 알고 있기 때문이다. 그런데 존재는 있을 수 있는 모든 것들의 궁극적인 근거다. 하느님은 또 실제로 생성될 것도 알고 있다. 왜냐하면 그것을 정하는 것은 하느님의 의지이기 때문이다. 그런데 하느님은, 자기의 존재인, 자기의 의지를 알고 있다. 여기서도 우리는 하느님의 앎을 지나치게 인간적으로 생각해서는 안 된다. 우리는 언제나, 우리들의 인식이 하느님의 인식의 희미한 모상과 같은 것이라는 것을 알고 있어야만 한다. 우리들에게 있어서의 오랜 연구 결과는, 하느님에게 있어서는 시작이요, 수단임과 동시에 끝이다.

제4장 하느님의 의지

1. 하느님의 〈자기 소유〉

하느님 안에 있는 인식을 받아들이는 것에 반대하는 여러 가지 어려움들은 하느님 안에 있는 의욕(Wollen)을 배제하는 것처럼 보이기도 한다. 헌데 인간의 욕망은 다른 재물들을 향하고 있다고들 한다. 그러나 여기서는 이 어려움도 의욕의 인간적인 방법을 단순히 다른 것에 응용하는 것만 배제하는 것이지, 의욕 전체를 배제하는 것은 아니다. 의욕 안에는 원천이요 동시에 목표로서의 독자적인 <자기 소유>(Selbstbesitz)가 그 배후에 있다. 우리들이 이 <자기 소유>와 <의존>의 관계를 변화시켜, 의욕을 하는 자의 내용이 그 이상의 아무 것도 필요로 하지 않기 때문에, 외부의 객체의 의미가 조금도 손상을 입지 않는다면, 이 의욕은 하나의 무한하고 안정된 <자기 소유>로 된다. 그리고 이런 자기 소유를 통해 한 존재자가 비로소 최고의 뜻으로 존재하고 있는 것으로 된다. 외적인 위협이나 내적인 위협에 불안해하지 않고, 운명도 없고 근심도 없이, 사랑 안에서 무한히 <자기-자신을-소유하는 것>, 이것이 바로 하느님이 바라는 것(의욕)이다. 이런 의욕은 하느님의 존재다. 그래서 유한한 존재자에게 실제로 있을 수 있는 것은 하느님의 의욕 밑에 있는 것이다. 그러나 하느님은 이런 것을 필요로 하지 않는다. 이런 것이 없어도 하느님은 바로 있는 그대로의 하느님이다. 그래서 하느님은 이런 유한한 존재에게 조금도 의존해 있지 않고 자유다. 이 유한한 존재는 하느님이 원하는 대로 현재적인 존재로 되고, 하느님의 능력에 의해 하느님의 현재적인 존재 안에 있게 된다. 이 유한한 존재는 이 능력, 즉 이렇게 <지탱해 주는 것>에서 절대로 풀려날 수 없다. 만약에 이 유한한 존재가 이런 것에서 풀려나는데 성공한다면, 바로 그 순간에 그 이상 더 존재할 수 없게 될 것이다. 그러나 이 유한한 존재는 그것에서 풀려날 수가 없을 것이다. 하지만 유한한 것은 무한한 것에 비해 자기가 의존할 수 있을 가장 작은 존재능력도 가지고 있지 못하다.

2. 창조

유한한 존재는 하느님의 의지를 통해, 즉 하느님의 창조를 통해 존재하게 된다. 인간의 창작활동은 하느님의 창조활동을 모방한 것에 지나지 않는다. 인간은 질료를 가지고 창작을 한다. 그러나 인간은 이런 창작을 할 때 이 존재(질료)의 저항을 받는다. 즉 이 질료적인 존재는 인간에 대해 자기의 독자적인 존재를 주장한다. 그래서 이런 창작은 인간에게는 일종의 고통과 같은 것이다. 인간은 또 정신적인 것도 창작한다. 이때에도 인간은 완전히 자유롭지가 못하다. 인간은 경험을 쌓도록 되어 있다. 인간은 또 이때, 자기가 경험에서 얻어낸 객관적인 존재질서에도 따라야 한다. 하지만 정신적인 창작은 물질들에 대한 위대한 독립(비의존성)을 뜻하고, 자기 자신의 창작활동의 보다 큰 의미를 나타내기도 한다. 그럼에도 불구하고, 이럴 때에도 인간은 어떤 것을 완전히 없는 것(無)에서 <현재에 있는 것>(Dasein)으로 바꿔놓지는 못한다. 그러나 우리들이 설계도와 자료의 역할이 점점 작아지고 의미가 없어져 무(無)로 되는 것과, 창작활동의 의미가 점점 커져 창작활동만 있고, 작품이 있게 되는 것이 이 창작활동 덕택이라고 생각한다면, 이때 우리는 하느님의 창조활동을 보여주는 노선(路線)을 갖게 된다. 하느님은 미리 주어져 있는 질료 없이 창조한다. 그렇지 않다면 이 질료는 창조되지 않은 것, 즉 하느님일 것이다. 그래서 하느님의 창조는 아무런 저항도 받지 않는다. 하느님의 창조는 하느님에 대해서는 아무런 영향도 되돌려 미치지 않는다. 즉 창조가 하느님을 변화시키지 않는다. 하느님의 창조활동은 수동적(受動的)인 것이 조금도 섞이지 않은, 유일한 경우의 순수한 원인이다.

3. 세계의 시간성

하느님의 창조활동은 시간 밖에 있다. 시간은 유한한 창조된 사물들과 더불어, 또 이 사물들 안에서 비로소 시작된다. 따라서 <하느님은 세계를 창조하기 전에는 무엇을 했는가?>하는 물음은 그 자체로서는 아무런 뜻도 없다. "미리부터"와 "뒤에 와서"는 세계 안에서의 관계들이다. 하느님은 이 시간에 얽매여 있는 세계에 시간이 없기를 바란다. 우리는 엄밀한 뜻으로는 세계의 창조 이전의 시간에 관해서 뜻있는 말을 할 수가 없다. 그렇다고 해서 세계가 영원하다는 뜻은 아니다. 엄밀한 뜻의 영원이란 하느님에게만 해당되는, 무한한 존재방식이다. 그러나 여기서 (곧 하느님의 영원성에서) 시작이 없는 시간적인 지속이라는 뜻의 세계의 영원성이 나오는 것은 아니다. 오히려 이 물음은 우리들이 다음과 같이 표현함으로써 결정된다. 즉 만약에 우리들이 지금 이 순간으로부터 과거로 향해 되돌아간다면, 비록 오래 걸린다고는 하더라도, 유한한 시간 뒤에는 세계의 첫 번째 순간에 도달할 수 있을까? 또는 임의적으로 긴 유한한 시간을 거슬러 올라간 뒤에도 시작은 여전히 똑같이 멀리 떨어져 있을까? 첫 번째 경우에는 세계가 영원하지 않으나, 두 번째 경우에는 비본래적인 뜻으로만 영원하다. 라틴어도 aeternus(영원한)와 sempiternus(영원한)이라는 말을 구별하고 있는데, 앞의 말은 하느님에 대해서만 말해지고, 뒤의 말은 세계의 비본래적인 영원성을 뜻한다. 철학적으로는 이미 이에 반대하는 이유들을 많이 말해 왔지만, 도대체 이런 영원한 세계가 가능한지 가능하지 않는지를 절대적으로 분명하게 결정할 수는 없다. 우리들은 지금의 세계가 실제로 영원하지 않다는 사실을 계시에 바탕해서 확실하게 알고 있다. 별들의 체계가 생겨난 것에 관한 오늘날의 천문학의 이론들도 이와 동일한 방향을 지시하고 있다.

4. 보존

인간이 어떤 것을 창작했을 때에는, 완성한 뒤에는 그 작품을 그대로 내버려 둘 수 있다. 아니, 그 작품은 그것을 만든 사람에게 의존해 있지 않기 때문에, 그 작가와는 상관없는 독자적인 생명을 유지해 나간다. 자료는 바로 창작을 하는 사람의 힘에 의해 존재하고 있는 것이 아니다. 이렇게 인간이 할 수 있었던 것은 자료에다 몇 가지의 우연적인 변화들을 일으킨 것에 지나지 않는다. 그리고 이 우연적인 변화는 자료의 실체에 의해 존재로서 지탱된다. 인간의 활동은 존재의 형이상학적인 깊이에는 절대로 파고들지 못한다. 이 형이상학적인 깊이들은 인간의 능력을 벗어나 있다. 인간은 파괴를 할 때마저도, 간접적으로만 파괴를 할 수 있을 뿐이다. 하느님의 활동과는 다른 것이다. 하느님의 활동은 모든 존재자들에게 <현재의 존재>를 부여한다. 하느님의 창조하는 힘에 의하지 않고서는 아무 것도 <현재의 존재>로 될 수가 없다. 하느님의 힘은 그저 피상적으로 피조물을 맴돌고 있는 것이 아니다. 하느님의 힘은 피조물의 가장 깊은 곳까지 지탱하고 있다. 그래서 하느님의 창조하는 영향력이 없이는 한 번 창조된 것이 계속해서 존재할 수가 없다. 인간의 작품들도 그 존재가 하느님에 의해 지탱되고 있기 때문에, 인간에게 의존하지 않고서도 계속해서 존재하는 것이다. 피조물은 이렇게 보존을 통해 이어져 내려간다. 유지되고 보존된다는 것은 하느님의 지탱을 받아, 피조물이 계속해서 존재한다는 것이다. 창조는 단순히 한 피조물의 존재가 시작되는 데서 비롯되는 것이 아니다. 한 피조물은 계속해서 창조되는 존재이고, 계속해서 하느님의 창조하는 손 안에 보존되어 있는 존재이다. 이 보존은 생명에 꼭 필요한 것을 순전히 외적으로 준비해 주는 것도, 또 순수하게 소극적으로 파괴하지 않는 것도 아니다. 이 보존이란 실존하고 있는 모든 존재자들의 존재에 대한 적극적인 영향을 뜻한다.

5. 하느님이 함께 작용한다.

하느님의 지탱해 주는 힘을 필요로 하는 것은 한 사물이 끝까지 버티어내는 것, 즉 실체만이 아니다. 실체를 구체적으로 규정해 주고, 계속해서 진행되는 그런 변화들도 사물의 현실태를 가져다주기도 하고 빼앗아 버리기도 한다. 이런 변화들도 존재에 속한다. 즉 시간 속에서 지속되는 실체를 통해서, 하느님의 창조능력도 이 실재들에게까지 뻗친다. 이렇게 해서 실체가 자연적으로 스스로 작용하는 것도, 하느님이 행사하는 영향 밑에 있으며, 이런 하느님의 영향이 없이는 실체의 자연적인 작용도 불가능할 것이다. 이런 것은 무엇보다도 인간의 실체의 활동, 인간의 행동, 이 행동들 중에서도 첫째로 인간의 인식과 의욕에 타당하고 있다.

인간의 활동은 이렇게 다양하게 하느님에게 의존하고 있다. 우선 하느님은 실체를 창조하고 보존한다. 이와 같은 것은 실체에게 활동을 하게 해주는 이런 실체의 소질들에도 타당하고, 따라서 오성과 의지에도 타당한다. 존재하고 행동하려는 실체의 본질적인 경향도 하느님으로부터 온 것이다. 더 나아가 인간은 객체(대상)를 필요로 한다. 이 객체가 없이는 한 가지의 소질이 활동으로 옮겨질 수가 없다. 이 객체도 하느님이 창조하고, 보존하고 있다. 마지막으로 여기에 덧붙여야 할 것은 실체를 보존하는 것이 실체와 더불어 능동작용(能動作用)을 하는 실재에게 작용한다는 사실이다. 우리들이 모든 실체에게 본질적인 것인, 하느님이 보존을 해주는 작용을 <한결같이 있는 것>을 보존하는 것과 구별한다면, 이런 구별은 (보통의) 보존과 구별해서 하느님이 모든 사건들, 특히 인간의 모든 인식 및 의욕과 함께 작용하는 것이라고 말할 수 있다. 하느님이 이렇게 함께 작용해 주지 않는다면, 인간은 아무 것도 할 수 없다. 그러나 다른 편으로는 하느님이 실체를 창조하지 않고, 실체의 자연적인 작용인 활동에 대해서는 함께 작용하지 않는다는 것도 분명하다.

하느님이 함께 작용하는 것과 인간의 작용 사이의 관계는 독특하다. 왜냐하면 이 관계는 인간과 하느님의 관계, 즉 피조물과 창조주의 관계에 해당되기 때문이다. 함께 작용을 하는 것의 세계 안에서의 관계들은 이런 일에 대해 동떨어진 유비관계들만 제공해 줄 수 있을 뿐이다. 이런 유비관계에서 증명될 수 있는 것은 아무 것도 없다. 무엇보다도 도구와 이 도구를 가지고 있는 사람의 세계 안에서의 관계가, 하느님이 함께 작용하는 것으로 확대 해석되어서는 안 된다. 이런 유비를 심중히 적용할 때에는, 조잡한 암시는 줄어들 수 있겠으나, 그 이상의 것은 아니다. 꼭 한 가지 확실한 것은 인간은 자기의 동작을 일으키는 원인이라는 것이다. 그러니 이런 동작들은 인간의 동작이지, 하느님의 동작이 아니다. 그렇다고 다른 편으로는 하느님이 종속적인 역할을 한다고 해서는 안 된다. 만약에 하느님이 종속적인 역할을 한다면, 이것은 존재의 첫 번째 원인으로서의 하느님의 위치에 모순된다. 또 결과(작용)의 한 부분은 인간에게 돌리고, 나머지는 하느님께 돌려서도 안 된다. 왜냐하면 만약에 그렇지 않다면 인간이 만들어낸 존재가 하느님께 의존하지 않게 되기 때문이다. 즉 하느님과 인간이 협력해서 전체적인 성과를 거두어낸다는 그런 생각이다. 그런데 이렇게 할 때에는 하느님과 인간이 전체적인 성과에 공동참여해서, 이들 중의 한 쪽이 없으면 아무런 성과도 거둘 수 없다는 그런 생각을 한다. 우리는 이런 일이 가능하다는 사실을, 인간이 하느님께 밀접하게 의존하고 있다는 것—인간이 보존되고 있다는 데서 밝혀지는 바와 같이—을 생각할 때 충분히 예측할 수 있다. 인간의 존재는 하느님과 함께 있음으로써만 있게 된다. 여기서 밝혀지는 것은 당연히, 인간의 작용은 하느님과 함께 작용하는 데서만 생긴다는 사실이다. 이렇게 하느님과 함께 작용하는 것은 보존과 마찬가지로, 경험적으로는 밝혀질 수 없는 그런 것이다. 만약에 그렇다면 하느님이 세계 안에 있는 자(분)로 되어버릴 것이다. 이런 일은 여기서 밝혀낸 바와 같이 잘 해명된다. 여기서도 인간의 연구는 일종의 유비적인 인식을 벗어나지는 못한다.

제5장 하느님의 협력과 인간의 자유

1. 문제

우리들이 보존과 함께 작용함(협력)에 관해 가지고 있는 유비적인 인식은 우리들이 해결할 수 없는 그런 문제를 안고 있다. 하느님이 함께 작용(역사, 役事)하는 것이 인간의 자유를 없애버리지나 않을까? 또 인간의 자유가 하느님과 함께 작용하는 가운데 하느님을 피조물에 예속시키지나 않을까? 물론 이 두 가지 물음들 중의 어느 하나도 옳을 수가 없다. 인간의 자유와 더불어 인간의 사고가 중단되고, 따라서 여기에서 제기된 문제 전체가 중단될 것이다. 더욱이 인간의 자유는 우리가 확인한 한 가지의 사실이고, 하느님의 <현재의 존재>는 바로 우리가 확인한 이런 사실들에서 나온 결론이다. 그러나 이런 결론은 이런 사실들의 기초를 부정할 수 있거나, 이 사실들과 모순될 수 있다.

다른 편으로는 만약에 하느님이 이 사실들의 첫 번째 원인이 아니라면, 이런 사실들이 있을 수 없다는 것도 분명하다. 그리고 만약에 하느님이 첫 번째 원인으로서 자기의 존재와 작용에 있어서 그 어떤 영향에 완전히 의존해 있다면, 하느님이 아닐 것이다. 하느님은 주인이고, 특히 절대적인 주인이다.

연구를 계속하기에 앞서 우선 확인해 두어야 할 것은 우리들이 비록 그 사실을 설명할 수는 없다고 하더라도, 또 그 사실을 다른 확실한 사실과 일치시키지 못한다고 하더라도, 한 가지의 사실은 사실이라는 것이다. 설명과 이론들은 언제나 이미 사실들을 전제하고 있다. 이런 것은 앞으로의 경우에서 특별히 고려되어야 한다. 즉 이런 경우에 애초부터 분명한 것은 하느님에 대한 우리의 인식은 무한한 거리가 있는 유비라는 사실과, 또 인간의 생각에서 하느님의 존재와 작용방식 등에 관해, 세계 안에 있는 것에 무조건 허용되는 것과 같은, 그런 단순한 결론들을 끌어내서는 안 된다는 사실 등이다. 하느님의 <현재의 존재>(현재 여기에 계심)를 증명하는 것은 본래부터 알려져 있는 존재로부터 출발하고, 이렇게 함으로써 유비적으로만 인식될 수 있는 <현재적인 존재>와 이 존재에 대한 세계의 관계를 확실하게 해명할 수 있다. 그런데 만약에 이때 인간의 인식 및 의욕과 비슷하게 하느님의 인식과 의욕의 방법이 계속해서 추론된다면, 우리는 이미 유비적으로만 인식된 것에서 출발한다는 것을 깨닫고 있어야만 한다. 그러나 이렇게 하는 것은 이런 사고과정에서 생긴 결과들의 확실성을 감소시킨다. 이렇게 생긴 결과들은 원칙적으로 개연성의 범위를 넘어서지 못한다.

2. 자연적인 〈애초의 움직임〉

스콜라철학에는 앞에서 말한 문제를 해결하려고 노력한 두 가지의 커다란 체계들이 있다. 물론 이 두 체계들은 여러 전제조건들에 있어서는 일치한다. 그러나 가끔 이 문제가 열띤 논쟁 속에서 다뤄질 때에는, 사람들이 적대자를 보편적이고 인간에 의존하고 있지 않은 하느님의 <함께하는 작용>을 부정한다거나, 인간의 자유를 부정한다는 등의 비난을 퍼부었다. 그러나 이런 비난은 사람들이 자기들이 거부하는 그런 체계에 대해서만, 자기 자신의 전제들과 일치하지 않는다는 비난만 할 수 있을 뿐이다

이 두 체계들 중의 하나는 도미니꼬회원 바네츠(D. Banez)에서 비롯되었다. 바네츠는 하느님의 절대적인 영광을 주장하고, 가능한 한 인간의 자유와 하느님의 영광을 일치시키려고 애썼다. 하느님은 첫 번

째 원인(제일원인)이다. 그래서 다른 모든 원인들은 하느님에 의해 정해져 있다는 것이다. 왜냐하면 하느님은 이 다른 원인들에 의해 정해질 수 없기 때문이다. 즉 다른 모든 원인은 도구처럼 인간의 손에 쥐어져 있다. 그러나 도구는 하나의 <떠밀림>을 받지 않고서는 움직이지 않는다. 그래서 인간은 하느님으로부터 이런 <떠밀림>, 즉 <애초의 움직임>(praemotio)을 받고서야 비로소 행위를 한다. 이런 <애초의 움직임>은 인간이 행동하기 전에 있고, 인간의 행동에는 조금도 의존하지 않고 있다. 이런 것을 결정하는 자는 하느님뿐이다. <애초의 움직임>을 통해서 하느님은 인간이 행동하되 어떻게 해야 하는가 하는 것까지 정해 준다. 이 <애초의 움직임>은 의지에 미리 부어넣어져 있는 창조된 힘이기 때문에, 관념, 약속 및 위협 등에 의해 <떠밀리는 것>과 반대로, praemotio physica(자연적인 애초의 움직임)이라고 한다.

이 체계의 장점들이 분명히 드러난다. 즉 하느님의 영광이 보다 더 분명하게 밝혀진다는 것이다. 피조물이 행하게 될 것을 하느님이 정해 준다. 그래서 하느님은 피조물이 행하려는 것을 피조물에 의존하지 않고, 자기의 앎과 틀림없이 이뤄질 자기 자신의 의지를 통해 인식한다. 그러나 단점도 적지 않게 드러난다. 이런 견해를 대표하는 사람들은 일방적이고 인간에 의해서 절대로 영향을 받지 않는 이 <애초의 움직임>—따라서 <애초부터의 결정>이라고도 한다—과 인간의 자유가 어떻게 일치하는가 하는 것은 일종의 비밀이라고 시인하고 있다. 그러나 이들은 이럴 때 비밀이 있는 것은 조금도 놀랄 일이 아니라고 생각한다. 이와 반대로 어떤 다른 사람이 나보다 앞서, 내가 그 영향을 받아들일 수도 없는데도, 일방적 물리적인 작용을 통해 내가 해야만 할 것을 정해 버릴 때에는, 자유가 중단된다는 사실은 인정한다. 이럴 때 문제되는 것은 비밀이 아니라 모순이다. 인간이 죄에 빠지는 행위를 하도록 일방적으로 미리 정해져 있다고 생각할 때에는, 이런 견해는 지탱될 수가 없다. 우리는 지난날의 공적에만 의존하고 있을 수 없다. 왜냐하면 이 공적이 (지금) 있거나, 인간이 자기가 행한 지난날의 행동을 위해 받은 <애초의 움직임>에 따라서는 없을 수도 있겠기 때문이다.

철학적으로 보자면 이런 잘못은 다음과 같은 것들에 있는 것 같다. 즉 여기서도 오로지 유비적으로만 인식된 하느님의 존재에서 출발하고, 하느님과 인간의 관계가 세계 안에 있는 여러 관계들의 방식에 따라 파악되고, 우리가 세계 안에 있고 우리들에게 본래적으로 인식될 수 있는 그런 존재의 영역에서 활동하고 있는 것으로 결론내려지는 것 등등에 있다. 이런 추론들에 대해서는 인간의 자유가 조금도 흔들리지 않는다. 왜냐하면 인간의 자유는 우리들이 경험한 사실들에 속하고, 조금도 확실하지 않은 그런 추론이 아니기 때문이다.

3. 중간에 있는 앎(scientia media)

이런 입장에 대해 반대되는 이론도 제기되었다. 이 이론은 예수회원 몰리나(L. Molina)에서 비롯된다. 인간의 자유로운 행동을 일방적으로 정하거나 심지어는 미리 정하는, 하느님의 <함께 작용함>은 모두 자유를 방해하고, 따라서 폐기되어야 한다는 것이다. 다른 편으로는 하느님이 <함께 작용한다.>는 사실과 이 작용은 인간의 결단에 의존해 있는 것이 아니라는 것도 확신하고 있다. 이런 주장은 다음과 같은 가정(假定)에 의해 생길 수 있다. 즉 하느님은 자기 자신의 존재를 모든 가능성들의 근거라고 앎으로써만, 존재하고 있는 모든 것을 아는 것이 아니라는 것이다. 하느님은 모든 존재가 하느님이 완전히 알고 있는 자기의 의지에 의해서 비롯되기 때문에 언젠가는 실제로 있게 (존재하게) 될 것만 인식하고 있는 것이 아니라, 자기의 무한한 존재 안에서, 모든 가능하고 또 자유를 가지고 있을 그런 상황 속에 있게 될 그런 자유로운 행동도 꿰뚫어보고 있다. 즉 하느님은 베드로가 정해진 시간과 정해진 곳에서 언젠가 하게 될 뿐만 아니라, 베드로가 이러저러한 가능한 시간과 장소—그가 여기에 오건 안 오건 간에—에서 하게 될 일도 알고 있었다. 그리고 하느님은 이런 일을 피조물의 현실과 결단과는 상관없이 알 수 있었던 것이다. 그래서 하느님과 자유로운 피조물이 <함께 작용하는 것>을 다음과 같이 생각할 수 있을 것이다. 즉 하느님은 모든 자유로운 피조물들이 모든 가능한 상태에서 자유로이 결단하게 되리라는 것을 영원히 알고 있다는 것이다. 그리고 하느님은 이런 자유로운 피조물들에서 이러저러한 것이 실제로 되어야 하고, 따라서 알맞는 결정이 내려져야만 한다고 영원히 정해놓고 있다. 하느님은 자기가 자유로워지는 순간에 행동으로 <함께 작용한다.> 그래서 <함께 작용하는 것>은 <앞서 가는 것>이 아니라, 동반(同伴)적인 것이다. 그래서 하느님은 피조물을 기다릴 필요가 없다. 하느님은 영원히 <함께 작용할> 준비가 되어 있다.

이 견해의 장점은 자유가 매우 분명하게 보장되어 있다는 것이다. 왜냐하면 하느님의 인식은 결정을 내리는 인식이 아니라 인식을 받아들이는 힘에 지나지 않기 때문이다. 결정을 내리는 것은 의지뿐이다. 여기에 있어서도 하느님이 피조물에 의존하고 있지 않는 것이 보장된다. 피조물이 있기 이전에 하느님은 아무런 걱정도 하지 않고, 피조물이 자유로이 행동하리라는 것을 알고 있다. 하느님의 영광(최고주권)도 보장된다. 왜냐하면 하느님이 영원히 결정한 것 이외에는 아무 것도 생기지 않고, 또 하느님이 결정한 것은 틀림없이 생기기 때문이다. 이 이론의 단점은 제약되어 있는 미래의 행동에 대한 인식방법에 관해서는 아무런 정보도 줄 수 없다는 것이다. 하느님이 단순한 가능성들을 인식하는 방법에 대해서는, 인식수단으로서의 하느님의 본질이 제시된다. 하느님은 가능성의 근거로서의 본질 안에서 이 가능성들을 꿰뚫어보는 것이다. 현실적인 것을 인식하는 수단은 의지로서의 하느님의 본질이다. 왜냐하면 하느님이 원하는 것만 실제로 존재하고 있기 때문이다. 그런데 하느님은 자기의 본질 안에서, 실제로 존재하지 않고 다만 존재하게 될지도 모르는 그런 자유로운 행동을 어떻게 꿰뚫어보는가? 상황에 대한 영원한 인식은 자유롭지 못한 결론을 이끌어내게 하지를 않는다. 여기서 이 이론은 오직 간접적으로만 다음과 같은 결론을 내릴 수 있다. 즉 그렇지 않으면 아무런 설명도 남아 있지 않기 때문에, 비록 그 내적인 본성은 설명할 수 없다고 하더라도, 이런 앎을 받아들이는 것은 충분한 근거가 있다는 것이다. 이미 그 명칭이 이 이론의 약점을 보여주고 있다. 어느 정도까지라도 하느님의 인식방법에 관해 말할 수 있기 위해서는, 우리들이 하느님의 단순하고 무한한 직관을 분산시켜야만 하는, 그런 하느님의 여러 가지 인식방법들은 그 명칭에 의해 설명될 수 있다. 그래서 여기서는 이런 인식방법을 scientia media(중간에 있는 앎)이라고 한다. 왜냐하면 이 <중간에 있는 앎>이란 그 대상에 따라 다른 두 가지의 앎들이 중간에 있기 때문이다.

4. 비밀의 근거

여기서 무한한 자의 비밀이 가장 예리하게 드러난다. 그러나 우리는 존재에 관해 충분치 못한 인식만 가지고 있기 때문에, 비밀을 당연히 받아들여야만 한다. 존재는 우리들의 인식보다 넓고 깊다. 그러나 여기서는 어려움이 가장 크고, 비밀은 가장 알 수 없다고 하는 사실은 우연이 아니다. 여기서는 인간의·인격과 하느님의 인격이 대립해 있다. 인격이란 자립(自立)을 뜻한다. 피조물은 하느님께 완전히 의존하고 있는 것을 뜻한다. 한 쪽이 다른 쪽을 배제하고 있는 것처럼 보인다. 다만 인간은 절대적인 인격이 아니고, 하느님은 인간보다 훨씬 우월한 방법으로 인격적이라는 사실은, 이런 모순이 겉보기로만 그런 것에 지나지 않는다는 것을 보여주고 있다. 또 이 사실들은 바로 우리들로 하여금, 반드시 해결이 있을 그런 방향으로 눈을 돌리게 한다. 그러나 우리는 그 방향 자체를 그 이상 더 볼 수가 없다.

제6장 인격적인 분으로서의 하느님

1. 하느님의 인격성

하느님은 인격적인 분이시다. 이 말은 여태까지 말해 온 것의 결과요 종합이다. 왜냐하면 자기의식과 자유가 있는 곳에는 <자기소유>도 있기 때문이다. 그러나 하느님은 다른 원인들에 의해 존재하게 되지 않고, 우리처럼 미리부터 존재하는 것으로 존재하지도 않고, 스스로가 존재의 근거다. 이런 하느님은 분명히 인간과는 완전히 다른 방식으로 <자기를 소유하고 있다.> 하느님은 완전히 인격적이다. 그러나 우리들은 이미 하느님의 인식과 의욕이 인간의 인식과 의욕을 훨씬 능가해 있고, 하느님의 인식과 의욕을 상상도 할 수 없다는 사실 등을 확증할 수밖에 없었기 때문에, 우리는 인간의 인격(성)의 제한된 방법을 하느님에게 그저 적용해서는 안 된다. 이렇게 하는 데에는 유비추론이 잘못을 저지를 커다란 위험이 따른다. 철학은 하느님이 자기의 무한성을 인식하고 있는 <자기소유> 안에서 완전한 주님이라는 것을 밝혀낼 수 있다. 여기서 우리가 내릴 수 있는 결론은 우리들은 이해를 할 수 있고 대답을 할 수 있는 그런 분에게 마주 서 있다는 것이다. 이 분은 영원하기 때문에, 어느 때 어느 피조물에게도 완전히 현존해 있다는 것이다. 즉 하느님은 우리들이 말을 걸고 대답을 기다릴 때, 마치 이 순간에 이 피조물을 위해서만 존재하고 있는 것처럼, 현존해 있다. 사람들은 하느님이 영원으로부터 이미 기도를 알고 있었고, 이 기도를 자기의 세계계획 속에 끌어들였다고 말하는 일도 자주 있다. 사람들이 하느님은 기도가 바쳐지는 그 순간에 이 기도를 들어준다고 말하는 것은 매우 옳다. 왜냐하면 하느님 안에는 <미리부터>도 <뒤에 와서>도 없고, 순수하게 영원하고 시간을 벗어난 현재만 있기 때문이다. 우리는 이런 비밀을 벗어날 수는 없다. 이와 똑같이 하느님의 대답은 사건(생기는 일) 자체 이외의 아무 것도 아니다. 이 사건이 하느님의 존재 안에서 기도와 연관되어 있는 한 그런 것이다.

2. 궁극적인 목표와 진정한 의미로서의 하느님

무한한 존재의 충만함(내용)으로서 최고의 선이기도 한, 이런 인격적인 존재 안에서는 세계와 따라서 인간의 우연성은 제거되어 있다. 진정한(순수한) 존재로서의 하느님은 진정으로 적극적이고 긍정적이다. 그래서 하느님은 자기가 창조했고, 또 방법으로서 본질적으로 노력하는 것을 함께 부여한 인간의 본질도 긍정한다. 즉 만약에 인간이 완전한 행복을 추구한다면, 하느님은 인간에게 이 행복도 줄 것이다. 그러나 이렇게 하는 방법이 인간본질의 정점이요 왕관을 이루는 결단을 인간에게서 빼앗아 버리지는 않을 것이다. 완전한 행복은 피조된 존재의 우연성과 제약에서 생기는 기이한 현상이 제거될 때에만 이뤄질 수 있다. 또 하느님은 이런 일이 생기고, 미래에는 두려워할 것이 아무것도 없다는 것 등에 관한 앎도 줄 수 있다. 왜냐하면 이런 것을 모르면 불안과 근심이 남아 있겠기 때문이다. 그래서 인간은 자기의 제한된 존재내용의 단계에 도달하기 위해서는 하느님에 의탁해야 한다. 하느님은 인간과 비슷하게 인격적인 본성을 지닌 모든 피조물들과 마찬가지로, 인간의 본질적인 목표다.

이제 우리는 하나의 궁극적인 존재가 존재 전체를 지배하고 있다는 것을 알게 되었다. 왜냐하면 하느님, 즉 모든 존재의 근원이 진정한 존재이기 때문이다. 어떤 것이 존재하고 있는 정도에 따라 이런 말은 뜻이 있다. 그래서 이 존재내용은 존재와 동일한 정도이다. 이런 의미를 가장 미약하게 반영하고 있고, 우리들에게 하느님의 의미내용을 처음으로 예측케 해주는 것은 모든 존재를 지배하고 있는 존재법칙들이다. 그러나 이 예측은 너무나 미약해서, 이 예측 안에서 우리들이 하느님을 직접적으로 분명하게 인식할 수는 없다. 하지만 존재법칙들은 우리들이 하느님의 현재의 존재와 본질을 인식하는 출발점이다.

3. 예견(미리 봄, 섭리)

모든 존재가 하느님의 손 안에 있고 하느님의 조종과 인도를 따르기 때문에, 이런 의미는 모든 존재를 다 포괄하고 있다. 실천을 할 때에 하느님의 보존과 <함께 작용하심>이 하느님의 의미내용에서 이뤄지는 한, 하느님의 보존과 <함께 작용하심>에 지나지 않는, 이 조종과 이끄심을 예견이라고 한다. 모든 것은 이 예견에 예속되어 있다. 이 예견의 모든 계획들은 완성된다. 왜냐하면 피조물의 모든 활동과 인간의 자유로운 행동마저도 아무런 방해를 받지 않고 이 계획들에 들어 있기 때문이다. 그 이유는 이 행동은 영원으로부터 이 계획에 포함되어 있기 때문이다.

제7장 형이상학과 종교적인 인식

여기서 설명되고 있는 바와 같은, 하느님의 <현재의 존재>를 증명해내는 것이 종교인들에게 말해주는 것이 있느냐 하는 의문은 이미 자주 제기되어 왔다. 오히려 형이상학적인 인식과 종교적인 인식은 서로간에 직접적인 관계가 없는 두 가지의 서로 다른 영역들이 아닐까? 또 경험은 미리부터 하느님을 믿지 않았던 사람은 그 누구도 하느님의 존재에 관한 이런 증명을 확신하지 않는다는 사실을 드러내 보여주고 있지 않은가? 아마 이런 점에 셸러(Scheler)가 지난날에 설명했던 가치철학을 철학 외적으로 시작한 강한 동기가 있을 것이다.

1. 형이상학적인 인식

이 물음에 대한 대답은 형이상학의 본질에 관한 설명에서 얻어낼 수 있다. 형이상학은 모두에게 타당하고, 원칙적으로 모든 사람들에게 검증해 보일 수 있는 존재 자체에 관한 절대적인 진리다. 이런 앎에 도달하기 위해서는 일회적인 모든 존재자들과 모든 상황들로부터 이것들 안에 드러나 있는 존재에로 거슬러 올라가야 한다. 즉 구체적인 것과 개별적인 것으로부터 추상해내야만 한다. 완전한 객관성을 보장하기 위해서는, 자기 자신의 운명을 위한 개인적인 근심이 배제되어야만 한다. 이 말은 존재자들의 자기 자신의 존재에 대한, 존재를 촉진하거나 존재를 방해하는 그런 관계들을 보지 않아야 한다는 뜻이다. 그러나 이렇게 함으로써 사람들은 존재의 가치마저 보지 못하고 만다. 모든 형이상학은 이렇게 하지만, 아무런 피해를 입지 않는다. 왜냐하면 존재와 가치는 일치되고, 이런 결합은 언제나 다시 이뤄질 수 있기 때문이다. 그러나 이렇게 됨으로써 인식을 하는 사람에게는, 느낌이 떠오르는 것이 차단되는 그런 결과를 가져온다. 왜냐하면 느낌이란, 우리들의 존재에 대한 실제적인 가치관계나 무가치의 관계나 관념적인 가치관계나 무가치의 관계에 대한 대답을 뜻하는 상태이기 때문이다. 그래서 이런 상태를 고려하지 못하게 되면, 느낌도 일어나지 않는다. 이런 느낌이 일어나지 않는 것은 모든 과학의 냉정함과 엄밀함에 영향을 미쳐, 잘못된 해석이기는 하지만, 과학이 가끔 생명을 죽이는 것이라고 해석되게 하기도 한다.

2. 종교적인 인식

그런데 종교와 종교적인 태도는 이런 느낌이 섞이지 않은 이론적인 인식 안에서 이뤄지는 것이 아니다. 일상적인 인식에서는 궁극적으로는 인간이 자기 자신의 우연적인 존재를 돌보는 것과 관계가 있다. 그러나 인간의 우연적인 존재는 그 어떤 고려에 따라, 자기 자신의 근심과 숙고에 의해 보호되고 보존된다. 인간의 모든 노력은 이미 <현재적인 존재>를 전제하고 있다. 종교에서 중요한 것은 이 존재, 즉 절대자에 의존해 있고, 이 절대자에 의해서만 보존될 수 있는 단순한 자기 자신의 존재다. 그래서 종교에서는 인간이 그 어떻게든 자기 자신, 즉 "구원"과 관계되어 있다. 따라서 종교적인 인식에서 중요한 것은 과학이나 철학에 있어서처럼, 일종의 특별한 인식태도가 아니다. 오히려 종교적인 인식태도는 일종의 자연적 전체적인 태도다. 여기서 중요한 것은 전체로서의 자기 자신의 존재를 보존하는 것이기 때문에, 종교적인 인식태도도 꼭 마찬가지로 포괄적이어야 한다. 따라서 종교적인 인식태도는 다른 여러 인식영역들과 나란히 있는 하나의 인식일 수 없고, 일종의 특별한 종교적인 뜻을 지닌 것일 수도 없다. 종교적인 행동을 하는 것은 언제나 전체로서의 인간이다. 특히 이 인간의 행동이 제약되어 있지 않다는 성질과, 번영과 멸망에 대한 자신감의 성격을 내포하고 있을 때에 종교적으로 행동한다. 그래서 종교를 믿는 사람에게서 중요한 것은 언제나 그 어떻게 해서든 간에 절대자다. 그래서 종교적인 인식의 특징은 그 인식이 제약되어 있지 않다는 데 있다.

세계의 우연적인 성격이 파악될 때에는, 하느님의 인식에 이르게 된다. 그러나 이때 구체적인 경우에 있어서는, 앞에 설명한 하느님의 존재를 증명했을 때처럼, 세계가 보편적인 것으로 생각될 수 없고, 그 때그때에 인식을 하는 사람의 세계를 뜻한다. 이런 세계의 중심은 인간 자신이다. 이런 사람에게는 세계의 우연(성)이 그 어떤 사물이나 사건으로 나타날 수 있다. 여기서 궁극적으로 문제되는 존재, 즉 인간존재는 독자적인 존재이기 때문에, 우연성을 경험하는 외적인 동인(動因)은 인식의 내용에 일치될 필요는 조금도 없다. 인간 자신만 내적으로 이미 그 어떻게든 충동만 받으면 된다. 다른 편으로 우연은 그때그때의 사람에게 관계되는 것으로서, 그 사람이 자기의 <현재의 존재>를 절대적인 것으로서 세계 안에 있는 어떤 것에 매달아놓고 있을 때에는, 조금도 파악될 수 없다. 이 사람의 잘못된 의존(근거)은 삶의 경험을 통해 뒤흔들릴 수밖에 없다. 그러고 나면 세계의 우연을 보는 이 사람의 눈길은 다시 자유로워진다. 왜냐하면 자기 자신의 존재가 다시 우연적인 것으로서 경험될 수 있기 때문이다.

종교적인 경험에서는 인간존재에 대한 혼란이 깊기 때문에, 이와 관련되어 있는 느낌들도 가장 깊다. 이 느낌들은 인간의 모든 부분영역들에 침투해 있고, 따라서 모든 종류의 느낌들을 포괄할 수 있다. 이때 종교적인 경험에 불을 붙여준 대상에 따라서는, 그 어떤 느낌이 전면에 나타나서, 이 느낌의 전체적인 복합이 독자적인 색채를 띠게 된다. 이렇게 해서 서로 다른 여러 종류의 종교적인 체험이 구별되게 된다.

3. 종교적인 경험과 하느님에 관한 증명

하느님에 관한 증명과 종교적인 경험의 관계는 다음과 같이 설명된다. 종교적인 경험에 있어서 중요한 것은 독자적인 실존 자체와, 따라서 독자적인 세계와 독자적인 존재의 우연성이다. 그래서 종교적인 경험은 보통 매우 강한 느낌 안에서 나타나며, 그때그때의 체험은 개인들에겐 비교할 수 없는 그런 어떤 것처럼 생각된다. 이와 반대로 하느님에 관한 증명은 존재와 세계의 그때그때의 상황은 보지 않는다. 그래서 하느님에 관한 증명은 추상적이기는 하지만, 가능한 한의 인간 세계 모두를 포괄하고, 이 세계의 우연성을 드러내 보여준다. 존재에 바탕하고 있기 때문에, 각 개인의 개인적인 우연성의 체험 안에 담겨져 있는 것은 하느님에 관한 증명에 받아들여지나, 이 체험의 개인적 일회적인 성격은 고려되지 않는다. 그래서 하느님에 관한 증명에는 느낌에 대한 반응이 없다. 세계의 사물들은 이제 나에게는 가치들로 보이지 않고, 이 사물들의 존재 자체로 보인다. 이런 존재는 가능한 모든 사람들에게는 사물들의 가치존재의 기초가 된다. 느낌이 없기 때문에, 이런 인식은 체험의 성격을 가지고 있지 않다. 그래서 세계의 사물들 안에는 태도를 정하고, 결단을 내리고, 인식에 따라 삶을 실천적으로 꾸려나갈 그런 동기가 들어 있지를 않다. 그런데 이런 논의는 이 증명의 가장 가까운 과제가 아니다. 세계의 사물들은 오히려 종교적인 경험의 순수성과 그 절대성을 검증하고 증명해내야 한다. 즉 만약에 개인들이 전승, 교육, 생활체험 등을 통해 절대적이고 한 분이시고 전능하신 하느님의 <현재의 존재>를 확신하게 되고, 이런 하느님을 한 분의 인격과 절대적인 주님으로 대한다면, 이 개인들은 잘못을 저지르지 않는다.

이러한 견해는 위의 증명에서 설명한 변화, 의존성, 유한성 등이 종교적인 경험에서 역할을 하는 것과 동일한 계기들이라고 하는 사실에 의해서도 증명된다. 다만 이때에 중요한 것은 삶의 과거로서의 변화와, 인간의 노력이 의존해 있다는 것과 더불어 인간의 행복이 확실하지 않다는 것, 인간의 능력이 제약되어 있다는 것 등이다. 또는 보다 더 잘 말하자면 내가 지나가 버릴 것이라는 것, 의존하고 있다는 것 및 제약되어 있다는 것 등이 중요하다.

4. 종교적인 바탕

그래서 인간의 종교적인 바탕은 인간의 존재가 우연적인 한, 인간 존재 전체 이외의 아무 것도 아니다. 그 어떤 존재도 피조물들의 밖에 있지 않고, 따라서 모든 것들이 하느님을 향하고 있는 것과 마찬가지로, 인간 안에 있는 모든 존재—한 특별한 영역뿐만 아니라—는 틀림없이 종교적이다. 모든 유한한 것은 창조된 것이기 때문에, 종교적인 것이 인간의 모든 영역들을 포괄하고 있다. 이렇게 하는 목적은 인간의 영역을 변화시키거나 그 영역의 본질적인 성격을 제거하려는 것이 아니라, 이 인간의 영역들을 올바르게 궁극적으로 보존하도록 하고, 그렇게 함으로써 이 인간의 영역에 궁극적인 의미를 부여하기 위해서다. 그래서 하나하나의 영역들은 본질적으로 종교적인 것과 관계들을 맺고 있고, 종교적인 태도의 출발점 또는 이 태도를 촉진시키거나 방해하는 것으로 될 수도 있다. 모든 것들은 한 가지의 표현수단으로서 우상으로도 될 수 있고 또 진정한 종교의 상징으로 될 수도 있다.

이와 반대로 종교의 한 가지 의미는 무엇보다도 하나의 종교적인 영역을 만들어내는 것이다. 이 종교적인 영역은 모든 경험들과는 반대로, 무엇보다도 다른 영역들과 매우 긴밀하게 결합되어 있다. 모든 유한한 존재들의 창조주인 한 분의 하느님에게는 이렇게 하나의 영역에 얽매여 있고 좁혀져 있는 것은 걸맞지 않을 것이다. 적어도 종교가 본질적으로 있어야 할 곳에 관한 느낌이 생기게 해야 한다. 느낌은 상태로서, 그 스스로는 절대로 방향이 잡혀져 있지 않으며, 행동이 일어나게 한 의도적인 행동에서 방향이 정해진다. 그래서—느낌에 끼어들어 있는 복합적인 감정을 도외시하고 나면—느낌만으로는 언제나 여러 가지 뜻을 지니고 있다. 종교적인 인식, 노력 및 헌신(봉헌)이나 거부 등과 관련되지 않고 홀로 있는 그런 종교적인 느낌은 없다.

5. 계몽주의의 자연종교

계몽주의는 과학적인 인식으로만 좁혀져 있는 인간의 이성 안에 모든 진리와 합리성의 궁극적인 척도가 있다고 믿었다. 그래서 계몽주의에게 올바른 것은 거기에서 모든 인간들이 일치를 이루는 그런 것뿐이다. 참된 종교, 즉 자연종교는 모든 인간들에게 공통적인 종교적인 인식들에 바탕하고 있다는 것이다. 개별적인 종교들에서 이런 종교적인 인식을 벗어나면, 그것은 잘못이요 속임수라는 것이다. 그러나 이런 자연종교는 역사상에 아직 아무 데도 없었다. 또 인간이 이런 자연종교로는 만족할 수는 없다. 왜냐하면 매우 드문 일이기는 하지만, 모든 사람들이 거기서 실제로 일치를 이루지 못하는 것이 아니라 일치를 이룰 수 있게 해주는 것, 즉 앞에서 연구한 것들의 결과가 되는 것은 추상적이고, 바로 이런 연구 결과에서 생긴 하느님의 모습이기 때문이다. 하지만 종교적인 행동은 자연적으로 하느님에 관한 가능한 한 가지의 구체적인 생각(관념)들을 요구한다. 왜냐하면 그렇지 않으면 심리적으로 살아 움직이는 관계들이 거의 불가능하기 때문이다. 이러한 구체적인 생각들에 보다 날카로운 개인적인 특징을 부여해 주는 것은 그때그때의 인간의 구체적인 인식이다. 그러나 이런 인식마저도 충분치 못한 때가 자주 있다. 그 이유는 특히 인식의 절대로 극복할 수 없고 절대로 넘어설 수 없는 유비(추리) 때문이다. 그래서 하느님의 개념은 언제나 완성되지 못한 것이요 만족스럽지 못한 것이다. 그렇다고 해서 이미 이뤄놓은 것의 정당성이 부정되어서는 안 된다. 이런 뒤숭숭함의 배후에는 하느님의 무한성이 있다.

6. 종교적인 오류들의 원천

여기서 원리적으로는 필연적인 것은 아니나, 실천적으로는 언제나 생길 수 있는 그런 결론이 나온다. 인간은 유비를 무시한 채로, 인간의 여러 관계들을 하느님에게 옮겨놓음으로써, 하느님의 구체적인 본성을 하나하나 다 알아내려고 애쓴다. 그래서 다양한 이교도적인 하느님의 관념들이 생겨난다. 기이한 것의 계기, 즉 이교도들에게서 자주 생기는 반발은 이 유비가 완전히 잊혀지지 않고 있다는 궁극적인 표현이다.

여기서는 유비추리가 거의 보편적으로 퍼져 있다. 종교가 인격적인 분을 전제로 삼고 있다는 사실은 모든 종교적인 실천에서 드러난다. 그런데 인격(성)이란 말은 이해하는 것이요 다른 인격들과 <함께 있는 것>, 즉 공동체를 뜻한다. 하지만 인격들은 인간의 영역 안에서는 인간의 다양화를 통해, 즉 다수의 인간들을 통해 다양화된다. 이런 다양화가 단순하게 절대자에게 옮겨놓아지기가 쉽다. 이런 것을 보면 계시종교들 밖에서는 하느님의 통일(한 분이심)에 관한 확신이 드물게 된 이유를 알 수 있다. 이런 확신은 인간의 인식에서는 하느님의 인격성과 일치되기가 어렵다. 그러나 실천적인 종교에 영향을 거의 미치지 못한 몇몇 철학체계들에 있어서처럼, 하느님이 <한 분이라는 것>이 확실하게 밝혀진 곳에서는, 보통 절대자의 인격적인 성격이, 비록 완전히 파괴되지는 않았다고 하더라도, 약해질 수밖에 없다.

7. 종교적인 경험의 세 가지 계기들

즉 하나하나의 실제적인 자연종교는, 일종의 구체적인 통일을 이루고 있는 세 가지의 인식계기들을 간직하고 있다. 첫째로, 각각의 종교적인 인식에 함께 포함되어 있는 것, 둘째로, 구체적인 상황에서만 이 구체적인 인간에게 인식될 수 있는 올바른 것, 마지막으로, 조급한 유비추리들의 결과 등이다. 이 세 가지 계기들의 관계들은 고정적인 것이 아니다. 그래서 다른 종교들보다 높은 것 같은 그런 자연종교들도 있다. 우리가 어떤 종교를 가지고 있는가 하는 것은, 자연적인 종교에서도 아무런 상관이 없는 것이 아니다. 더 나아가 두 번째 계기와 특히 세 번째 경우는 매우 강하게 역사적으로 규정되어 있다는 사실을 쉽게 알 수 있다. 왜냐하면 모든 정신적인 것들과 마찬가지로 종교도 우선은 전승되는 것이기 때문이다. 뒤에 와서야 비로소 비판과, 따라서 전승되어 온 것을 지지하거나 반대하는 그런 결단이 생기게 된다. 물론 이런 결단은 역사적인 제약에서 완전히 풀려날 수는 없는 것이다. 그래서 인간의 종교에 대한 모든 인식은 역사적으로 제약된 계기를 가지고 있으며, 따라서 이 계기가 거짓일 수가 없다. 창조된 자는 하느님의 모습을 진정으로 파악할 수가 없다. 그러나 하느님의 모습과 가장 가까운 것은 모든 시대와 모든 지역의 모든 사람들의 하느님에 관한 올바른 인식을 하나로 모아놓은 것이다. 그래서 종교는 그 대상에 의해서 전통과 가장 밀접하게 관련되어 있다. 그래서 전통에 대한 비판은 배제하지 않고, 이미 미리부터 그 전통을 거부하는 그런 부정적인 비판만 배제한다.

8. 계시의 가능성

철학적으로 생겨난 하느님의 개념은 추상적이다. 개인적・구체적인 인식에서 흘러나온 하느님의 모습도, 뚜렷하지 못한 많은 선(線)들을 가지고 있고, 또 거기에 아무런 선도 그려질 수 없는 그런 빈곳들도 가지고 있다. 만약에 여기에 잘못된 유비추리가 끼어들 수 있다면, 여태까지의 하느님의 모습이 잘못된 것이라는 것을 밝힐 필요도 없이, 이 하느님의 모습이 한층 더 분명해질 가능성도 있다. 여기에 계시가 끼어들 곳이 있다. 이런 곳에서는 계시가 우리들의 자연적인 하느님의 인식에 끼어들고, 이 인식과 하나로 되고, 이 인식에 모순되거나 이 인식을 포기하지도 않는다. 계시는 오히려 자연적인 하느님의 인식을 그저 희미하게 그렸거나 또는 조금도 그려낼 수 없었던 그런 선들을 그려내기 위해, 하느님의 인식을 설명하고 분명하게 하려고 한다. 즉 자연적인 하느님의 인식과 계시 사이에는 대립이 없는 것이다.

하느님이 <자기를-인식하도록-내준> 첫 번째 것은 창조다. 그런데 이 창조는 보다 넓은 뜻으로는 계시에 지나지 않는다. 우리는 창조를 보고 하느님을 아는데, 이것은 마치 작품을 보고 예술가를 아는 것과 같다. 엄밀한 뜻의 계시는 하느님이 인격적이라는 것을 전제하고 있다. 인격들만이 자기 자신에 관한 속마음을 털어놓을 수 있다. 비인격적인 세계의 궁극적인 근거는 돌이나 식물처럼 그저 존재하고 있을 뿐이다. 그리고 이해하고 <알려주는 것>을 신앙적으로 받아들이는 것을 통해서만 인격적인 존재가 인식될 수 있다. 인식하는 사람의 의향과 오성능력 안에 바탕하고 있는, 인격적인 존재에로 자발적으로 다가가는 길은 없다. 그래서 하느님은 순수하고 절대적으로 인격적이다. 그래서 하느님에게 있어서 인식되는 모든 것은, 하느님이 먼저 인식하도록 스스로를 내준다는 것을 전제하고 있다.

이런 계시가 생길 것인가, 이 계시를 어떤 형식으로 받아들일 것인가 하는 것은 하느님만이 완전히 자유롭게 결정한다. 그래서 계시는 하느님을, 세계에 의존할 위험에는 절대로 빠뜨리지 않는다. 하느님의 존재의 초월성과 따라서 인식의 유비는 완전히 보장되어 있다. 인간이

<알려주는 것> 마저도 <알려주는 사람>과 <받아들이는 사람> 사이의 존재가 없어져 버리게는 하지 않는다. 이와 반대로 인간이 <알려주는 것>은 양쪽편의 <자기소유>를 전제하고 있다. 이런 <자기소유>를 통해 자기 자신의 존재가 남의 존재와 분명하게 한계지어지는 것이다. 그래서 하느님의 절대적인 초월성은 자기의 현존과 계시의 가능성을 위한 전제조건이다. 인격들만 본래적인 뜻으로 다른 사람들에게 현존할 수 있다.

제 6 부

윤 리 학

제1편 일반적인 윤리학

제1장 도덕의 본질

1. 현실 안에 있는 인간

인간은 자유롭다. 인간은 자기에게 주어져 있는 여러 가지 가능성들 중에서 스스로 선택을 하여, 일정한 정도까지는 자기 자신의 존재와 자기 자신의 세계를 형성한다. 그러나 이런 자유로운 행위는 자기 자신에게만 관계가 있는 것이 아니다. 인간에게는 육신과 함께 진행되지 않는 순수한 정신적인 활동이란 없다. 그러나 인간은 언제나 육신을 통해서, 다른 사람들의 세계이기도 한 질료의 세계와 실질적인 관계들을 맺고 있다. 그래서 인간은 세계를 제 마음대로 다뤄서는 안 된다. 다른 존재자들은 그들 자신의, 즉 인간과는 상관없는 존재를 가지고 있는데, 이 존재는 인간에 대해 독자성을 지니고 있다. 인간은 이 다른 존재자들에 의해 자기의 행동에 제약을 받는다. 인간은 현실에 알맞게 대처해 나갈 때에는 자기 자신의 존재도 잘 발전시키게 된다. 이와 반대되는 경우에는 자기 자신에게 해를 끼치게 된다. 그래서 인간에게 자유와 인식이 주어져 있는 것은 인격으로서의 인간이 현실에 알맞춰 자유롭게 대처할 수 있도록 하기 위해서인 것이다. 자유란 제한이 없는 것이 아니다. 자유는 또 제 마음대로 하는 것(恣意)을 뜻할 수도 없다.

모든 행위의 궁극적인 원리는 인격이다. 그래서 행위의 결과는 궁극적으로는 유리하게건 해롭게건 간에, 이 인격에로 되돌아간다. 인간이 행하는 모든 일은 궁극적으로는 자기 자신의 존재를 위해 행해지는 것이다. 물론 이때, 이 존재는 그 전체로서 이해되어야지 단순히 그 한 부분만으로 이해되어서는 안 될 것이다. 이런 것이 행위의 내재적인 의미, 즉 존재의미인데, 이렇게 해서 이 존재의미는 존재로부터 분리해낼 수는 없으나, 인간은 이런 존재의미에 반대되는 행위도 할 수 있는 것이다. 즉 행위를 통해서 단순한 한 측면이 아닌 전체로서의 자기 자신의 존재를 촉진시켜 나가면, 그 존재는 자기의 존재의미에 이르게 되는 것이다. 인간은 가장 깊은 곳에서는 현실, 즉 존재와 일치하고 있다. 인간의 행위는 도덕적이다. 이와 반대되는 경우에는 의식적인 의도가 존재의미를 부정한다. 이런 부정은 인간의 최고의 존재 안에 모순을 끌어들이는 일이다. 이런 모순은 그 자체가 근본적으로 인간의 존재를 말살하게 될 것이다. 존재에서 흘러나오고 따라서 존재를 긍정해 주는, 그런 행위는 동시에 자기 자신의 전제조건에 반대하고, 적어도 원칙적으로는 이 전제조건을 없애버린다. 이런 행위는 비도덕적이다.

2. 도덕적인 질서

행위란 대상이 없이는 불가능하다. 대상에 의해 행위의 내용과 종류가 정해진다. 그래서 한 가지의 행동이 행위의 원리로서, 인간에게 존재를 촉진시켜주느냐 존재를 해롭게 하느냐 하는 문제는 적어도 대상들의 세계에 의해서 함께 정해진다. 그런데 이 객관적인 세계를 지배하고 있는 것은 존재의 질서와 가치의 질서다. 한 가지 종류의 존재는 그 자체로서 다른 종류의 존재들보다 더 풍부하고, 더 높고, 더 많은 가치를 가지고 있다. 이런 위계질서(位階秩序)가 다시 하나하나의 존재의 종류와 인간 사이의 일정한 가치관계를 만들어낸다. 동일한 존재의 단계 안에서도 하나하나의 개인들은 인간에 대해 개별적인 가치관계를 맺고 있다. 따라서 인간의 존재를 객관적으로 촉진하는 관계를 긍정하는, 즉 이런 대상에 도달하거나 또는 실현시키려고 노력하는 그런 행위는 도덕적일 것이다. 객관적으로 인간의 존재를 해치는 관계를 긍정하는, 즉 이런 대상에 도달하거나 또는 실현시키려고 애쓰는 행위는 비도덕적일 것이다. 이렇게 해서 인간의 자유로운 행위는 객관적인 도덕질서에 얽매여 있는 것이다.

3. 인격의 가치로서의 도덕

그러나 인간이 단순한 존재가 아니라, 영혼과 육신을 가진 존재로서 다른 여러 층으로 뒤얽혀 있다는 사실이 문제를 한층 더 복잡하게 한다. 그래서 하나이요 동일한 대상이 한 가지의 층에게는 촉진적일 수 있으나, 다른 층에게는 해를 끼칠 수도 있다. 한 부분에 대해서는 좋은 것이 다른 부분 또는 전체에 대해서는 나쁠 수도 있다. 그런데 이런 경우에는 어떻게 결정을 내려야만 하는가? 이런 물음에는 두 가지의 대답이 있다. 첫째로 언어의 사용이다. 우리는 예술에서 훌륭한 활동을 하고 있는 한 사람에 관해, 그는 좋은 예술가라고 말한다. 연구에서 뛰어난 업적을 내는 사람은 좋은 물리학자, 좋은 역사학자 등등이라고 한다. 그러나 그렇다고만 해서 이런 사람들을 그냥 좋은 사람이라고 말할 사람은 아무도 없다. 어떤 사람이 좋은 예술가이면서 동시에 나쁜 사람일 수도 있기 때문이다. 그래서 그냥 좋다는 것은 그 어떤 관계 속에서, 즉 어떤 분야에서 좋다는 것과 다른 뜻을 지니고 있다. 그러나 이런 언어사용에 따르자면 좋은(선한, 착한) 인간이란 도덕적인 인간과 같은 것이다. 따라서 도덕적이란 그냥 인간으로서 좋은 것(선한 것, 착한 것)을 뜻한다. 두 번째의 대답은 성격, 즉 행동의 내재적인 존재의미다. 행동은 행위하는 원리를 위해 생겨난다. 한 부분적인 영역에서 추구되는 바의 것도 언제나 나, 즉 인격을 위해서 존재하고 있는 것이다. 왜냐하면 인격을 없애버리면 모든 부분적인 영역들도 없어져버리겠기 때문이다. 그래서 궁극적인 행동원리로서의 나를, 즉 인격으로서의 나를 촉진시키는 것이 도덕적으로 선한(좋은) 것이다.

4. 가치의 갈등

이렇게 해서 개별적인 층이나 영역에 갈등이 생겼을 때에는, 전체로서의 인간을 촉진하고 완성시키는 결단은 도덕적이고, 전체로서의 인간에게 해를 끼치는 결단은 비도덕적이다. 헌데 인간에게 있어서는 하나하나의 층이 인격에게 가까이 있으면 가까이 있을수록, 그 층들은 존재에 있어서 그만큼 높기 때문에, 일반적으로는 더 높은 층이 더 낮은 층보다 우월한 것이다. 인간의 존재 그 자체에 관계되는 것으로서 종교적인 것은 다른 모든 것들보다 우월하고, 정신의 영역은 육신의 영역보다 우월하고, 육신의 영역에 있어서는 전체로서의 생명이 하나하나의 기관들의 이로움보다 우월하다. 더 나아가 개인은 <더불어 있는 사람들>, 즉 공동체가 없이는 있을 수 없기 때문에, 근본적으로 공동체를 파괴하는 모든 것들은 비도덕적이다. 왜냐하면 공동체가 파괴되면 당연히 개인도 함께 파괴되기 때문이다. 거꾸로 공동체는 개인들 안에서만 생명을 유지하는 것이기 때문에, 개인을 근본적으로 불가능하게 하는 그런 공동체를 강조하는 것은 비도덕적이다. 왜냐하면 개인을 불가능하게 하면 원칙적으로 공동체가 없어져 버리겠기 때문이다.

이렇게 설명하는 것만으로는 아직 충분치가 못하다. 인간에게 있는 모든 것들이 인간이 존재하는 데 다 같이 꼭 필요한 것은 아니다. 그러나 어떤 최소한의 것이 없으면 인간의 생명은 생각할 수조차도 없다. 생명은 다른 것들을 통해서 풍부해지고 완성된다. 한 가지의 갈등이 생겼을 때에는 첫 번째 계층의 것이 두 번째 계층의 것보다 우선되어야 한다는 것은 말할 나위도 없다. 왜냐하면 첫 번째 계층의 것이 두 번째 계층의 것이 있도록 해주기 때문이다. 따라서 인간의 존재를 이런 경우나 저런 경우에뿐만 아니라, 전적으로 불가능하게 하는 그런 것은 언제나 비도덕적이다. 언제나 도덕적으로 허용되는 것은 철저하고 근본적으로 인간의 존재를 위해 요청되고 있는 바의 것이다. 그러나 인간의 존재 자체가 문제로 되고 있지 않을 때에는, 도덕적인 것과 비도덕적인 것이 문제가 아니라, 두 가지 층이 갈등하는 속에서 보다 높은 층이 보다 낮은 층에 해를 끼치는 것이 나으냐, 또는 보다 낮은 층이 보다 높은 층에 해를 끼치는 것이 나으냐에 따라, 보다 좋은 것과 보다 덜 좋은 것이 문제될 뿐이다. 이와 마찬가지로 두 가지가 다 인간의 모든 존재를 파괴하게 될, 그런 두 가지의 행위들 사이에서는 도덕적인 것과 비도덕적인 것을 구별하는 것이 문제가 아니라, 좀 덜 비도덕적이냐 좀 더 비도덕적이냐 하는 것이 문제될 뿐이다. 이것은 한 가지의 행동을 통해서 인간의 존재가 덜 철저하고 덜 직접적으로 위협받느냐, 보다 더 많이 위협받느냐에 따라 결정된다.

5. 도덕적인 규범

이제 윤리학의 과제는 인간이 결단과 선택을 하기 위한 규범들을 정립하기 위해 존재관계와 가치관계를 구별짓는 일이다. 이때 윤리학의 과제는 객관적인 존재, 즉 두 가지의 방향에 의해 이끌어진다. 첫째로 전체적인 존재요 인격으로서의 인간의 객관적인 존재에 의해서, 두 번째로는 대상세계의 객관적인 가치질서에 의해서 이끌려지고, 또 마지막으로는 이 두 가지에서 생겨나는 가치관계에 의해서도 이끌려진다. 대상들이 인간의 전체적인 인격에 관계하는 객관적인 가치관계가 이런 관계를 긍정하는 행동과 부정하는 행동의 도덕성과 비도덕성을 결정짓는다. 이런 객관적인 가치관계가 도덕의 규범이다.

6. 도덕법칙과 일회적인 경우

한편으로는 모든 행위가 언제나 개별적이고, 다른 편으로는 이와 똑같이 모든 대상들이 개별적이기 때문에, 모든 객관적인 가치체계들도 개별적이다. 그래서 사람들은 보편적인 도덕규범이나 도덕법칙을 정립하는 일은 불가능하다는 결론을 내리려고들 한다. 그러나 이렇게 할 때 사람들은 유비(類比)를 보지 못하고 있다. 유비의 정도에 따라서는 행동과 대상이 다 같이 여러 계층에 포괄될 수가 있다. 그런 뒤에는 전체적인 계층에 대해서, 아니 모든 도덕적인 행위에 대해서—가령 개별적인 관계는 원하는 것과는 다르다고 하더라도—도덕적이기 위해서는 불가결한 최소한도의 것을 제공해 주게 된다. 또는 전체적인 계층들이 본질적으로 인간의 존재에 해를 끼치는 것이라고 밝혀질 수도 있다. 따라서 도덕법칙은 도덕적인 것과 비도덕적인 것의 범위를 제시해 준다. 이 도덕법칙의 범위 안에서는 행위를 하고 있는 개별적인 인간과 그때그때의 개별적인 상황은 도덕적인 성격이 본질적으로 변하게 하는 것이 아니라, 우연적으로 변하게 할 뿐이다. 물론 일회적인 행동도 무의미한 것은 아니다. 그러나 가능한 모든 개별적인 행동과 상황들을 다 알고, 이것들이 원래 개인들에게서 갖고 있는 뜻을 미리 내다보는 것은 인간에게는 불가능하다. 그래서 여기서도 다른 영역들에 있어서와 마찬가지로 보편적인 규칙이 보충을 해줘야만 한다. 그래서 실제로는 보편적인 규칙들을 특수한 경우에 적용하는 일은 개별자들에게 맡겨져 있다.

7. 영원한 법칙

도덕의 질서는 우리들에게 주어져 있는 존재질서에 직접적으로 바탕하고 있기 때문에, 도덕질서는 존재질서를 통해 존재질서의 근거, 즉 하느님의 영원한 존재에로 되돌아간다. 하느님의 영원한 존재는 도덕법칙의 바탕(근거)으로서 영원법(永遠法, lex aeterna)이라고 한다. 따라서 도덕법칙은 (하느님의 법칙을) 반영한 것이고, 하느님 안에 있는 영원법에 참여하는 것이다. 그런데 하느님의 본질은 모든 변화를 벗어나 있으므로, 이 영원법도 변할 수가 없다. 그래서 창조된 존재의 존재질서와, 따라서 도덕질서도 변하지 않는다. 변할 수 있는 것은 응용을 할 수 있는 사물들의 세계뿐이다. 다른 사물들은 인간에 대해 다른 객관적인 가치관계를 가지고 있다. 그러나 이런 도덕질서에 관한 인식도 변할 수 있다. 도덕질서에 관한 인식은 아무런 제한을 가하지 않아도, 늘어날 수도 있고 줄어들 수도 있다. 그러나 완전히 꼭 같은 실제적인 행동이 당장 도덕적으로 될 수도 없고, 또 당장 비도덕적으로 될 수도 없다. 이때에는 변동이 있을 수 없다. 상대주의자와 역사주의자도 도덕을 위해서는 거부되어야 한다. 왜냐하면 이것들은 존재에 걸맞지 않기 때문이다.

도덕이란 전체로서의 인간의 존재를 촉진시키는 것이요, 또한 모든 존재는 하느님에게 바탕하고 있기 때문에, 하느님의 존재에 합치되는 것은 인간의 궁극적인 행복을 거슬리는 일은 절대로 없다. 따라서 인간이 도덕을 통해 자기 자신의 존재와 행복을 촉진시킬 때에는, 하느님의 본질의 모상(模像, Abbild)을 촉진시키는 것이다. 이 하느님의 본질의 모상이 바로 인간이다. 하느님은 소극적인 면이 없는 순수한 적극성이기 때문에, 궁극적이고 전체로서의 모든 적극적인 것과 값어치 있는 것은 인간이 <하느님의 모습을 그냥 그대로 닮았다는 것>(Gottes-ebenbildlichkeit)을 드높여주는 것이다.

제2장 도덕적인 의무

1. 도덕적인 당위(當爲)

그저 도덕적인 것과 부도덕적인 것을 구별하는 것뿐만 아니라, 이렇게 구별하는 것과 더불어 일종의 의무가 함께 주어져 있다는 것, 즉 모든 당위의 원형(原型)인 그런 당위가 함께 주어져 있다는 것이 도덕 영역의 특성이다. 인간은, 부도덕적인 것은 어떠한 경우에도 행해져서는 안 되고, 또 어떤 상황에서도 이러저러한 도덕적인 것이 반드시 행해져야만 한다는 결정을 내리도록 하는 객관적인 요청을 받고 있다. 더 나아가 인간의 행위에는 여러 가지 도덕적인 가능성이 있을 때 보다 높은 것을 택하라는 충고도 주어진다. 그러나 이런 충고는 의무와는 명확하게 구별된다. 그럼 이 의무를 어떻게 설명해야만 하는가? 이 의무는 어디에서 생겨나는 것일까?

2. 의무의 직접적인 원천

위에서 도덕적인 것과 부도덕적인 것을 구별하기 위해 내세운 규범은 이 당위를 위한 근거로서는 충분치가 못하다. 왜냐하면 예컨대 미학의 영역에서는 규범과 더불어 의무가 주어져 있지도 않고 아름다움에 관한 규범이 생각될 수 있기 때문이다. 그러니 의무에는 하나의 새로운 계기가 덧붙어 있다.

엄격한 의무를 동반하고 있는 도덕적인 당위는 오히려 새롭고, 다른 것에서는 이끌어내질 수 없는 그런 계기다. 그리고 이 계기는 인간의 인격의 존재방식에 속하는 것이다. 인격의 존재방식에서는 필연적으로 작용하는 자연법칙들 대신에, 자유로운 <자기 결정>이 들어선다. 즉 인격이란 동시에 주어져 있기도 하고 포기되기도 한다. 인격적인 존재는 자기의 태도와 행동에 따라 스스로를 보존하고 드높이거나 또는 그렇지 못하거나 하는데, 이런 것은 인간의 손에 쥐어져 있다. 그러나 인간은 동시에 자기 마음대로 행동해서는 안 되고, 자기의 인격적인 존재를 돌볼 책임을 스스로 져야 한다는 것도 꿰뚫어보게 된다. 인간은 자기의 비인간적인 충동에 눈이 멀어 날뛰어서도 안 되고 또 정신을 잃어서도 안 되며, 그때그때의 사태에 알맞춰 이성적인 통찰에 따라 자유롭게 결단해야 한다. 또 인간은 자기 자신을 소유함으로써 이런 것을 멀리하고, 인격이 <스스로 있음>(自己存在)을 통해 인격에게 본질적으로 주어져 있는 세계에 있어서의 우월성을 간직하고 보호해 나가야만 한다. 인간은 이러한 방법으로만, 이미 우리들이 본 바와 같이 <더불어 있는 사람들>을 인격이라고 인식하는 것이 필요하다는 것을 알게 될 수 있다. 이런 점에서 존재, 인식 및 당위가 가장 밀접하게 연관되어 있다. 스스로는 아무런 요구도 할 수 없는 사물들과는 반대로, 독자적인 인격존재는 인간이 사물들에 빠져 자기 자신을 잃어버리지 말고, 자신의 존재를 보존해 나가라고 요청한다.

인격의 행동은 자유로운 행위들에 의해 점차로 행해진다. 그래서 이 행위들은 직접적으로 도덕적인 의무에 예속되어 있다. 비도덕적인 행위는 언제 어디서나 <자기를 가지고 있음>(自己所有)과 인격의 존재에 모순된다. 그래서 비도덕적인 동작은 절대로 있을 수가 없다. 하지만 인격존재에게는 가능한 한의 모든 도덕적인 행위들이 언제나 요청되고 있는 것이 아니다. 인격의 존재는 상황에 따라 이러저러한 행위를 함으로써만 원리적으로 주장될 뿐이다. 그래서 하나하나의 구체적인 상황 속에서는 언제나 몇몇 도덕적인 행위들만 적극적으로 의무지워져 있다. 그래서 소극적인 도덕법칙들은 본성적으로 보다 더 포괄적인 타당성을 지니고 있다.

3. 의무는 절대적이다.

도덕적인 의무가 절대적인 것이라는 사실은 의무의 가장 가까운 원인에 따라서라기보다, 인간존재의 본질에 따라 밝혀진다. 행위의 주체, 즉 인간은 다른 모든 것들의 바탕(기초)이다. 세계는 오직 인격을 위해서만 존재하고 있다. 또 인격이 없어져 버리면, 다른 모든 것들, 즉 인간을 위해 존재하고 있고, 노력해서 얻어낼 만한 값어치가 있는 모든 것들이 끝장나고 만다. 이러한 인간에게 값어치 있는 하나하나의 부분적인 영역들의 노력과 요구에 의해, 그 전제조건인 전체로서의 인간이 멸망해 버린다면 이 부분적인 영역들도 끝장나 버린다. 그래서 전체를 본존하기 위해서는 반드시 각 부분들의 이해관계를 희생시켜야만 한다. 하지만 인간의 인격의 본질은 여기서 한층 더 엄격한 절대성을 띠게 된다. 육신적인 생명의 관계에 있어서는 신체기관이란 예속되어 있는 어떤 것이다. 즉 신체기관은 전체를 위해 희생당할 수밖에 없다. 왜냐하면 생명이 파괴되면 신체기관도 파괴되어 버리기 때문이다. 그러나 인간의 인격은 정신적인 존재에 바탕하고 있다. 인격을 드높이거나 해치는 일은 정신적인 존재 안에서 생기는 결과다. 이 정신적인 존재는 육신적인 생명처럼 사라져 버리는 그런 것이 아니다. 육신의 생명은 그 스스로, 즉 자기의 내적인 본질에 따라, 언젠가는 죽도록 운명지어져 있다. 정신적인 것은 일종의 내적인 법칙에 따라, 멸망할 수 없게 되어 있다. 왜냐하면 그것은 단순한 것이기 때문이다. 따라서 정신 안에 있어서의 활동, 즉 자유로운 행위의 활동들은 본성적으로 없어질 수 없는 그런 것이다. 달리 표현하자면, 도덕적인 행위는 인격 자체의 존재—그러나 인격은 적지 않는 것이다—와 관련되어 있기 때문에, 자유로운 행위는 행위자에게 있어서는 자연적으로 없어지지 않는 그런 작용이다. 이와 반대로 다른 모든 것들은 그 작용을 언젠가는 끝내버린다. 그래서 다른 모든 것들은, 육신의 생명까지도, 비도덕적인 행위를 하기 전에 오히려 희생을 당해야만 한다. 그러면 육신의 생명은 끝난다. 그래서 일찍 죽는 것은 절대적인 악이 아니다. 그러나 비도덕적인 행동은 인간의 정신적, 죽지 않는 인격을 보다 악한 것으로 변하게 한다.

4. 의무의 궁극적인 근원

인간의 인격의 본질과 지위가 도덕적인 의무와 이 의무의 적대적인 성격의 가장 가까운 바탕이다. 인간에게 있어서는 정신적인 인격으로서의 삶(생존, Dasein, 현존재라고 번역되기도 한다)보다 더 필연적인 것도 또 이것을 대신할 것도 없는 바와 마찬가지로, 인간의 행위에 있어서는 이런 사실에 알맞추는 것보다 더 크고 예외가 없는 그런 당위는 있을 수 없다. 하지만 인간의 인격은 일종의 궁극적인 중심이고, 행위는 본성적으로 언제나 이 중심에 관련되어 있다. 그러나 여기서 궁극적이라 함은 그 자체가 절대적인 것이 아니며 또 그 자체 안에 뿌리내리고 있는 것도 아니다. 그렇다고 해서 인간의 인격 자체가 언젠가는 수단이 될 수 있으리라는 말로 알아들어서는 안 된다. 이런 일은 인격적인 존재의 특성에 모순된다. 그래서 또 인격은 그 어떤 유한한 것에 뿌리내리고 있는 것도 아니다. 그러나 인격은 자기가 원인이 되어 인격적인 존재(인격이 있다고 하는 것)와 인격의 중심으로 되는 것이 아니라, 인격적인 존재는 창조된 것이다. 따라서 인격이 존재에로 나아가려는 원초적인 노력도 주어져 있는 것이요, 인격에 의해 미리 찾아내진 것이다. 인격이 궁극적이라고 하는 것은 선물로 주어진 궁극적인 것이다. 그래서 인격의 삶과, 삶 안에서의 끈질긴 의지는 궁극적으로는 하느님의 창조의지에서 나온 것이다. 하느님은 이런 인간을 창조함으로써, 인간이 선물로 주어진 존재에 바탕해서, 행위하고, 따라서 이 존재에 알맞게 행위하라는 것을 인간의 의지에 심어 주었다. 이렇게 해서 도덕적인 의무의 가장 가까운 원천(근원)은 우리들을 먼 원천으로, 또 불완전하고 창조된 원천은 완전하고 창조되지 않은 원천으로 거슬러 올라가게 해준다. 이런 것은 인간의 존재에도 들어맞는다. 인간존재 자체는—본래 대상계(Gegenstandwelt)의 표현을 가지고써는 표현할 수 없기에, 역설적으로 표현하자면—가장 궁극적인 단계 직전의 궁극적인 것이다.

5. 자율이냐 타율이냐?

이렇게 해서 우리들에게 많이 논란되고 있는 하나의 물음이 제기된다. 인간은 도덕에 있어서 자율적이냐 타율적이냐, 궁극적인 결정기관 자체인 인간은 스스로 법칙을 부여하는가, 또는 법칙은 다른 것에 의해 인간에게 주어지는 것인가? 우리는 그 어떤 타율은 인간존재에 모순된다는 것을 쉽게 알 수 있다. 인간을 수단으로 만들고, 오직 다른 것을 위해 있는 것 같은 그 어떤 일시적인 것으로 만드는 타율은 근본적으로 인간의 존재를 없애버리는 것이 된다. 만약에 인간존재에게 관계가 없는 어떤 외적인 존재자가, 인간의 존재를 고려하지도 않고, 인간에게 의무를 부과할 수 있게 된다면, 인간의 존재는 없어져버리고 말 것이다. 인간의 존재 안에 있는 그 어떤 존재자도 하나의 다른 유한한 존재자에게 내적으로 의존하고 있지 않기 때문에, 그 어떤 유한한 존재자가 도덕적인 의무의 궁극적이고 알맞는 원천이라고 가정한다면, 이런 타율도 있을 수 있게 될 것이다. 이런 의무는 인간 존재에게는 그 어떤 외적인 것이요, 낯선 것으로서 덧붙여지게 될 것이다.

그러나 만약에 하느님이 이 궁극적인 원천이라면, 사정은 달라진다.

즉 하느님은 인간존재에게 낯선 자가 아니며, 인간존재의 원천이기 때문이다. 또 도덕적인 의무는 바로 하느님으로부터 온 존재를 통해, 하느님으로부터 유래한 것이다. 따라서 의무는 존재와 함께 주어지며, 이런 인간에게 가장 고유한 존재 자체에서 흘러나온 것이다. 그러니 의무는 하느님에 의해 인간존재에게 외적으로 덧붙여진 것이 아니다. 하느님은 이 인간존재 안에 또 이 인간존재와 더불어 의무를 준 것이다. 그래서 우리는 하느님, 즉 존재의 원천에 대해 타율이니 자율이니 하는 따위의 말은 할 수가 없다. 창조주에 대한 피조물의 관계는 유한한 것들의 영역에 타당하는 차이를 초월해 있다. 그러나 이렇게 해서 이미 칸트의 도덕론의 한 가지 기초가 거부되고 있다.

이와 반대로 의무가 비록 인간의 법률이나 전통적인 관습에 나타나 있다고 하더라도, 이 의무의 근원을 궁극적으로는 단순히 인간이 설정한 것이라고는 할 수 없다. 만약에 그렇다면, 다른 사람들이나 단순한 역사적인 사실들이 어떻게 해서 나에게 의무를 지울 수 있는가 하는 물음이 생긴다. 다른 사람들과 역사적인 사실들은 오직 두 번째의 원인으로서의 존재만 부여한다. 이것들은 절대로 한 존재자의 삶의 궁극적인 원인이나 완전한 원인이 아니다. 개인으로서의 인간은 역사적 발전이나 <더불어 있는 세계>의 단순한 사물이 아니다. 이러한 인간은 그 어떤 독자적인 것이요, 새로운 것이며 자립적인 것이다. 그래서 이렇게 이끌어내진 의무는 인간의 존재와 직접적으로 모순될 것이다. 더욱이 도덕적인 의무의 절대성은 이런 원천에서는 절대로 얻어내어지지 않을 것이다.

제3장 자연적인 도덕법칙(도덕률)

1. 자연적인 도덕법칙의 본질

모든 인간들이 몇몇 본질적인 특성에 있어서는 일치되고, 또 몇몇 사실들과 소질들은 하나의 인간이 되기 위해 절대적으로 필요하다는 것 등은 이미 잘 정해져 있다. 그러나 이것만으로는 구체적인 인간에게는 불충분하며, 개별적인 여러 규정들이 덧붙여져야만 한다는 것도 잘 알려져 있다. 그래서 도덕에 있어서는 어떤 가치관계들이 이미 이런 보편적인 본질의 특성과 인간의 보편적인 본성에 의해 정해진다는 사실이 밝혀진다. 그래서 일정한 인간의 행위들은 언제 어디서나, 개인적으로 실현될 때마다, 인간의 전체적인 존재를 위해서 필요할 것이다. 이와 반대로 다른 행위들은 언제 어디서나 이 존재가 계속되는 것을 위협할 것이요, 따라서 이 존재가 구체적으로 실현되어도 이런 해독을 완전히 제거할 수 없을 것이다. 이렇게 해서 어떤 행위들이 가치가 있다고 하는 것에 관해서는 보편타당하는 원칙들이 세워지고, 이 원칙들은 인간이라는 모든 존재자들에게 타당하며, 아니 어떤 원칙들은 자유로운 존재자 모두에게 타당한다. 즉 인간존재가 행위할 때에는 도덕적인 요구가 제기된다. 이런 종류의 가장 보편적인 원칙은 이미 제시되어 있다. 즉 도덕적으로 악한 것은 언제나 절대적으로 피해야 하고, 어떤 경우에 요청되고 있는 도덕적인 선은 절대적으로 행해야 한다는 원칙이 제시되어 있다. 인간인 한의 모든 인간들의 도덕적인 행위에 관련되는 이런 보편타당한 범칙들은 <자연적인 도덕법칙>(도덕률)이라는 이름으로 요약된다.

물론 이 법칙은 물리학에서 말하는 자연법칙과는 아무런 관계도 없다. 두 가지 경우에 있어서 법칙이라는 말은 그저 비슷하게 쓰일 뿐이다. 그러나 원초적인 의미는 전적으로 도덕법칙에 있다. 그러나 자연과학의 자연법칙에 익숙해져 있는 우리 시대는 이런 점을 보지 못하고 있다. 원래 하나의 법칙이란 자유롭고 책임을 질 수 있는 존재자들의 집단이나 공동체를 위해 미리 정해져 있는 명령을 뜻한다. 모든 이들은 자기들의 행위를 법칙에 따라 행해야 한다. 자유가 없는 자연에는 본래적인 뜻의 당위가 없다. 즉 돌은 낙하의 법칙에 따라 떨어져야만 하는 것이 아니라, 그냥 떨어진다. 낙하의 법칙은 돌이 그것에 따라 떨어져야만 하는 그런 미리 정해져 있는 명령이 아니라, 단순한 개체들이 떨어져나갈 때 일련의 필연적인 사실들이 일치하는 것을 사람들이 추상적으로 요약해놓은 것이다. 따라서 자연법칙이란 인간관계에 비유해서 생각해내진 것이고, 무슨 일(사건)이 생길 때에 일치되는 것들을 법칙적으로 모아놓은 것이다.

2. 불변성

자연적인 도덕법칙이 이끌어내지는 것을 보면, 당장 이 법칙이 변할 수 없는 것이라는 것을 알 수 있다. 동시에 더 나아가서는, 자연적인 도덕법칙은 도덕적인 행위에서 최소한의 것을 규정하고 있다. 따라서 이 최소한의 것을 벗어나 있는 사람은 비도덕적으로 행위한다. 그러나 이 범위 안에서는 행위의 도덕적인 선의 크기가 서로 다를 수 있다. 이런 도덕법칙에 있어서는 모든 시대와 문화들이 일치하고 있다. 물론 이 도덕법칙도 침범당할 수 있다. 왜냐하면 이 법칙은 기계적으로 실행되는 자연법칙이 아니라, 자유로운 인간에 대한 요청이기 때문이다. 그러나 한 번 악이라고 선언된 것이 역사가 발전해 오는 동안에 객관적인 선으로 될 수는 절대로 없다. 그리고 선이 객관적으로 악으로 되는 일도 절대로 없다.

3. 인식가능성

그러나 여기서 중요한 것은 자유에 의존하고 있는 도덕법칙이기 때문에, 이 법칙을 실천에 옮기기 위해서는 인식이 요청된다는 사실이다. 헌데 이런 인식은 없을 수도 있다. 하지만 정신적인 존재가 벗어날 수 없는 그런 존재관계들이 있다. 그래서 이 존재관계에서 생겨난 도덕적인 규칙들은 모든 시대의 모든 사람들에게 보편적으로 알려진다. 즉 도덕법칙에서의 최고의 원칙들은 보편적. 직접적으로 분명하다. 예컨대 한 가지의 이런 원칙은 <악은 행해져서는 안 된다.>고 하는 것이다. 또 두 번째 단계의 존재관계가 있다. 이 단계는 보다 더 쉽게 인식되나, 첫 번째 단계만큼 또 예외도 없이 그렇게 인식되는 것은 아니다. 여기서는 또 비록 자주 있는 일도 아니고 또 계속적이지는 아니라고 하더라도, 때에 따라서는 잘못이 생길 수도 있다. 존재관계에서 스스로 생겨난 도덕적인 규정들에도 이렇게 될 수 있는 가능성은 있다. 이런 것에 대한 한 가지의 보기는 <인간은 하느님을 공경하고 하느님께 순종할 책임이 있다.>고 하는 원칙이다. 마지막으로 또 한 가지의 객관적인 존재관계가 있다. 이 존재관계는 인간이 인식할 수는 있으나, 몇몇 조건하에서 그리고 약간의 노력을 함으로써만 인식할 수 있는 것이다. 이때에는 잘못이 자주 생길 수도 있다. 이 존재관계에 바탕하고 있는 도덕법칙들을 실천하는 것은 커다란 어려움을 동반한다. 이럴 때에는 역사가 증명하고 있는 바와 마찬가지로, 올바른 인식보다 잘못된 인식이 더 자주 생긴다. 예컨대 일부일처(一夫一妻)제의 규범이 그렇다.

도덕적인 잘못의 또 다른 원천은 다음과 같은 사실에도 있을 수 있다. 즉 도덕적인 원리는 올바르게 인식되었으나, 눈앞에 있는 상황이 잘못 해석되어, 사람들이 올바르게 법칙을 거기(잘못 해석된 것)에 적용하지 못하는 경우다. 예컨대 우리들이 잘못해서 노예와 같은 특정한 계층의 인간들을 완전한 인간, 즉 완전한 인격으로 인정하지 않는다면, 이런 인격들에 대해서는 별로 도움이 되지 못한다. 왜냐하면 사람들이 그 인식을 이런 계층의 인간들에게는 꼭 적용해야 한다고 믿지 않겠기 때문이다.

4. 도덕적인 인식의 진보

따라서 도덕적인 인식은 두 가지 방향으로 진보(발전)할 수 있다. 한 가지 방향은 두 번째와 세 번째 계층에 속하는 도덕법칙이 점점 더 분명하게 인식되는 것이고, 그 다음은 도덕적인 사태들을 점점 더 잘 인식하는 방향이다. 그러나 도덕적인 인식의 변화가 언제나 일종의 진보를 뜻한다는 것은 그 어디에서도 증명되지 못하며, 역사는 오히려 이런 사실을 부정하고 있다. 얻어진 인식과 통찰은 개인에게 있어서나 집단에게 있어서 잊혀져버릴 수도 있다. 따라서 여기에서 도덕적인 인식은 인간의 모든 정신생활의 역사적인 변화에 참여하고 있다. 그러나 자연적인 도덕법칙 자체는 변하지 않고 그대로 남아 있다. 왜냐하면 이 도덕범칙은 어떤 기본적인 구조들과 소질에 있어서 변치 않는, 그런 인간의 본성에 바탕하고 있기 때문이다. 그래서 바로 이런 도덕법칙을 벗어나는 것, 즉 도덕적인 영역에 있어서의 잘못들은 역사에 바탕하고 있다는 결론이 나온다. 왜냐하면 이런 잘못들은 인간본성의 존재에서 필연적으로 생겨난 것이 아니기 때문이다. 이런 점에 있어서도 도덕의 영역은 역사적인 변천에 관여하고 있다. 즉 문화의 발전을 통해 사태들이 변화하고, 도덕법칙을 적용하는 영역도 일정한 변화를 면할 수 없게 된다.

제4장 실정법

1. 실정법의 본질

보편적으로 인간의 본성이 요구하는 그런 것 속에서, 자기의 실재가 시작되는 그런 인간은 없다. 한 사람 한 사람의 인간은 인간의 본성이 구체적 · 일회적으로 실현된 존재다. 그래서 자연적인 도덕법칙의 여러 명령들도 궁극적이고 구체적인 규정들은 주지 못하고, 언제나 행동의 일정한 폭을 열어두고 있다. 그래서 하나하나의 구체적인 행위에 대해서는, 일회적으로 닥쳐온 경우를 개인적(인격적)으로 활용하도록 요구되고 있다. 그러나 인간들은, 어떤 관점에서는, 단체나 공동체 안에 내포되어 있다. 이런 인간들에게는, 집단 밖에서는 있을 수 없는, 그런 사태들이 주어져 있다. 또는 인간들은 하나의 공통적인 목표를 추구하고 있다. 그러나 이 목표는 인간의 본성 자체를 통해서는 미리 주어져 있지를 않고, 인간의 본성에 대해 자유로이 열려져 있다. 이런 목표는 사정에 따라서는 장려되기마저 한다. 그래서 이 목표를 추구하는 일을 포기하는 것은 공동체에 대한 커다란 해악을 뜻하기도 한다. 그러나 이 목표가 많은 사람들의 협력에 의해서만 달성될 수 있는 그런 것이라면, 이런 협력이 가능하도록 되어야만 한다. 이런 협력은 구체적인 상황 속에서 구체적인 목표를 추구해야만 하는 그런 공동체에게만 통용되는 명령(규정)에 의해서 이루어진다. 이런 명령(규정)들을 실정법이라고 한다. 왜냐하면 이 명령들은 인간의 본성에서 직접적으로 생겨나는 것이 아니라, 구체적인 사정을 보고 합법적인 권리를 가진 곳으로부터 반포되기 때문이다. 이 합법적인 권리를 가진 곳이란 권위를 이름이다.

2. 실정법이 의무를 지우는 힘

그런데 공동체가 삶에 꼭 필요하고 자연적인 것이라면, 이 공동체의 목표도 삶에 꼭 필요한 것이다. 그러나 그 목표는 이런 실증적인 명령들이 선포되고 실행될 때에만 달성될 수 있다. 따라서 자연적인 도덕법칙은 이런 명령들이 권한을 가지고 있는 영역 안에서 합법적인 권위에 의해 내려졌을 때에는, 이 명령들이 지켜지도록 할 의무를 가지고 있다. 이와 함께 우리는 어떤 사태를 정해놓고 목적을 달성하기 위해서는 스스로 남들과 결합할 수 있다. 여기서도 우리는 자유의지에 따라 참여하기 때문에, 전승되어 오는 그대로의 실증적인 여러 규정들을 알맞게 지킬 의무가 있다. 왜냐하면 그렇지 않으면 문화생활의 중요한 요인들 중의 하나인 자유로운 결합이 불가능하게 되겠기 때문이다.

3. 자연적인 도덕법칙이 우선한다.

따라서 실정법은 명확하게 하는 것이요, 특수화(전문화)하는 것이요, 자연적인 도덕법칙을 실행하는 것이다. 실정법 자체로서도 의무를 부과할 힘을 가지고 있다. 따라서 실정법은 자연적인 도덕법칙을 절대로 거역할 수 없다. 왜냐하면 만약에 거역을 한다면, 실정법 자체가 폐지되어 버리고, 그 본질적인 의미를 잃어버리게 되겠기 때문이다. 즉 만약에 합법적인 권위가 이렇게 공공연하게 자연적인 도덕법칙을 거슬리는 실정법을 선포한다면, 이런 실정법은 의무를 지우는 힘을 갖지 못하게 될 것이다. 이런 실정법에서 명령된 것은 비도덕적이기 때문에, 어떤 상황에 처해서도 실행되어서는 안 된다. 이와 반대로 그 실정법의 내용이 도덕적이라 하더라도, 그 내용은 명령을 내리는 자의 권능을 넘어서거나, 개인의 권리를 침해한다. 그래서 역시 저절로 의무를 지울 힘을 갖지 못한다. 그러나 이런 경우 개인이 알력을 피하기 위해 자기의 권리를 포기하는 일은 그 개인의 자유에 맡겨져 있다. 알력의 손해가 앞으로 주장될 권리와 아무런 관계도 없는 경우에는, 개인이 자기의 권리를 포기하고 법률에 복종할 의무를 지게 될 수도 있다. 왜냐하면 그 실정법이 법률의 힘을 가지고 있어서가 아니라, 다른 사소한 개인적인 이익을 얻어내기 위한 수단으로서, 공동체에 중대한 해악을 끼쳐서는 안 되기 때문이다.

4. 법실증주의

하나의 법률이 존재하고 있기 때문에, 그 법률은 의무를 지울 수 있다고 생각하는 법실증주의(法實證主義, Rechtspositivismus)는 조금도 지지를 받지 못하고 있다. 법실증주의는 인간의 권위에다 부당한 권력을 인정해 주고, 모든 의무를 부당한 권력의 의지에서 이끌어낸다. 특별히 비난할 만하고 견딜 수 없는 것은 모든 권리는 사람들이 이미 가지고 있고, 다른 사람들에게 복종을 강요하는, 그런 권력에 바탕하고 있다는 학설이다. 이런 학설은 약한 자들을 노예로 만들거나, 일종의 영속적인 <씨 말리기 전쟁>으로 이끌어나갈 수 있을 뿐이다.

제5장 도덕적인 행위의 여러 조건들

1. 도덕의 주체

도덕은 행위에 관련되어(붙어) 있지, 대상에 관련되어 있는 것이 아니다. 그러나 대상은 도덕적인 행위에 꼭 있어야만 한다. 하나의 대상이 없이는 어떤 활동도 불가능하다. 또 대상의 가치는 하나의 행위가 도덕적이냐 그렇지 않으냐 하는 것을 함께 결정한다. 그런데 행위나 행동은 애초부터 도덕적이다. 그리고 행위를 통해서 행위하는 사람이 도덕적으로 선하거나 악하게 된다.

그러나 도덕적인 것은 선택이나 결단에서 이뤄진다. 그래서 본래적인 뜻의 결단이 가능한 곳에만 도덕적인 것이 있을 수 있다. 그런데 인간 안에는 자유로운 결단에 내맡겨져 있지 않고, 따라서 도덕적인 것 밖에서 자연적인 필연성에 따라 움직이는 그런 영역들이 있다. 그러나 이 영역들은 한 인간에게 속하는 것으로서, 이성의 영역을 넘어서서 작용하고, 따라서 자유로운 결단을 방해할 수 있거나 완전히 없애버릴 수도 있다.

2. 충분한 인식

결단을 내리는 데 필요한 첫 번째 것은 결단을 내려야만 할 사태들에 관한 인식이다. 행위의 결과에 대한 인식도 이런 인식에 속한다. 여기서 말하는 행위의 결과들이란 두 번째의 자유의지가 끼어듦이 없이 직접적으로 그 행동에서 생겨나는 것이다. 그러나 인간들은 원인에서 조금만 떨어져 있어도 이 결과를 보지 못하고 지나쳐버린다. 그러나 인간의 결단은 인간에게 알려져 있는 것에만 관련될 수 있고, 또 인간의 책임도 여기까지에만 미친다.

더 나아가 한 가지의 인식에는 잘못이 끼어들 수도 있다. 이럴 때에는 도덕적인 행위가 잘못된 인식에 의해서 정해진다. 즉 객관적인 사실이 아니라, 인간이 자기의 결단에 받아들이지 않았던 알려지지 않은 사실에 의해서 정해진다. 만약에 이 잘못이 게으름 때문에 생긴 것이라면, 그 책임은 이미 결단을 내리기 이전에 자유의지에 따라 행해진 게으름에 있다.

3. 주의력

인간의 현실적인 주의력(注意力)은 제한되어 있다. 그래서 인간은 결정적인 순간에 원래 자기가 볼 수 있었던 것을 보지 못할 수도 있다. 인간은 서둘다가 결단의 중요성을 알지 못할 수도 있고, 사태를 본질적으로 변화시킬 계기들을 깨닫지 못할 수도 있다. 이럴 때에는 이 계기들이 결단에 받아들여지지 못한다. 물론 인간은 그 사태에 알맞은 주의력을 기울일 의무가 지워져 있다. 만약에 인간이 의식적으로 그렇게 하지 않는다면(주의력을 집중시키지 않는다면), 그는 이미 그것 자체만으로도 비도덕적인 행동을 한 것이다. 그러나 인간이 강요를 당해서 그렇게 하지 않았다면, 자기가 결단을 내릴 자유가 침해를 당한 것이다. 격렬한 흥분이나 중독상태 등에 의해서 주의력이 약해지는 일은 매우 자주 있다. 이런 상태들은 자유의지를 약화시킬 수 있다.

4. 자유

두 번째의 조건이 도덕적인 행위의 핵심이다. 즉 <결단은 자유로워야 한다.>는 것이 그것이다. 자유롭지 못한 결단은 결단이 아니라, 이간에게서 생기는 자연 필연적인 사건의 한 가지에 지나지 않는다. 즉 자유가 직접적으로 침해당하고, 이 자유가 단순한 자연 필연적인 사건으로까지 되는 경우에는, 책임이 중단되고 만다. 왜냐하면 이런 경우에는 결단이 중단되고 말기 때문이다. 여기서 문제되는 것은 무엇보다도 의지의 병리학적인 상태, 즉 신경조직의 질병이다. 극복되지 못하고, 무의식 속으로 스며든 지난날의 갈등들이 문제되는 때도 가끔 있다. 억압적인, 특히 갑작스런 격정에 의해서나, 모든 깊은 생각을 빼앗아버리고 단순히 감격만 하게 하는 그런 공포에 의해서 생기는 걷잡을 수 없는 그런 장애가 문제되는 때도 있다. 개별적인 경우들에 있어서는, 자유로운 결단이 어느 정도였고 또 책임이 어느 정도인가 하는 것을 결정하는 일이 어려운 때도 자주 있을 수 있다. 그러나 이러한 것이 객관적인 사태를 변하게 하는 것은 아무 것도 없다.

5. 의도와 그 단계들

이렇게 해서 의도 속에 받아들여진 것은 모두 도덕적인 결단에 속한다. 그러나 여기서도 보다 자세한 구별이 이루어져야 한다. 의도는 행위를 하는 순간에, 행위를 하는 자의 정신 앞에 있을 수 있다. 의도는 실제적으로 활동을 하는 것이며, 이때에는 모든 것이 분명하다. 그러나 한 가지의 의도는 파악될 수 있고, 그 힘은 계속해서 정신에게 분명하게 알려져 있지 않다고 하더라도, 행위가 시작되어 끝날 때까지 일관해서 작용한다. 그런데 우리는 이 의도의 힘이 아직도 있다고 하는 사실을, 행위의 진행과정이 그 힘에 의해 정해져 있고, 장애나 의문이 생길 때에는 당장 그 힘이 실제로 깨달아진다는 사실을 보고 알게 된다. 따라서 의도는—그 힘을 보자면—잠재적으로는 언제나 있는 것이다. 물론 이런 의도는 행위에 책임을 지우기에 충분하다. 우리들의 행동과, 우리들의 주의력을 필요로 하는 여러 방향들은 여러 가지로 있다. 이럴 때 실천을 하는 데 오랜 시간이 걸리는 그런 의도들은 대개 잠재적으로만 작용을 하고 있을 것이다.

마지막으로 행위를 자주 하는 데서 일종의 습관이 형성될 수 있는데, 이 습관은 차츰 기계적으로 된다. 이런 때에는 인간은 현실적으로건 잠재적으로건 아무런 의도도 없다. 그러나 우리는 지난날 여러 차례 내렸었고, 떨쳐버릴 수 없는 결단들에 바탕해서 꼭 같은 짓들을 한다. 이런 의도는 습관적인 의도다. 이런 의도는 이미 본래적인 의도가 아니라, 의도에서 생겨난 습관이다. 이럴 때 도덕이란, 이런 습관을 갖게 해주었고, 인격을 선하거나 악하게 해준 행위들에 달려 있다. 이런 습관적인 의도가 도덕생활에 가장 큰 뜻을 지니고 있다. 습득된 좋은 (선한) 의도 덕택으로, 나쁜(악한) 행위를 할 많은 가능성들은 조금도 문제되지 않는다. 일찍이 결단을 내릴 때에 이미 나쁜 행위를 할 가능성들은 예방되고 만다. 교육의 목적은 그 대부분이 이런 습관적인 의도들을 형성케 하는 데 있다. 물론 습관적인 의도는 적어도 일반적으로는, 나이를 먹음에 따라 이해되게 마련이기도 하다. 왜냐하면 이런 습관적인 의도들은 언제나 거듭해서 검토되고, 그런 다음에는 일종의 진정한 새로운 결단에 의해서만 보존될 수 있기 때문이다.

제6장 간접적으로 원하는 것

1. 결과를 예측할 수 없다.

구체적인 책임을 판단하는 데 있어서 훨씬 더 큰 어려움은 다음과 같은 사실에 있다. 즉 인간행위의 결과는 직접적으로 행동에서 생겨난 작용으로 끝나버리는 것이 아니라는 데 있다. 이런 작용들은 나름대로, 앞을 내다볼 수 없을 것에까지 미치는 계속적인 작용들의 원인이 된다. 이와 마찬가지로 한 가지 행위의 작용들은, 인간이 세계와 여러 가지로 뒤얽혀 있기 때문에, 언제나 한 가지 뜻을 지니고 있는 것은 아니다. 따라서 이 작용들에서는 좋은 결과와 나쁜 결과가 동시에 생길 수 있다. 좋은 결과와 나쁜 결과가 뒤엉켜 있는 일이 너무 자주 있기 때문에, 사람들이 확실하게 일의적으로 좋은 작용만 할 그런 행위들만 허용하려고 하여, 인간의 어떤 행위도 행해지지 않고, 따라서 인간의 삶이 불가능하게 될 수도 있음직하다.

2. 행위는 반드시 책임을 져야 하는 것이 아니다.

이렇게 해서 사람들은, 모든 인간행위들은 그 어떻게든 나쁘고, 모든 행위는 인간에게 죄를 뒤집어씌운다는 결론을 이끌어내려고들 했다. 그러나 이런 견해는 결과적으로 지탱될 수가 없다. 왜냐하면 만약에 모든 것이 나쁘고, 인간이 반드시 죄를 뒤집어써야 할 때에도, 그래도 인간은 살아야 하고, 따라서 모든 것이 다 허용되게 마련이기 때문이다. 결단은 그 의미를 잃어버리고, 사람들은 죄에 관한 말을 하는 것과, 도덕적인 것과 비도덕적인 것을 구별짓는 따위는 말아야 할 것이다. 이런 견해는 저절로 없어져버린다. 즉 이런 견해는 <유한하고 비독립적인 것>은 도덕적으로 악하다는 학설로 되돌아간다. 왜냐하면 이런 학설에서 인간행위의 다양한 작용들이 생겨나기 때문이다. 그런데 이 말은 사람들이 신의 존재 이외의 모든 존재들을 악이라고 보려는 것과 똑같은 뜻이다.

3. 허용되는 여러 조건들

따라서 다른 해결책이 꼭 있어야만 한다. 이 해결책은 그 어떤 보편적이고 선험적인 생각에서가 아니라, 틀림없이 인간행위의 본성과 조건들에서 생겨난다. 그래서 인간의 행위가 본질적으로 다양한 관계들과 뒤얽혀 있다는 것을 살펴보아야만 한다. 이런 일은 앞에서 이미 인간 자체를 논할 때에도 했던 일이다. 이 문제는 다음의 원칙에 따라 결정되어야만 한다. 원칙적이란, 인간은 자기의 의도 속에 들어 있었고, 경우에 따라서는 들어와야만 하고 또 들어오는 그런 모든 것에 대해 책임이 있다는 것이다. 그래서 이런 원칙에서는 우선 다음과 같은 결론이 나온다. 즉 의도는 오로지 도덕적인 것으로만 나아가야 하고, 그렇지 않을 때에는 단순히 비도덕적인 것을 원했었으며, 간접적으로 원인을 제공하는 경우는 있지 않다는 것이 그 결론이다. 둘째로 선한 것은 적어도 악과 마찬가지로 행동의 간접적인 작용(결과)임에 틀림없다. 가톨릭의 도덕이 "좋은 목적은 그 자체로서 비도덕적인 수단을 거룩하게 한다."는 뜻으로 허용된다고 말한 적은 한 번도 없다. 셋째로 덧붙여지는 조건은 <악한 작용은 피할 수 없다.>고 하는 것이다. 즉 아무런 필요도 없이 생겨난 악은, 의도가 순수하게 선으로 나아가지 않았다는 사실을 잘 보여주고 있다. 악, 즉 선한 작용과 피할 수 없게 얽혀 있는 악은 절대로 노력과 의도의 대상이 아니며, 기껏 해서 허용되고 있을 뿐이다. 왜냐하면 그 이외에 다른 방도가 없기 때문이다. 마지막으로 선한 작용이 커서, 이 선한 작용에 의해 악한 작용이 실제로 상쇄되거나, 그 이상으로 보상되어야만 한다. 어떤 큰 것이 조그만 것 때문에 위기에 처해서는 안 되는 것이다.

이런 조건들이 실제로 충족되었는가 하는 것을 결정하기란, 현실적으로 쉬운 일이 아니라는 것을 고백하지 않을 수 없다. 특히 두 번째와 세 번째 조건들은 그저 어림잡아(개연적으로) 결정되는 일이 자주 있다. 여기에 도덕학자들이, 허용되느냐 허용되지 않느냐 하는 데 대해 의견의 일치가 이뤄지지 않는, 소위 한계상황들의 근원이 있다. 따라서 이런 경우에는 어떻게 해야만 하는가 하는 물음이 제기된다.

제7장 양심과 양심의 형성

1. 양심

법칙들은 추상적이고, 결단은 구체적이다. 즉 결단은 구체적인 경우에다 추상적인 법칙을 적용할 것을 요구한다. 그러기 위해 인간은 우리들이 양심이라고 일컫는 도덕적인 인식을 가지고 있다.

인간은 구체적인 상황을 인식하고, 이 인식의 정도에 따라 보편적인 법칙을 적용할 수 있을 것이다. 이때 법칙 그 자체 안에서는 예견되지 않았던 궁극적인 계기, 즉 일회적인 것 그 자체는 그냥 남아 있다. 그러나 도덕적이기 위해 결단들이 그 내부에 버티고 있어야 할 범위는 법칙에 의해 미리 제시되어 있다.

2. 잘못을 저지르는 양심

존재인식에 있어서 개별적인 인식에서 오류가 있을 수 있는 것처럼, 도덕적인 인식에도 오류가 있을 수 있다. 도덕법칙은 자연법칙이나, 특히 실정법과 마찬가지로, 알려져 있지 않을 수도 있다. 인간은 이런 잘못을 저질렀을 때에는 자기의 양심에 따라야만 한다. 왜냐하면 그 사람이 그 잘못(오류)을 알았더라면, 이 잘못이 미리 발견되었을 것이고, 따라서 그 잘못은 제거되었겠기 때문이다. 만약에 우리들이 하나하나의 경우에 양심에 따르지 않아도 되고 또 따를 필요가 없다면, 행위는 불가능해질 것이다. 한 가지의 잘못이 가로놓여 있으리라는 의심은 대개의 경우 절대적으로 배제할 수가 없다. 그래서 인간은 자기의 양심의 결단이 확실하다면, 이 결단에 무조건 따라야 한다. 그렇지 않으면 비도덕적으로 행위하는 것이다.

3. 사태가 불확실하다.

이미 위에서 본 하나의 행위의 도덕성이 의심스러워질 때에는 어떻게 해야 하는가 하는 경우는 보다 더 곤란하다. 우리가 당면한 경우에 <이렇게> 행위해도 좋다고 하는 양심의 최종적인 판단은 확실해야만 한다. 우리는 구체적인 경우에 대해 이렇게 확실한 마지막 판단에 도달해야만 한다. 이럴 때 우리는 애초부터 두 가지의 경우를 구별해야만 한다. 사태가 불확실할 수도 있고, 도덕법칙이 불확실할 수도 있다. 첫 번째 경우에 해야 할 유일한 일은 그 사태를 확인하는 것이다. 사태를 확인할 때까지는 행위는 중단되어야만 한다. 왜냐하면 어떤 특별한 경우에는 책임이 불확실해지기 때문이다. 우리는 한 가지의 약이 해롭지 않은 것인지 또는 치명적인 독약인지를 잘 모를 때에는, 그것을 남에게 주기 전에, 완전히 잘 알아야만 한다.

4. 허용되는 것이 확실치 않을 때

법률, 즉 의무 자체가 의심스럽거나, 우리들이 일정한 행위방식이 도덕적으로 허용되느냐 허용되지 않느냐에 관해 확신을 가질 수 없을 때에는, 문제가 달라진다. 이 문제는 우리들이 도대체 법률이 있는지 없는지를 확실히 모르거나, 또는 그것이 법률을 만든 사람(입법자)의 의도에 따라 그런 경우가 생겼는지 하는 것을 확실히 모르는 데서 생긴다. 이 두 가지 경우는 실천적으로는 같은 것이다. 이 문제를 해결하는 데는 여러 가지 이론들이 주어져 있다. 안전제일주의자들은 <우리

는 언제나 확실한 길을 가야 한다.>고 요구한다. 이 확실한 길은, 우리들이 법률은 어떤 경우에라도 실행되어야 하기 때문에, 법률이 실제로 있다는 것을 인정하는 데 있다. 하지만 이런 것은 무엇이 의심스럽다는 것, 즉 의무가 있느냐 없느냐 하는 것을 전제로 하고 있다. 만약에 의무가 없다면 사람들이 이렇게 행위하건 저렇게 행위하건 그 법률을 조금도 범할 수 없다. 이런 이론에 대립되는 것이 편의주의자(便宜主義者, Laxist)들의 이론이다. 이런 사람들에 따르자면, 우리는 조그맣고 가벼운 의문이 있어도, 하고 싶은 것을 할 수 있다는 것이다. 이 이론은 모든 도덕적인 행위를 뒤집어엎어 버린다. 왜냐하면 유쾌하지 못한 모든 의무에 대해서는 이유도 없는 경솔한 의심들이 마구 생기기 때문이다. 거의 아무도 주장하지 않는 이런 극단론들 사이에는 또 다른 여러 견해들이 있다. 개연론자(蓋然論者, Probabiliosist)들은 우리들로 하여금 개연적인(그럴 수도 있고 그렇지 않을 수도 있는) 견해에 따르라고 요구한다. 이에 대해서는 다음과 같이 말할 수 있다. 즉 <만약에 우리들이 보다 더 개연적인 견해에 따라도 좋다면, 우리는 확실하지 않은 견해에 따라도 좋은 것으로 된다. 그리고 실제적인 근거(이유)들이 정말로 개연적인 이런 견해들을 뒷받침하게도 될 수 있을 것이다.> 그러나 이런 말은 보다 덜 개연적인 견해에도 들어맞는다. 왜냐하면 이미 전제되어 있는 바와 마찬가지로, 개연적인 견해도 정말로 개연적이며, 실제적인 근거들이 이 견해를 뒷받침하고 있기 때문이다. 이와 같은 말은 실제로는 있을 수 없는 그런 체계에 대해서도 말할 수 있다. 이 체계는 두 방향의 이유들이 똑같이 개연적이고 무게를 지니고 있을 때에만 자유롭게 두 방향에게 허용된다(균등한 개연주의, Aequiprobabilismus).

5. 개연주의

이것들과 나란히 또 하나의 체계가 있는데, 그것은 개연주의(Probabilismus)다. 이 개연주의에 따르자면 우리는 한 가지의 법칙이 있느냐 없느냐, 즉 한 행위가 도덕적으로 허용되느냐 안 되느냐 하는 것에 관한 합당한 의문이 생겼을 경우에는, 정말로 개연적이며 따라서 진정한 근거들이 있는 견해에 따라야만 한다. 비록 반대되는 견해에 대해서 똑같이 중요하나, 결정적인 이유들이 제시되지 못할 때에도 그렇게 해야 한다. 왜냐하면 이런 경우에는 법칙이 확실하지 못하기 때문이다. 행위의 자유는 인간에게 있어서 한 가지의 긍정적인 선이다. 그러나 이런 선은 한 가지의 확실한 의무를 통해 제약될 수 있다. 의문이 있을 때에는 이런 원칙의 도움을 받아, 행위를 허용하는 것에 관한 확실한 양심이 형성되고, 이 양심과 더불어 도덕적으로 행위할 수 있게 된다.

개연주의를 거부하는 이유는, <개연주의는 도덕적인 의무를 직접적이고 공공연하게 위반하지는 않으나, 슬금슬금 회피하는 것은 허용하는> 그런 체계라는 확실한 속마음의 영향을 받았기 때문이다. 그러나 이렇게 하려는 사람은 다른 수단을 동원해야만 한다. 즉 그 사람의 의도는 이미 비도덕적이며, 그 어떤 개연주의에 의해서도 도덕적으로 될 수 없다. 이와 똑같이 개연주의는 옳은 체계이기는 하나, 가능한 한 높은 도덕을 추구하는 삶이 있는 곳과 도덕적으로 상인정신(商人精神)을 싫어하는 그런 곳에서는 이 개연주의는 아무런 문제도 되지 않으리라는 한층 누그러진 견해도 역시 잘못이다. 이 개연주의는 조그맣고 불완전한 영혼들을 위한 체계에 지나지 않을 것이다. 여기서 똑같이 전제되고 있는 것은, 사람들이 한 가지의 보다 더 중대한 도덕적인 행위를 어떻게든 허용된 방법으로 회피해서, 자기의 이익을 추구하는 데 개연주의를 이용할 수 있으리라는 것이다. 그러나 이런 짓은 올바르지 못하다. 예컨대 가장 이상적이고 엄격하게 도덕적으로 생각하는 정치가에게, 자기는 어떤 수단을 이용해야 하는가, 또는 조국에 커다란 충격을 주지는 않으면서 심중한 도덕가들의 견해들과는 거리를 두어야 하는가 하는 따위의 물음이 제기될 수 있다. 개연주의에 따르자면 이 정치가는 자기가 일을 해나가는 데 있어서 자유이고, 또 자유일 수도 있으나, 자기의 성향에는 매우 반대되고 또 자기 자신의 이익은 돌보지 않고, 조국에 닥칠 확실한 불행은 막아야 한다. 남들에게 보다 더 큰 악덕이나 희생을 끼치지 않는 일이 문제가 되는 그런 비슷한 경우들은 인생에 있어서 언제나 거듭해서 생기고들 있다. 개연주의는 <자유는 높은 인간적인 선이다.>라는 원칙에 바탕하고 있다. 그래서 자유를 제한할 때에는 언제나 분명한 이유가 있어야 한다. 이런 자유의 한계를 벗어나는 일은 인간의 너그러움(관용)에 맡겨져 있다.

제8장 인간의 목표

1. 하느님과 인간이 동시에 궁극목표다.

도덕의 본질을 보면 인간생활의 목표와 의미도 밝혀진다. 도덕적인 행위의 의미는 인간의 인격의 존재내용을 가능한 한 크게 하는 데 있다. 이 존재내용이 가장 큰 때는, 이 내용에 의해 있을 수 없는 우연적인 것이 없어질 수는 없겠으나, 인간이 계속해서 존재의 근원에 의해 떠받쳐져 있다는 것이 확인되어, 자기의 구원에 대한 불안이 없어져버렸을 때이다. 그런 다음에는 인간은 자기의 존재의 단계에 알맞춰 존재를 충족시킨다. 인간은 이러한 궁극적인 목표에 도달하기 위해, 자기 자신의 존재를 통해 무한한 존재, 즉 하느님에게로 나아가라는 지시를 받고 있다. 인간은 하느님 자체를 인정함으로써, 자기의 완성에도 이르게 된다. 즉 하느님과 인간은 다 같이 인간생활의 의미요 목표다. 이렇게 해서 하느님의 무한한 영광과 인간의 인격적인 존재가 보장된다. 인간은 하느님을 인정하는 것을 통해서만, 자기의 존재에 알맞는 완전한 행복을 찾아내게 된다. 인간이 이런 행복에 도달함으로써만, 인간에 대한 하느님의 의도가 완성되며, 하느님은 인간을 통해 이런 의도를 완성함으로써 절대적인 주인이라고 인정받게 된다. 따라서 인간의 궁극적인 목표는 하느님의 영광이다. 그런데 하느님의 영광은 인간의 완전한 행복과 진정으로 일치되는 것이다.

2. 직업(소명, 하느님의 부르심)

인간은 자기의 영역에 속하는 대상들을 다룸으로써만 자기의 존재를 완성하게 된다. 이 영역은 인간의 본질, 자기가 출생한 과거, 그리고 마지막으로는 허용되어 있는 가능성들 중에서의 자유로운 선택 등에 의해 정해진다. 이런 모든 것들에서 결단을 내릴 행동공간이 생겨난다. 이것이 인간의 직업(하느님에 의해 불림, 召命 : 역주)이다. 그래서 그것에 의해 궁극적인 목표를 실현시킬 인간의 최초의 목표는 직업의 의무를 성실하게 다하는 것이다. 인간은 이 직업을 통해 고귀하고 도덕적으로 고상한 인간으로 된다. 인간은 구체적인 현실에 부딪힐 때에만 <자기가 당연히 그러해야 할> 그런 자로 성장하게 된다.

3. 공리주의

존재에 바탕하고 있는 스콜라철학의 윤리학, 행복주의 및 칸트의 의무론 등에 반대되는 것은 공리주의(功利主義, Utilitarismus)다. 공리주의는 유용한 것(쓰임새 있는 것)을 도덕의 규범이라고 보고 있다. 즉 <유용한 것은 도덕적으로 허용된다는 것>이다. 여기서는 우선 <유용한 것은 가치중립적인 것>이라는 견해는 제쳐두기로 한다. 유용하다는 말은 언제나 <어떤 것에 도달하기 위해 유용하다.>는 뜻이다. 만약에 이렇게 <앞으로 도달하게 될 것>이 선하다면, 이것이 그 자체의 존재가 도덕적으로 악이 아니고, 따라서 선을 위한 수단으로서 문제가 될 수 없을 때에는, 수단이 이 선에 참여하게 된다. 즉 우리는 파괴를 통해 건설은 할 수 없는 것이다. 만약에 목표가 악하다면, 앞으로 그 목표에 도달하려고 하는 것도 악이다. 그러나 그 목표가 선하냐 악하냐 하는 것은 유용성 그 자체를 보고서 결정해서는 안 된다. 즉 우리는 그 목표를 다시 수단으로서 최초의 목표에 관련지워야만 한다. 그리고 끝없이 이렇게 관련지어 나가야만 한다. 따라서 이런 규범은 불충분하며, 존재에 바탕하고 있는 규범에 의해 보완될 수 있을 뿐이다.

4. 행복주의

행복주의는 선의 규범을 유쾌한 것이라고 보고 있다. 인간의 쾌락을 높여주는 것이 선이다. 여기서는 쾌락이 행위의 반작용이라는 것을 제쳐두기로 한다. 쾌락이 한 계층의 사람들에게 바람직한 것이냐 그렇지 않은 것이냐 하는 것에 따라, 행위의 반작용으로서 유쾌한 느낌이나 불쾌한 느낌이 생긴다. 그러나 이런 느낌들은 행위의 본질적인 내용이 아니다. 행위의 본질적인 내용은 오히려 존재와 관련이 있다. 모든 쾌락은 존재를 드높여주는 것에 바탕하고 있다. 이것은 다음과 같은 경험을 가리키고 있다. 즉 <느낌들이 직접 그 자체 안에서 추구될 때에는, 그 느낌이 파괴된다. 사람들은 이 느낌들에서 그것을 지탱해주고 있는 바탕을 빼앗아버리고 만다.> 그밖에도 느낌 즉 행복의 상태는 그 크기가 한결같지가 않다. 오히려 서로 다른 여러 긍정적인 느낌들이 서로를 배척하는 일이 자주 있다. 그럼 <앞으로 얻으려고 노력해야 할 행복>이란 어떤 행복인가? 이런 것을 결정하기 위해서는 또 다른 하나의 규범이 필요하다. 행복주의는 실천을 할 때, 보통 감각적인 쾌락을 행복이라고 주장하고 있는 것처럼 된다. 즉 이 느낌들은 가장 쉽게 깨달아지게 된다. 그래서 쾌락을 추구하는 사람은 언제나 이 느낌들에 미끄러지듯 빨려들고 만다.

5. 칸트의 윤리학

칸트의 윤리체계는 훨씬 더 심중하다. 칸트에게 있어서는 도덕적인 의무의 절대적인 성격은 분명하고, 그 이상 논증할 필요가 없는 그런 사실이다. 그에게 있어서는 우리들이 <마땅히 행해야 한다는 것(當爲)>이 우리들이 <할 수 있다>는 것의 보증이기도 하다. 그러나 이럴 때 칸트는 존재론에 의존하고 있지를 않다. 그래서 칸트에게 있어서는 이런 도덕적인 당위가 윤리학 전체가 의존해야 할 바탕이다. 따라서 이 당위는 순수하게 <스스로를 위해서>만 실행돼야 한다. 의무가 행위를 위한 유일한 동기라는 것이다. 행동을 할 때의 기쁨, 하느님에 대한 사랑, 순종 등과 같은 다른 모든 것들은 밖에 있는 다른 것을 <그 자체로서 근거지어져 있는> 당위에 끌어들여, 도덕의 고귀함과 순수성을 빼앗아버릴 것이라는 것이다.

헌데 객관적인 사태가 도덕 밖에 있는 어떤 것이라고 주장된다면, 인간은 무엇에 바탕해서 도덕적인 것과 그렇지 않은 것을 알아내야만 하겠는가? 여기서 칸트는 계몽주의의 유산을 도움으로 끌어들인다. 이 계몽주의의 유산이란 모든 과학들의 이상(理想)인 자연과학에 관한 칸트의 견해에 매우 훌륭하게 들어맞는 것이다. 도덕적으로 선한 것이란, 동일한 경우에 모든 사람들이 행하게 될 바의 것이다. 즉 <너의 행위가 모든 사람들을 위한 규범이 될 수 있도록 행위하라!>는 것이다. 따라서 이 규범은, 충분히 기대되는 바와 같이, 순전히 형식적이며, 내용이 없다. 왜냐하면 모든 내용 있는 것이 인간을 규정해서는 안 된다고 해서, 인간은 도덕이 없는 타율(他律)에 빠져서는 안 되기 때문이다.

그러나 이 규범은 충분치가 못하다. 왜냐하면 언젠가는 이 규범에 따라 의무와 도덕이 일치하기 때문이다. 그러나 의무가 아니라 자유에 맡겨져 있는 그런 도덕도 있다. 더 나아가 이 규범은 인간의 여러 견해들이 역사적으로 제약되어 있다는 사실도 보지 못하고 있다. 그런데 이 견해들은 구체적으로 계몽주의의 보편적인 이성과 같은 그 어떤 것이 있다는 것을 부정하는 그런 견해들이다. 따라서 칸트의 규범에 따르자면 한 시대가, 뒤의 시대에 와서 동일한 규범에 따라 비도덕적이라고 하게 될 어떤 것을, 도덕적인 것이라고 하게 될 그런 경우도 있을 수 있게 될 것이다. 마지막으로 여기서 인간은 도덕의 궁극적인 원천으로 되는데, 이런 일은 유한한 피조물인 인간의 본성에 내용적으로 모순되는 것이다. 선은 한편으로는 인간의 이성에 따른다. 그러나 다른 편으로는 감각적인 인간은 도덕법칙을 완전히 실행할 수는 없다. 그래서 그 자체가 목적인 도덕적인 향상(발전)은 일종의 끝없는 과정이다. 내용이 가득 차 있는 행위가 끝이 없다는 것과, 따라서 의미가 없다고 하는 데서, 인간은 도덕의 원천으로서는 무한한 자임에 틀림없지만, 이 원천에 예속되어 있는 자로서는 유한할 수밖에 없다는 그런 모순이 드러난다. 인간은 동시에 의무의 원천이요 대상이다. 이것들은 하나로 될 수가 없다.

제9장 도덕의 하부에 속하는 종류들

1. 특수화하는 규범

위에서 수립된 도덕규범은 하나의 행위가 도덕적이냐 그렇지 않으냐 하는 것을 알 수 있게 해준다. 그러나 이 규범은 아직 보다 더 정확하게, 이 도덕이 어떤 종류의 것인지를 말해주지 않고 있다. 그러나 우리는 사랑, 정의, 온순함 등등을 구별짓는다. 도덕의 이런 종류나 특별한 분야들은—그리고 이것들에 반대되는 것, 즉 도덕적인 악의 특별한 것들은—무엇에 바탕해서 알려지며, 무엇이 하나의 도덕적인 행위를 <이웃사랑>의 행위와 구별되는 정의의 행위로 만들어주는가?

우리들이 객관적인 인식을 갖기를 원한다면, 앞에서 이끌어냈던 결론에 알맞게 여기서도 존재만이 결정적으로 중요한 것이다. 그러나 보편적인 존재는 특수한 존재를 거느리고 있다. 의도가 이런 종류의 존재나 가치들의 어느 한 가지로 향하고 있느냐에 따라, 도덕적인 행동은 그 특수한 선을 부여받게 된다. 그래서 이런 원칙이 생겨났다. 즉 <행위는 그 대상, 즉 내가 지금 그것에서 무엇을 얻어내려고 노력하고 있는 바의 것으로부터 그 특별한 도덕을 부여받게 된다.> 그런데 우리들이 얻어내려고 노력하고 있는 바의 것은 하나의 구체적인 상황 속에서 실현되어야 한다. 상황은 대상의 존재를 외적 · 우연적으로 변화시키고, 따라서 행위의 특수한 선도 우연적으로 변화시킨다.

2. 내적 행위와 외적 행위

그래서 중요한 것(결정적인 것)은 언제나 의도(志向)에 달려 있다. 외적인 행위는 원래 그 뜻이 다양하다. 우리는 서로 다른 여러 의도를 가지고써 동일한 외적 행위를 할 수 있다. 동일한 물리적인 사건, 즉 돈을 남에게 건네주는 것은 이웃사랑의 행위일 수도 있고 뽐내는 행위일 수도 있다. 외적인 행위는 계속되는 것이요, 동시에 내적인 의도가 밖으로 드러난 것이다. 이렇게 해서 외적인 행위는 의도, 즉 내적인 행위의 도덕적인 선에 관여한다. 그러나 그렇다고 해서 이 외적인 행위를 아무런 가치도 없는 군더더기로 보는 것은 잘못이다. 왜냐하면 이 외적인 행위가, 의도가 실현될 때 일상적으로 부딪히는 어려움들을 극복해냄으로써, 의도를 심화시키고 강화시켜주기 때문이다. 이렇게 함으로써 내적인 의도는 그 순수성이 검증된다. 영혼과 육신이 하나로 합쳐져 있기 때문에, 내적인 모든 것들은 본질에 걸맞게 분명하게 완성으로 나아간다. 외적인 여러 장애들이 좌절시켜버리지 않는데도, 하나의 의도가 실현되지 못할 때에는 이 의도가 큰 힘도 없는 것이며, 순수하지 않을 수 있다. 즉 인간의 도덕은 외적인 행위가—물론 그 의도의 종류에 알맞춰—완성되기를 요청한다.

제10장 권리와 정의

1. 권리의 본질, 자연법

인간이 도덕질서를 실행하려고 하는지, 그리고 그렇게 함으로써 인간의 본질적인 목표에 도달하려고 하는지 하는 것 등은 인간에게 내맡겨져 있지 않다. 인간에게는 자기의 존재와 더불어, 도덕규칙을 실행할 의무가 함께 주어져 있다. 그러나 인간은 세계로 향해져 있기 때문에, 도덕적인 의무를 다하는 일은 정해진 수단을 이용하도록 미리 정해져 있다. 그래서 존재와 함께, 인간은 이 수단을 이용할 수 있고, 그 누구도 이것을 방해해서는 안 된다는 요청도 함께 주어져 있다. 이렇게 해서 인간은 여러 가지 권리들을 갖게 된다. 인간은 어떤 사물에 대해 도덕적인 권력을 가지고 있는데, 이 권력은 다른 사람의 간섭을 배제한다.

그런데 어떤 종류의 권리들은 인간의 본성 그 자체에서 생겨난 것이며, 모든 시대의 모든 사람들에게 타당한다. 이런 권리들은 인간 자체에 속하는 여러 권리들에 있어 절대적인 것이나 충분한 것은 아니다. 이런 모든 권리들에 대한 총괄적인 개념은 자연권(Naturrecht, 자연법)이다. 그래서 이 자연권은 언제 어디서나 동일하다. 이 자연권은 인간과, 인간의 법을 만드는 사람들(입법자)의 자의(恣意)에 맡겨져 있는 것이 아니다. 또 자연권은 그 어떤 실정법에 의해서도 철폐될 수 없다. 오히려 실정법적인 권리와 실정법은, 보편적인 법률로서는 많은 것들을 규정하지 않고 남겨두는 자연권(자연법)을 그 한계 안에서 공동체를 위해 보다 더 자세히 규정하고 적용한다는 그런 의미를 지니고 있다. 즉 자연법과 실정법은, 자연적인 도덕법칙과 실정법이 가지고 있는 것과 같은 그런 관계를 서로 가지고 있다. 모든 실정법들은 궁극적으로는 자연법에 바탕하고 있다.

2. 정의와 그 하부에 속하는 것들

우리는 <각자에게 각자의 권리를 돌려주려는 의지>를 정의(正義)라고 한다. 그러나 정의는 도덕 전체를 포괄하고 있는 것은 아니다. 왜냐하면 더불어 있는 사람들의 권리 이외에도 다른 여러 가지 도덕적인 요청들이 있기 때문이다. 그러나 정의는 사람들이 서로 사귈 때에 있어서는 모든 도덕질서의 바탕이다. 사귀는 상대편 사람들과의 관계가 여러 가지로 서로 다르기 때문에, 정의도 여러 가지로 분류된다.

정의가 공동체의 구성원들에 의해 공동체의 권리를 보호하는 것과 관련이 있으면, 이런 정의는 사회적인 정의다. 이 사회정의는 실천적으로는 사회의 구성원이 공동체와 교통을 할 때 그 공동체 안에서 통용되는 법률들에 따르도록 하는 역할을 하기 때문에, 법률적인 정의라고도 한다. 이와 반대되는 것이 분배의 정의인데, 이 분배의 정의는 한 공동체의 행정기관이 개인들의 지위에 걸맞게 여러 가지 세금을 나눠 붙이는 데서 드러난다. 한 공동체는 개인들의 산술적인 총합(총화)이 아니라, 유기체와 비슷한 조직이기 때문에, 하나하나의 구성원들이 공동체와의 관계에 있어서 동등하게 나란히 있는 것이다. 그래서 분배의 정의는 산술적인 평등이 아니라, 공동체 안에서의 지위에 걸맞게 세금을 분배하는 것이다.

개인들 사이나, 동등한 공동체들 사이의 권리가 문제될 때, 이것을 보상(補償)의 정의(ausgleichende Gerechtigkeit) 또는 거래(去來)의 정의(Verkehrsgerechtigkeit)라고 한다. 이 정의는 다른 사람으로부터 업적에 대한 보수를 받을 때, 업적과 보수가 그 가치에 있어서 서로 동등하다고 하는 데서 성립된다. 이 정의는 양쪽(주는 자와 받는 자)이 원칙적으로 동등하기를 바란다.

3. 권리(법률)는 강제적이다.

행동을 할 때나 사물들을 이용할 때 남들의 방해를 받아서는 안 된다는, 존재에 바탕하고 있는 요청으로서의 권리(법률)에는 필연적으로 강제성이 따르게 마련이다.

그렇지 않으면 그 요청은 허황된 것에 지나지 않을 것이다. 만약에 행위를 할 때 받는 방해를 강제적으로 제거하지 않는다면, 한 사람이 본질적으로 그 사람(자기)의 도덕적인 존재를 발전시켜 나가는 데 필요한 행위를 할 때 남들의 나쁜 의지(惡意)에 의해 방해를 받을 수도 있을 것이다. 그래서 이 강제성이 사회생활의 질서를 보증해 주는 것이다. 그러나 이 강제성은 권리의 본질도 또 바탕도 아니며, 그저 권리의 본질에서 생겨난(파생된) 것이다.

제2편 특수윤리학

일반윤리학의 원리들을 인간의 특수 영역에 적용하고, 적어도 그 중요한 점들에 있어서 도덕적인 것과 비도덕적인 것을 규정하는 것이 특수윤리학의 과제다. 그래서 특수윤리학은 영역별로 잘 짜여져 있다. 첫째로 인간은 피조물이다. 이 사실은 종교에서 실제로 인정되고 있다. 그 다음으로 인간은 개별적인 존재다. 이런 개별자로서의 인간은 정신적인 영역과 육신적인 영역을 가지고 있다. 그 밖에도 인간은 이런 영역들을 통해, 밖으로, 즉 <더불어 있는 사람>과 인간 밑에 깔려 있는 세계와 관계를 맺고 있다. 끝으로 인간은 애초부터 사회적인 존재이며, 그렇기 때문에 자기의 의지에 앞서 일정한 공동체의 구성원인 것이다.

제1장 종 교

1. 종교의 설립

인간은 자기의 존재에 있어서 계속해서, 무한한 인격적인 하느님의 능력의 은총을 받고 있다. 인간은 하느님을 통해서만 자기의 본질적인 목표에 도달할 수 있다. 그러니 인간은 자기의 행동을 통해 이런 사태를 인정해야만 한다. 절대적인 주님 자신에게만 해당되는 이러한 인정(認定)이 곧 예배다. 이런 인정(예배)은 자기를 버리고 하느님을 사랑하는 데서 완성된다. 왜냐하면 이 인정은 절대적인 하느님을 남(낯선자)처럼 긍정하는 것이 아니라, 하느님의 사랑과 순수한 친절에 감동되어, 온갖 마음을 다해 인격적인 창조자요 보호자이시기도 한 <가장 가까운 분>이라고 긍정하는 것이다. 이런 인정은 하느님의 의지에 대한 무조건적인 순종도 내포하고 있는데, 하느님의 의지는 존재관계 속에서 드러나며, 도덕적인 행위가 종교적인 동기에서 생기는 것과 같다. 인간생활의 모든 관계는 하나의 최고의 목표에 예속되어 있어야 하며, 그 어떤 것도 궁극적인 <자기목적>으로 되어서는 안 된다. 유한한 영역이 이렇게 지나치게 발전하는 것은 인간과 인간문화 사이의 균형을 파괴해버릴 것이다.

2. 종교가 모든 것을 포괄한다.

창조된 존재란 인간 전체도 포괄한다. 창조된 존재는 영혼-육신, 개인-공동체 등의 차이를 초월한다. 그래서 참된 종교는 내적이고 외적이며, 개인적이고 공공적이다. 이때 외적인 것은 밖으로 드러난 것으로서, 내적인 것의 의미요 가치다.

또 이 세계가 하느님에 의해 창조되었고, 인간은 이 세계를 보고 자신이 제약을 받고 있다는 것, 즉 하느님에 대한 자연적인 인식의 바탕이라는 것을 알고 있기 때문에, 이 세계 안에 있는 모든 것은 신적인 것의 상징으로 된다. 그래서 종교는 본질적으로 상징적인 그림들, 거룩한 건축물, 의식(儀式)과 예절들을 행하고 축제를 올리는 것 및 신적인 것에 관한 가르침 등에서 나타난다. 이런 말은 특히, 이렇게 눈에 보이는 것들이 없이는 살아갈 수 없는 그런 공동체의 종교에 해당된다. 따라서 이런 측면도 종교의 본질에 속한다.

제2장 자기에 대한 사랑

인간의 존재는 순수하게 자연적으로만 규정되지 않고, 일정한 정도까지는 자기의 결단에 맡겨져 있다. 이러한 한 인간은 자기 자신에 대한 의무도 지고 있다. 왜냐하면 결단이란 오직 주어져 있는 존재를 바탕으로 해서만 내릴 수 있는 것이기 때문에, 결단이 이러한 자기 스스로의 전제를 훼손해서도 안 되고, 그 결단의 결과에 의해서 파괴해서도 안 된다.

1. 정신적인 삶과 육신적인 삶에 대한 배려

첫 번째 의무는 정신적인 존재를 가꾸는 것이다. 정신적인 존재가 없으면 인간이 아닐 것이다. 그래서 인간은 이 정신적인 존재를 가꿔야 할 도덕적인 의무를 지고 있다. 물론 이 정신적인 존재는 바로 가장 강하게 역사적인 제약을 받고 있다. 그래서 정신적인 존재를 가꾸는 일은 시대와 환경에 따라 서로 다른 정도의 의무를 부과하게 될 것이다.

또 육신적인 존재도 인간의 본질적인 구성요소요 인간행위의 전제조건이다. 그래서 육신적인 삶을 가꾸는 일도 자기 자신에 대한 의무로 된다. 이렇게 가꿔주는 일은, 육신과 영혼의 관계에 알맞춰, 보다 높은 존재에 이바지하게 되어 있다. 그래서 가꿔줌이란 존재를 해쳐서는 안 되고, 존재를 향상시켜 주어야만 하는 것이다. 정신적인 선에 도달하기 위해서는 육신이 해를 입을 위험, 더 나아가서는 죽음의 위험마저 감수해야 한다. 다만 이때에 전제되는 것은, 도달하려는 선이 알맞는 가치가 있고, 건강을 해치는 것이 직접적으로 의도되지 않는다는 것 등이다.

2. 자살

인간이 보다 더 높은 가치에 이바지하기 위해 자기의 생명을 내맡길 수 있다고 하더라도, 간단하게 그렇게 해서는 안 된다. 인간은, 목숨을 거는 일이 보다 더 높은 과업들을 해내는 데 허용될 수 있다고 하더라도, 생명을 보존하려고 애써야만 한다. 그래서 인간은 생명을 직접적으로 없애는 일을 해서는 절대로 안 된다. <죽임>이 스스로 안에서 추구되거나, 더 나아간 목표를 위한 수단으로 되는 그런 의도의 내용일 수는 절대로 없다. 다른 모든 영역들과 자기의 명예를 인정해주는 사회생활도 육신의 생명을 전제하고 있기 때문에, 그 어떤 손실과 나쁜 것(악)도 정당화할 수는 없다. 자살은 절대로 명예를 되찾기 위한 알맞은 수단이 아니다. 자유의 본질에 따라, 인간은 어떤 환경에서도 도덕적으로 행위할 수 있고, 따라서 자기의 본질적인 목표를 추구할 수 있다는 결론이 나온다. 이렇게 해서 자살은 금지된 것이다. 육신의 생명이 모든 행위의 전제조건이며, 자유로운 결단에 의해 이미 존재하고 있다고 하는 상황이, 육신의 생명이 이렇게 죽여 버리려는 의도의 대상일 수는 절대로 없다는 것을 잘 증명하고 있다. 만약에 인간이 그런 짓(자살)을 한다면, 자기의 본래적인 영역을 넘어서서 존재의 근원인 창조자의 영역에 끼어든 것이다. 이런 인간의 행위는 내적으로 모순투성이가 된다. 왜냐하면 인간의 행위는 본성적으로 존재를 발전시키기 위한 것인데, 존재를 파괴하도록 강요당하고 있기 때문이다.

제3장 재 산

1. 재산은 꼭 필요한 것이다.

인간은 육신을 통해 정신적인 활동을 하면서 물질의 세계에도 이르게 된다. 그래서 인간은 이 물질의 영역에도 관계를 맺게 된다. 인간은 생활에 꼭 필요한 수단들을 빼앗기고 나면, 자유로운 결단이 부당하게 어렵거나 한 걸음 더 나아가 불가능하게 되는, 그런 곤궁에 빠질 수 있다. 그래서 인간은 이런 부당한 압박에 대항해서, 자유와 인간으로서의 위신을 지켜나갈 수 있을 정도로는 보호되어야만 한다. 이렇게 되려면, 자기의 육신의 생명과 정신적인 삶에 필요한 사물들이 어느 정도까지는 반드시 주어져 있어야 하고, 정확히 전해진 한계선은 없다고 하더라도, 자기가 동의하지 않고서는 다른 사람들은 이것을 쓸 수 없어야만 한다. 인간은 재산에 관한 권리(재산권)를 가지고 있다.

그러나 이때 육신의 생명을 이어가는 데 충분한 것만을 삶에 꼭 필요한 것이라고 보아서는 안 된다. 이것은 인간이 꼭 가져야 할 재산에서 최소한의 것이며, 따라서 이 최소한의 것은 어떠한 경우에라도, 남들의 온당한 의지를 거슬러서까지 차지해도 좋다. 그러나 인간이 근본적으로 그 이상의 것을 가지고 있지 않다면 참된 인간생활은 보장될 수가 없을 것이다. 인간의 활동은 문화를 촉진시키는 것으로서, 편안함과 안녕 특히 안전성의 영역을 전제로 하고 있다. 이 영역은 계속해서 늘려나감으로써만 보장된다. 그래서 재산에 대한 권리는 원칙적으로 이 영역을 함께 내포하고 있다. 이 영역의 폭(넓이)은 우선은 이용할 수 있는 물질적인 재화의 정도(양)에 따라 정해지고, 그 다음에는 활동의 종류에 따라 정해진다. 생활 활동이 보다 더 정신적이고 보다 더 큰 책임을 다하면, 그만큼 더 큰 안전과 유쾌함을 요구한다. 그래서 큰 책임을 다할 때에는 일반적으로 빈곤해지지 않도록 보호받아야 한다. 그래야 정신적인 자유와 우월감 속에서 전체의 계속적인 행복을 위한 결단이 내려질 수 있고, 순간적으로 긴급한 개인적인 빈곤이 강제로 결정을 내리게 하지 않는다. 순간적으로 결단을 내리면 그 순간에는 빈곤이 가벼워질 수 있을는지 몰라도 앞날에는 보다 더 큰 고통을 초래하게 된다.

그러나 보편적으로는 이 전제조건들이 인간의 행위에도 들어맞기 때문에, 개인은 재산권이 없어도 자기의 본질적인 목표를 이뤄낼 수 있거나 또는 보다 더 잘 이뤄낼 수 있을 때에는, 자기의 재산권과 이용권을 포기할 권리도 가지고 있다. 이런 일은 언제나 예외에 지나지 않으며, 재산을 몰수당하는 형벌을 받은 경우를 제외하고는, 개인의 자유로운 결단에 맡겨져야만 한다. 또 개인은 재산을 포기함으로써 정말로 보다 더 높은 것을 실현할 수 있거나 적어도 그것이 손상을 입지 않을 때에만 재산권을 포기할 수 있다.

2. 재산의 한계

그러나 인간은 단순한 개인이 아니라, 자기의 정신적인 존재와 육신적인 존재를 통해 다른 사람들과 관계를 맺고 있기 때문에 그의 소유권이 개인이나 공동체로서의 다른 사람을 철저하게 없애버리는 그런 권리일 수는 없다. 그래서 재산의 크기는 상한선이 그어져야만 한다. 재산은, 다른 사람에게 정당한 재산을 가지지 못하게 하거나 남들의 자유를 억압할 만큼 커서는 안 된다. 또 공동체도 공동체의 보다 더 큰 재산이 방해받지 않을 때에는 개인의 정당한 재산권을 침해해서는 안 된다. 그러나 여기서 다시 주의해야 할 일은 단순히 개별적인 경우만 존중할 것이 아니라, 이러한 침해가 원칙적으로 허용되었을 때 개인과 공동체에게 생길 결과도 존중해야 한다는 것이다. 원칙적인 결과들이 개인과 공동체의 존립을 위태롭게 하는 것이 아니라 촉진시킬 때에야 비로소—더 잘 말하자면, 이렇게 침해하는 권리가 계속해서 개인과 공동체를 해치지 않을 때에야—이런 침해가 허용되거나 더 나아가서는 권장된다.

3. 재산의 취득

재산을 취득하는 원초적인 방법은 주인이 없는 사물을 차지하는 것이다. 이렇게 해서 그 사물은 비록 무한한 사용권은 없다고 하더라도 인간만이 사용권을 가지고 있는 그런 영역에 합쳐지게 된다. 재산의 두 번째 원천은 이미 가지고 있는 소유(물), 특히 동물과 식물에서 생기는 소득이다. 서로간의 협정으로서의 계약을 통해 재산은 교환되거나 양도된다. 새로운 재화를 산출해내는 것으로서의 노동이 소유의 마지막 원천이다. 이 재화들은 물론 절대적으로 새로운 것은 아니나, 인간의 삶을 위해 이것들을 사용할 때 새로운 것이다. 이런 관점에서 보자면 이 재화들은 일종의 창조다. 이 창조는 생산에 참여하는 정도에 따라 앞으로 생길 이익에 대한 요청을 보장해 준다.

4. 고용주와 노동자

노동은 두 가지 것을 전제로 하고 있다. 즉 새로운 사물을 만들어내는 노동을 하는 사람과 앞으로 만들어내어질 자료가 그 두 가지다. 그런데 노동과 원료가 동일한 사람에 의해 공급되지 않는다는 데서 이 두 가지가 처음으로 나눠지게 된다. 그 다음에는 노동의 성과(소득)가 뜻있게 분배되어야 한다. 그러나 이 분배는 상품들을 가공하는 데서 생겨난 것이냐 원자재에서 생겨난 것이냐에 따라 정해지는 것은 아니다. 왜냐하면 모든 상품들은 이 두 가지(가공과 원자재)로 이뤄져 있기 때문이다. 오히려 생산이나 가공 등의 중요성과 어려움이 그 성과(수익)를 분배하는 척도로 이용되어야만 한다.

인간의 노동은 동물의 노동처럼 자연적으로 성장한 신체기관으로써만 행해지는 것이 아니라, 그밖에도 다소간에 복잡하고 값비싼 도구들을 필요로 하기 때문에, 노동과정에서 또 다른 분업이 이뤄질 가능성이 생긴다. 도구의 소유주나, 보다 복잡한 체제에 있어서 도구 전체를 일컫는 생산기관의 소유주는 가공을 할 때 이 도구들을 사용하는 사람과는 다른 사람들이다. 이렇게 나눠져 있는 것이 오늘날의 생산방식의 대부분의 특징이다. 생산과정에 참여하고 있는 사람들은 크게 두 계급으로 나눠진다. 즉 생산기관을 소유하고 있는 고용주(노동을 가능케 해주는 사람)와 노동을 제공해 주는 노동자가 그 두 계급이다. 여기서 노동과정에서 생긴 성과를 분배하는 문제가 강하게 등장한다.

5. 사회주의와 공산주의

생산기관을 소유하고 있는 것이 이득을 분배하는 데 관여할 권리는 절대로 아니며, 이익의 분배는 오로지 노동자의 몫이라는 주장이 있다. 그러나 이런 주장은 동의를 받을 수 없다. 왜냐하면 생산기관은 노동을 가능케 해주는 데 없어서는 안 될 조건이기 때문이다. 소유주는 다른 곳에, 예컨대 이익을 가져다 줄 토지에도 자본을 투자할 수 있다. 만약에 소유주가 생산기관을 노동을 위해 제공한다면, 이런 이익(토지에 투자한 데서 생기는 이익)은 없어져 버린다. 그래서 소유주가 생산의 수익에 적당하게 참여하는 것은 마땅한 일이다.

그래서 사회주의와 공산주의가 요구하고 있는 바와 같은, 모든 생산기관은 공공의 손에 넘겨져야 한다는 주장은 필요치가 않다. 즉 공공기관이 자기들의 본업이 아니고, 따라서 경험이 잘 보여주고 있는 바와 같이, 일반적으로 개인기업보다 성과를 거두지 못할 그런 과제에 시달리게 된다는 것이다. 또 그렇게 하면 공공기관의 소유자는, 개인들이 통치자와 다른 견해를 가졌을 때에는 당장, 노동과 빵을 빼앗아 이 개인들을 노예화할 수 있는 그런 권력을 갖게 될 수도 있을 것이다.

그러나 공공복지를 지켜주어야 할 국가는, 일방적인 성장이 몇몇 소수인들의 이익을 위해 전체의 복지를 위태롭게 하지 않고, 산업의 발전이 구조적으로 전체적인 발전과 전체의 요구에 알맞도록 하기 위해 생산을 조종하고 제한할 과제를 가지고 있다. 또 국가는 경제가 모든 권력을 손아귀에 쥐는 것과, 생산의 조종자와 지배자가 국가를 자기들의 도구와 노예로 전락시키는 일을 하지 못하도록 막아야만 한다. 이런 일은 특별히 삶에 중요하고 권력을 부여하는 그런 생산 분야가 공공의 소유로 넘어가는 것만으로는 성취될 수 없고 자연적으로 이뤄지는 것이다. 생산기관을 개인이 소유하는 것에 대한 원칙적인 비난은 여기서는 받아들여질 수가 없다.

6. 노동은 상품이 아니라 인간의 업적이다.

고용주와 노동자의 관계가, 노동이 고용주가 자기들의 가치(척도)에 따라 사들이는 상품이라고 설명되는 일이 가끔 있다. 노동자 자체의 소모(消耗)는—이것은 새로운 노동자들의 출생과 교육에 의해 보충되어야 하고 또 노동자들의 부담으로 된다—당장 그 비용이 지급되어야 하는데, 이런 일은 생산기관이 소모된 것을 보충해 주는 것과 같다. 그래서 상품은 그 가치에 따른 값을 받게 된다. 상품과 가격 사이에는 교환의 정의에 따라 엄격한 균형(평등)이 잡혀 있어야만 한다. 그래서 고용주는 상품의 가치, 즉 "노동"의 값어치만을 치러야 하는 것이다. 그 값어치를 가지고 노동자가 생활을 할 수 있는가? 또는 자기의 가족을 먹여 살릴 수 있는가 하는 것은 이 문제(노동의 가치)와는 아무런 관계도 없다. 노동가치가 생활을 보장하는 데 충분치 못할 때에는 자선단체나 국가가 뛰어들어야만 한다. 그래서 고용주는 노동자들에 대해 그 이상 더 정의로운 책임이 없다.

그래서 위의 이론은 근본적으로 옳지 못하다. 왜냐하면 이 이론은 노동을 엄격한 뜻으로 그 대가를 지불할 수 있는 상품으로 보고 있기 때문이다. 상품이란 일정한 가격이 매겨진 그런 대상물이다. 이와 반대로 노동은 전체적인 인간이 참여하고 있는 일종의 업적이다. 가장 단순한 육체노동도 오성(이해력)과 자기결정을 요구한다. 즉 노동자는 게으름과 교대했으면 하는 소망(교대시간)을 무릅쓰고, 자기의 노동에 머물러 있고, 노동에다 알맞는 주의력을 쏟도록 해야만 한다. 이렇게 해야만 그는 좋은 업적을 완성할 수 있다. 노동은 노동을 하는 자에게 알맞게 보답을 하고, 그의 인격을 형성하는 데 공헌을 한다. 이와 반대로 동물은 인간의 이끎과 감시가 없이 제 스스로 노동을 할 능력이 없다. 정신적-인격적인 것이 참여하기 때문에 그 어떤 노동도 상품 이상의 것이며 상품과는 다른 것이요, 상품처럼 값을 치를 수가 없다. 그리고 육체노동이 정신노동과 예술 활동보다 값어치가 적은 것이 아니다.

7. 정의로운 임금

이런 이론에 따르자면 노동의 임금은 상품의 가격과 본질적으로 다른 것이다. 노동이란 인간의 존재를 보존하고 완성하는 데 이바지하는 인간의 활동이다. 생활에 필요한 육신적·외적인 조건들을 마련해내는 것도 인간의 존재를 보존하는 것에 속한다. 임금이란 생산의 성과에 참여하는 것 이외의 아무 것도 아니다. 이런 참여가 노동자들로 하여금 자기들의 생활을 알맞게 꾸려나가도록 해준다. 결론적으로 임금은 생활조건을 마련할 수 있을 만큼 커야만 한다. 이 생활조건은 평균적인 계층과 직업에 따라, 또 한 시대의 일반적인 부(富)를 고려해서 알맞은 것이어야 한다. 또 자기 자신의 재산을 형성할 가능성도 배제되어서는 안 된다. 또 이럴 때에는 물론 노동을 할 가능성을 위한 전제조건들, 즉 기업이 살아남을 능력도 고려되어야만 한다는 것은 자명한 일이다. 더 나아가 하나의 가정을 이루고 유지해나가는 것이 인간생활의 본질적인 가능성에 속하고, 개인과 공동체가 계속해서 존립하기 위해 반드시 필요하다. 그래서 가정을 이룩할 가능성도 생활에 알맞는 표준이 된다. 그래서 가족임금(가정을 유지하기에 알맞는 임금)이 본래 노동을 위해 알맞는 임금이다.

작업 활동이 보다 더 많은 준비를 요구하면 요구할수록, 인간의 행복을 위해 중요하면 중요할수록, 일회적이면 일회적일수록, 마음대로 대신으로 할 수 없는 일이면 그럴수록, 그 작업을 하는 사람은 그만큼 더 많은 임금을 받아야만 한다. 또 복지의 상태가 일반적으로 낮아졌을 때에는 한 쪽 편, 즉 경제적으로 약한 편만 생활수준을 낮추는 책임을 져서는 안 되고, 모든 편이 이 책임을 알맞게 나눠서 져야 한다. 이럴 때 국가가 다해야 할 과업은, 국가 내의 자치단체들이 정의로운 균형을 이뤄내지 못하는 한, 전체의 행복을 위해 끼어드는 것이다.

제4장 개인으로서의 <더불어 있는 인간>

1. 인격으로서의 〈더불어 있는 인간〉

인간들 서로간의 관계는 마땅히 자기들의 존재에로 향하고 있다. 이 둘(개인과 <더불어 있는 인간>)은 인격들이고, 이것이 바탕이다. 그래서 앞에서 이미 말한 바대로, 우선 이웃사람을 인격으로서, 즉 자립해 있는 정신적인 존재자로서 인정해야 한다. 이 정신적인 존재자는 자기 자신의 존재에 대한 권리를 가지고 있고, 절대로 단순한 수단으로 다뤄서는 안 된다. 사랑에 있어서의 이런 최소한의 척도는 사람인 한의 모든 사람들에게 책임으로 부과되어 있다. 모든 인간은 양심의 자유에 대한 권리와 자기의 인간으로서의 위신을 존중받을 양도할 수 없는 권리를 가지고 있다. 인간의 육신적인 생명과 건강도 가능한 한 해를 입어서는 안 된다. 그 누구도 지나치게 무거운 노동에 의해 착취를 당해서도 안 되고, 불충분한 영양이나 사람답지 못한 생활조건 때문에 건강이 크게 위협 당해서도 안 된다. 서로간에 보다 더 크게 결합되어 있고, 따라서 보다 더 잘 이끌어주게 되면, 이런 것이 보다 더 큰 적극적인 사랑과 도움을 요청하게 된다. 이런 계명(명령)의 부정적인 측면은 자기의 양심에 따를 자유를 누리고 있는, 책임감 있는 인간을 제약해서는 안 된다는 것이다.

2. 거짓말

인간의 정신생활은 정신적인 공동작업과 서로간의 이해(理解)에 바탕하고 있다. 이 이해는 밖으로 드러나는 것과 내면적인 생각이 일치하는 것을 전제로 하고 있다. 따라서 밖으로 드러나는 것(표현)이 자유롭게 원해졌고 선택된 곳에서는, 특히 말을 하는 데 있어서는 원칙적으로 이해와 인간의 정신생활을 불가능하게 할 그런 것은 절대로 허용되어서는 안 된다. 그러나 거짓말과 마음속에 담고 있는 것을 통해 이런 일이 생긴다. 거짓말은 사람들이 생각하고 있는 것과 달리 말하는 데서 이뤄진다. 만약에 이런 거짓말이 허용된다면, 인간의 공동생활과 인간의 문화가 불가능해질 것이다. 인간은 객관적인 진리를 인식할 수 있고, 이 진리를 잘못과 단순한 겉보기와 구별할 수 있는 인격으로서 대접받지 못할 것이다. 동시에 말이 그 본질적인 뜻에 일치하지 않게 되고, 내용적으로는 자기 자신의 존재와 모순되게 될 것이다. 그래서 거짓말은 비도덕적이다. 그리고 순수하게 마음속에만 담고 있는 것도 거짓말과 비슷하다. 왜냐하면 마음속에 담고 있는 것은, 우리들이 <더불어 있는 사람>에게는 감춰져 있는 순수하게 내적인 덧붙임(보충)을 통해 말의 뜻을 변하게 하는 데서 이뤄지기 때문이다. 이렇게 되어 밖으로 드러난 것(표현)이 다른 뜻, 즉 인간에게 알려질 수 없는 뜻을 갖게 된다.

3. 비밀은 지켜야 한다.

하지만 거짓말과 더불어 하나의 새로운 문제가 생긴다. 거짓말은 인간의 공동생활의 바탕인 신뢰를 파괴하기 때문에 금지되어 있다. 그리고 비밀이 온당하지 못하게 포기되는 데서 보호받지 못하면, 이와 똑같은 경우가 될 것이다. 그래서 속마음을 터놓고 알려줄 비밀을 유지하는 것은 일종의 도덕적인 의무다. 그런데 남이 비밀에 관해 물으면 우리는 어떻게 해야만 할 것인가? 우리는 알려줘서는 안 된다. 대답을 하지 않는 것이 이미 그 비밀을 고자질하는 일이 되는 수도 자주 있다.

이 문제를 해결하기 위해 깊이 생각해야 할 것은, 알려주는 것이 언어의 일상적인 의미이기는 하나, 유일한 본질적인 의미는 아니라는 사실이다. 예컨대 명령은 이미 있는 현실을 지시하려는 것이 아니라, 권유를 하면서 그 명령을 듣는 사람의 의지를 향하고 있다. 그러나 인간들 서로간의 관계에서 언어에는 다른 뜻이 생겨날 가능성이 있다. 왜냐하면 한 연설의 구체적인 의미는, 방법적인 논문에서가 아니라면, 본질적으로 그 연설이 행해지는 상황에 의해 정해지기 때문이다. 이런 상황에 속하는 것으로는 말을 하고 있는 사람들 서로의 객관적인 위치도 있다. 즉 의사(醫師)는 직업을 통해 그리고 자기의 개인적인 의지와는 상관없이, 환자를 치료하는 특수한 관계에 놓여 있고, 이러한 관계에다 자기의 말을 맞춘다. 의사는 환자에게 그의 병세를 알려주는 것이 치료과정을 크게 위태롭게 할 때에는, 이 위험을 감수할 고도의 관심을 요구하지 않고서는, 자기의 상태가 어떤지를 묻는 환자에게 대답을 해줄 의무가 조금도 없다. 오히려 의사는 환자에게 진짜 상태를 비밀에 붙이고, 말을 해주지 않아야 한다. 교육자와 어린이의 관계도 이와 비슷하다. 교육관계에 있어서도 다른 모든 의미보다 언어가 중요하다. 특히 배우는 사람들이 성숙하지 못했을 때 더욱 더 그렇다. 더 나아가 그 누구도, 폭군정부의 관직을 통해 정의롭지 못하게 요청하는 그런 정보와, 다른 사람들에게 부당한 방법으로 커다란 해를 끼칠 그런 정보를 폭군정부에게 제공해 줄 의무는 없다. 왜냐하면 신하의 관계는, 국가도 넘어설 권리가 없는, 그런 정해진 한계를 가지고 있기 때문이다. 그래서 이런 경우에는 가능한 한 남들을 불의에서 지켜줄 의무와, 자기 자신의 안전을 지킬 권리가 앞서게 마련이다.

연설의 일상적인 의미, 따라서 일반적으로 전제되고 있는 연설의 의미가 하나의 다른 관계 때문에 객관적으로 알려주는 것으로서 분명히 밝혀지지 않거나, 엉뚱한 뜻으로 되어버릴 때에는, 그리고 또 그러한 한, 우리는 진실을 말할 의무가 있다. 그러나 이럴 때, 이런 관계는 연설을 하는 사람의 의지에 달려 있지 않고, 쉽사리 불쾌감을 피하거나 일종의 이익을 얻으려는 의도에 의해서는 조금도 변화될 수 없다는 사실이 강조되어야만 한다. 오히려 이 관계는 오로지 말하는 사람들 서로간의 객관적인 입장에서 생겨난 결과이며, 따라서 자의(恣意)를 벗어난 것이다.

이런 생각에 바탕해서, 묻는 사람이 보다 더 중요한 일 때문에 그 비밀을 공개할 권리를 가지고 있지 않고, 또 동시에 비밀을 포기하는 것이 자기 자신이나 남의 불이익과 크게 관련이 있을 때에는 언제나, 자기 자신이나 마음을 터놓은 사람의 비밀은 지켜져야 한다. 이런 상황에서는 비밀을 지키는 것이 알려주는 것의 성격에 달려 있고, 말을 한 것에 대해 결정적인 것이다. 즉 비밀들은 지켜질 수 있다는 필연성은, 알려준 것을 진실의 법칙에 따르게 하는 것과 같은 그런 근거에 바탕하고 있다. 이 두 가지 경우에 있어서 중요한 것은 공동체생활을 가능케 해준다는 것과 인간의 품위를 유지시켜 준다는 것이다. 겸손한 사교적인 언사와, 일정한 사회나 일정한 상황에서 모든 사람들이 그 뜻을 잘 알고 있는 그런 농담 등도 똑같은 평가를 받게 된다.

4. 명예를 지켜야 한다.

인간의 정신적인 존재에 속하는 것으로는, 남들이 그 사람에 관해 가지고 있는 생각, 또 그 사람을 자기와 비슷한 사람들과 교제할 수 있도록 해주는 생각, 즉 명예도 있다. 그런데 이 명예라는 것은 직접적인 존재를 가지고 있는 것이 아니라, 다른 사람들의 (마음속에 있는) 생각에 지나지 않는다. 그러나 다른 사람들의 행동은, 어떤 사람에 관해 자기들이 가지고 있는 생각에 따라 행해진다. 명예가 없는 인간이란 사회적으로 불가능하다. 사회적인 제약을 벗어난 삶은 마음속으로 굳건한 인간에게마저, 평균적인 인간이 자기를 경멸하고 (무)도덕적으로 되고 공동체를 위태롭게 하도록 한다. 그래서 자기의 명예를 지키는 것은 한 편으로는 의무이고, 이러한 한 명예는 자기 자신의 과업을 수행하는 데 필요한 것이다. 다른 편으로는 더불어 있는 사람의 명예가 온당하지 못한 주장에 의해 피해를 입거나 부정되어서는 안 될 뿐만 아니라(이런 일은 자명한 일이다.), 사실이지만 감춰져 있는 결함을 폭로함으로써 해를 입거나 부정되어서도 안 된다. 왜냐하면 하나의 보다 더 중요한 이유, 즉 더불어 있는 사람의 명예보다 더 위대하고 필요한 한 가지의 선을 지키는 일은 이런 폭로를 할 권한을 가지고 있기 때문이다.(원문 287 중간). 이런 경우에도 폭로는 목적을 위해 필요하다고 생각되는 한계를 벗어나서는 안 된다.

5. 결투와 결투를 하는 사람들끼리의 거리

그러나 명예를 보호하는 일이나 명예를 다시 얻는 일은 두 사람 사이의 싸움이나 결투로는 이뤄질 수 없다. 왜냐하면 이런 싸움은 도덕적인 책임이나 무책임과는 필연적인 연관이 조금도 없기 때문이다. 도덕적인 용기를 드러내 보이는 데는 매우 많은 기회들, 때로는 의무에 따르는 기회들도 있기 때문에, 이런 일을 해 보일 필요는 조금도 없다. 여러 단체들에서는 이런 경우를 맞아서, 자기의 양심을 따르고 자기의 이익을 따르지 않는 것이 보다 더 큰 용기로 되어 있다. 결투를 하는 사람들끼리 서로 시간적인 거리를 두고 있는 것도 금지되어 있다. 왜냐하면 첫째로는 이것도 심각한 피해를 입힐 수 있기 때문이고, 둘째로는 특히 손상된 명예를 회복하는 올바른 방법을 결투라고 생각할 때에만 이런 일(결투에 시간적인 거리를 두는 것)이 뜻이 있기 때문이다. 그래서 이렇게 시간적인 거리를 두는 일은 자연히 결투에로 옮겨가게 된다.

제5장 공 동 체

1. 개인과 공동체

우리는 앞에서 인간이란 이미 자기의 존재에 의해서 그리고 또 각 개인들의 의지에 앞서서, 다른 사람들과 <함께 있음>, 즉 공동체에로 나아가게 되어 있다고 말했다. 따라서 개인과 공동체는 구체적인 인간의 인간적인 존재의 두 측면이다. 그래서 실제적으로는 개인적인 인간도 또 공동체적 인간이나 집단적인 인간도 존재하지 않고, 구체적인 인간은 동시에 두 가지의 존재이며, 한 가지는 다른 것에 의해서만 존재한다. 그래서 공동체의 존재도 현실적이고 구체적인 인간을 넘어서서, 그리고 그 밖에서 찾아서는 안 되고, 공동체의 존재가 다른 사람에 대한 지시를 언제나 그 안에 내포하고 있는 한, 이런 공동체의 존재는 곧 구체적인 인간의 존재인 것이다.

공동체에 소속해 있다는 것이 인간의 존재에 알맞는 것이기 때문에, 즉 인간의 존재는 공동체가 없이는 불가능한 것이기 때문에, 공동체도 윤리의 법칙에 따르게 마련이다. 오직 이런 뜻으로만, 여기서는 공동체에 관한 말을 하게 될 것이다. 시대의 변화에 따라 공동체의 구조와 공동체의 구체적인 가능성 등을 연구하는 일은 하나의 다른 학문, 즉 사회학에 속하고, 공동체의 일회적이고 구체적인 현실을 확정짓는 일은 역사에 속한다.

2. 자연적인 공동체

윤리학의 연구를 위해서 중요한 것은 공동체를 두 가지 종류로 구별하는 것이다. 첫 번째 부류에 속하는 것은, 인간이 이미 본성적으로 완전한 인간존재가 되도록, 즉 인간의 본질적인 과업을 수행할 수 있도록 해주는 그런 공동체다. 이런 공동체들에 속해 있다고 하는 사실은 일반적으로 인간의 의지에 달려 있는 것이 아니다. 인간은 이런 공동체에 끼워 넣어지고, 이런 공동체 안에 존재하게 된다. 이런 공동체들은 자연적인 공동체들이라고 불린다. 앞에서 말한 바에 따르자면 여기서도, 자연적인 공동체들이 순수하게 자연적인 것도 또 강제적인 어떤 것도 아니며, 주어져 있는 상황 속에서 인간의 본성과 역사에 의해 보다 자세히 규정되어야만 한다는 것이 밝혀진다. 인간은 이미 인간으로서 세 가지 관점에서 공동체에 관련되어 있다. 첫째로, 인간이 아직도 자립할 수 없는 한, 인간의 생명이 생겨나고 이 생명을 보호하기 위해 한 공동체에 관련되어 있는데, 이 공동체가 가정이다. 둘째로, 개인으로는 해낼 수 없는 모든 분야들에서 인간의 과업을 넘겨받기 위해 한 공동체에 관련되어 있는데, 이 공동체는 민족, 국민, 국가 등이다. 마지막으로, <공동창조자>로서의 인간이 다른 모든 사람들과 함께 있는 공동체가 있는데, 이 공동체는 종교적인 공동체 또는 교회다.

3. 자유로운 공동체들과 목적단체들

다른 결합들은, 인간이 인간의 본성에 따라서는 꼭 필요로 하지 않으나, 인간의 본성 안에서 가능하고 필요한 그런 목표들을 설정함으로써 생겨난다. 인간은 이런 목표를 달성하기 위해서는 다른 사람들과 자유로이 결합할 수 있다. 인간은 자유로운 단체들을 조직할 수 있다. 그러나 이런 목표를 달성하는 일이 전체적인 인격을 투입하는 것, 즉 전체적인 인간의 일정한 품성을 전제로 할 때에는, 이런 단체들이 또 여러 가지로 나눠진다. 다른 목표들은 개관적으로 한계지어진 대상의 영역에만 한계지어져 있기 때문에, 인격의 영역에는 직접적으로 관심을 갖지 않고, 간접적으로만 관심을 가지고 있다. 첫 번째 결합들만 자유로운 공동체라 하고, 이와 반대로 다른 결합들은 목적단체들이다.

4. 권위와 순종

공동체 자체는 물리적-전체적인 의지를 가지고 있지도 못하고, 행위도 할 수 없기 때문에, 의지를 형성하는 일과 의지를 실행하는 일이 개인에게 있어서와는 다른 방법으로 이뤄진다. 구체적인 인간만이 존재할 능력을 가지고 있다. 그래서 공동체는 구체적인 인간을 원하고, 이 구체적인 인간을 통해서만 행위한다. 그런데 공동체는, 자연법칙에 따라 움직이는 같은 종류의 여러 가지 질료들을 모아놓은 것과는 다른 어떤 것이다. 공동체란 많은 자유로운 개인들이 함께 일을(작용)하는 것이다. 그래서 한 공동체에는 구체적인 목표들과 이 목표들을 추구하는 구체적인 방법에 관한 기계적인 (의견의) 일치란 있을 수 없다. 그럼에도 불구하고 공동체가 행위를 하고 활동을 하는 데에는 통일이 있어야 한다. 왜냐하면 모든 행위들은 언제나 여러 가능성들 중에서 한 가지만 선택하기를 요구하기 때문이다. 그래서 공동체의 의지를 형성해야 하고 이 의지를 실행해야 한다는 문제가 생긴다. 마치 개인이 자기의 의지를 실행하기 위한 기관을 가지고 있고, 또 도구를 만들어내는 것과 같이, 공동체도 그 이름과 권력을 가지고써 행위할 수 있는 조직들, 즉 권위나 <관계 당국>을 갖추고 있어야 한다. 이런 것(권위) 없이는 공동체가 존재할 수 없다. 이런 공동체는 행위를 할 수도 없고, 무의미할 것이요, 존재할 권리도 없을 것이다. 그래서 모든 공동체에는 필연적으로 권위가 있어야 한다. 공동체의 구성원의 측면에서 보자면 권위에 대한 순종이 요구된다. 개인들은 이 순종을 통해 공동체의 행동에 참여한다.

5. 의지를 형성하는 기관

어떠한 행위를 하더라도, 행위를 하기 이전에 미리 의지가 형성되어 있어야 한다. 그러기 위해서는 공동체도 그렇게 하는 기관(機關)을 가지고 있어야만 한다. 그러나 공동체의 본성상, 이런 의지를 형성할 때에는 모든 구성원들이 그 어떤 방법으로건 알맞는 역할을 하게 되어 있다. 달리 말하자면, 이런 의지의 형성은 공동체를 맡아 있는 개인들의 이해관계에 맡겨져서는 안 되고, 오로지 공동체의 이해관계에만 맡겨져야 한다.

이런 기관들의 형태(형식)들은 어떤 공동체들에서는 그 공동체의 구조 자체에서 생겨나기 때문에, 인간이 그것을 변화시킬 수 없다. 다른 공동체들에서는 이런 기관을 구성해야 할 필연성만 선천적으로 알려지고, 구체적인 형태는 그 공동체의 역사적으로 제약된 자유에 맡겨져 있다. 그래서 상황에 따라 바꿀 수도 있다. 첫 번째 경우에는 사람들이 사회조직의 가장 좋은 형태 또는 유일한 형태 등에 관해 말하는 것이 뜻이 있겠으나, 두 번째 경우에는 이렇게 애초부터 가장 좋은 형태란 있을 수 없다.

이미 의지를 발견한 것을 통해서, 더 나아가서는 형성되어 있는 의지를 실천함으로써, 그 공동체에는 내적-본질적인 분화(分化)가 생겨난다. 이 분화를 통해 공동체는 단순히 같은 사람이 많이 있는 것, 즉 대중으로부터 구별된다. 이때에 공동체는 하나의 유기체(有機體)와 비슷하다. 그래서 유기체는 공동체의 본질적인 특성을 직접 눈으로 보게 해주고, 특히 개별적인 유기체가 공동체보다 더 잘 보여질 때 그렇다. 그러나 유기체와 공동체 사이에는 커다란 구별(차이)도 있다. 유기체에는 <전체>만이 존재한다. 즉 개별적인 기관들은 전체 안에서, 전체를 통해서만 존재를 갖는다. 이와 반대로 공동체는 그 구성원들인 구체적인 개인들의 존재를 통해서만 존재하고 있다. 그래서 우리는 아무런 비판도 없이 유기체의 법칙을 공동체에 확대·적용해서는 안 된다.

6. 공동체 서로들 간의 관계

이런 공동체들 하나하나는 그 독자적인 의미 또는 목적 때문에 일정한 독립성을 지니고 있다. 각 공동체들은 스스로의 과업을 실행하기 위해 독립을 필요로 하며, 그 어떤 다른 공동체도 독립을 방해하며 거기에 끼어들어서는 안 된다. 다른 편으로는, 서로 공동체들이 동일한 개인들을 받아들이고, 물론 직접적으로 그 공동체의 다른 부서에 받아들이기도 한다. 그런데 이 부서들은 개인들과 보다 가깝거나 보다 먼 관계를 맺고 있는데, 이런 관계를 통해 그 부서는 한 인간을 그 단체에 묶어놓고 있다. 이렇게 해서 동일한 개인이 여러 공동체의 구성원으로 된다. 하지만 이런 소속(감)은 직접적으로 그 공동체가 개인에게 요구하는 부서의 본질관계 여하에 따라, 더 밀접해지고 더 굳건해질 수도, 또 덜 밀접해지고 덜 굳건해질 수도 있다. 동일한 부서가 공동체의 형이상학적인 서열과 공동체 서로간의 본질적인 관계들을 정하기도 한다. 이런 본질의 한계 안에서는 이런 관계들의 형태가 개인들 서로간의 관계들과 비슷하게 역사의 영향을 받게 된다. 도덕에 있어서 본질적인 것은, 모든 공동체들이 자기들의 과업을 실천하는 데 요청되는 독자성을 유지하고, 특히 그 어떤 공동체도 다른 공동체의 자리를 차지하려고 애쓰지 않는 것이다.

제6장 가 정

1. 혼인의 본질

가정은 성(性)이 서로 다른 두 사람이 혼인으로 결합하는 데서 생겨난다. 혼인이란 새로운 인간을 생산해내고 교육한다(기른다)는 본질적인 뜻을 지니고 있다. 이 결합은 두 사람을 서로 가깝게 해주고, 이들은 동시적-인격적인 희생을 감수하게 하고, 인간의 위신도 지켜준다. 인격적 희생과 육신적인 희생은 이 결합에 (남이) 끼어들지 못하게 하고, 이 결합을 지속시켜 준다. 그래서 부부가 살아 있는 한, 이들의 결합은 중단될 수가 없다.

혼인이 이렇게 중단될 수 없지 않고서는, 가정의 온전한 뜻도 실현시킬 수 없다. 혼인이 해제될 수 있다면 인간사회의 존립이 물리적-정신적으로 위협받을 것이다. 왜냐하면 첫째로, 어린이들은 자립할 수 있을 때까지 보살핌을 받아야 하기 때문이다. 이 무거운 짐은 일방적으로 한 쪽 편에만 지워질 수 없기 때문이다. 가정에서 인간의 의식(意識)생활이 불붙기 시작한다. 이런 의식생활, 특히 이 의식생활의 윤리적-영혼적인 측면, 즉 본래적인 <인간다움>은, 사랑의 분위기에 휩싸여 있을 때에만, 살찌게 된다. 이런 모든 이유들 때문에 혼인은 해제될 수 없고 일부일처제(一夫一妻制)여야 한다는 것이, 혼인과 가족공동체의 본질로 된다. 더 나아가 사랑의 희생으로 표현되는, 혼인에 의한 사랑만이 어린이들에게 정신적으로 인간이 되는 데에 유리한 분위기를 마련해준다.

2. 부모의 의무와 권리

인간은 가정에서 우선 자기에게 주어진 일을 잘 해낼 수 있는 능력을 갖추도록 길러져야 한다. 가정의 이러한 의무는 정신적인 일과 육신적인 일에 똑같이 관련되어 있다. 정신적인 일에 속하는 것은 무엇보다도 종교교육과 또 계층에 알맞는 문화교육이다. 어린이가 아직 완전히 책임을 질 수 있는 능력을 갖추지 못했을 때에는, 부모들이 어린이를 대신하는데, 이럴 때에는 부모들이 자기들의 양심에 따라 종교교육과 문화교육의 종류를 결정짓는다. 부모들은 자녀들이 이런 교육에 참여하기를 바란다. 그러나 이렇게 할 때 다른 공동체들의 권리와 이해관계는 보장되어야만 한다.

생활의 발전에서 인간을 만족시켜 주는 것은 보다 높은 문화들이고, 소박한 육신적인 삶과 정신적인 교양만으로는 충분치가 못하다. 그밖에 일반적으로는 여러 능력들을 올바르게 이용할 수 있게 해주는 수단도 소유하고 있어야 한다는 것도 전제조건이다. 그래서 이렇게 해주는 것도 일반적으로는 가정이 돌봐주어야 한다. 이런 일은 부모들이 자기들의 재산을 자녀들에게 상속시켜 줌으로써 이뤄진다. 그런데 이렇게 할 가능성이 없어져 버리면 사유재산을 없애버리는 것과 똑같이 기업(가)정신을 마비시켜 버릴 수도 있을 것이다.

3. 자녀들의 의무

자녀(어린이)들은 아직도 책임을 질 수 없기 때문에, 부모들이 이들을 대신해 준다. 그래서 자녀들은 부모들에게 순종할 의무가 있다. 즉 어른들 사이에는 있을 수 없는 그런 종류의 순종을 해야 하는 것이다. 부모들은 자녀들의 생명의 원천으로서 자녀들에 대해 특별한(하나밖에 없는) 위치를 차지하고 있다. 다른 때에는 받기만 하는 인간이 주게 되는 모든 것은, 생명을 첫 번째로 주는 것에 의해 가능해진다. 그래서 부모들에 대한 자녀들의 도덕적인 행동은 사랑과 공경을 내포하고 있다. 그래서 모든 존재와 생명의 원천인 하느님이 아버지라는 이름으로 불리는 것은 우연이 아니다.

제7장 문화공동체 : 민족과 국가

1. 바탕(기초)

인류의 원시적인 단계에 있어서는 범위가 약간 넓어진 가정, 즉 씨족(氏族, 친척) 이외에 다른 사회적인 조직은 아직 이뤄지지 않고 있었다. 그래서 이런 곳에서는 유일한 권위관계도 자녀들에 대한 부모의 권위관계였다. 족장(族長, 우두머리)들도 씨족의 조직과 마찬가지로 잘 알려져 있지 않았다. 그러나 공통적인 언어가 있었고, 일정한 영역의 한계선도 그어져 있었다. 이 영역 안에서는 자기들만 사냥을 하고 채집을 할 수 있었다. 그리고 여러 씨족들은 이미 일정한 동맹도 맺고 있어, 통일된 씨족의 한계도 벗어나고 있었다. 실제로는 문화가 발전함에 따라 가정조직만으로는 중요한 과제들을 처리해낼 수 없게 되어, 보다 정도가 높은 공동체, 즉 문화공동체, 민족 및 국가가 나타나지 않으면 안 되었다.

이런 공동체들은 가정과는 본질적으로 다른 어떤 것이다. 왜냐하면 이것들의 본질적인 과제들이 다르기 때문이다. 여기서 중요한 일은, 당장 자기가 할 일을 넘겨받을 수 없는 그런 생명(생활)을 보호하는 것이 아니라, 개인은 도저히 해낼 수 없는, 그런 인간이 해야 할 과제를 해내는 일이다. 즉 중요한 일은 문화적인 일을 촉진하고 조종하는 일이다. 문화의 발전이 인간의 본성에 달려 있다는 사실은, 인간이 그저 자연에만 얽매여 있는 것이 아니라, 많은 것들에서 인간의 삶이 역사적인 제약을 받으면서 활동을 하는 데서 비로소 형성된다는 사실에서 밝혀진다. 그래서 절대적으로 문화가 없는 그런 인간은 없다. <문

화가 없다.>는 말은 상대적인 개념이다. 일종의 고급문화나 다른 문화의 척도에서 볼 때에만, 원시인은 문화가 없는 것이다.

인간은 문화를 만들어낼 때 과거에 의해 제약을 받으며, 똑같이 외적인 관계들, 즉 지리적인 위치, 토양의 비옥함 및 이와 비슷한 것들에 의해서도 제약을 받는다. 이러한 조건들이 서로 매우 다르기 때문에, 언제나 여러 가지의 독자적인 문화들이 있는 것이다. 또 기술에 있어서 커다란 통일이 이뤄지고 개별적인 공동체들과 집단들에 정신적으로 익숙해질 공간이 충분히 허용될 때에만, 일종의 세계문화라는 것이 살아 움직일 수 있다. 시간적-공간적으로 다양한 문화들에서만 인간이 존재할 가능성들이 올바르게 전개된다. 그다지 크게 다르지 않은 과거에 대한 참여가 많으면 많을수록, 동일한 외적인 관계들에 의한 제약이 많으면 많을수록, 경험과 이 경험에 따라 형성된 정신(성)이 그만큼 더 비슷하다. 이렇게 해서 종족이나 마을들과 같은 씨족이 이뤄진다. 이런 씨족은 다시 같은 고향을 지닌 보다 더 포괄적인 집단으로 결합되고, 더 나아가서는 문화적인 통일을 체험하는 보다 높은 집단, 즉 민족으로 결합된다. 이런 (문화적인) 통일이 얼마나 멀리까지 경험되고 의식적인 요인으로 작용될 수 있는가 하는 것은 교통수단에 달려 있다. 교통할 가능성이 적은 곳에서는 민족의식이 조그만 집단에만 해당되고, 또 그 집단에만 머물러 있다. 현대에 있어서처럼 교통수단이 발전한 곳에서는, 민족을 넘어선 그런 공동체의식마저 자라나기 시작한다. 그래서 유럽은 차츰 다른 커다란 복합적인 문화에 대해, 문화적인 통일체라고 느껴가고 있다.

2. 문화의 주체

그러나 문화적인 단위(통일)의 주체(걸머지고 있는 자, 담당자)는 민족이다. 과거에는 문화주체의 생물학적인 바탕이 인종으로 이뤄져 있는 때도 자주 있었다. 그러나 이런 것은 중요한 일이 아니다. 오히려 이 (문화적인) 통일은 주로 영혼적-정신적인 것에 바탕하고 있다. 그래서 문화적인 통일은 주로 언어의 통일에서 나타난다. 그러나 예술, 학문 및 다른 모든 정신적인 분야들은, 비록 그 내용은 아니라고 하더라도, 그 일정한 독자적인 형식과 색깔 등을 한 <민족에게 속한다.>고 하는 데서 받아들인다. 이렇게 하는 데서 공동적인 정신이 생겨난다. 이 공동정신은, 그 구체적인 것이 여기서만, 즉 이 공동체를 통해서만 형성된다. 그래서 이런 공동체는 가정(家庭)에 비해 어떤 독자적인 것이요, 새로운 것이다.

야생동물을 잡아먹고 있는 단계의 원시인은 보다 높은 조직이 없이도 살아갈 수 있다. 왜냐하면 노동의 분업이 아직도 잘 발달되어 있지 않기 때문이다. 유일한 차이(분업)는 여자들은 채집을 하고, 남자들은 사냥을 더 많이 한다는 것이다. 그밖에도 개인이 생활을 꾸려나가는 데 필요한 모든 것을 마련해낼 수 있고, 또 실제로 그렇게 했다. 그런데 문화가 발전하면서 전문화가 생겨났다. 이런 대가를 치르고서야 고급문화는 가능하다. 이렇게 해서 서로 다른 사람들이 서로들 간에 의존을 하게 된다. 고급문화에 있어서는 그 누구도 남들의 도움을 받지 않고서는 살아갈 수가 없다.

그러나 전문화(專門化)는 문화에 대해 꼭 같은 공헌을 하는 집단, 즉 계층들을 만들어낸다. 그리고 이 계층들을 통해 한 민족이 뜻있게 분류되고, 단순한 집단(다중, 多衆)과 구별된다. 이렇게 해서 민족은 동시에 두 가지의 방향으로 분류되게 되는데, 계층들과 지역에 따른 집단들 또는 부족들이 그 두 방향이다.

3. 국가

문화적인 일 그 자체는 민족의 이런 집단들에 의해 행해진다. 그래서 이런 집단들이 문화의 본래적인 주체(담당자)들이다. 그러나 이런 문화적인 일도, 이것을 뒷받침해 주고 질서지워주는 단위(기관)가 없으면, 아무런 방해도 받지 않고 질서정연하게 행해질 수가 없다. 이렇게 해주는 단위(기관)가 문화공동체의 의지를 형성하고 또 의지를 펼쳐나가는 기관으로서의 국가다. 이런 기관으로서의 국가는 권위와 강제력을 가지고 있으며, 순종하라고 요구할 권리를 가지고 있다. 그래서 국가는 문화공동체의 형식적인 요소이고, 통일을 가져오는 계기이다.

문화공동체는 다른 모든 공동체들과 마찬가지로 일종의 유기체에 비유할 수 있다. 이 유기체에 있어서는 민족이 질료 즉 바탕에 깔려 있는 계기이고, 권위를 형성하고, 규정을 하고, 통일을 시켜주는 계기다. 사람들은 이러한 비슷함을 보고, 민족 하나하나가 국가여야 한다는 결론을 내리려고도 했다. 이런 생각이 일리가 있다는 사실은, 실제로 시인될 수도 있다. 그러나 반드시 그래야 한다는 사실은 증거가 불충분하다. 왜냐하면 한편으로는 민족들이 지나치게 커서, 이 민족들을 국가로서 통치해나갈, 교통수단과 통신수단을 갖출 수 없기 때문이다. 이런 전제조건들이 발달해야만 비로소 통일이 가능한 것이다. 다른 편으로는 한 민족은 유기체의 몸통처럼 그렇게 잘 결합되어 있는 그런 것이 아니다. 민족들이 서로 흩어져 뒤엉켜 사는 일이 자주 있다. 권력을 실행해나갈 질서와 자유를 위해, 국가에는 가능한 한 잘 연결되어 있고, 여하튼 잘 결합되어 있는 영토가 필요하다. 하나의 국가가 영토를 전적으로 통치하지 못하는 곳에서는, 이 국가가 관리를 하고 질서를 지우는 과업을, 특히 경제생활에서, 순조롭게 해낼 수가 없다. 그래서 이런 사태가, 서로 다른 민족들이 하나의 국가 안에서 결합되기를 요청하는 일이 자주 있다. 농사나 경제적인 조건들이 이렇게 할 동기를 부여할 수도 있다. 이런 전제조건들이 갖춰졌을 때, 이런 국가는 매우 잘 활약할 수 있다. 요청되는 것은 오로지, 국적(한 나라의 국민이라고 하는 사실)이 다른 나라 사람들이 문화적인 발전을 하는 데 방해가 되어서는 안 된다는 것뿐이다. 다른 편으로 통일을 유지하기 위해서는, 모든 국민들이 국가 전체 안에서 자기들의 목표를 달성하기 위해 노력하지 않으면 안 된다. 오랫동안 이렇게 하는 동안에, 국민들 안에서 새롭고 자주적인 국민성이 형성될 수 있다.

4. 국가의 과업

국가는 자유의 공간과, 문화의 풍성한 발전을 위한 여러 전제조건들을 마련하고 유지할 과업을 가지고 있다. 이러한 과업에 속하는 것으로는 안으로는 질서와 안전이 있고, 밖으로는 보호와 안전이 있다. 내부의 질서를 관장하는 데 속하는 것으로는, 국가가 개인들이나 집단들 사이의 소송사건(다툼)을 최고판결기관으로서 판결하는 것이다. 그리고 국가가 첫 번째의 판결기관이나 중간 판결기관으로서 등장하는 일은 절대적으로 필요한 일이 아니다. 그러나 국가는 있을 수 있는 자율단체(법인체)의 재판권을 감시하고 규제해야만 한다. 그리고 형(刑)을 집행하는 일도 궁극적으로는 국가에 맡겨져 있고, 모든 형을 집행하는 최고의 감독도 국가에 맡겨져 있다. 형을 집행하는 것으로서의 개인적인 복수는 치안방해, 불화(개인적인 싸움) 및 허용된 범위를 넘어설 수 있는 위험 등등 때문에, 어느 정도까지 발전한 모든 문화를 다 위협한다. 그래서 개인적인 복수는 국가의 질서가 아직 형의 집행을 장악하지 못하고 있을 때에만, 즉 가장 낮은 단계에서만 허용되고 있다. 이 가장 낮은 단계에서도 형을 집행하는 일은 개인이 아니라 씨족이 장악하고 있다.

더 나아가 국가는 문화의 하나하나의 영역들의 발전을 잘 통제해서, 하나의 개별적인 영역이 불건전하게 지나친 발전을 하여 다른 영역들에 해를 끼치지 않도록, 즉 공익을 해치지 않도록 하는 과제도 지니고 있다. 그래서 국가는 경제, 재산의 분배, 정치활동, 이념의 선전 등등을, 간단히 말해 개인의 자유를 제한해서, 이것들이 공공복지를 해치지 못하도록 해야 한다. 그렇다고 해도 국가는 여러 분야들에서 개인의 자유를 침범할 권리는 가지고 있지 않다.

더 나아가 국가는, 국가의 경영에 영향력을 행사하려는 사람들에게 일정한 교육을 받으라고 요구할 권리와 의무도 지니고 있다. 그런데 그 누구도 정의롭지 못한 방법으로, 교육받는 것에서 제외될 수 없으므로, 국가는 교육을 받고자 하는 모든 사람들이 시민의 권리를 행사하는 데 필요한 최소한의 교육을 받을 수 있도록 해줘야만 한다. 즉 국가는 모든 사람들이 학교에 갈 알맞은 기회를 가질 수 있도록 배려해야 한다. 그렇다고 국가가 이런 기회를 마련하거나 또는 국가 홀로 이런 기회를 마련해야 한다는 것은 아니다. 국가는 본질적으로 교육을 독점할 권리를 가지고 있지 않다. 교육을 독점하는 일은 정신적인 발달의 자유와 그 풍부함을 쉽사리 해칠 수도 있고, 전체주의적인 정부의 기틀을 마련할 수도 있다. 교육만 행해지면, 국가는 이것만으로 만족해야 한다.

또 국가는, 많은 사람들의 행복이 거기에 달려 있는 공적인 직업들을 수행하는 데 있어서, 사람들이 그 직업에 알맞다는 증명을 요구할 수도 있다. 그래서 국가는 이런 직업을 수행할 정당한 권리를 부여하는 시험들과 이 시험의 조건들을 규정해놓을 수도 있다. 여기서도 국가가 이런 앎과 능력을 취득하도록 해주는 유일한 것이 아니라는 것도 당연한 일이다.

5. 국가 활동의 한계

국가는 가능한 한 스스로가 문화를 창조해내려고 하지 않는 것이 좋다. 문화란 분화되어 있는 백성들이 함께 일을 하는 데서 생겨난다.

국가의 과제는 자유주의가 <국가란 야경국가로서 개별적인 영역들에서 개인이 거침없이 영향력을 행사하기 위한 질서와 안전을 보장해 주는 것>이라고 규정한 그런 것만은 아니다. 국가는, 최선의 공익을 위해 개별적인 영역과 다른 영역들을 조화시키기 위해, 이 개별적인 영역들을 옹호하거나 제한하거나 조종할 권리와 의무도 가지고 있다.

따라서 국가의 행위는 가능한 한 이런 것들로 끝나야 한다. 국가 자체가 기업가, 연구가, 예술가 등으로 되어서는 안 된다. 또 개인들과 단체들에게 몫으로 주어져 있는 자유와 자립성이 억압받아서도 안 된다. 만약에 그렇게 된다면 개인은 노예화되고, 단체들은 생활공간이 부족하여 질식하게 된다. 공익을 절대적으로 요청하거나, 적어도 매우 유익한 것으로 보이는, 또 국가권력의 간섭과 직접적인 명령이 없어도 실현될 수 있는 이런 과제만이, 국가의 긍정적인 과제영역에 속한다. 그밖에도 국가는 위기상황이나, 문제를 해결해야 할 기관이 제 구실을 하지 못할 때에는 개입해야만 한다. 적어도 문화적인 사건이 터졌을 때에는 그렇게 해야 한다. 그러나 국가가 그 본질적인 과제들과 함께 어느 정도의 긍정적인 과제들을 책임질 수 있으며, 또 책임져야 하는가 하는 문제는 역사적인 상황에 달려 있고, 오직 하나하나의 경우에 따라서만 결정될 수 있다.

그래서 국가의 권력과 행위는 언제나 그 본질적인 의미, 즉 문화적인 공익에 따라 측정되어야만 할 것이다. 이럴 때 국가는 개인, 가정, 종교공동체 등의 자연적인 권리들을 절대로 침해해서는 안 되고, 오히려 이 권리들을 보장하고 보호해 주어야만 한다. 우리들이 국가의 권리들을 수시로 변하는 국가의 권력에 따라 재려고 한다면, 국가의 본성과 과제를 조금도 모른다고 할 수 있다. 오히려 권력은 국가의 권리에 따라 재어지고, 이 권리들은 존재에 따라 재어진다. 국가 내부의 한 집단이 자기의 이익을 위해 이 권력을 일방적으로 이용한다면, 그것은 비도덕적일 것이다. 국가란 공익을 위해 존재하는 것이다.

6. 공익과 개인의 이익

공동체는 개인들 사이에서만 존재한다. 그리고 또 개인들은 공동체의 구성원으로서만 온전한 인간이다. 이 두 가지는 서로를 제약하고 있다. 헌데 이 관계는 다음과 같다. 즉 공동체의 존재는 다수의 개인들에 의존하고 있으나, 이 개인 또는 저 개인에 의존하고 있는 것은 아니다. 이와 반대로 하나하나의 개인은 무조건 공동체에 의존하고 있다. 그래서 공동체는, 그 공동체를 있게 해준 그런 개인들에게 대해서가 아니라, 이런 경험적인 개인이나 저런 경험적인 개인에 대해 일정한 우위를 차지하고 있다. 그래서 같은 가치를 지닌 것과 같은 필연성이 있는 것에서 갈등이 생겼을 때에는 공익이 개인의 이익을 우선한다는 원칙이 생긴다. 또 국가는, 공동체의 생명이나 생존에 꼭 필요한 이익을 보호하기 위해 다른 수단이 없을 때에는, 개인의 생명을 위험에 내맡겨도 좋다. 그래서 국가는 공익을 심각하게 해칠 범인에겐 사형을 내릴 수도 있다.

7. 가능한 국가형태의 여러 가지

국가권력 자체는 국가의 본질에 의해 정해지고, 국가의 본질은 인간의 존재에 의해 정해진다. 따라서 국가의 권위는 인간의 존재가 유래한 것으로부터, 즉 하느님으로부터 비롯된다. 이런 뜻으로 모든 합법적인 정부기관은 하느님으로부터 유래한 것이다.

그러나 국민의 이름으로, 또 국민의 행복을 위해 이 권력을 행사하는 개인들이 누구냐 하는 것은 완전히 다른 문제다. 국가형태에 관한 다른 물음, 즉 국가권력의 주체를 일컫는 방법과 종류에 관한 물음이 문제된다. 즉 문제되는 것은 단순한 호칭(이름 붙이기)이지, 엄밀하고 궁극적인 뜻으로 권력을 부여하는 것이 아니다. 앞에서 말했고 또 표현한 뜻에 따르자면, 호칭이 붙은 사람들에게 권력을 부여하는 자는 하느님이다.

일반적으로 이런 호칭(국가의 형태)의 종류를 철학적으로 결정짓는 것은, 이 호칭이 공공복지에 이바지할 수 있어야 한다는 것이다. 따라서 이 호칭은 한편으로는, 필요한 안정과 안전이 방해받을 만큼, 공동체를 계속해서 심하게 동요할 수 있도록 내버려둬서는 안 된다. 또 다른 편으로는 이 호칭은 아무런 대비책도 없이, 국가권력을 개인의 이익을 위해 남용할 수 있는 기회를 보장해 줘서도 안 된다. 역사가 이런 일이 생길 수 있는 수단과 형식을 무르익게 한 일이 많다. 역사는 하나의 국가형태가 일정한 시대 일정한 민족에게 있어서는 좋은 성과를 거두었으나, 다른 시대에는 쓸모없게 되어버린 사실도 잘 보여주고 있다. 그래서 사실의 본성상 절대적으로 좋은 국가형태란 없는 것이다. 우리는 기껏 해서 하나의 상대적으로 가장 좋은 국가형태라는 말을 할 수 있는데, 이 말은 이 국가형태가 이 시대의 이 민족에게 가장 좋다는 뜻이다.

8. 국가형태에 관한 결정

이렇게 해서 제기되는 물음은, 궁극적으로는 누가 국가형태를 결정해야만 하는가 하는 것이다. 이런 결정을 내릴 수 있는 사람은 국민들 자체 이외의 그 누구도 아니다. 왜냐하면 국민 이외의 다른 결정기관은 상상도 할 수 없기 때문이다. 그런데 이러한 국민들에 의한 결정은 여러 가지 방법으로 이뤄진다. 국민에 의한 결정은, 첫째로, 한 사람에게 정부의 관직을 맡아보게 하는 그런 직접적인 의지표명에 바탕하고 있을 수 있고, 둘째로, 나머지 사람들이 동의해 주는 소수의 사람들에 의해 사실로서 정해지는 데 바탕하고 있을 수 있고, 셋째로, 전체가 아무런 반대도 하지 않는 그런 역사적인 발전의 결과일 수도 있고, 넷째로는 <참고 견디는 것>일 수 있다. 왜냐하면 급격하게 변혁을 하는 것은 공익을 위해 보다 큰 악을 불러일으킬 수도 있겠기 때문이다. 한번 이뤄진 국가형태는 자의적(마음대로)으로 변경되어서는 안 된다. 왜냐하면 변화는 보통 심각한 동요(흔들림)를 가져오기 때문이다. 오직 국가형태를 계속해서 그냥 두는 데서 생기는 악이 두려워하고 있는 동요보다 적을 때에만, 변경이 허용된다. 이런 경우(변경할 때)에는, 다른 방법이 없고 본질적으로 개선할 수 있는 전망이 있다는 것을 전제로 해서, 변경이 폭력으로 행해져도 좋다. 이렇게 해서 성공을 할 전망이 밝지 않을 때에는, 다시 공익이 폭력적인 변경을 하지 말라고 명령한다. 왜냐하면 사태들이 너무 나빠서, 공동체가 변하지 않고 지금 그대로 있는 것이 더 낫겠기 때문이다. 이런 결단을 내릴 때에는 언제나 수없이 많은 사람들의 행복이 문제되기 때문에, 자칫 잘못한 경솔함이나 단순한 개인적인 이익을 고려하는 것 등은 일종의 범죄로 될 것이다.

9. 정치

사람들이 국가의 형태에 관해서 의견의 일치를 이루고 있는 곳에서도, 전체에 봉사하기 위해 추구하는 구체적인 목표나, 이 목표를 위해 이용하게 될 수단 등에 관해서는 언제나 서로 다른 여러 견해들이 있게 마련이다. 또 모든 국민들이 온당한 방법으로 자기들의 견해를 쓰임새 있는 것으로 만들려고 하는 일도 당연하다. 왜냐하면 국민은 공익에 직접적으로 관심을 가지고 있기 때문이다. 이렇게 하도록 열려져 있는 길은 국가의 형태가 다름에 따라 서로 다르다. 그런데 한 국가의 개인들이나 단체들이 공익을 구체적으로 가장 잘 실현하려는 자기들의 견해를 관철하기 위해 정당한 방법으로 행하는 모든 것을 정치라고 한다. 정치는 공익에 관련하고 있다. 온당한 이해관계와 입장들 그리고 전체를 꿰뚫어보려는 어려움 등이 여러 가지로 있을 때, 미리 기대할 수 있는 것은 공익에 관한 정직하고 온당한 부분적인 견해들이 여러 가지로 드러날 수 있으리라는 것이다. 그래서 우리들이 정치적으로 다른 견해를 가지고 있는 모든 사람들을, 악한 의지나 나쁜 견해도 가지고 있지 않은데도, 개인적인 원수 취급을 하는 일은 정의롭지 못한 일이다. 오히려 우리는 정치적인 적대자를 존중하고 보호해 줘야만 한다. 개인적인 교제에 있어서와 마찬가지로 정치생활에 있어서도, 그렇지 않다는 것이 증명될 때까지는, 정직성과 좋은 의도는 인정되어야 한다. 정직한 방법으로 공익을 추구하는 일과, 공익과 국민적인 생각을 개인의 이익을 보호해 주는 장치로 삼지 않는 일 등은 모두 국민적인 일이다. 모든 법률들의 목표와 정부의 여러 조치들의 목표는 가능한 한 모든 계층의 국민들의 이익을 온당하게 지켜주는 것임에 틀림없다. 그러나 이런 이익들이 서로 매우 다른 때가 자주 있고, 거기다 일방적으로 주장되는 일이 자주 있기 때문에, 모든 이들의 요구가 절대로 완전히 충족될 수가 없다. 모두는 전체를 위해 양보를 해야 하는 것이다.

10. 정치와 도덕법칙

정치가들과 통치를 하는 자들은 도덕법칙에 연관되어 있다. 도덕법칙을 위반하면 순간적인 성과는 거둘 수 있을는지 모르나, 계속적으로 공익을 이뤄낼 수는 없다. 도덕법칙을 위반하는 일은 바로 인간의 존재에도 위반되며, 한 순간에는 현실에 매우 잘 어울리는 것처럼 보일는지 모르나, 전체적인 현실에도 위반된다. 그래서 언제나 문제되는 것은 매우 불완전하게 파악된 현실이다. 도덕법칙에 따르기 때문에, 통치와 정치는 도덕법칙에 의해 내버려진 그런 수단을 반드시 이용해야만 하는 그런 나쁜 일이 아니다. 이런 이론들은 실제에 있어서, 행위는 꼭 해야 하는데 나쁜 행위가 무엇인지 하는 구별이 없기 때문에, 사람들이 거침없이 나쁜 행위를 하도록 하기도 한다. 그래서 국가는 원죄의 결과라고 하는, 이 이론에 대한 비난이 생겨난다. 이런 비난이 없어도 인간은 자기의 존재를 통해 공동체로 나아가도록 되어 있는 그런 존재임에 틀림없다. 그렇지 않다면 인간은 인간이 아닐 것이다. 물론 원죄가 없었다면, 오늘날의 국가와 국가권력에 속하는 많은 것들이 필요가 없었을 것이다.

11. 국제법

모든 국가는 자기와 나란히 다른 국가들을 가지고 있다. 모든 문화공동체와 나란히 하나의 다른 문화공동체가 있다. 모든 문화와 모든 민족은 다른 것으로 대신할 수 없는 독자적인 가치를 지니고 있고, 인간존재의 일회적인 측면을 드러내 보이고 있다. 이런 것은 이미 개인의 경우와 같다. 이런 것들은 개인과 마찬가지로, 존재의 풍부함과 능력에서 차이가 난다. 그러나 여기서는 가치판단들이 개인들에 관해서보다 훨씬 어렵다. 여하튼 각 민족들은 인간존재의 풍부함을 발전시키는데, 남들이 대신할 수 없는 그런 역할을 하고 있다. 그 어떤 민족도 인간의 완전성에 대한 총체개념이 아니다. 어떤 민족도 모든 관점에서 다른 민족보다 우월한 것은 아니다. 이런 사실이 각자가 자기의 조국을 다른 나라들보다 더 사랑하는 것을 막지 못한다. 그런데 자기 나라보다 더 의식, 즉 사물에 대한 이해가 친근하게 느껴지고, 따라서 사람들이 거기서 포근하게 느끼고, 자기들의 과거와 연결되어 있는 그런 나라나 민족은 없다. 다만 지나친 자부심만은 금물이다.

이렇게 해서 개별적인 국가들은 자립적이고 원칙적으로 동등한 권리를 가지고 마주 서 있다. 그래서 개별적인 국가들은, 개별적인 인간이 하는 것과 같은 방법으로, 서로 교섭을 한다. 물론 이 국가들 위에는, 개인 위에 국가가 있는 것처럼, 사법적 또는 국가적인 최고기관이 없다. 그러나 그렇다고 해서 국가들이 서로 교섭할 때에는 단순한 이익이나 권력만 중요한 것이어서는 안 된다. 국가들도 도덕법칙에 예속되어 있다. 여기서도 (국가들 간에도) 정의롭지 못한 일, 배신, 법적인 근거가 없는 잔인한 폭력 등은 비도덕적이며 비난받아 마땅하다. 국가들 간의 관계를 규제하고 있는 국제법은 대부분이 실증적인 협약들로 이뤄져 있기는 하다. 그러나 이 국제법도 궁극적으로는 모든 법률들과 마찬가지로, 자연법의 원칙들에 바탕하고 있는데, 이 자연법의 원칙들은 실정법적인 규정들을 고치는 것처럼 인간이 마음대로 할 수 있는 것이 아니다.

12. 허용될 수 있는 전쟁의 조건들

국가들 위에는 강제적인 수단을 동원할 수 있는 보다 더 높은 기관이 없기 때문에, 개별적인 국가는 다른 나라의 나쁜 의지에 대해, 필요할 때에는 폭력을 동원해서라도 스스로의 권리를 스스로 강제적으로라도 지키지 않으면 안 된다. 국가들 간의 교섭에 폭력을 동원하는 것은 전쟁이다. 따라서 전쟁은, 비록 물리적-문화적으로는 일종의 악이라 하더라도, 그 자체로서는 비도덕적인 것이 아니다. 그런데 전쟁은 일정한 전제조건들이 갖춰졌을 때에만 도덕적으로 허용된다. 첫 번째 전제조건은 전쟁의 목표가 정의로운 것이라는 것이다. 둘째는 국가의 생명에 필연적인 선이 문제될 때다. 이때 물론 생명에 필연적인 것이란 경제적인 이익만을 뜻하는 것도 또 특별히 경제적인 이익을 뜻하는 것도 아니다. 더 나아가 이 목표들이 더러운 방법으로는 성취될 수 없어야 한다. 마지막으로, 성취되어야 할 목표들이, 전쟁이 양쪽 편에게 다 악이 되는 그러한 커다란 악들과 관련되어 있어야만 한다. 한 시대가 스스로의 권리를 주장할 다른 수단들을 많이 마련했으면 많이 마련했을수록, 또 다른 편으로는 파괴수단들과 모든 분야에서 전쟁을 수행할 준비가 완료되어 그 결과가 불리하면 불리할수록, 그만큼 더 전쟁을 피해야 하고, 계속해서 전쟁을 일으킬 수 있을 모든 것들을 제거해나가야 한다.

전쟁도 도덕적인 규범들에 연관되어 있기 때문에, 전쟁에서도 모든 것들이 다 허용되는 것이 아니라, 전쟁의 목표를 달성하기 위해 꼭 필요한 것만 허용된다. 전쟁을 할 때 주의해야 할 것은 국가가 적이고, 따라서 민간인들은 가능한 한 보호되어야 한다는 것이다. 또 민간인들의 권리는 긴급한 필요성이 없는데도 자의적으로 제한되어서는 안 된다.

정의로운 전쟁에서의 승리도 승리자에게 그 승리를 아무런 제한도 없이 이용하도록 허용되어서는 절대로 안 된다. 승리자는 정의로운 전쟁의 목표를 달성하는 것, 자기의 권리를 회복하는 것, 자기의 권리를 억압당한 데서 생긴 손실을 보상하는 것 등등을 청구할 권리를 가지고 있다. 그러나 이런 보상도 다른 국가의 존립을 문제 삼거나, 따라서 그 국가의 보상능력을 넘어서서는 안 된다. 이런 전쟁이 끝난 뒤 양쪽 편이 다, 한 쪽의 생활필수품을 침공하지 않고서는 그 이상 더 살아갈 수 없는 그런 경우가 생겼을 때에는, 승자 스스로가 멸망하지 않기 위해 패자를 희생시킬 수도 있다.

제8장 종교공동체

1. 기초(토대)

자연적인 질서에 있어서 종교공동체의 기초는, 모두에게 공통적인 피조된 존재다. 그래서 종교공동체는 원래 공간과 시간 안에 있는 모든 인간들을 하나의 통일체라고 파악하고 있어야 한다. 그래서 종교공동체 자체도 하나의 공동체로서 민족과 조그만 문화집단에 따라 내적으로 나눠져 있게 마련이다. 이런 문화집단들에는 자연종교의 공통적인 인식과 습관이 그때그때의 구체적인 형식으로 잘 드러나 있다. 이 공동체의 과업은 종교생활을, 특히 이 공동체가 주체가 되는 공통적인 공공예배를 돌보는 것이다. 종교공동체는 인간의 모든 영역, 활동 및 공동체를 축성(祝聖)하고, 거룩하게 하며, 이 모든 것들이 하느님의 본성과 피조물로서의 인간의 본성에 알맞도록 구성해나가야 한다. 이러한 과업이 새로운 공동체로서의 종교공동체를 국가와 구별지어준다. 그러나 종교적인 것이 인간생활의 모든 영역을 가장 깊숙하게 포괄하고 있기 때문에, 종교공동체는 그저 국가와 나란히 있는 것이 아니라, 가정과 기타의 모든 단체들에 대해서와 마찬가지로, 국가에 대해서도 본질적인 관계를 가지고 있다. 물론 여기서 말하는 관계가 다른 공동체들의 권리를 침해해서는 안 된다. 구체적인 관계들은 언제나 실제적-역사적인 관계들 속에서, 본질적인 법칙에 알맞게 질서지어져야 한다. 이런 요청과 권리들은 실제적으로 성립되어 있는 모든 종교공동체들에게 해당된다.

2. 국가와 종교

하지만 모든 것들이 피조물로서 예속되어 있는 한 분의 인격적인 하느님에 관한 인식은 역사가 보여주고 있는 그대로, 자연종교들에서는 언제나 여러 가지 잘못들, 특히 다신숭배(多神崇拜)에 의해 일그러지고 감춰져 왔다. 그래서 모든 인간들을 포괄하는 이런 종교공동체에 관한 사랑마저 싹틀 수도 없었고, 더욱이 이런 공동체를 이루려는 시도가 행해질 수도 없었다. 거의 모든 곳에서 국가의 권력이 신적인 권력이라고 존경되어 왔기 때문에, 국가가 가장 높은 종교공동체의 과업을 떠맡았고, 공적인 예배도 국가의 이름으로 행해졌다. 이와 반대로 단호한 일신교인 그리스도교는, 하느님이 모든 사람들의 주인이요 아버지이기 때문에, 오직 하나의 종교공동체만 있을 수 있다는 사실을 애초부터 잘 알고 있었다. 하느님에 관해 아는 것이 부족해서, 모든 것을 다 포괄하는 자연적인 종교공동체는 성립된 일이 없으나, 그리스도교는 그 내적인 구조를 단순한 자연법이 아니라 계시에 바탕하고 있기 때문에, 이런 종교공동체의 내적인 구조에 관해 그 이상 더 연구할 필요가 없다.

국가는 종교공동체의 자립을 존중할 의무와 종교공동체 내부의 일에 간섭하지 않을 의무를 지고 있다. 국가는 외적인 권력수단을 가지고 있기 때문에, 개인과 공동체의 종교의 자유를 지켜주고, 알맞은 무기, 즉 정신적인 대결로 행해지는 것이 아니라 거친 폭력과 경제적인 압력으로 행해지는 공격에 대해 종교의 자유를 방어해 줄 과업을 안고 있다. 종교공동체의 구성원들이 동시에 국가의 신하들이라는 데서 언제나 생기고 있는 한계문제는 평화로운 의견의 일치를 통해 해결되어야 한다. 이와 반대로 국가에겐 신하들의 종교를 정해 줄 권리는 없다. 다만 국가는 여러 예배들이 자연적인 도덕법칙의 중요한 규정에 위배될 때에만, 이 예배들을 금지할 수 있다.

옮긴이의 말

이 책은 August Brunner의 *Die Grundfragen der Philosophie*(1978년 제6판)를 번역한 것입니다. 옮긴이가 이 책을 옮긴 데는 여러 가지 이유들이 있습니다. 우선 이 책은 철저하게 그리스도교에 바탕하고 있는 철학책입니다. 따라서 그리스도교철학뿐만 아니라 그리스도교신학에 뜻이 있는 사람들에게도 좋은 길잡이가 될 수 있으리라고 생각했습니다. 아직 우리나라에 이런 책이 없는 것이 안타까워 애태우고 있던 차에 이 책을 발견하여 여러 차례 읽고 또 읽다가 혼자서만 읽어서는 안 되겠다는 생각이 들었습니다. 그러던 중 마침 가톨릭대학교의 강엘리사벳 학술연구기금에서 연구비 지원을 받게 되어 번역을 시작하기에 이르렀습니다.

"철학"이라 하면 모든 사람들이 우선 "어렵다."는 고정관념을 가지고 있는 것이 사실입니다. 그런데 이 책은 정말로 어려웠습니다. 그래서 나름대로 쉽게 번역하느라 온갖 애를 다 썼습니다. 원문에서 벗어나지 않으면서 쉽게 옮긴다는 것은 참으로 어려운 일이었습니다. 그래서 본문에는 없는 (　), <　>등의 부호들을 동원하고, 원문의 작은 문단에는 번호가 없던 것을 번호까지 달아가며 읽는 이들의 이해를 도우려고 애썼습니다. 따라서 옮긴이의 생각으로는 번역이 원문보다 훨씬 쉬워졌으리라고 자부합니다.

철학의 어려움을 극복하는 길은 정신을 바짝 차리고 여러 번 읽는다는 사실도 이 책을 옮기면서 깨달았습니다. 이 책을 읽는 여러분들도 끈기를 가지고 알뜰히 읽으면 좋은 성과를 거두리라 믿습니다.

이 번역이 나오는 데 절대적인 도움을 주신 가톨릭대학교 강엘리사

벳 학술연구기금과 출판을 기꺼이 맡아주신 이문출판사 지경원 사장님께 심심한 고마움을 표합니다.

2006년 11월 24일

옮긴이 강 성 위

색 인

귀납법 66 104 244이하